Der ehrbare Kaufmann im deutschen Recht

Rechtshistorische Reihe

Band 479

Zur Qualitätssicherung und Peer Review der vorliegenden Publikation

Die Qualität der in dieser Reihe erscheinenden Arbeiten wird vor der Publikation durch einen der Herausgeber der Reihe geprüft.

Notes on the quality assurance and peer review of this publication

Prior to publication, the quality of the work published in this series is reviewed by one of the editors of the series.

Jennifer Milinovic

Der ehrbare Kaufmann im deutschen Recht

Untersuchungen zu Herkunft und Bedeutung des Begriffs „ehrbarer Kaufmann“ sowie zum Einfluss der Ehre auf das Wirken des Kaufmanns bei besonderer Betrachtung der Entwicklung der Ehrenstrafe

PETER LANG

Bibliografische Information der Deutschen Nationalbibliothek
Die Deutsche Nationalbibliothek verzeichnet diese Publikation in der Deutschen Nationalbibliografie; detaillierte bibliografische Daten sind im Internet über http://dnb.d-nb.de abrufbar.

Zugl.: Tübingen, Univ., Diss., 2017

Umschlagabbildung:
Justitia. Allegorie der Gerechtigkeit. Druck aus dem 17. Jahrhundert.

D 21
ISSN 0344-290X
ISBN 978-3-631-76451-0 (Print)
E-ISBN 978-3-631-77238-6 (E-PDF)
E-ISBN 978-3-631-77239-3 (EPUB)
E-ISBN 978-3-631-77240-9 (MOBI)
DOI 10.3726/b14845

Peter Lang – Berlin · Bern · Bruxelles · New York ·
Oxford · Warszawa · Wien

Diese Publikation wurde begutachtet.

www.peterlang.com

Danksagung

Sehr herzlich danke ich Herrn Prof. Dr. Jan Thiessen für sein Interesse am Thema und die stets anregende Betreuung der Arbeit. Seine kritischen Fragen und sein Wissen auf unzähligen Gebieten förderten das Gelingen dieser Arbeit.

Bei Herrn Prof. Dr. Thomas Finkenauer bedanke ich mich aufrichtig für die sehr zügige Erstellung des Zweitgutachtens sowie für die bereichernden Hinweise.

Mein Dank gilt ferner den vielen interessierten Gesprächspartnern und Kaufleuten, die mich an ihren Gedanken teilhaben ließen und das Thema mit Fragen begleiteten. Nennen möchte ich hier den Archivaren der IHK Region Stuttgart, der mir Einblicke in die Kammerarbeit vergangener Zeiten gewährte und wertvolle Hinweise gab. Meinen früheren Kollegen und Kolleginnen der German Graduate School of Management and Law, vor allem Dr. Denise Demisch und Caroline Münch, danke ich für den hilfreichen Gedankenaustausch sowie die einmalige und schöne Zeit. Besonders danke ich auch der Gegenleserin der ersten Stunde, Dr. Christine Rex, deren Anregungen ich sehr wertschätzte.

Meiner Familie, insbesondere meiner Mutter, danke ich herzlich für ihre Motivation und Unterstützung. Mein größter Dank richtet sich an meinen Mann für seine unendliche Geduld und sein Verständnis für die erbrachte Leistung sowie an meine Kinder für die Abwechslung von der wissenschaftlichen Arbeit und die Glücksmomente in dieser Zeit.

Inhaltsübersicht

Übersichtenverzeichnis

Abkürzungsverzeichnis

a.F.	alte Fassung
Abs.	Absatz
ADHGB	Allgemeines Deutsches Handelsgesetzbuch
AG	Aktiengesellschaft
AktG	Aktiengesetz
ALR	Allgemeines Landrecht für die Preußischen Staaten
Anm.	Anmerkung
AöR	Archiv des öffentlichen Rechts (Zeitschrift)
Art.	Artikel
Bambergensis	Bambergische Halsgerichtsordnung
BayStGB	Bayerisches Strafgesetzbuch
BayVGH	Bayerischer Verwaltungsgerichtshof
BB	Betriebsberater (Zeitschrift)
Bd.	Band
BGB	Bürgerliches Gesetzbuch
BGBl.	Bundesgesetzblatt
BGH	Bundesgerichtshof
BörsG	Börsengesetz
bspw.	Beispielsweise
BT-Drucks.	Bundestags-Drucksache (Wahlperiode und Nummer)
bzw.	Beziehungsweise
C.	Codex Iustinianus des Corpus Iuris Civilis
ca.	Circa
Can.	Canon (= Abschnitt im Codex Iuris Canonici)
Carolina	Constitutio Criminalis Carolina
CCB	Constitutio Criminalis Bambergensis = Bambergische Halsgerichtsordnung
CCC	Constitutio Criminalis Carolina = Peinliche Halsgerichtsordnung Kaiser Karls V.
Codex	Criminalis Codex Juris Bavarici Criminalis
CSR	Corporate Social Responsibility
D.	Digesta des Corpus Iuris Civilis
d. h.	das heißt
DIHT	Deutscher Industrie- und Handelskammertag
DJ	Deutsche Justiz (Zeitschrift)

DJZ	Deutsche Juristenzeitung (Zeitschrift)
DR	Deutsches Recht (Zeitschrift)
DRW	Deutsches Rechtswörterbuch
DWZ	Deutsche Wirtschaftszeitung (Zeitschrift)
EGADHGB	Einführungsgesetz zum Allgemeinen Deutschen Handelsgesetzbuch
EGO	Ehrengerichtsordnung
Einl.	Einleitung
etc.	et cetera
f.	folgende (Seite etc.)
FAZ	Frankfurter Allgemeine Zeitung
ff.	folgende (Seiten etc.)
FGG	Gesetz über die freiwillige Gerichtsbarkeit
FIRA	Fontes iuris Romani anteiustiniani
Fn.	Fußnote
FS	Festschrift
GenG	Genossenschaftsgesetz
GewArch	Gewerbearchiv (Zeitschrift)
GewO	Gewerbeordnung
GG	Grundgesetz
GmbHG	Gesetz betreffend die Gesellschaften mit beschränkter Haftung
GVBl.	Badisches Gesetz- und Verordnungsblatt
GVG	Gerichtsverfassungsgesetz
HGB	Handelsgesetzbuch
HRG	Handwörterbuch zur deutschen Rechtsgeschichte
Hrsg.	Herausgeber
HS.	Halbsatz
i. F. v.	in der Fassung vom
i. V. m.	in Verbindung mit
IHK	Industrie- und Handelskammer
IHK-Gesetz	Gesetz zur vorläufigen Regelung des Rechts der Industrie- und Handelskammern
insb.	Insbesondere
IRMAE	Ius Romanum medii aevi (Zeitschrift)
Kap.	Kapitel
KGaA	Kommanditgesellschaft auf Aktien
m. w. N.	mit weiteren Nachweisen
MoMiG	Gesetz zur Modernisierung des GmbH-Rechts und zur Bekämpfung von Missbräuchen

NCC	Novum Corpus Constitutionem Marchicarum
n. Chr.	nach Christus
NJW	Neue Juristische Wochenschrift (Zeitschrift)
Nr.	Nummer
NSdRA	Neue und vollständigere Sammlung der Reichs-Abschiede
o. A.	ohne Angabe
o. V.	ohne Verfasser
PrStGB	Preußisches Strafgesetzbuch
PublizitätsG	Publizitätsgesetz
Reg.	Blatt Regierungsblatt für das Königreich Württemberg
RGBl.	Reichsgesetzblatt
Rn.	Randnummer
RPO	Reichspoliceyordnung
RStGB	Reichsstrafgesetzbuch
ReichVerBl.	Reichsverwaltungsblatt (Zeitschrift)
S.	Seite
s.	Siehe
sog.	Sogenannt
Sp.	Spalte
Ssp.	Sachsenspiegel
StGB	Strafgesetzbuch
Tac. Germ. c.	Tacitus, Germania, caput
u. a.	unter anderem
UmwG	Umwandlungsgesetz
UWG	Gesetz gegen den unlauteren Wettbewerb
v. Chr.	vor Christus
Var.	Variante
Verw. Rspr.	Verwaltungsrechtsprechung in Deutschland
VGH	Verwaltungsgerichtshof
vgl.	Vergleiche
WABW	Wirtschaftsarchiv Baden-Württemberg
WNA	Wirtschaft Neckar Alb (Zeitschrift der IHK Reutlingen)
WRP	Wettbewerb in Recht und Praxis (Zeitschrift)
WWZ	Württembergische Wirtschaftszeitschrift
z. B.	zum Beispiel
ZAkDR	Zeitschrift der Akademie für Deutsches Recht
ZfB	Zeitschrift für Betriebswirtschaftslehre
ZGR	Zeitschrift für Unternehmens- und Gesellschaftsrecht
ZHF	Zeitschrift für historische Forschung

ZIP	Zeitschrift für Wirtschaftsrecht und Insolvenzpraxis
ZRG (GA)	Zeitschrift der Savigny-Stiftung für Rechtsgeschichte (Germanistische Abteilung)
ZRG (RA)	Zeitschrift der Savigny-Stiftung für Rechtsgeschichte (Romanistische Abteilung)
ZStW	Zeitschrift für die gesamte Strafrechtswissenschaft

Kapitel 1: Einleitung

A. Themenanlass und Forschungsstand

Die vorliegende Arbeit widmet sich der Untersuchung des ehrbaren Kaufmanns[1] im deutschen Recht. Sie geht der Frage nach, an welchen Stellen das deutsche Recht vom ehrbaren Kaufmann spricht und was unter einem ehrbaren Kaufmann aus juristischer Sicht zu verstehen ist. In das Blickfeld rücken dabei die Vorstellungen des Gesetzgebers und der Wirtschaft.

Anlass zu dieser Fragestellung gab ein im Jahr 2003 erfolgter Aufruf zur „Rückkehr zum Leitbild des ehrbaren Kaufmanns"[2] und die seither geführte Diskussion um den ehrbaren Kaufmann.[3] Diese Diskussion bewegt sich vornehmlich

1 Da die Arbeit keinen feststehenden Begriff ausfüllen möchte, sondern der Frage nachgeht, ob die deutsche Rechtsordnung eine bestimmte Vorstellung von einem Kaufmann hat, der ehrbar ist bzw. handelt, verwendet diese Arbeit die kleingeschriebene Form des ehrbaren Kaufmanns, sofern die verwendeten Quellen nicht vom Ehrbaren Kaufmann sprechen.

2 Interview mit Jürgen Heraeus, in: Die Zeit, vom 28. Mai 2003.

3 *Leibinger*, „Der ehrbare Kaufmann – Auslaufmodell oder Leitbild einer globalen Wirtschaft?", Vortrag an der Humboldt-Universität zu Berlin, Oktober 2006; *Witt*, Unternehmer als ehrbare Kaufleute, in: ZfB – Special Issue, 1/2007, S. 89 ff.; *Schwalbach/Fandel*, Der ehrbare Kaufmann: Modernes Leitbild für Unternehmer?, 2007; *Klink*, Der Ehrbare Kaufmann – Das ursprüngliche Leitbild der Betriebswirtschaftslehre und individuelle Grundlage für die CSR-Forschung, in: ZfB – Special Issue, 3/2008, S. 57 ff.; *Kolf*, Kaufmannstugenden: Ehrbarkeit ist das wichtigste Kapital, Artikel in: Handelsblatt, vom 23. Dezember 2009; *Graf/Stober* (Hrsg.), Der Ehrbare Kaufmann und Compliance, 2010; IHK Rostock (Hrsg.), Nach „alter teutscher Moral"? oder auch „Ehrbarer Kaufmann" gestern – „Ehrbarer Kaufmann" heute, 2011. Die Forderung nach Abkehr von Korruption und „Rückkehr zum ehrbaren Kaufmann" zuletzt auf der Fraud Management Konferenz in Hamburg, am 17./18. November 2011, vgl. BB 2011, S. 3009; *Henning-Bodewig*, Der „ehrbare Kaufmann", Corporate Social Responsibility und das Lauterkeitsrecht, WRP 2011, S. 1014 ff.; *Beschorner/Hajduk*, Der ehrbare Kaufmann – Unternehmensverantwortung „light"?, in: *CSR-Magazin* 2011 (Heft 3), S. 6 ff. Daneben wird der ehrbare Kaufmann der Finanzwelt thematisiert *Dürr*, Der ehrbare Kaufmann in der Finanzwelt – ein Oxymoron?, in: Dauner-Lieb/Freudenberg/Werner (Hrsg.), Familienunternehmen im Fokus von Wirtschaft und Wissenschaft, 2014 S. 166 ff. und ferner auch für familiengeführte Unternehmen diskutiert *von Metzler*, Der ehrbare Kaufmann – Relikt der Vergangenheit oder Vorbild für Familienunternehmen?, in: Dauner-Lieb/Freudenberg/Werner (Hrsg.), Familienunternehmen im Fokus von Wirtschaft und Wissenschaft, 2014 S. 458 ff. Für eine

im wirtschaftlichen Bereich, dort überwiegend im Rahmen der Corporate Social Responsibility (CSR),[4] und wird derzeit befördert durch die Wirtschafts- und Finanzkrise seit 2008.

Eine juristische Auseinandersetzung mit dem Thema fehlt bislang. Allerdings erfolgte bereits eine rechtswissenschaftliche Annährung an den ehrbaren Kaufmann an der Schnittstelle zur Compliance-Diskussion.[5] Aus diesem Bereich stammt auch ein aktuelles Bild des ehrbaren Kaufmanns. Danach verhandelt er fair, ist anständig, ehrlich und verlässlich und trägt Verantwortung.[6]

Daneben näherte sich eine Projektgruppe der Industrie- und Handelskammer Berlin im Mai 2009 empirisch dem ehrbaren Kaufmann.[7] Sie wandte sich mit zwei Fragen an die Wirtschaftsjunioren.[8] Die eine Frage ermittelte die Bekanntheit des Begriffs eines ehrbaren Kaufmanns, mit dem Ergebnis, dass über 90 Prozent der Befragten den Begriff kannten. Die zweite Frage lautete nach den Eigenschaften eines ehrbaren Kaufmanns, wobei verschiedene Attribute den

---

aktuelle philosophische Betrachtung des ehrbaren Kaufmanns, s. *Raatzsch*, Ehrbare Kaufleute, 2014, S. 15 ff.

4 *Klink*, Der Ehrbare Kaufmann – Das ursprüngliche Leitbild der Betriebswirtschaftslehre und individuelle Grundlage für die CSR-Forschung, in: ZfB – Special Issue, 3/2008, S. 57 ff.; *Henning-Bodewig*, Der „ehrbare Kaufmann", Corporate Social Responsibility und das Lauterkeitsrecht, WRP 2011, S. 1014 ff.; *Beschorner/Hajduk*, Der ehrbare Kaufmann – Unternehmensverantwortung „light"?, in: *CSR-Magazin* 2011 (Heft 3), S. 6 ff.; *Schwalbach/Klink*, Der Ehrbare Kaufmann als individuelle Verantwortungskategorie der CSR-Forschung, in: Schneider/Schmidpeter (Hrsg.), Corporate Social Responsibility: verantwortungsvolle Unternehmensführung in Theorie und Praxis, 2015, S. 177 ff. Der ehrbare Kaufmann hat auch Einzug bei Personalthemen gefunden, s. bspw. *Lüke/Kuttner*, Der Ehrbare Kaufmann und Human Ressource Management, in: Doyé (Hrsg.): CSR und Human Ressource Management, Die Relevanz von CSR für modernes Personalmanagement, 2016, S. 33 ff.

5 *Graf/Stober* (Hrsg.), Der Ehrbare Kaufmann und Compliance, 2010, Auszug in NJW 2010, S. 1573 ff. Einen weiteren juristischen Bezug stellen her *Triebel/Hafner*, Der Ehrbare Kaufmann und Treu und Glauben – Standortvorteile deutschen Rechts gegenüber englischem Recht?, in: Graf/Stober (Hrsg.), Der Ehrbare Kaufmann und Compliance, 2010, S. 45 ff.

6 *Stober*, Ist der Ehrbare Kaufmann der Schlüssel für Compliance-Anforderungen?, in: Graf/Stober (Hrsg.), Der ehrbare Kaufmann und Compliance, 2010, S. 3 (= NJW 2010, 1573). Die Zuschreibung dieser Eigenschaften geht zurück auf den Wirtschaftsrat.

7 *Bähr*, Der ehrbare Kaufmann in der Wahrnehmung der deutschen Wirtschaftsjunioren, in: Graf/Stober (Hrsg.), Der ehrbare Kaufmann und Compliance, 2010, S. 15 ff.

8 Die Beteiligung lag bei 352 Unternehmern und Unternehmerinnen.

Befragten zur Auswahl gestellt wurden. Am häufigsten wurden Verlässlichkeit, Ehrlichkeit und Verantwortungsbewusstsein gegenüber den eigenen Mitarbeitern und Kunden angegeben.[9]

Ein Ende der gegenwärtigen Diskussion ist nicht zu erwarten, sondern vielmehr eine weitere Zunahme, da der „ehrbare Kaufmann“ Einzug in verschiedene Institutionen und Vereine gehalten hat.

Der Bundesverband der deutschen Versicherungskaufleute e. V. (BVK) initiierte für seine Branche das Projekt „Ehrbarer Kaufmann“, das zur Gründung des Vereins der ehrbaren Versicherungskaufleute (VEVK) am 9. Oktober 2012 im Hamburg führte.[10] Der Verein erarbeitete für seinen Geschäftsbereich die zehn Tugenden eines „Ehrbaren Kaufmanns“. Dieser

- ist sich seiner politischen und sozialen Verantwortung bewusst,
- nimmt seine sozialpolitische Aufgabe aktiv und verantwortlich an,
- bekennt sich zu ethischem Handeln,
- handelt nachhaltig,
- steht für Identifikation und bürgerschaftliches Engagement,
- verpflichtet sich dem Interesse seines Kunden,
- versteht Vertrauen als Grundlage seines Handelns,
- setzt seine Wertestandards und sein Handeln ständig einer kritischen Selbstreflexion aus,
- erfüllt hohe Standards im Umgang mit seinen Mitarbeitern,
- steht für Qualifikation und Kompetenz.

Der Verein, dem alle Versicherungsvermittler und -Vermittlerinnen durch Antrag beitreten können, sieht als Aufnahmevoraussetzung die Beibringung von zwei Bürgen, die Vorlage eines Führungszeugnisses und die Unterwerfung unter die Schiedsgerichtsbarkeit der Handelskammer Hamburg vor.[11]

Auch der Verein Berliner Kaufleute und Industrieller (VBKI), der sich bereits seit 1879 für die Wirtschaftsförderung in Berlin einsetzt, stellte nun „Leitsätze des ehrbaren Wirtschaftshandelns“ auf,[12] adressierte diese an die Führungskräfte und betonte dabei ihre verantwortungsvolle Rolle. Die Leitsätze haben den „Ehrbaren Kaufmann“ zum Inhalt: Der „Ehrbare Kaufmann“

---

9 *Bähr*, Graf/Stober (Hrsg.), Der ehrbare Kaufmann in der Wahrnehmung der deutschen Wirtschaftsjunioren, in: Der ehrbare Kaufmann und Compliance, 2010, S. 15 ff.

10 http://www.vevk.de/ (letzter Abruf am 29. März 2018).

11 http://www.vevk.de/mitglied-werden.html (letzter Abruf am 29. März 2018).

12 http://www.vbki.de/leitsaetze (letzter Abruf am 29. März 2018).

- richtet sein Wirtschaften auf Dauer aus,
- richtet sein Handeln an Tugenden aus, die langfristiges Vertrauen schaffen,
- achtet die Rechte und die Würde seiner Mitarbeiter und behandelt sie fair und menschlich,
- verhält sich redlich im Geschäftsverkehr mit Kunden und Lieferanten,
- wahrt die Interessen der Eigentümer,
- verhält sich fair gegenüber seinen Wettbewerbern,
- unterstützt das Gemeinwohl in der Gesellschaft,
- bedient berechtigte Interessen der Öffentlichkeit nach Information,
- fördert die Weiterentwicklung unserer freiheitlichen Gesellschaftsordnung durch sein gutes Vorbild,
- beachtet das Prinzip der ökologischen Nachhaltigkeit.

Insbesondere bei den Industrie- und Handelskammern rückte in den letzten Jahren das Leitbild des ehrbaren Kaufmanns in den Fokus, dessen Umsetzung teilweise aktiv verfolgt wird. So verleiht beispielsweise die Industrie- und Handelskammer Schwarzwald-Baar-Kreis ihren Mitgliedern eine Urkunde,[13] die diese als einen ehrbaren Kaufmann auszeichnet. Die Urkunde soll dokumentieren, dass das Unternehmen „ethische Grundsätze, Verantwortungsbewusstsein und langfristig angelegtes, nachhaltiges Handeln im gesamtgesellschaftlichen Kontext" beachtet. Dies zeige sich in Glaubwürdigkeit, Gerechtigkeit, Ehrlichkeit, Weitblick, Integrität, Wirtschaftlichkeit und Internationalität. Auch die IHK Ostbrandenburg vermittelt ihren Mitgliedern den ehrbaren Kaufmann durch die Broschüre „Der Ehrbare Kaufmann lebt!", in der verschiedene Porträts ostbrandenburgischer Kaufleute der Gegenwart enthalten sind.[14]

Die IHK Reutlingen fragte nach dem Inhalt des Leitbilds des ehrbaren Kaufmanns und verwies auf das bereits existierende Leitbild der Versammlung eines Ehrbaren Kaufmanns zu Hamburg e. V.,[15] wonach gilt: Der Ehrbare Kaufmann

---

13 Abrufbar unter https://www.schwarzwald-baar-heuberg.ihk.de/blob/vsihk24/Wir-ueber-uns/urkunden/4001780/9111df36c5cc3eda4031ebe688e8d14c/Musterurkunde-Ehrbarer-Kaufmann-data.pdf (letzter Abruf am 29. März 2018).

14 https://www.ihk-ostbrandenburg.de/blob/ffihk24/servicemarken/Ehrenamt/Initiative-Ehrbarer-Kaufmann/2409096/406fcf27dec2dfaf98b33d6d8a638f11/Der-Ehrbare-Kaufmann-lebt-data.pdf (letzter Abruf am 29. März 2018).

15 Der Verein steht seit dem Jahr 1517 für den Bestand und die Pflege des ehrbaren Kaufmanns und führte den Begriff in ihrem Namen, weit bevor der „Ehrbare Kaufmann" wieder an Bedeutung gewann. Ausführlich zur Geschichte dieser Vereinigung *Postel*, Kaufmännische Selbstverwaltung in Geschichte und Gegenwart, 1992.

- ist weltoffen und freiheitlich orientiert,
- steht zu seinem Wort, sein Handschlag gilt,
- entwickelt kaufmännisches Urteilsvermögen,
- ist Vorbild in seinem Handeln,
- schafft in seinem Unternehmen die Voraussetzungen für ehrbares Handeln,
- legt sein unternehmerisches Wirken langfristig und nachhaltig an,
- hält sich an das Prinzip von Treu und Glauben,
- erkennt und übernimmt Verantwortung für die Wirtschafts- und Gesellschaftsordnung,
- tritt auch im internationalen Geschäft für seine Werte ein.[16]

Gemäß einem Beschluss der Vollversammlung der IHK Reutlingen greift die IHK Reutlingen auf dieses Leitbild zurück.[17] Auch die IHK Nürnberg gab eine Publikation heraus, in der sie sich dem „Ehrbaren Kaufmann" widmete und auf die Leitsätze der Versammlung eines Ehrbaren Kaufmanns zu Hamburg e. V. mit dem Hinweis einging, dass diese einen Orientierungsrahmen für ehrbares Verhalten böten.[18]

Die Ausfüllung des Begriffs ehrbarer Kaufmann und vor allem die Umsetzung des Auftrags, den Anforderungen eines ehrbaren Kaufmanns entsprechend zu handeln, wird auch durch die Dachorganisation der Industrie- und Handelskammern, den Deutschen Industrie- und Handelskammertag (DIHT) befürwortet, zumal der Verband befürchtet, dass „der Begriff des ‚ehrbaren Kaufmanns' […] zunehmend durch Soft-Law-Anglizismen wie ‚Compliance', ‚Good Governance', ‚Fair Play' und ‚Corporate Social Responsibility (CSR)' verdrängt" wird.[19]

---

16 Das von der Versammlung eines Ehrbaren Kaufmanns zu Hamburg e. V. herausgegebene Leitbild des „Ehrbaren Kaufmanns" ist abgedruckt in WNA 11/2012, S. 24. Auszüge des Leitbilds können abgerufen werden unter https://veek-hamburg.de/organisation/veek-leitbild/ (letzter Abruf am 29. März 2018).

17 WNA 11/2012, S. 19.

18 *IHK Nürnberg* (Hrsg.), Der Ehrbare Kaufmann, Stand August 2013, S. 32 f. Abrufbar unter http://www.ihk-nuernberg.de/de/media/PDF/Publikationen/Hauptgeschaefts-fuehrung/Ehrbarer-Kaufmann.pdf (letzter Abruf am 29. März 2018).

19 http://www.dihk.de/themenfelder/recht-steuern/rechtspolitik/grundsatzthemen/ehrbarer-kaufmann (letzter Abruf am 29. März 2018).
Diese Befürchtung scheint – neben der in Fn. 4 aufgeführte Literatur – auch mit Blick auf die *Richtlinie 2014/95/EU vom 22. Oktober 2014 zur Änderung der Richtlinie 2013/34/EU im Hinblick auf die Angabe nichtfinanzieller und die Diversität betreffender Informationen durch bestimmte große Unternehmen und Gruppen* (sog. CSR-Richtlinie) nicht unbegründet. Die Richtlinie bestimmt für kapitalmarktorientierte Unternehmen Informationspflichten über sogenannte nichtfinanzielle Informationen zu Themen wie

Auch der Deutsche Corporate Governance Kodex in der Fassung vom 7. Februar 2017 verweist nun in seiner Präambel auf das „Leitbild des Ehrbaren Kaufmanns", das von Vorständen und Aufsichtsräten börsennotierter Unternehmen bei der Erfüllung ihrer Aufgaben nicht nur Legalität, sondern auch ethisch fundiertes und eigenverantwortliches Verhalten verlangt.[20]

Der ehrbare Kaufmann ist demnach – wie noch zu zeigen sein wird: *wieder* – ein gängiger Begriff im Wirtschaftsleben. Das zeigt sich auch am Beispiel eines Wirtschaftslexikons, das in seiner aktuellen Auflage, im Gegensatz zu seinen früheren, das Stichwort „Ehrbarer Kaufmann" aufführt.[21] Zu dem Begriff wird erläutert, es handle sich um ein Leitbild für verantwortliches Handeln in der Wirtschaft, das in letzter Zeit stark an Popularität gewonnen habe und in enger Beziehung zur gesellschaftlichen Verantwortung von Unternehmen stehe. Der ehrbare Kaufmann „zeichnet sich dadurch aus, dass Werte und Tugenden wie Ehrlichkeit, Verlässlichkeit oder Integrität die Basis für das eigene Handeln darstellen"[22].

Im Übrigen ist diese „Wiederentdeckung" des ehrbaren Kaufmanns keine erstmalige Rückbesinnung. So hatte bereits die Industrie- und Handelskammer Reutlingen in ihrer Mitgliederzeitschrift im Jahr 1950 den gemeinsamen Aufruf von verschiedenen Spitzenverbänden (Deutscher Industrie- und Handelskammertag, Bundesverband der Deutschen Industrie, Gesamtverband des Deutschen Groß- und Außenhandels, Zentralverband des Deutschen Handwerks, Centralvereinigung Deutscher Handelsvertreter- und Handelsmaklerverbände) veröffentlicht, worin zur Rückkehr zu den „Gepflogenheiten eines ehrbaren Kaufmanns" aufgefordert wurde:[23]

---

die Achtung der Menschenrechte, soziale oder Umweltbelange. Die CSR-Richtlinie soll in Deutschland durch das *Gesetzes zur Stärkung der nichtfinanziellen Berichterstattung der Unternehmen in ihren Lage- und Konzernlageberichten* (sog. CSR-Richtlinie-Umsetzungsgesetz; Entwurf der Bundesregierung vom 17. Oktober 2016; BT-Drucks 18/9982) umgesetzt werden, welches im Wesentlichen Änderungen im HGB vorsieht.

20 Abrufbar unter http://www.dcgk.de//files/dcgk/usercontent/de/download/kodex/170424_Kodex.pdf (letzter Abruf am 29. März 2018).

21 *Gabler Wirtschaftslexikon*, Bd. C-F, 2014, Stichwort „Ehrbarer Kaufmann". Die Auflagen aus den Jahren 2010 (17. Auflage) sowie 2004 (16. Auflage) enthalten dieses Stichwort nicht.

22 Zum Folgenden *Gabler Wirtschaftslexikon*, Bd. C-F, 2014, Stichwort „Ehrbarer Kaufmann".

23 Mitteilungen der IHK Reutlingen, 1950, S. 174.

„Vertragstreue, sowie Treu und Glauben sind alte bewährte Grundsätze kaufmännischer Praxis. Es widerspricht der Gepflogenheit eines ehrbaren Kaufmanns, sich nicht an eingegangene Verpflichtungen zu halten, sei es durch unpünktliche Lieferung oder durch eigensüchtige Überschreitung von Zahlungszielen oder gar durch unbegründete einseitige Annullierung von Aufträgen. Wer vereinbarte Zahlungsziele nicht einhält, finanziert Eigengeschäfte auf Kosten seines Lieferanten – ein Geschäftsgebaren, das schärfstens zu verurteilen ist."

Der Aufruf nannte nicht die Gründe, die zu diesem Geschäftsgebaren führten. Vermutlich sind Umstände in den Wirtschafts- und sicherlich auch Lebensbedingungen in der Nachkriegszeit zu finden. Nach dem Zweiten Weltkrieg prägten Versorgungsnot und Armut den Alltag der Deutschen.[24] Es mangelte an Nahrungsmitteln, Wohnraum, Kleidung und Brennstoffen. Fast jeder kämpfte um sein Überleben, sodass Diebstahl und Betrug zur Sicherung der Grundbedürfnisse alltäglich wurden. Lag beispielsweise die Anzahl der Fälle des einfachen Diebstahls unmittelbar vor dem Krieg noch bei 6.583, so stieg im Jahr 1948 die Anzahl der bekannt gewordenen Fälle auf 74.597.[25] Auch der geschäftliche Alltag war vom Norm- und Werteverfall betroffen, was sich zum Beispiel in der Unterschlagung von Ablieferungen zeigte.[26] Erst die Währungsreform 1948 führte zu einer erheblichen Verbesserung der gesellschaftlichen und wirtschaftlichen Lage.[27] Offensichtlich griffen die hierdurch erreichten Verbesserungen nicht in allen Bereichen durch, da der Aufruf im Jahre 1950 erfolgte und veröffentlicht wurde.

Grundlage für den aktuellen Aufruf, zum Leitbild eines ehrbaren Kaufmanns zurückzukehren, bieten unter anderem die öffentlichen Diskussionen um schwarze Kassen und Korruptionsfälle (bspw. Siemens[28]), sog. Incentive-Reisen (bspw. ERGO Versicherung[29]) oder Bankenpleiten infolge von spekulativen Geschäften, die nicht nur zum Schaden der Verbraucher führten, sondern

---

24 *Wehler*, Deutsche Gesellschaftsgeschichte, Bd. 4, 2003, S. 951 ff.; *von Prollius*, Deutsche Wirtschaftsgeschichte nach 1945, 2006, S. 18 ff.

25 *Wehler*, Deutsche Gesellschaftsgeschichte, Bd. 4, 2003, S. 953.

26 *von Prollius*, Deutsche Wirtschaftsgeschichte nach 1945, 2006, S. 27.

27 *Wehler*, Deutsche Gesellschaftsgeschichte, Bd. 4, 2003, S. 971 f.; *von Prollius*, Deutsche Wirtschaftsgeschichte nach 1945, 2006, S. 63 ff.; *Abelshauser*, Deutsche Wirtschaftsgeschichte, 2011, S. 126 ff.

28 Dazu bspw. FAZ vom 4. Oktober 2007, „Schmiergeldskandal – Siemens muss 201 Millionen Euro Strafe zahlen". S. auch die sog. Siemens-Entscheidung des BGH.

29 Dazu bspw. Handelsblatt vom 18. Mai 2011, „‚Mordsspaß' – Rauschende Sex-Party bei der Ergo-Versicherung".

Staaten in die Finanzkrise rissen[30] und damit eine Regulierung des Kapitalmarkts (z. B. durch das Anlegerschutz- und Funktionsverbesserungsgesetz[31]) auslösten.

Diese Arbeit möchte aus rechtlicher und rechtshistorischer Sicht einen Beitrag zur Diskussion über die Rückkehr zum Leitbild eines ehrbaren Kaufmanns leisten, indem nach der Existenz, der Tradition und der Definition des „Ehrbaren Kaufmanns" im deutschen Recht gefragt wird. Es soll herausgearbeitet werden, ob im deutschen Recht ein Leitbild oder zumindest ein gemeinsames Verständnis über den ehrbaren Kaufmann vorhanden ist, welches zu der aktuellen Diskussion geführt hat.

B. Begriffsbestimmung

I. Kaufmann

Aus juristischer Sicht ist gemäß § 1 Abs. 1 HGB ein Kaufmann, wer ein Handelsgewerbe betreibt. Dieser Kaufmannsbegriff ist Anknüpfungsmerkmal für die Anwendbarkeit des HGB. Bereits im Allgemeinen Deutschen Handelsgesetzbuch von 1861 (ADHGB) war eine ähnliche Formulierung vorhanden. Danach war als Kaufmann anzusehen, wer gewerbsmäßig Handelsgeschäfte betrieb.[32]

---

30 Zur Insolvenz der Bank Lehman Brothers und den weitreichenden Folgen s. bspw. Der Spiegel, „Gorillas Spiel", 11/2009, S. 40 ff.

31 Gesetz zur Stärkung des Anlegerschutzes und Verbesserung der Funktionsfähigkeit des Kapitalmarkts vom 5. April 2011, BGBl. I S. 538.

32 *Raisch*, Die Abgrenzung des Handelsrechts vom bürgerlichen Recht als Kodifikationsproblem im 19. Jahrhundert, 1962, S. 17 ff. Das HGB von 1897 hat den Anwendungsbereich des Handelsrechts vorwiegend nach dem sog. subjektiven System und nicht nach dem objektiven System ausgestaltet. D. h., das Handelsrecht kommt dann zur Anwendung, wenn bestimmte Personen, also Kaufleute, betroffen sind, und nicht, wenn bestimmte Geschäftstypen oder ein zu regelnder Gegenstand betroffen ist, vgl. *Schmidt*, Handelsrecht, 2014, S. 4. Da jedoch die in Art. 3 ADHGB gewählte Formulierung *„Als Kaufmann im Sinne dieses Gesetzbuchs ist anzusehen, wer gewerbemäßig Handelsgeschäfte betreibt"* ihrerseits wiederum auf die Handelsgeschäfte zurückgreift, um den Kaufmann zu bestimmen, kann daraus auch auf die Vordergründigkeit des objektiven Systems geschlossen werden, s. *Schmidt*, Staub in „Staub's Kommentar, in: Henne/Schröder/Thiessen (Hrsg.), Anwalt – Kommentar – ‚Entdecker', 2006, S. 115. Die Frage, ob sich das ADHGB an einem objektiven oder subjektiven System ausrichtet, war schon im Rahmen des ersten Entwurfs eines Handelsgesetzbuches für Deutschland 1848/1849 diskutiert und zugunsten des subjektiven Systems entschieden worden. Dieses wurde vom preußischen HGB-Entwurf von 1857 übernommen, der später die Diskussionsgrundlage in den Beratungen zum ADHGB von 1861 bildete. Dazu *Baums*,

Die handelsrechtliche Definition gibt durch ihren Verweis allein auf das Betreiben eines Handelsgewerbes nur wenig Aufschluss über die Tätigkeit, die Person und das wirtschaftliche Wirken des Kaufmanns, der freilich nicht nur Subjekt des Handelsrechts, sondern – insbesondere – aktiver Teil des Wirtschaftslebens ist. Vor diesem Hintergrund stellt sich die Frage nach einer Definition des Kaufmanns, die abseits der handelsrechtlichen Bestimmung liegt und ein außerjuristisches Verständnis des Begriffs widerspiegelt.

Wörterbücher des 20. Jahrhunderts beschreiben den Kaufmann als jemanden, der beruflich Handel, Kauf und Verkauf betreibt.[33] Daneben wird er unter Zugrundelegung des oben genannten handelsrechtlichen Kaufmannsbegriffs definiert.[34] Dies gilt insbesondere für Rechtslexika der neueren Zeit.[35]

Ältere Rechtslexika, die noch vor dem ADHGB verfasst wurden, bestimmten den Kaufmann unter Zuhilfenahme des Begriffs „Handelstreibender" und im Kontext der Beschreibung des Handels. Der Protagonist des Handels war der „Handelstreibende".[36] Der Handel wurde definiert als der „gewerbsmäßige Verkehr durch Einkauf und Verkauf von solchen Gegenständen, bei denen eine faktische Konkurrenz von Käufern besteht. Da also der Handel in einer Reihe von Käufen und Verkäufen bestehe, werde der Handeltreibende auch Kaufmann genannt".[37]

Aus kaufmännischer Perspektive[38] wurde der Kaufmann beschrieben als eine Person, „die durch Kaufen und Verkaufen Nahrungsgeschäfte treibt, mit denen sie zu gewinnen sucht". Der Begriff des Kaufmanns war ein „in der weiteren Bedeutung von Kaufhandeln entlehntes Wort". Daneben wurde die

---

Entwurf eines allgemeinen Handelsgesetzbuches für Deutschland (1848/1849), 1982, S. 43 ff.

33 *Duden*, Das große Wörterbuch der deutschen Sprache, 1994, Stichwort „Kaufmann"; *Wahrig*, Deutsches Wörterbuch, 2000, Stichwort „Kaufmann"; ähnlich *Klappenbach/Steinitz* (Hrsg.), Wörterbuch der deutschen Gegenwartssprache, 1969, Stichwort „Kaufmann".

34 *Der große Brockhaus*, 1955, Stichwort „Kaufmann"; in Anlehnung an die frühere Unterscheidung von Vollkaufleuten und Minderkaufleuten, die mit dem Handelsrechtsreformgesetz von 1998 aufgehoben wurde. Dazu Baumbach/Hopt/*Hopt*, HGB, 2014, § 1 Rn. 1 ff.

35 Z. B. Deutsches Rechtslexikon, 2001, Stichwort „Kaufmann".

36 *Brackenhoeft* in: Rechtslexikon, Art. „Handel", Bd. 5, 1844, S. 42 ff.

37 *Wilda* in: Rechtslexikon, Art. „Kauf in Beziehung auf Waarenhandel", Bd. 6, 1845, S. 46 f.

38 Zum Folgenden *Schlössing*, Die gedrängte vollständige Handlungs-Terminologie, oder kaufmännisches Wörterbuch, 1832, Stichwort „Kaufmann".

Unterscheidung in „Kaufmann“ und „Kleinhändler“ vorgenommen. Während der Kleinhändler Waren in einzelnen und geringen Mengen verkaufte, war nur derjenige Kaufmann, welcher Großhandel betrieb oder als sein Hauptgeschäft den Handel mit Waren oder Wechseln ausübte. Dies ähnelt der heutigen Unterscheidung in Kaufmann und Kleingewerbetreibender.

Für den deutschen Rechtsraum ist die Bezeichnung „Handelsleute“ für Personen, die gewerbsmäßig, also mit Profit, kaufen und verkaufen, seit dem 16. Jahrhundert bekannt.[39] Erst mit der Einführung des ADHGB hatte auch der Begriff des Kaufmanns eine feste Kontur erhalten. Durch das Einführungsgesetz zum ADHGB wurde der Begriff „Kaufmann“ maßgebend.[40]

Grundsätzlich wird im Rahmen dieser Arbeit vom handelsrechtlichen Kaufmannsbegriff ausgegangen. Allerdings bewegen sich die Untersuchungen teilweise in einem zeitlichen Umfeld, in dem es keine klar umrissene juristische Definition eines Kaufmanns gab. Für diese Zeit wird der Kaufmann, in Anlehnung an die obigen Ausführungen, verstanden als eine Person, die Waren kauft und verkauft und damit einen Profit macht, um ihren Lebensunterhalt zu bestreiten.

II. Ehrbarkeit und Ehre

Eine juristische Definition von „ehrbar“ gibt es nicht. Unter Zuhilfenahme von Wörterbüchern wurden für „ehrbar“ die Synonyme „angesehen“, „sittsam“ und „anständig“[41] ermittelt. Ferner werden die Adjektive „achtenswert“, „ehrenwert“ und „ehrenhaft“ angeführt. Handelt es sich um das Benehmen, ist ehrbar gleichbedeutend mit der Sitte,[42] wobei für die Sitte die Umschreibung „auf den allgemeinen Moralgesetzen beruhende Verhaltensweise“ genannt wird.[43]

Zieht man den Kreis von „ehrbar“ weiter auf den Wortstamm „Ehre“, finden sich ähnliche Synonyme wie „Achtung“, „Anerkennung“, „Ruf“, „Ansehen“, „innerer Wert“, „Sittlichkeit“, „Ehrgefühl“, „Auszeichnung“, „Ehrung“, „Unbescholtenheit“.[44] Auch wird zwischen einer inneren und einer äußeren Ehre

---

39 *Merzbacher*, Der Kaufmann im Codex Maximilianeus Bavaricus Civilis und im Allgemeinen Landrecht für die Preußischen Staaten, in: ius et commercium, 1971, S. 87–100 (87 f.).

40 *Merzbacher*, Der Kaufmann im Codex Maximilianeus Bavaricus Civilis und im Allgemeinen Landrecht für die Preußischen Staaten, in: ius et commercium, 971, S. 87–100 (87 f.).

41 Der neue Brockhaus, 1964, Stichwort „ehrbar“.

42 *Wahrig*, Deutsches Wörterbuch, 2005, Stichwort „ehrbar“.

43 *Wahrig*, Deutsches Wörterbuch, 2005, Stichwort „Sitte“.

44 *Wahrig*, Deutsches Wörterbuch, 2005, Stichwort „Ehre“.

unterschieden. Die innere Ehre entspricht dem Bewusstsein der eigenen Unbescholtenheit und der darauf begründeten Haltung, die auch durch äußere Missachtung und Verunglimpfung nicht berührt werden kann. Die äußere Ehre beschreibt die Stellung in der Gesellschaft. Auf die gesellschaftliche Stellung nehmen das Alter, die Abstammung, der Rang und der Beruf Einfluss. Es ist ein den Ansichten eines Volkes oder einer Gesellschaft unterliegender Begriff, mithin nicht statisch.[45] Im Hinblick auf eine Rechtsordnung, in der alle Menschen formal gleich sind, kann die äußere Ehre keine rechtlich maßgebliche sein.[46]

Neben der allgemeinen Begriffsbestimmung der Ehre gibt es trotz fehlender Definition auch ein juristisches Verständnis der Ehre. Das zeigt sich schon durch die Straftatbestände der Beleidigung des 14. Abschnitts des StGB, dessen Tatbestände die Ehre als Rechtsgut zum Gegenstand haben.[47] Eine klare, immerwährende Definition des Tatbestandmerkmals Ehre gibt es nicht. Überwiegend vertreten wird die Ansicht, wonach die Ehre ein aus einem sozialen Zuschreibungs- und Anerkennungsverhältnis entspringender Anspruch ist, der auf Achtung des Werts der Person gerichtet ist.[48]

Daneben ist der Rechtsgeschichte eine Betrachtung des Ehrbegriffs unter Zugrundelegung verschiedener Rechtssysteme und Epochen bekannt. Der Begriff der Ehre ist ein sich wandelnder Begriff, der den gesellschaftlichen Ansichten seiner Zeit unterliegt, was sich auch in der Rechtswissenschaft im Vergleich des Schrifttums mit Vorgängerauflagen zeigt.[49] Daraus ergeben sich

---

45 Der neue Brockhaus, 1964, Stichwort „Ehre".

46 *Hilgendorf* in: Leipziger Kommentar, StGB, 2010, Vor § 185 Rn. 3.

47 *Hilgendorf* in: Leipziger Kommentar, StGB, 2010, Vor § 185 Rn. 42; *Lackner/Kühl*, StGB, 2014, Vor § 185 Rn. 1; ähnlich *Fischer*, StGB, 2015,Vor § 185 Rn. 1, allerdings ohne §§ 187, 3. Var., 188, 189 StGB.

48 *Fischer*, StGB, 2015, Vor § 185 Rn. 4; Übersicht der vertretenen Ansichten zum Inhalt des Ehrbegriffs s. *Lackner/Kühl*, StGB, 2014, Vor § 185 Rn. 1 f.; ausführlich *Hilgendorf* in: Leipziger Kommentar, StGB, 2010, Vor § 185 Rn. 3 ff.

49 Bspw. *Deutsch*, Art. „Ehre", HRG, Bd. I, 2008, Sp. 1224-1251 und *Scheyhing*, Art. „Ehre", HRG, Bd. I, 1971, Sp. 846-849. Die ältere Auflage setzt sich auch mit den möglichen Ursprüngen der Ehre auseinander, nämlich der Verehrung von Gottheiten und der Darbietung von Gaben als Zeichen der Anerkennung bereits vorhandener Ehre und die dadurch bewirkte Steigerung und Bestätigung derselben. Zudem wird auf die deutschen Institute der Ehr- und Rechtlosigkeit eingegangen sowie der Reinigungseid und der Ämterausschluss angesprochen (s. dazu unten Kap. 5, A. II. 2.) Die neue Auflage geht zunächst auf das römische Recht ein und beschreibt die deutsche Ehr- und Rechtlosigkeit nicht mehr. Dafür stellt sie ausführlich die verschiedenen Standesehren des Mittelalters und die Bürgerliche Ehre des ausgehenden 18. Jahrhunderts dar. Zudem beschäftigt sie sich, im Gegensatz der Vorauflage, mit der Nationalehre.

die zeitweise vertretene Auffassung eines römischen und eines germanischen Ehrbegriffs, eines Ehrverständnisses des Mittelalters und einer Ehre, nachdem sie die Zeit der Aufklärung und der Kodifikationen durchlaufen hat.[50] Während im deutschen Kulturkreis die Ehre heute weitgehend eine untergeordnete Stellung innehat, war sie im Mittelalter von besonderer Bedeutung,[51] als jeder gesellschaftliche Stand seine eigene Ehre definierte.[52]

C. Gang der Darstellung

Zunächst wird die gesetzliche Formulierung des „ehrbaren Kaufmanns" auf Bedeutung und Herkunft untersucht. Dabei wird auch auf ähnliche Formulierungen wie die des „sorgfältigen Kaufmanns" eingegangen und daraufhin die Buchführungspflicht der Kaufleute untersucht, um herauszuarbeiten, ob hierin ein Leitbild enthalten ist. Daran schließt sich die Untersuchung einer Wechselwirkung zwischen dem Kaufmann und der Ehre an. Es wird gefragt, ob die Ehre einen Einfluss auf die berufliche Tätigkeit des Kaufmanns nahm und ob der Gesetzgeber eine Wechselwirkung dahingehend beeinflusste, dass nur bestimmte Kaufleute, solche mit besonderen charakteristischen Merkmalen, am Wirtschaftsleben teilhaben sollten. Die Untersuchung dieser Wechselwirkung wird vorgenommen, um gegebenenfalls auf mittelbarem Weg ein juristisch geprägtes Bild eines ehrbaren Kaufmanns zu erhalten.

Im Rahmen der Untersuchung nehmen die Gesetze der vormaligen Territorien Preußen, Baden und Württemberg eine besondere Stellung ein. Die starke Vorbildwirkung und der Einfluss der preußischen Gesetze auf die anderen deutschen Territorien rechtfertigt eine eingehende Betrachtung der preußischen Bestimmungen. Die Gebiete Baden und Württemberg gelangen aufgrund der räumlichen Nähe zu den Archiven in den Fokus der Betrachtung. Insbesondere wird auf die Städte Stuttgart und Reutlingen eingegangen.

---

50 *Deutsch*, Art. „Ehre", HRG, Bd. I, 2008, Sp. 1224-1251.

51 *Deutsch*, Art. „Ehrenstrafe", HRG, Bd. 1, 2008, Sp. 1232-1234.

52 *Girtler*, „Ehre" bei Vaganten, Ganoven, Häftlingen, Dirnen und Schmugglern; in: Ehre – Archaische Momente in der Moderne, 1994, S. 212–229; *van Dülmen*, Der ehrlose Mensch, 1999, S. 4.

Kapitel 2: Der ehrbare Kaufmann im Industrie- und Handelskammergesetz

Das einzige Bundesgesetz, das wörtlich den „ehrbaren Kaufmann“ erwähnt, ist das „Gesetz zur vorläufigen Regelung des Rechts der Industrie- und Handelskammern“ vom 18. Dezember 1956[53] (IHK-Gesetz).

Das IHK-Gesetz bestimmt seit seinem Inkrafttreten am 22. Dezember 1956[54] in § 1 Abs. 1 unverändert:

> *„Die Industrie- und Handelskammern haben, soweit nicht die Zuständigkeit der Organisation des Handwerks nach Maßgabe des Gesetzes zur Ordnung des Handwerks (Handwerksordnung) vom 17. September 1953 (BGBl. I S. 1411) gegeben ist, die Aufgabe, das Gesamtinteresse der ihnen zugehörigen Gewerbetreibenden ihres Bezirkes wahrzunehmen, für die Förderung der gewerblichen Wirtschaft zu wirken und dabei die wirtschaftlichen Interessen einzelner Gewerbezweige oder Betriebe abwägend und ausgleichend zu berücksichtigen; dabei obliegt es ihnen insbesondere, durch Vorschläge, Gutachten und Berichte die Behörden zu unterstützen und zu beraten sowie für* ***Wahrung von Anstand und Sitte des ehrbaren Kaufmanns*** *zu wirken.“*[55]

Die Fragen, ob und wie der Gesetzgeber den ehrbaren Kaufmann definierte und wie dieser Begriff Einzug in das IHK-Gesetz fand, bilden den Ausgangspunkt der folgenden Darstellung.

Da die Industrie- und Handelskammern nicht erst seit dem IHK-Gesetz von 1956 existieren, sondern das Gesetz vielmehr einen bundeseinheitlichen Wendepunkt einer langen Geschichte kennzeichnet, soll, bevor die Entstehung des IHK-Gesetzes dargestellt wird, ein historischer Abriss der Entwicklung der Industrie- und Handelskammern gegeben werden.

---

53 Gesetz vom 18. Dezember 1956, BGBl. I S. 920.

54 Verkündung am 21. Dezember 1956. *Möllering* in: IHKG-Kommentar (Frentzel/Jäckel/Junge), 2009, § 15 Rn. 1.

55 Hervorhebungen in den Gesetzestexten erfolgten durch die Verfasserin. Das gilt für alle folgenden Gesetzesauszüge.

A. Die Industrie- und Handelskammer

I. Entstehung der Industrie- und Handelskammern

Die Handelskammern, die erst seit Beginn des 20. Jahrhunderts als *Industrie-* und Handelskammern bezeichnet werden,[56] haben ihren Ursprung in Frankreich sowie in den deutschen Kaufmannsgilden und Korporationen, wobei die französischen Kammern eine größere Bedeutung für die Entwicklung der IHK einnahmen.[57] Bereits im Jahr 1596 gründete König Heinrich IV. die „Chambre supérieure du commerce".[58] Diese Kammer war eine zentrale Einrichtung, deren Aufgabe in der Beratung und der Begutachtung von Gesetzen lag, die den Handel betrafen. Die erste Handelskammer mit territorial begrenztem Wirkungsbereich wurde 1599 in Marseille gegründet.

Das französische Recht fand zu Beginn des 19. Jahrhunderts seinen Weg in den deutschen Rechtsraum. Ermöglicht hatten dies die französischen Revolutions- und Eroberungskriege unter Napoleon, die gegen Deutschland geführt wurden. Zunächst besetzten französische Truppen die linksrheinischen Gebiete, die später dann auch formal durch den deutschen Kaiser abgetreten wurden.[59] Während der französischen Regierungsgewalt in den linksrheinischen Gebieten wurde auch französisches Recht[60] und Staatsorganisationsverständnis hineingetragen. So kam es bereits kurz nach der Abtretung der linksrheinischen Gebiete zur Einrichtung der Kölner Handelskammer am 27. April 1803[61] nach

---

56 Dazu *Will*, Selbstverwaltung der Wirtschaft, 2010, S. 3.
Bspw. für Preußen erfolgte die Ergänzung um die Industriekammer mit Artikel IV der „Verordnung zur Änderung des Gesetzes über die Handelskammern" vom 1. April 1924, Gesetzsammlung für die Königlichen Preußischen Staaten, S. 194.

57 *Will*, Selbstverwaltung der Wirtschaft, 2010, S. 265. Zu ihrem teilweisen Ursprung in den Korporationen und Kaufmannsgilden *Frentzel/Jäkel*, Die deutschen Industrie- und Handelskammern und der Deutsche Industrie- und Handelstag, 1967, S. 16 ff. Auf diese Wurzel wird unten in Kap. 5, A. III. 1. d.) eingegangen.

58 Zum Folgenden ausführlich *Will*, Selbstverwaltung der Wirtschaft, 2010, S. 256 ff.; *Kluth* in: Handbuch des Kammerrechts, 2011, S. 81.

59 Die Abtretung erfolgte im Rahmen des Friedens von Lunéville am 9. Februar 1801, *Dölemeyer* in: Handbuch Privatrechtsgeschichte, Bd. III/2, 1982, S. 1441; *Eisenhardt*, Deutsche Rechtsgeschichte, 2013, Rn. 531.

60 Zum Einfluss des französischen Rechts auf Deutschland vgl. *Dölemeyer* in: Handbuch Privatrechtsgeschichte, Bd. III/2, 1982, S. 1421 ff.; *Faber*, Recht und Verfassung, 1970; *Conrad*, Deutsche Rechtsgeschichte, Bd. II, S. 398 ff. Zum Einfluss auf Preußen vgl. *von Meier*, Französische Einflüsse auf die Staats- und Rechtsentwicklung Preußens im 19. Jahrhundert, Bd. 1 (1907) und Bd. 2 (1908).

61 *Lusensky*, Gesetz über die Handelskammern, 1897, S. 4.

französischem Recht.[62] Das Ende der französischen Herrschaft wurde eingeleitet durch die Niederlage Napoleons in der Völkerschlacht bei Leipzig 1813. Diese führte zur Auflösung des Rheinbunds einerseits und zum Wiener Kongress andererseits, dessen Ziel die Herstellung der alten Ordnung (Restauration) war. Dem Kongress wurden die linksrheinischen Gebiete vorübergehend unterstellt, bis sie den deutschen Einzelstaaten Preußen,[63] Oldenburg, Hessen-Darmstadt und Bayern zugesprochen wurden.[64] Das französische Rechtsverständnis und damit auch jenes zum Handelskammerwesen hielt nun mit den Gebieten *Rheinpreußen*, *Rheinhessen* und *Rheinbayern* Einzug auch in die altdeutschen Kerngebiete.[65]

1. Errichtung der Handelskammern in Preußen

Die Idee der Handelskammern traf in Preußen auf die teilweise vorhandenen, teilweise im Entstehungsprozess befindlichen sog. kaufmännischen Korporationen.[66] Die kaufmännischen Korporationen, denen ein Kaufmann freiwillig beitreten konnte, wurden durch königliche Statuten errichtet.[67]

Das Nebeneinander von Handelskammern in den Rheinprovinzen und den kaufmännischen Korporationen in den anderen Teilen Preußens führte zu einem uneinheitlichen System der Aufgabenwahrnehmung und Interessenvertretung.

62 Ausführlich *Will*, Selbstverwaltung der Wirtschaft, 2010, S. 263 f.

63 Auf dem Wiener Kongress, der als Ergebnis den Deutschen Bund hervorbrachte, tauschte Preußen seine polnischen Ostprovinzen gegen die Rheinprovinz (und Teile Sachsens) ein. Hierzu *Mitteis/Lieberich*, Deutsche Rechtsgeschichte, 1992, S. 427 und 448 sowie einführend zum Deutschen Bund S. 418 und *Eisenhardt*, Deutsche Rechtsgeschichte, 2013, Rn. 551 ff.

64 *Dölemeyer* in: Handbuch Privatrechtsgeschichte, Bd. III/2, 1982, S. 1441.

65 Ausführlich *Will*, Selbstverwaltung der Wirtschaft, 2010, S. 267 ff.; *Kluth* in: Handbuch des Kammerrechts, 2011, S. 81 f. Die Wege, die eingeschlagen wurden, waren vielfältig. Zum einen nahm das französische Recht den Weg über die Wissenschaft durch die Universitäten wie z. B. Bonn. Auch wurde es bspw. über die Abgeordneten der Gebiete Rheinbayern und Rheinhessen transportiert, die in den gesamtstaatlichen Volksvertretungen in Darmstadt und München für das französische Recht warben. Dazu *Faber*, Recht und Verfassung, 1970, S. 12 und 16.

66 *Will*, Selbstverwaltung der Wirtschaft, 2010, S. 267 ff.

67 *Friedrichs*, Art. „Industrie- und Handelskammer", Handwörterbuch der Rechtswissenschaft, 1927, S. 263. Auf den Umstand, dass mit einem Nichtbeitritt in die Korporation ein rechtlicher Nachteil auf Seiten des Kaufmanns eintreten konnte, wird unten im Rahmen der Folgen der Einführung der Gewerbefreiheit eingegangen (vgl. Kap. 5, A. III. d.)).

Erst durch die von König Friedrich Wilhelm IV. von Preußen am 11. Februar 1848 erlassene „Verordnung über die Errichtung von Handelskammern“[68] wurde der Grundstein für einen langfristigen Fortbestand der Handelskammern gelegt.[69]

Gemäß § 1 war „[f]ür jeden Ort oder Bezirk, wo wegen eines bedeutenden Handels- oder gewerblichen Verkehrs ein Bedürfnis zu einer Handelskammer obwaltet, [...] eine solche nach Einholung Unserer besonderen Genehmigung“ zu errichten. Die Aufgabe der Kammern lag in der Interessenvertretung der Kaufmannschaft und in der Unterstützung der Staatsbehörden durch Erstellung von Gutachten, Erteilung von Ratschlägen und Erhebung von Daten zu statistischen Zwecken (§ 4 der Verordnung über die Handelskammer).[70]

Eine Reform der bestehenden Verhältnisse erfolgte mit dem „Gesetz über Handelskammern“ vom 24. Februar 1870.[71] Dieses wurde erlassen, um die Kammern in den bisherigen preußischen Gebieten und in den durch den deutsch-dänischen Krieg neu erworbenen Gebiete (Hannover, Kassel, Schleswig und Holstein) auf Grundlage eines formellen Gesetzes zu vereinheitlichen.[72]

2. Errichtung der Handelskammern im Großherzogtum Baden und im Königreich Württemberg

Die Entwicklung der Handelskammern und die gesetzlichen Rahmenbedingungen waren von Staat zu Staat verschieden.[73] So waren im Großherzogtum Baden und dem Königreich Württemberg vor Erlass entsprechender Gesetze über die Handelskammern kaufmännische Vereinigungen als Interessenvertreter der Kaufleute und Gewerbetreibenden bekannt und auch mittels staatlicher Genehmigung organisiert.[74]

---

68 Gesetzsammlung für die Königlichen Preußischen Staaten, 1848, S. 63.

69 *Will*, Selbstverwaltung der Wirtschaft, 2010, S. 267 ff.; *Schmaltz*, Die Industrie- und Handelskammern, 2008, S. 5 f.

70 *Bremer*, Kammerrecht der Wirtschaft, 1960, S. 5.

71 Gesetzsammlung für die Königlichen Preußischen Staaten, 1870, S. 134.

72 *Will*, Selbstverwaltung der Wirtschaft, 2010, S. 279 f.; *Kluth* in: Handbuch des Kammerrechts, 2011, S. 83.

73 *Bremer*, Kammerrecht der Wirtschaft, 1960, S. 11 ff.; *Will*, Selbstverwaltung der Wirtschaft, 2010, S. 292 ff.

74 *Bremer*, Kammerrecht der Wirtschaft, 1960, S. 12 und 17; vertiefend *Mosthaf*, Die württembergischen Industrie- und Handelskammern, Bd. 1, 1955, S. 18 ff.; *Will*, Selbstverwaltung der Wirtschaft, 2010, S. 292 f. und 323 f.

Eine Regelung, die dem preußischen Verständnis der Handelskammer am nächsten kam, erfolgte für Baden mit dem „Gesetz, die Handelskammern betreffend" vom 14. Dezember 1878[75] und für Württemberg mit dem „Gesetz, betreffend die Handelskammern" vom 30. Juli 1899.[76] Aus der „Königlichen Verordnung, betreffend die Errichtung der Handelskammern" vom 22. März 1900[77] kann entnommen werden, dass es für das Königreich Württemberg acht Kammerbezirke gab. Den größten Handelskammerbezirk bildete Stuttgart,[78] gefolgt von den Bezirken Reutlingen,[79] Heilbronn, Ulm, Calw, Heidenheim, Ravensburg und Rottweil. Die Aufgaben der badischen und der württembergischen Handelskammern bestand darin, für die staatlichen Behörden Gutachten zu erstellen und Ratschläge zu erteilen.[80]

3. *Die Kammern in der Zeit zwischen 1871 und 1933*

Die Gründung des Deutschen Reichs 1871 bewirkte keine einheitliche Regulierung des Kammerwesens. Jeder Einzelstaat hatte weiterhin sein eigenes Kammerrecht. Dennoch waren die Kammern im Kern rechtlich ähnlich ausgestaltet, da sich die souveränen Einzelstaaten am preußischen Kammerrecht orientierten. Preußen nahm zu jener Zeit nicht nur eine geistige Vormachtstellung ein. Es hatte eine politische Autorität inne, die auf den tiefgreifenden Reformen fußte, die insbesondere unter König Friedrich II. im 18. Jahrhundert begannen und in der Herrschaftszeit von König Friedrich Wilhelm III. in den Jahren 1797-1840 einen weiteren Höhepunkt erlebten (bspw. die Stein-Hardenberg'schen-Reformen).[81]

Auch wenn die einzelnen deutschen Staaten ihre Kammern auf eigenen rechtlichen Grundlagen organisierten und in ihrem Gebiet selbstständig waren, so suchten sie gleichwohl den Austausch mit den Kammern anderer Staaten und richteten hierzu den überterritorial stattfindenden Deutschen Handelstag ein.[82]

---

75 GVBl. S. 229.

76 Reg. Blatt S. 579.

77 Reg. Blatt S. 249.

78 Mit den Oberamtsbezirken Backnang, Böblingen, Cannstatt, Esslingen, Leonberg, Ludwigsburg, Marbach, Maulbronn, Schorndorf, Stuttgart, Vaihingen und Waiblingen.

79 Mit den Oberamtsbezirken Balingen, Göppingen, Horb, Kirchheim, Nürtingen, Reutlingen, Rottenburg, Tübingen und Urach.

80 *Bremer*, Kammerrecht der Wirtschaft, 1960, S. 12 und 17.

81 *Erler*, Art. „Preußen", HRG, Bd. III, 1984, Sp. 1926-1947.

82 Zum Folgenden *Bremer*, Kammerrecht der Wirtschaft, 1960, S. 17. Ausführlich zur Geschichte des DIHT *Frentzel/Jäkel*, Die deutschen Industrie- und Handelskammern und der Deutsche Industrie- und Handelstag, 1967, S. 59 ff.

Die erste Zusammenkunft erfolgte auf Initiative der badischen „Handelskammer" schon im Jahr 1861. Bereits 1899 waren auf dem Deutschen Handelstag alle Handelskammern sowie Korporationen und freie Vereine vertreten.

Während der Weimarer Zeit erfolgte der erste Versuch, das Kammerrecht auf eine reichsgesetzliche Grundlage zu stellen, der aber im Ergebnis an der Frage scheiterte, ob Arbeitnehmer in die Industrie- und Handelskammern einbezogen werden sollten.[83]

4. Die Handelskammern während des Nationalsozialismus

Die Machtübernahme[84] der Nationalsozialisten führte nicht nur zu einer Umgestaltung des öffentlichen und gesellschaftlichen Lebens, sondern erfasste auch die wirtschaftliche Ordnung, was eine tiefgreifende Veränderung des Kammerwesens bedeutete. Ziel der neuen Staatsführung war es, eine Wirtschaftsordnung zu schaffen, die der „sozialistischen Ordnung des Volkes" diente. Die Wirtschaftsordnung sollte zum einen in der Weise „frei" sein, damit in ihr „die persönliche Schöpferkraft und Leistung in ihr wirksam ist", und zum anderen „gebunden" sein, womit eine vorbehaltlose Verpflichtung gegenüber dem „völkischen Lebensgesetz" gemeint war.[85] Diese idealisierte oder genauer: ideologisierte Wirtschaftsordnung[86] sollte durch die Organisation der drei großen Wirtschaftsstände, diejenigen der Bauern, der Arbeiter und der Unternehmer erreicht werden.[87] Hierzu wurden der Reichsnährstand errichtet, die Deutsche Arbeitsfront (DAF) und die gewerbliche Wirtschaft.[88] Jeder Stand sollte eine eigene Lebensordnung erhalten, sodass es im Ergebnis die Arbeits-, die Bauern- und die Unternehmerordnung gab. Die letztgenannte war darauf ausgerichtet,

---

83 Ausführlich *Will*, Selbstverwaltung der Wirtschaft, 2010, S. 338 ff.

84 *Wehler*, Deutsche Gesellschaftsgeschichte, Bd. 4, 2003, S. 580 ff. spricht bspw. von „Machtübergabe" bzw. „Machtübertragung" des Reichspräsidenten Paul von Hindenburg, als er Adolf Hitler zum Reichskanzler ernannte.

85 *Huber*, Verfassungsrecht des Großdeutschen Reiches, 1939, S. 471; vertiefend *Werner*, Wirtschaftsordnung und Wirtschaftsstrafrecht im Nationalsozialismus, 1991, S. 64 ff.; mit Blick auf die IHK *Abel*, Die Industrie- und Handelskammer im nationalsozialistischen Staate, 1940, S. 41, 46 f.

86 Zur Rolle des Rechts bei der Schaffung der nationalsozialistischen Wirtschaftsordnung s. *Bähr*, Recht und staatlich organisierte Wirtschaft, in Bähr/Banken (Hrsg.), Wirtschaftssteuerung durch Recht im Nationalsozialismus, 2006, S. 445 ff.

87 *Huber*, Verfassungsrecht des Großdeutschen Reiches, 1939, S. 470 ff.

88 *Werner*, Wirtschaftsordnung und Wirtschaftsstrafrecht im Nationalsozialismus, 1991, S. 65 ff.

„die gewerblichen Unternehmungen in den Gesamtaufbau der Wirtschaft ein[zu]gliedern und so eine zielbewusste Führung der Wirtschaft [zu] ermöglichen"[89]. Der Aufbau und die innere Organisation des Unternehmerstandes wurden durch das „Gesetz zur Vorbereitung des organischen Aufbaus der deutschen Wirtschaft" vom 27. Februar 1934[90] angestoßen, das die Umgestaltung der gewerblichen Wirtschaft (sog. „Organisation der gewerblichen Wirtschaft") zum Ziel hatte und die Grundlagen hierzu schaffte, indem es die Pflichtzugehörigkeit des einzelnen Unternehmers zu einem Wirtschaftsverband bestimmte sowie den hierarchischen Aufbau und die staatliche Führung einführte.[91]

Auf dem Gesetz vom 27. Februar 1934 baute die „Erste Verordnung zur Durchführung des Gesetzes zur Vorbereitung des organischen Aufbaus der deutschen Wirtschaft" vom 27. November 1934[92] auf. Diese Verordnung bewirkte die weitere Ausformung der Organisation der gewerblichen Wirtschaft, indem es diese in Reichsgruppen und Wirtschaftsgruppen gliederte und bezirklich zusammenfasste, wovon auch die Industrie- und Handelskammern betroffen waren.[93] Im Rahmen des Aufbaus der gewerblichen Wirtschaft wurden ferner Wirtschaftskammern errichtet. Diese fungierten als öffentliche Vertreter der gewerblichen Wirtschaft und wurden gebildet, um in den einzelnen Wirtschaftsbezirken

---

89 *Huber*, Verfassungsrecht des Großdeutschen Reiches, 1939, S. 470. Der Arbeitsordnung, die die Arbeiter und Betriebsführer umfasste, kam die Aufgabe zu, die deutsche Arbeit zu schützen und ihr zur höchsten Leistung zu verhelfen, damit „aus ihr die Volksgemeinschaft als eine Leistungsgemeinschaft erwachse". Vgl. *Huber*, Verfassungsrecht des Großdeutschen Reiches, 1939, S. 470, 473 ff. Die bäuerliche Ordnung sollte das „deutsche Bauerntum zu einer Einheit zusammenschließen, seine lebendige Kraft erhalten und die Ernährung des deutschen Volkes sichern". Vgl. *Huber*, Verfassungsrecht des Großdeutschen Reiches, 1939, S. 470, 477 ff.

90 Gesetz vom 27. Februar 1934, RGBl. I S. 185.

91 *Huber*, Verfassungsrecht des Großdeutschen Reiches, 1939, S. 479. Vertiefend zur Einführung des sog. „Führergrundsatzes" oder auch „Führerprinzips" in der Wirtschaftsorganisation s. *Werner*, Wirtschaftsordnung und Wirtschaftsstrafrecht im Nationalsozialismus, 1991, S. 73 ff. Speziell zum Aktienrecht s. *Thiessen*, Wirtschaftsrecht und Wirtschaftsrechtler im Schatten der NS-Vergangenheit, in: Görtemaker/Safferling (Hrsg.), Die Rosenburg, 2013, S. 204 (211 ff., 235 ff.).

92 Verordnung vom 27. November, RGBl. I S. 1194.

93 §§ 2 ff. der „Ersten Verordnung zur Durchführung des Gesetzes zur Vorbereitung des organischen Aufbaus der deutschen Wirtschaft" vom 27. November 1934. Weiterführend hierzu *Puppo*, Die wirtschaftsrechtliche Gesetzgebung des Dritten Reiches, 1987, S. 9 ff. sowie *Kahn*, Die Steuerung der Wirtschaft durch Recht im nationalsozialistischen Deutschland, 2006, S. 227 ff.

eine gemeinsame Vertretung, bestehend aus der bezirklichen Organisation der gewerblichen Wirtschaft, dem Verkehrsgewerbe, den Handwerkskammern sowie den Industrie- und Handelskammern, einzurichten.[94]

Die Industrie- und Handelskammern hatten bereits 1933/34 versucht, ihre Eigenständigkeit zu retten, indem sie die Eingliederung der IHK in den Stand der gewerblichen Wirtschaft zu verhindern suchten.[95] Dabei soll es ihnen primär um die Wahrung traditioneller, vornationalsozialistischer Positionen gegangen sein.[96]

Bemerkenswert in diesem Zusammenhang ist, dass die Kammern erst im März 1934 vom Gesetz vom 27. Februar 1934 erfuhren, obwohl sie ihrer Ansicht nach in ständigem Kontakt mit den maßgeblichen Stellen waren.[97] Ihre Änderungsvorschläge blieben ungehört, sodass sie im Ergebnis mit ihrem Wunsch nach Eigenständigkeit gescheitert waren. Sie verloren diese im Zuge ihrer Eingliederung in die Organisation der gewerblichen Wirtschaft.

Einen kleinen Erfolg konnten sie jedoch einige Jahre später erringen, auch wenn dieser nur von kurzer Dauer war. Bereits in der Vergangenheit waren die Industrie- und Handelskammern Selbstverwaltungskörperschaften und blieben es zunächst auch während des Nationalsozialismus, obwohl sie bei der Erfüllung staatlicher Aufgaben mitwirkten.[98] Mit der Verordnung über die Wirtschaftsverwaltung vom 27. August 1939[99] sowie der Ersten Durchführungsverordnung, ebenfalls vom 27. August 1939,[100] wurden die Präsidenten der Industrie- und

94 § 26 der „Ersten Verordnung zur Durchführung des Gesetzes zur Vorbereitung des organischen Aufbaus der deutschen Wirtschaft" vom 27. November 1934. Dazu *Huber*, Verfassungsrecht des Großdeutschen Reiches, 1939, S. 480.

95 *Hüttenberger*, Interessensvertretung und Lobbyismus im Dritten Reich, in: Hirschfeld/Kettenacker (Hrsg.), Der Führerstaat, 1981, S. 429 ff. (444 f.).

96 *Hüttenberger*, Interessensvertretung und Lobbyismus im Dritten Reich, in: Hirschfeld/Kettenacker (Hrsg.), Der Führerstaat, 1981, S. 429 ff. (449).

97 *Hüttenberger*, Interessensvertretung und Lobbyismus im Dritten Reich, in: Hirschfeld/Kettenacker (Hrsg.), Der Führerstaat, 1981, S. 429 ff. (446).

98 *Wolter*, Die Industrie- und Handelskammer als reine Selbstverwaltungskörperschaften, DWZ 1941 (38), S. 653 ff. *Mirow*, Die Beteiligung der Industrie- und Handelskammern an staatlichen Aufgaben, ReichVerBl. 1936, S. 1047 ff. Zum Widerspruch von wirtschaftlicher Selbstverwaltung und staatlicher Lenkung, s. *Werner*, Wirtschaftsordnung und Wirtschaftsstrafrecht im Nationalsozialismus, 1991, S. 71 ff.

99 RGBl. I S. 1495. Abgeändert durch die Verordnung zur Änderung der Verordnung über die Wirtschaftsverwaltung vom 28. November 1939, RGBl. I S. 2315.

100 RGBl. I S. 1519. Zu den Berichtigung der Verordnung s. RGBl. I S. 1602 und 1692. Zur Abänderung s. die Verordnung zur Änderung der Ersten Verordnung über die Wirtschaftsverwaltung vom 22. September 1939, RGBl. I S. 1872.

Handelskammern zu Reichskommissaren und damit zu Beamten ernannt und hinsichtlich der kriegswirtschaftlichen Auftragsangelegenheiten den Landeswirtschaftsämtern unterstellt. Dies hatte zur Folge, dass der jeweilige IHK-Präsident zum einen weiterhin seine Aufgaben im Rahmen der Selbstverwaltung eigenverantwortlich wahrzunehmen hatte und in diesem Bereich – wie bisher – der Aufsicht des Reichswirtschaftsministeriums unterstand, und zum anderen in den Auftragsangelegenheiten eine behördliche Unterinstanz wurde, die der Aufsicht und der Weisungsbefugnis des Landeswirtschaftsamtes unterworfen war. Diese Doppelrolle widersprach dem Selbstverwaltungsverständnis der Kammern. Deshalb wandte sich der Leiter der Arbeitsgemeinschaft der Industrie- und Handelskammern an den Reichswirtschaftsminister mit dem Ergebnis, dass eine neue Verordnung[101] die Bestellung der IHK-Präsidenten zu Reichskommissaren außer Kraft setzte. Dies führte wieder zu den alten Gegebenheiten: Die IHK-Präsidenten waren wieder die Repräsentanten der wirtschaftlichen Selbstverwaltung ihres Bezirks und unterstanden der Aufsicht des Reichswirtschaftsministeriums sowohl in Selbstverwaltungs- als auch in Auftragsangelegenheiten.[102] Während des Nationalsozialismus nahmen die Auftragsangelegenheiten der IHK zu; so wurden ihnen beispielsweise die Aufgaben der Erschließung von Rohstoffquellen, die Verteilung von Rohstoffen durch Ausstellung von Metallbezugsscheinen oder die „verantwortungsbewusste Verbrauchslenkung" aufgetragen.[103] Zu den Selbstverwaltungsaufgaben zählten auch

101 Verordnung über die Außerkraftsetzung der Bestellung der Präsidenten der Industrie- und Handelskammern zu Reichskommissaren vom 13. August 1941, RGBl. I S. 492.

102 *Wolter*, Die Industrie- und Handelskammer als reine Selbstverwaltungskörperschaften, DWZ 1941 (38), S. 654.

103 *Wolter*, Die Industrie- und Handelskammer als reine Selbstverwaltungskörperschaften, DWZ 1941 (38), S. 653. Vertiefend *Abel*, Die Industrie- und Handelskammer im nationalsozialistischen Staate, 1940, S. 38 ff. Diese Aufgaben ergaben sich aus dem staatlichen „Vierjahresplan", s. *Abel*, S. 46 ff. Dem Leser wird bei *Abel* allerdings der Eindruck vermittelt, dass es sich bei diesen Aufgaben um Selbstverwaltungsangelegenheiten handelte. Tatsächlich wurden diese Aufgaben den IHK nur unter dem Deckmantel der Selbstverwaltung zugeteilt. Zur Verfälschung des Begriffs der Selbstverwaltung s. *Kahn*, Die Steuerung der Wirtschaft durch Recht im nationalsozialistischen Deutschland, 2006, S. 251 ff. Zeitgenössisch vertiefend zu den Auftragsangelegenheiten *Mirow*, Die Beteiligung der Industrie- und Handelskammern an staatlichen Aufgaben, ReichVerBl. 1936, S. 1047 (1049 ff.). Zum Vierjahresplan, der den Übergang in die Kriegswirtschaft zu Friedenszeiten zum Inhalt hatte, mit dem Ziel, die Wehrmacht einsatz- und die Wirtschaft kriegsbereit zu machen, s. einführend *Wehler*, Deutsche Gesellschaftsgeschichte, Bd. 4, 2003, S. 694 ff.

weiterhin die Bestellung der Sachverständigen, die Verwaltung der Börsen oder die Durchführung und Gestaltung der kaufmännischen Berufsausbildung.[104] Auch die Gutachtertätigkeit zur Unterstützung der Gerichte, wie sie bereits vor 1933 vorhanden war,[105] gehörte zu den Aufgaben der IHK. Dieses Aufgabenfeld wurde durch die allgemeine Verfügung des Reichsjustizministeriums vom 12. August 1937[106] (sog. Handelsregisterverfügung) erweitert. Danach hatten die Registergerichte ein Gutachten bei den Kammern einzuholen, beispielsweise im Falle von Eintragungen von neuen Firmen und Firmenänderungen zur Vermeidung von unzulässigen Firmeneinträgen (vgl. § 23 Handelsregisterverfügung). Zudem sollte den Kammern Mitteilung in Fällen der Eintragung von Kaufleuten, juristischen Personen oder Handelsgesellschaften, die Löschung und Änderung eingetragener Firmen sowie die Auflösung von juristischen Personen und Handelsgesellschaften gemacht werden (vgl. § 37 Handelsregisterverfügung). Diese Bestimmungen sollen auch dem Zweck gedient haben, die Kammern im Rahmen ihrer Arbeit der „Bereinigung und Reinerhaltung des Handelsregisters" zu unterstützen, damit das Handelsregister zum „Buch der ehrbaren Kaufleute" werde.[107] Den Ausführungen des damaligen Präsidenten der Industrie- und Handelskammer zu Berlin, Dr. Karl Gelpcke (1932-1935),[108] nach zu urteilen,

---

104 *Abel*, Die Industrie- und Handelskammer im nationalsozialistischen Staate, 1940, S. 56 f., 64 f., 69 ff. Als weitere originäre IHK-Aufgabe wurden bspw. angesehen, „jedem einzelnen in ihrem Bezirk ansässigen Betrieb jeder Art und Größe Freund und Berater zu sein, ihm in den täglichen Sorgen der Arbeit mit Rat und Hilfe zur Seite zu stehen, in für ihn entscheidenden Punkten gelegentlich das Gewicht der in der Kammer verkörperten Gesamtwirtschaft einzusetzen, Schädigung von ihm fernzuhalten [...]". Vgl. *Most*, Abschied von den Industrie- und Handelskammern, DWZ 1943 (40), S. 148.

105 Vgl. § 126 FGG i. F. v. 17. Mai 1898, RGBl. I S. 198, wonach sie die Registergerichte bei der Verhütung von unrichtigen Eintragungen, bei der Berichtigung und Vervollständigung des Handelsregisters unterstützend mitwirkten.

106 Allgemeine Verfügung des Reichsjustizministers „Einrichtung und Führung des Handelsregisters", abgedruckt in DJ, 1937, Nr. 276 (S. 1251 ff.).

107 *Abel*, Die Industrie- und Handelskammer im nationalsozialistischen Staate, 1940, S. 50. Das Handelsregister wurde auch vom damaligen Präsidenten der Berliner IHK als „Buch der ehrbaren Kaufleute" bezeichnet. Aufgegriffen bei *Thiessen*, Karl-August Crisolli und sein „Entwurf eines Gesetzes zur Vereinheitlichung, Bereinigung und Reinhaltung des Handelsregisters" von 1934 im Lichte aktueller Reformprojekte, in: Battis (Hrsg.), Privatrecht, gestern, heute und morgen, 2008, S. 25–65 (51).

108 Vgl. *Schubert/Schmid/Regge* (Hrsg.), Akademie für Deutsches Recht 1933-1945, Bd. 1 (Ausschuss für Aktienrecht), 1986, S. LIV.

war es den Industrie- und Handelskammern seit Jahren ein großes Anliegen, das Handelsregister zu einem solchen Buch umzugestalten.[109] Dass auch nicht ehrbare Kaufleute im Register erschienen, sei seiner Ansicht nach zum einen darauf zurückzuführen, dass aufgrund der „nahezu schrankenlose[n] Gewerbefreiheit“ die Gewerbetätigkeit „auch dem wirtschaftlich Unzuverlässigen“ zustehe, und zum anderen, dass bei der Eintragung ins Handelsregister es „nicht auf die Persönlichkeit des Unternehmers“ ankomme. Demnach spielten bei seiner Vorstellung vom ehrbaren Kaufmann die wirtschaftliche Zuverlässigkeit sowie die Unternehmerpersönlichkeit eine Rolle. Dabei vermitteln seine Ausführungen nicht den Eindruck, dass die wirtschaftliche Zuverlässigkeit gerade Gegenstand der Unternehmerpersönlichkeit sei, sondern diese beiden Eigenschaften nebeneinander bestünden. In der aktuellen Diskussion um den ehrbaren Kaufmann hat es hingegen den Anschein, dass der ehrbare Kaufmann bestimmte Charaktermerkmale vereinige, also eine besondere Unternehmerpersönlichkeit sei. Die wirtschaftliche Zuverlässigkeit bleibt dabei außer Betracht. Die Zuverlässigkeit steht jedoch in unserer Rechtsordnung in einem zentralen Zusammenhang mit der Gewerbeordnung, nämlich mit der Gewerbeuntersagung aufgrund Unzuverlässigkeit. Auf dieses Thema wird an anderer Stelle eingegangen (s. unten Kap. 5, D. I.).

Weiter verlieh der IHK-Präsident zu Berlin seinem Bild eines ehrbaren Kaufmanns Ausdruck, indem er auf die Firmenbezeichnungen einging. Seiner Ansicht nach hätten es ehrbare Kaufleute nicht nötig, „ihre Firma vor anderen durch irreführende Bezeichnungen hervorzuheben“. Er führte dabei aus, wie es Firmen in der Vergangenheit gelang, einen Firmenzusatz, der aufgrund eines Gutachtens der IHK Berlin zurückgewiesen wurde, doch noch eingetragen zu bekommen. Dabei gingen die Firmen in der Weise vor, dass sie beim Amtsgericht eines anderen Oberlandesgerichtsbezirks, in welchen sie vorübergehend den Firmensitz verlagerten, die Eintragung beantragten. Nach bewilligter Eintragung verlegten die Firmen dann ihren Sitz wieder nach Berlin. Deutlich geht hieraus hervor, dass die beschriebene Vorgehensweise der Firmen rechtlich möglich war, aber dennoch gegen die Ansichten bzw. die Empfindungen der Kaufleute der IHK Berlin verstieß, zumindest aber unter dem Eindruck der NS-Herrschaft. Demnach kommt hier der Gegensatz von gesetzlich Erlaubtem und gefühlsmäßig Verwerflichem zum Ausdruck. Der ehrbare Kaufmann schien sich

109 Vgl. das Vorwort in *Crisolli*, Entwurf eines Gesetzes zur Vereinheitlichung, Bereinigung und Reinhaltung des Handelsregisters, 1934, S. 3.

also in einem Umfeld zu bewegen, in dem eine Handlung nicht vorgenommen werden sollte, obwohl sie rechtlich erlaubt bzw. möglich wäre.

Neben diesen handelsrechtlichen Mitteilungen sollten den Kammern auch Strafurteile angegeben werden,[110] wenn diese gegen Werber und Werbungsmittler erlassen wurden oder das unlautere Wettbewerbs-, Warenzeichen-, Rabatt-, Patentgesetze oder die Zugabeverordnung zum Gegenstand hatten. Diese Verfügungen waren wohl zur Unterstützung der IHK bei ihrer Arbeit der Ausbildung und der Aufrechterhaltung der Grundsätze von Treu und Glauben erlassen worden.[111] Die Kammern strebten hierbei das „Ideal des ehrbaren Kaufmanns" an, der „sein Geschäftsgebaren mit seinem Gewissen in Einklang bringt und der, handelt es sich um höhere Ziele, den eigenen Nutzen hintenanstellt".[112] Der Verfasser des zitierten Werks erwähnt zwar nicht, woher er dieses Wissen um das Streben nach dem Ideal des ehrbaren Kaufmanns nimmt. Vermutlich wird er sich aber der Begriffe bedient haben, die damals in diesem Zusammenhang gängig waren. Hierfür sprechen bspw. der oben zitierte Präsident der IHK Berlin, wonach das Handelsregister ein „Buch ehrbarer Kaufleute" werden müsse, sowie die Ergebnisse der nachfolgenden Untersuchung – ohne diesen hier vorwegreifen zu wollen.[113]

---

110 Dies ergab sich aus § 80 der Allgemeinen Verfügung des Reichsministers der Justiz vom 21. Mai 1935. Abgedruckt in: Amtliche Sonderveröffentlichung der Deutschen Justiz, Nr. 8, „Mitteilungen in Strafsachen", 1935. Mit „Deutsche Justiz" ist hier die Zeitschrift gemeint. In der ersten Fassung des § 80 war keine Mitteilung an die Industrie- und Handelskammern vorgesehen. Diese wurden erst durch die neunte Änderung der „Mitteilungen in Strafsachen" durch die Allgemeine Verfügung des Reichsministeriums für Justiz vom 21. Februar 1938 aufgenommen. Vgl. DJ, 1938, S. 286. Aufgegriffen bei *Abel*, Die Industrie- und Handelskammer im nationalsozialistischen Staate, 1940, S. 55.

111 *Abel*, Die Industrie- und Handelskammer im nationalsozialistischen Staate, 1940, S. 55.

112 *Abel*, Die Industrie- und Handelskammer im nationalsozialistischen Staate, 1940, S. 55.

113 Weiter spricht hierfür bspw. auch der Eröffnungsbeitrag des Bankiers August von Finck als Vorsitzender des Ausschusses für Bank und Börsenrecht der Akademie für Deutsches Recht am 16. April 1934 „*[…] und es müssen die Begriffe des ordentlichen Geschäftsmannes und des ehrbaren Kaufmannes wieder Blut und Leben im Deutschen Recht gewinnen*", in *Schubert* (Hrsg.), Akademie für Deutsches Recht 1933-1945, Bd. 5, 1997, S. 494. Aufgegriffen bei *Thiessen*, Wirtschaftsrecht und Wirtschaftsrechtler im Schatten der NS-Vergangenheit, in: Görtemaker/Safferling (Hrsg.), Die Rosenburg, 2013, S. 204 (224). Ferner sprechen für diese Annahme auch die „Richtlinien nach denen die Wirtschaftswerbung ausgeführt und ausgestaltet werden soll", welche Teil der Zweiten Bekanntmachung des Werberats der deutschen Wirtschaft vom 1. November 1933 sind, s. Reichsanzeiger vom 1. November 1933, Nr. 256, abgedruckt

Auch wenn die Industrie- und Handelskammern durch die hier erwähnten Verfügungen und Gesetze eine Stärkung ihrer Position erfahren hatten, so war diese Stellung letztlich nicht stark genug, um sich als eigenverantwortlich handelnde Selbstverwaltungskörperschaften zu behaupten. Dies zeigt die Gauwirtschaftsgesetzgebung von 1942,[114] die eine Beseitigung der Industrie- und Handelskammern herbeiführte. Gemäß § 2 der Gauwirtschaftskammerverordnung[115] wurden die Industrie- und Handelskammern, die Handwerks- als auch die Wirtschaftskammern in die Gauwirtschaftskammern überführt und die Gauwirtschaftskammern als die Rechtsnachfolger der Kammern bezeichnet. Die Industrie- und Handelskammern wurden zwar nicht förmlich aufgehoben, de facto hörten sie aber mit der Gauwirtschaftskammerverordnung auf zu existieren.[116]

5. *Nachkriegszeit*

Beim Aufbau der Wirtschaftsverwaltung kam den Industrie- und Handelskammern eine besondere Rolle zu. Sie wurden von den Alliierten als die einzig kompetente und personell ausreichend besetzte Stelle im Nachkriegsdeutschland angesehen, die zum einen dem Informationsbedürfnis der jeweiligen Militärregierungen gerecht wurden und zum anderen die Bewirtschaftung ihres jeweiligen Bezirks sicherstellen konnten. Heute ist bekannt, dass trotz der Gauwirtschaftsgesetzgebung beispielsweise die IHK Essen keinen Tag ihre Arbeit eingestellt hatte. Über andere Industrie- und Handelskammern wird berichtet, dass sie bereits am Tag (IHK Hannover) bzw. zwei Tage (IHK Wuppertal) nach der Besetzung durch die Alliierten mit den Mitarbeitern der Militärregierungen

---

in *Reimer*, Warenzeichen- und Wettbewerbsrecht, Band 2, 1935, S. 914 ff. In der Richtlinie heißt es in Ziffer 6: „Wer Wirtschaftswerbung ausführt, hat dabei als ehrbarer Kaufmann zu handeln."

114 Zu den einzelnen Stationen und Auswirkungen s. Zusammenfassung bei *Bremer*, Kammerrecht der Wirtschaft, 1960, S. 19 f.; ausführlich mit Fokus auf Württemberg *Winkel*, Geschichte der württembergischen Industrie- und Handelskammern, Bd. 3, 1981, S. 125 ff.

115 Erste Verordnung zur Durchführung der Verordnung über die Vereinfachung und Vereinheitlichung der Organisation der gewerblichen Wirtschaft vom 20. April 1942, RGBl. I S. 189.

116 Dazu *Most*, Abschied von den Industrie- und Handelskammern, DWZ 1943 (40), S. 147 ff. Der Aufsatz hat teilweise den Charakter eines Nachrufs und teilweise den eines Aufrufs, die Tradition und die Errungenschaften der bisherigen IHK-Arbeit in die Zukunft mitzunehmen.

Kontakt aufnahmen.[117] Die Kammern werden als Beispiel der Zusammenarbeit und der Kontinuität in Deutschland nach 1945 angeführt, da sie sehr schnell nach Kriegsende aufgrund ihrer Netzwerke, Kompetenz und Erfahrung in der Lage waren, die Interessen der regionalen Wirtschaft und der Unternehmer zu vertreten. Sie trugen auf diese Weise wesentlich zum Wiederaufbau der deutschen Wirtschaft bei.[118]

Die Kammerarbeit musste zunächst wieder auf eine rechtliche Grundlage gestellt werden. Die Aufteilung Deutschlands in die vier Besatzungszonen hatte auch zur Folge, dass in jeder dieser Zonen ein eigenes Kammerverständnis entstand. Während den Franzosen das öffentlich-rechtliche Kammerwesen und deren Funktion bekannt war, standen die Engländer den Kammern im Hinblick auf Beitragspflicht und Mitgliedszwang kritisch gegenüber. Die Amerikaner gingen einen Mittelweg. Entsprechend dem in den USA Bekannten und Bewährten waren die Kammern in den amerikanisch besetzten Zonen privatrechtliche Vereinigungen, was bedeutete, dass sowohl Beitritt als auch Beitrag auf freiwilliger Basis erfolgten.[119] In den sowjetisch besetzten Gebieten waren die Kammern zunächst Glieder der Staatsverwaltung und verloren damit einhergehend den ursprünglichen Zweck der Selbstverwaltung der Kaufmannschaft. Im nächsten Schritt wurden im sowjetisch besetzten Teil Deutschlands alle Kammern aufgelöst und 1953 in einer einzigen Kammer für das gesamte Gebiet der unterdessen gegründeten Deutschen Demokratischen Republik zusammengefasst.[120]

Bei der Einrichtung der Kammern in der französisch, britisch und sowjetisch besetzten Zone wurde im Wesentlichen auf die jeweiligen Landesgesetze vor 1933 zurückgegriffen.[121]

Auf dem Gebiet des heutigen Baden-Württembergs begegnete die Wiederbelebung und Neuentstehung des Kammerwesens unterschiedlichen politischen Bedingungen. Nach dem Ersten Weltkrieg war 1918 aus dem Großherzogtum Baden die Republik Baden und aus dem Königreich Württemberg die Republik Württemberg geworden.[122] Beide Republiken blieben de iure auch während der nationalsozialistischen Herrschaft bis 1945 bestehen, auch wenn während dieser

117 *Plumpe*, Vom Plan zum Markt, 1987, S. 60 f.

118 *von Prollius*, Deutsche Wirtschaftsgeschichte nach 1945, 2006, S. 40; *Plumpe*, Vom Plan zum Markt, 1987, S. 58 ff.

119 Zur Gesamtdarstellung: *Bremer*, Kammerrecht der Wirtschaft, 1960, S. 21 ff.

120 *Möllering* in: IHKG-Kommentar (Frentzel/Jäckel/Junge), 2009, Einführung, S. 4.

121 *Bremer*, Kammerrecht der Wirtschaft, 1960, S. 21 und 23.

122 *Weber/Wehling*, Geschichte Baden-Württembergs, 2007, S. 82 ff.

Zeit aufgrund der Gesetze zur Gleichschaltung der Länder mit dem Reich[123] die jeweiligen Landesparlamente entmachtet und die Landesregierungen Reichsstatthaltern unterstellt wurden.[124] Nach dem Zweiten Weltkrieg folgte für diese Republiken die Zeit der amerikanischen und französischen Besatzung.[125] Die Amerikaner besetzten den nördlichen Teil von Baden und den nördlichen Teil von Württemberg. Es entstand das Land *Württemberg-Baden*. Folglich wurden vormalige Teile der Republik Baden und der Republik Württemberg zu einem Land zusammengelegt. Um Klarheit bei der Verwendung der Begriffe Baden und Württemberg zu schaffen, waren auch die Bezeichnungen Nord-Baden und Nord-Württemberg gebräuchlich. Denn der französischen Besatzung unterlagen das südliche Baden und südliche Württemberg einschließlich des Gebietes Hohenzollern. Hierdurch entstanden die Länder (Süd-)*Baden* und *Württemberg-Hohenzollern*.

Für die rechtliche Ausgestaltung der Verhältnisse bedeutete die Besetzung durch zwei verschiedene Nationen in ursprünglich nicht zusammengehörigen Gebieten eine unterschiedliche Rechtsanwendung. Mit Blick auf die Industrie- und Handelskammern herrschte im französisch beeinflussten (Süd-)Baden (mit den Kammern Baden-Baden, Freiburg im Breisgau, Konstanz, Mittelbaden und Schopfheim) und Württemberg-Hohenzollern (mit den Kammern Ravensburg, Reutlingen und Rottweil) ein anderes Kammerverständnis als im amerikanisch geprägten Württemberg-Baden (mit den Kammern Esslingen, Heidelberg, Heidenheim, Heilbronn, Karlsruhe, Ludwigsburg, Mannheim, Nürtingen, Pforzheim, Stuttgart).[126] Dies zeigt sich insbesondere an der Kammerzugehörigkeit. In der „Anordnung der Landesdirektion der Wirtschaft über die Industrie- und Handelskammern" des französisch besetzten Gebiets Württemberg und Hohenzollern vom 12. August 1946[127] heißt es in § 4:

---

123 „Vorläufiges Gesetz zur Gleichschaltung der Länder mit dem Reich" vom 31. März 1933, RGBl. I S. 153 und „Zweites Gesetz zur Gleichschaltung der Länder mit dem Reich" vom 7. April 1933 (sog. Reichsstatthaltergesetz), RGBl. I S. 173.

124 Einführend *Weber/Wehling*, Geschichte Baden-Württembergs, 2007, S. 94 ff.

125 Zum Folgenden *Weber/Wehling*, Geschichte Baden-Württembergs, 2007, S. 105 ff.; *Grube*, Der Stuttgarter Landtag, 1957, S. 570 f.; *Winkel*, Geschichte der württembergischen Industrie- und Handelskammern, Bd. 3, 1981, S. 169 ff. und 180 ff.

126 Ausführliche Informationen zu den Gebieten und den damals dazugehörigen Industrie- und Handelskammern s. *Paulini*, Behörden und Organisation der gewerblichen Wirtschaft, 1950, S. 43 ff. für Württemberg-Baden; S. 57 f. für Südbaden; S. 59 f. für Württemberg-Hohenzollern.

127 Anordnung abgedruckt in: *Winkel*, Geschichte der württembergischen Industrie- und Handelskammern, Bd. 3, 1981, S. 702 ff., Anlage Nr. 9.

„Den Industrie- und Handelskammern angeschlossen und verpflichtet zu ihren Kosten beizutragen sind,

1. Sofern sie zur Gewerbesteuer veranlagt sind:

a. natürliche und juristische Personen, die als Inhaber einer Firma in einem der für den Bezirk der Industrie- und Handelskammer geführten Handelsregister eingetragen sind,
b. […]".

Dahingegen lautete die Formulierung der „Richtlinie für die Industrie- und Handelskammern in Nord-Württemberg und Nord-Baden" vom 31. Mai 1946[128] in Ziffer 1:

„Die Industrie- und Handelskammern sind freie Vereinigungen von Gewerbetreibenden, die nicht dem Handwerk oder den freien Berufen angehören, auf demokratischer Grundlage und mit freiwilliger Mitgliedschaft. […]."

Hinsichtlich der Deckung des Finanzbedarfs wurde ferner in der Richtlinie ausdrücklich bestimmt:

„Da Zwangsmitgliedschaft bei den Kammern ausgeschlossen ist, scheidet auch die Erhebung einer Zwangsumlage von allen Gewerbetreibenden aus. Die Kammern werden vielmehr auf freiwillige Beiträge ihrer Mitglieder verwiesen."

Hierin zeigt sich deutlich die Tragweite der zwei unterschiedlichen Kammersysteme in den drei Ländern (Südbaden, Württemberg-Hohenzollern und Württemberg-Baden). Das war insofern unproblematisch, als jedes Gebiet von den jeweils anderen beiden Gebieten unabhängig war. Die Situation änderte sich aber zu Beginn der 1950er-Jahre, als die Diskussion aufkam, ob die drei Länder in einem Land aufgehen sollten. Dieser Diskussion folgte eine landesweite Volksabstimmung im Dezember 1951, die im Ergebnis positiv verlief. Am 25. April 1952 wurde das Land Baden-Württemberg gegründet.[129] Folglich galten in einem Bundesland das französische und das amerikanische, mithin zwei unterschiedliche Kammersysteme. Blickt man auf das gesamte Bundesgebiet

128 Richtlinie abgedruckt in: *Winkel,* Geschichte der württembergischen Industrie- und Handelskammern, Bd. 3, 1981, S. 699 ff., Anlage Nr. 8.

129 *Weber/Wehling,* Geschichte Baden-Württembergs, 2007, S. 114; *Grube,* Der Stuttgarter Landtag, 1957, S. 575, wo beschrieben ist, wie der Ministerpräsident Dr. Reinhold Maier feststellte, dass „am 25. April 1952 12 Uhr 30 das neue Bundesland gebildet" wurde. *Winkel,* Geschichte der württembergischen Industrie- und Handelskammern, Bd. 3, 1981, S. 467.

von 1952, bestanden drei verschiedene Kammersysteme, das amerikanische, das französische und das englische.[130]

Ein überregionales Kammerverständnis, mit bundesweit gleichen Kammeraufgaben sowie Mitgliedsrechten und Mitgliedspflichten, konnte erst das IHK-Gesetz von 1956 herbeiführen.

II. Entstehung des IHK-Gesetzes

Anlass zum Gesetzesentwurf für ein IHK-Gesetz gaben die eben aufgezeigten unterschiedlichen Entwicklungen des Kammerwesens in den einzelnen Ländern infolge der unterschiedlichen Auffassung der Besatzungsmächte, die zu den verschiedensten Organisationsformen führten. Es lag im Bestreben des Gesetzgebers, die daraus resultierende Rechtsunsicherheit zu beheben und Rechtsgleichheit herbeizuführen.[131]

Der Gesetzesentwurf vom 14. Dezember 1955[132] sah bereits vor, dass es Aufgabe der Kammern sei *„für Wahrung von Anstand und Sitte des ehrbaren Kaufmanns zu wirken"*. Dem Entwurf war keine Gesetzesbegründung beigefügt, sodass nicht überprüft werden konnte, welche Definition der Gesetzgeber dem Ausdruck „ehrbarer Kaufmann" zugedacht hatte und vor welchem Hintergrund dieser in das Gesetz aufgenommen werden sollte.

Auch die Untersuchung der Sitzungen des Bundestags bietet darüber keinen Aufschluss. Der Entwurf wurde in die erste Beratung in der 126. Sitzung[133] eingebracht. Durch Beschluss des Bundestags fand eine Überweisung an den Ausschuss für Wirtschaftspolitik (21. Ausschuss) statt. Dieser beriet in seiner 111. Sitzung am 5. Mai 1956 und 112. Sitzung am 7. Mai 1956 über den Gesetzesentwurf. Den Materialien nach lag dem Ausschuss ein Schreiben des Bundeswirtschaftsministers vom 2. Mai 1956 mit Formulierungsvorschlägen vor.[134]

---

130 Zu den überregionalen Auswirkungen vgl. Schriftlicher Bericht des Ausschusses für Wirtschaftspolitik, Anlage 5 zu BT-Drucks. 2/2380.

131 Anlage 5 zu BT-Drucks. 2/2380, S. 9253 (9245). Zur Bedeutung der Auslegung von Gesetzen durch Gesetzesmaterialien s. *Thiessen*, Die Wertlosigkeit der Gesetzesmaterialien für die Rechtsfindung, in: Fleischer (Hrsg.), Mysterium „Gesetzesmaterialien", 2013, S. 45 ff., wonach Juristen zur Auslegung von Normen „etwas Besseres als Gesetzestexte und Gesetzesmaterialien" nicht haben.

132 BT-Drucks. 2/1964. Der Entwurf wurde in den Bundestag durch die Abgeordneten Naegel, Stücklen, Dr. Atzenroth, Dr. Elbrächter und Genossen eingebracht.

133 Am 2. Februar 1956; Verhandlungen des Dt. Bundestages, 2. Wahlperiode, 126. Sitzung, S. 6002.

134 Kurzprotokoll des Ausschusses für Wirtschaftspolitik (21. Ausschuss), 2. Wahlperiode, Nr. 111, S. 5.

Gegenstand der Beratungen war zwar auch § 1 Abs. 1 des geplanten IHK-Gesetzes. Unangesprochen blieb aber dabei die Formulierung „Anstand und Sitte des ehrbaren Kaufmanns".

Der Gesetzesentwurf wurde in der Gestalt, die er durch die wenigen Änderungsbeschlüsse des 21. Ausschusses gefunden hatte, in die zweite Beratung des Bundestages eingeführt.[135] Auch in der zweiten Beratung in der 167. Sitzung[136] war der „ehrbare Kaufmann" nicht Gegenstand der Aussprachen. Vielmehr widmete man sich den Themen der „Vorläufigkeit" des Gesetzes, der Vereinheitlichung der Rechtslage in allen Ländern unter Verweis auf die verschiedenen Handhabungen in den besetzten Zonen sowie der Beteiligung der Arbeitnehmerschaft. Letzteres wurde von der sozialdemokratischen Fraktion aus dem Blickwinkel einer paritätischen Beteiligung der Arbeitnehmerschaft an der wirtschaftlichen Selbstverwaltung gefordert.[137]

Den Antragstellern war es ein besonderes Anliegen, auf die Vorläufigkeit des Gesetzes zu verweisen. Sie wollten dadurch zum Ausdruck bringen, dass durch das Gesetz lediglich eine Rechtsvereinheitlichung und die Beseitigung der Rechtsunsicherheit in den Ländern und keine Neuorganisation des Kammerwesens angestrebt werden sollte.[138] Eine vollständige Neuregelung hätte nämlich zur Folge gehabt, sich endgültig mit der Frage der Arbeitnehmerbeteiligung auseinanderzusetzen.

Im weiteren Verlauf des Gesetzgebungsverfahrens wurde der Gesetzesentwurf um diverse Beschlüsse des Bundestages aus der zweiten Beratung abgeändert[139] und in die dritte Beratung in der 173. Sitzung[140] eingeführt. In dieser Beratung wurde der Gesetzesentwurf in der Schlussabstimmung mit Mehrheit angenommen und an den Bundesrat weitergeleitet.

---

135 BT-Drucks. 2/2380. Die Änderungsbeschlüsse sind hier nicht relevant.

136 Am 26. Oktober 1956; Verhandlungen des Dt. Bundestages, 2. Wahlperiode, 167. Sitzung, S. 9221.

137 Verhandlungen des Dt. Bundestages, 2. Wahlperiode, 167. Sitzung vom 26. Oktober 1956, S. 9221.

138 Verhandlungen des Dt. Bundestages, 2. Wahlperiode, 167. Sitzung vom 26. Oktober 1956, S. 9221. Sowie bereits im Kurzprotokoll des Ausschusses für Wirtschaftspolitik (21. Ausschuss), 2. Wahlperiode, Nr. 111, S. 3.

139 BT-Drucks. 2/2817 (Zusammenstellung).

140 Am 16. November 1956; Verhandlungen des Dt. Bundestages, 2. Wahlperiode, 173. Sitzung, S. 9568.

Auch in den Sitzungen des 21. Ausschusses[141] waren hauptsächlich die Themen „Arbeitnehmerbeteiligung“ und „Vorläufigkeit des Gesetzes“ Gegenstand der Diskussionen. Letztlich konnte sich die Ansicht durchsetzen, dass das Gesetz lediglich eine vorläufige Regelung mit dem Ziel einer bundesweiten Rechtsvereinheitlichung des Kammerwesens bedeute und deswegen auch die Arbeitnehmerbeteiligung zunächst ausgeklammert werden könne. Infolgedessen erklärt sich der Titel des noch immer aktuellen IHK-Gesetzes („Gesetz zur vorläufigen Regelung des Rechts der Industrie- und Handelskammern“).

Anstand und Sitte des ehrbaren Kaufmanns waren den Protokollen nach weder im Bundestag noch im Ausschuss Gesprächsgegenstand. Vielmehr stammen die in § 1 Abs. 1 IHK-Gesetz niedergelegten Kammeraufgaben und die Wortwahl aus dem Gesetzesentwurf, wie er erstmalig in den Bundestag eingebracht wurde. Den zugänglichen Quellen konnte somit nicht entnommen werden, vor welchem konkreten Hintergrund der „ehrbare Kaufmann“ in den Gesetzesentwurf und mithin in das IHK-Gesetz eingefügt wurde.

B. Kaufmännische Ehrengerichte

Im Rahmen der Nachforschungen zu Bedeutung und Herkunft des Begriffs „ehrbarer Kaufmann“ im IHK-Gesetz wurden der „ehrbare Kaufmann“ und dessen „Anstand und Sitte“ zwar nicht bei den Aufgaben der Kammern, wohl aber in einem anderen Zusammenhang aufgefunden: bei den kaufmännischen Ehrengerichten.

Angeführt sei hier § 1 Abs. 1 der „Ehrenausschussordnung der Arbeitsgemeinschaft der Industrie- und Handelskammern in Baden-Württemberg“ vom 1. Oktober 1968, welcher lautete:

> *„Gegen Kaufleute, in das Handelsregister eingetragene Prokuristen und besonders bestellte Bevollmächtigte von kammerzugehörigen Unternehmen in Baden-Württemberg kann ein Ehrenausschußverfahren eingeleitet werden, wenn Anlaß zu der Annahme besteht, daß sie in ihrer wirtschaftlichen Tätigkeit **Anstand und Sitte des ehrbaren Kaufmanns** im Sinne von § 1 Abs. 1 HKG verletzt haben.“*[142]

141 Kurzprotokoll des Ausschusses für Wirtschaftspolitik (21. Ausschuss), 2. Wahlperiode, Nr. 111.

142 Eingesehen im Archiv der IHK Region Stuttgart. Abgedruckt in: Mitteilungen der IHK Reutlingen, 1968, S. 274 ff.

Um die Ehrenausschussordnung in einen verständlichen Kontext stellen zu können, ist zunächst die Frage nach dem Ursprung und den ersten Entwicklungsstufen der Ehrengerichte zu klären.

I. Erste Anregungen für die Errichtung von Ehrengerichten

Erste Anregungen zur Schaffung eines Ehrengerichts bei den Handelskammern sind für die 1920er-Jahre belegbar. Seitens verschiedener Kammern (bspw. Duisburg[143] und Essen[144]) wurden im Jahr 1925 Anfragen auf Einrichtung von Ehrengerichten bei den Handelskammern gestellt. Welcher Umstand konkret Anlass zu diesen Anfragen gab, war nicht zu klären. Sehr gut vorstellbar ist aber, dass die wirtschaftliche Situation in jener Zeit die Ausgangslage bildete. Die schlechte Wirtschaftslage,[145] die sich nach dem Ersten Weltkrieg einstellte, war auf verschiedene Umstände zurückzuführen. Zum einen erfolgte die Umstellung von der Rüstungs- auf die Friedensproduktion sehr schleppend, was eine hohe Arbeitslosigkeit zur Folge hatte. Diese Situation wurde verschärft durch heimkehrende Soldaten, die auf den Arbeitsmarkt drängten und auf die die Wirtschaft nicht eingestellt war. Zum anderen wurde die Wirtschaftsentwicklung dadurch belastet, dass es der verarbeitenden Industrie an Rohstoffen mangelte und es während des Krieges keine Neuinvestitionen gab, sodass mit veralteten und reparaturbedürftigen Anlagen gearbeitet werden musste. Erschwert wurde diese Gesamtsituation durch die zu erbringenden Reparationsleistungen und letztlich die Inflation.

Von den wirtschaftlichen Schwierigkeiten dürften auch Kaufleute sowie kleine und mittlere Unternehmen betroffen gewesen sein, was sich auf die Art und Weise ihres Handeltreibens negativ in Form von sinkender Zahlungsmoral oder nachlassender Vertrags- und Worttreue ausgewirkt haben könnte. Womöglich

---

143 *Most*, Selbstverwaltung der Wirtschaft in den Industrie- und Handelskammern, 1927, S. 84.

144 WABW A8 Büschel 175: Sonderdruck aus dem Sitzungsbericht des Sonderausschusses, welcher vom Deutschen Industrie- und Handelskammertag errichtet wurde, um sich mit der Frage der Einrichtung von Ehrengerichten auseinanderzusetzen, Titel: „Die Errichtung kaufmännischer Ehrengerichte“, Bericht von Staatssekretär a. D. Dr. Oskar Meyer Berlin, erstattet am 13. und 14. Januar 1932.

145 Zum Folgenden: Zur wirtschaftlichen Situation s. *Ziegler* in: North (Hrsg.), Deutsche Wirtschaftsgeschichte, 2000, S. 299 f.; *Wehler*, Deutsche Gesellschaftsgeschichte, Bd. 4, 2003, S. 240 ff.; *Henning*, Das industrialisierte Deutschland 1914-1992, 1993, S. 51 ff. Zum Zusammenhang zwischen Reparationsleistung und Inflation *Walter*, Wirtschaftsgeschichte, 2000, S. 152 ff.

versuchten die Kaufleute mit ihren Anträgen auf Einrichtung von Ehrengerichten, dieser Haltung entgegenzuwirken. Die Anträge wurden zu einem Zeitpunkt gestellt, als Deutschland wieder im Aufschwung war. Im Jahr 1924, welches eine Zäsur für die deutsche Wirtschaft markierte, wurden verschiedene Maßnahmen ergriffen,[146] um der schweren wirtschaftlichen Situation Herr zu werden, die sich ja auch auf Gesellschaft und Politik auswirkte.[147] Trotz dieser Verbesserung der Wirtschaftslage ist es vorstellbar, dass die negativen Eindrücke der schlechten Wirtschaftsphase unter den Kaufleuten nachhallten und ihnen die Vertreter der Industrie- und Handelskammern für die Zukunft durch Ehrengerichte begegnen wollten.

Auch die württembergischen Handelskammern erreichte 1927 eine Anfrage des Landesausschusses der preußischen Industrie- und Handelskammern.[148] Sie wurden gebeten, zur Einrichtung von kaufmännischen Ehrengerichten Stellung zu nehmen. Die Aufgabe des Ehrengerichts solle darin liegen, Kaufleute wegen ehrenwidriger Handlungen, die im Zusammenhang mit ihrer gewerblichen Tätigkeit begangen wurden, mit dem Verweis oder der Entziehung des Wahlrechts zur Industrie- und Handelskammer zu bestrafen. Die Kammern reagierten zurückhaltend. Insbesondere die IHK Reutlingen lehnte die Einrichtung des Ehrengerichts mit der Begründung ab, dass „ein einheitliches Berufsempfinden, eine einheitliche Geschäftsmoral und infolgedessen ein einheitlicher Ehrbegriff sich in der Kaufmannschaft nicht herausgebildet habe".

Die Frage nach der Errichtung von Ehrengerichten wurde erneut im Jahr 1931 auf dem Deutschen Industrie- und Handelskammertag diskutiert. Der Vorstand des Deutschen Industrie- und Handelskammertags beriet am 2. Dezember 1931 darüber und übertrug die Frage einem Sonderausschuss.[149] Die Ergebnisse der Beratungen wurden in einem Sonderbericht[150] von Staatssekretär a. D. und

---

146 Zu den Maßnahmen zählten die Währungsreform und der Dawes-Plan, die die Grundlage für die sog. „goldenen Zwanziger" bilden. *Wehler*, Deutsche Gesellschaftsgeschichte, Bd. 4, 2003, S. 252. Zum Dawes-Plan s. *Walter*, Wirtschaftsgeschichte, 2000, S. 164 ff.

147 *Ziegler* in: North (Hrsg.), Deutsche Wirtschaftsgeschichte, 2000, S. 300.

148 Zum Folgenden *Mosthaf*, Die württembergischen Industrie- und Handelskammern, Bd. 2, 1962, S. 441.

149 WABW Bestand A8 Büschel 175 – Handelskammer Lörrach und Waldshut: Rundschreiben des Deutschen Industrie- und Handelskammertages vom 15. Februar 1932, Geschäftsnummer Ia 153/32.

150 Sonderdruck aus dem Sitzungsbericht mit dem Titel „Die Errichtung kaufmännischer Ehrengerichte".

Syndikus der IHK zu Berlin Dr. Oskar Meyer[151] zusammengefasst. Der Bericht warf die Frage auf, ob es denn überhaupt einen „einheitlichen kaufmännischen Ehrbegriff gibt",[152] da verschiedene Handelsgruppen vorhanden seien. Eine Antwort hierauf wurde aber nicht gegeben. Vielmehr wurde auf die Ehrengerichte der Börsen verwiesen und darauf, wie gut sich diese bewährt hätten.[153] Im Ergebnis befürwortete man die Einrichtung, da kein konkreter Umstand gegen ein kaufmännisches Ehrengericht spreche. Daraufhin wandte sich der DIHT mittels eines Rundschreibens an die Handelskammern, verbunden mit der Frage, ob die Einrichtung von Ehrengerichten aus Sicht der einzelnen Kammern erwünscht sei.[154] Diese Anfrage erreichte ebenfalls die württembergischen Handelskammern, die auch mittlerweile ihre Haltung zu den kaufmännischen Ehrengerichten nicht geändert hatten.[155]

II. Ehrengerichte der Börse

1. *Ehrengerichte nach dem Börsengesetz von 1896*

Das von der IHK als Vorbild herangezogene Ehrengericht der Börse wurde bereits im Börsengesetz vom 22. Juni 1896[156] (BörsG 1896) in den §§ 10-28 geregelt. Die Zuständigkeit des Gerichts ergab sich aus § 10 BörsG 1896, der bereits bei seiner Verkündung folgenden Wortlaut hatte:

> *„Das Ehrengericht zieht zur Verantwortung Börsenbesucher,*[157] *welche im Zusammenhange mit ihrer Thätigkeit an der Börse sich eine mit der Ehre oder dem Anspruch auf kaufmännisches Vertrauen nicht zu vereinbarende Handlung haben zu Schulden kommen lassen."*

In der Entwurfsfassung[158] war die Zuständigkeit in § 10 des Entwurfs noch folgendermaßen bestimmt:

---

151 Vgl. Bekanntmachung im DWZ 1926, S. 1218.

152 Sonderdruck „Die Errichtung kaufmännischer Ehrengerichte", 1932, S. 4.

153 Sonderdruck „Die Errichtung kaufmännischer Ehrengerichte", 1932, S. 5.

154 WABW Bestand A8 Büschel 175 – Handelskammer Lörrach und Waldshut.

155 *Mosthaf,* Die württembergischen Industrie- und Handelskammern, Bd. 2, 1962, S. 441.

156 Gesetz vom 22. Juni 1896, RGBl. S. 157.

157 Das BörsG 1896 gab keine positive Auskunft, wer als Börsenbesucher galt, sondern formulierte die Fälle, wann jemand vom Börsenbesuch ausgeschlossen war. Darunter fand sich der Fall des Verlusts der bürgerlichen Ehrenrechte, auf welche unten in Kap. 5, A. I. in einem anderen Zusammenhang zurückzukommen sein wird.

158 Stenographische Berichte über die Verhandlungen des Reichstages, 9. Legislaturperiode, IV. Session, 1895/97, Erster Anlagenband, 1896, Aktenstück Nr. 14.

„Das Ehrengericht zieht zur Verantwortung Börsenbesucher, welche im Zusammenhange mit ihrer Thätigkeit an der Börse sich eine unehrenhafte Handlung haben zu Schulden kommen lassen."

Folglich war es im Gesetzgebungsverfahren zu einer Präzisierung des Ausdrucks „unehrenhafte Handlung" hin zur Formulierung „mit der Ehre oder dem Anspruch auf kaufmännisches Vertrauen nicht zu vereinbarende Handlung" gekommen. Den Motiven zum Gesetzesentwurf lässt sich entnehmen, dass das Ehrengericht zum Zwecke der „Wahrung der kaufmännischen Ehre im Börsenbetriebe" eingerichtet wurde, um auf diese Weise „unehrenhafte Elemente auszuscheiden".[159] Der Gesetzgeber legte Wert darauf, dass bei der Betrachtung der unehrenhaften Handlung nicht der gesamte Geschäftsbetrieb des Börsenbesuchers gewertet, sondern nur diejenige Handlung in die Bewertung aufgenommen wurde, die im Rahmen der Tätigkeit an der Börse erfolgte. Dies hatte aber nicht zur Voraussetzung, dass die Handlung unmittelbar an der Börse und zu Börsenzeiten zu geschehen hatte.[160]

Bei der Ausarbeitung des Börsengesetzes war eine Börsen-Enquete-Kommission beteiligt. Diese hatte sich eingehend mit der Frage beschäftigt, unter welchen Voraussetzungen das Ehrengericht einschreiten sollte. Folglich erörterte sie die Umstände, wann eine unehrenhafte Handlung vorlag, und erarbeitete Beispiele.[161] In die Beispielsammlung wurde unter anderem die arglistige Beeinflussung der Kurse oder Preise, insbesondere durch Scheingeschäfte oder durch Verbreitung falscher Gerüchte, aufgenommen. Ferner enthielt die Beispielsammlung die Gewährung und die Annahme von Geschenken in der Absicht, Äußerungen in der Presse zugunsten oder zum Nachteil gewisser Unternehmungen herbeizuführen oder zu unterdrücken. Das Ehrengericht sollte auch dann zuständig sein, wenn der Börsenbesucher Börsenspekulationsgeschäfte mit Personen abschloss, die in unselbstständiger oder dürftiger wirtschaftlicher Lage waren, oder mit Personen, deren Geschäftsbetrieb solche Abschlüsse nicht gewöhnlich mit sich brachte und das Geschäft einen Umfang aufwies, der in einem auffälligen Missverhältnis zu ihrer wirtschaftlichen Lage stand. Ähnliches galt über Anreizungen zu Börsenspekulationen, wenn diese außerhalb des

---

159 Stenographische Berichte über die Verhandlungen des Reichstages, 9. Legislaturperiode, IV. Session, 1895/97, Erster Anlagenband, 1896, Aktenstück Nr. 14, S. 16.

160 Stenographische Berichte über die Verhandlungen des Reichstages, 9. Legislaturperiode, IV. Session, 1895/97, Erster Anlagenband, 1896, Aktenstück Nr. 14, S. 16.

161 Stenographische Berichte über die Verhandlungen des Reichstages, 9. Legislaturperiode, IV. Session, 1895/97, Erster Anlagenband, 1896, Aktenstück Nr. 14, S. 18.

Geschäftsbetriebs des Angereizten lagen und die Anreizungen in einer des ehrbaren Kaufmanns unwürdigen Weise erfolgten. Auf welchem Wege die Anreizung erfolgte, ob durch den Anreizenden persönlich oder durch Agenten, Briefe, Anzeigen, Reklamen in öffentlichen Blättern oder Ähnlichem, war irrelevant. Ein weiteres Beispiel für ein ehrengerichtliches Einschreiten bildete die Anwendung von Geschäftsbedingungen, welche gegen den kaufmännischen Anstand verstießen.[162]

All diese aufgezählten Handlungen waren folglich mit der Ehre oder dem Anspruch auf kaufmännisches Vertrauen nicht zu vereinbaren und somit ehrengerichtlich mit Verweis oder dem zeitweiligen oder dauerndem Ausschluss aus der Börse (§ 15 BörsG 1896) zu bestrafen. Allerdings urteilte das Ehrengericht über die Handlungen sämtlicher Börsenbesucher und damit auch über jene von Handlungsgehilfen, Angehörigen der Presse, Notaren und Rechtsanwälten. Bei diesen in den Motiven zum Börsengesetz genannten Personenkreisen handelt es sich nicht um Kaufleute, sondern um sog. „nichtkaufmännische Besucher". Da das Ehrengericht auch bei Fehlverhalten der nichtkaufmännischen Besucher einschritt, ging es bei der Diskussion um das Ehrengericht „nicht allein um die Verletzung der kaufmännischen Ehre".[163]

2. *Gegenwärtiger Stand*

Eine Änderung erfuhr das Ehrengericht der Börse durch Art. 1 Nr. 7 des „Gesetzes zur Änderung des Börsengesetzes" vom 28. April 1975 (BörsG 1975).[164] Das Gesetz hob die §§ 10 ff. BörsG auf. An die Stelle des Ehrengerichts trat der Ehrenausschuss des § 9 BörsG 1975.

Gemäß § 9 BörsG 1975 wurden die Landesregierungen ermächtigt, durch Rechtsverordnung Vorschriften über die Errichtung eines Ehrenausschusses, seine Zusammensetzung und sein Verfahren zu erlassen. Der Ausschuss konnte alle Börsenbesucher mit Ausnahme der Kursmakler und ihrer Stellvertreter mit Verweis oder Ordnungsgeld bis zu 2.000 DM oder mit Ausschließung von der Börse bis zu zehn Sitzungstagen belegen, wenn sie sich im Zusammenhang mit ihrer Tätigkeit an der Börse eine mit der Ehre oder dem Anspruch auf kaufmännisches Vertrauen nicht zu vereinbarende Handlung hatten zuschulden kommen lassen.

---

162 Alle von der Enquete-Kommission genannten Beispiele befinden sich im Anhang.

163 Stenographische Berichte über die Verhandlungen des Reichstages, 9. Legislaturperiode, IV. Session, 1895/97, Erster Anlagenband, 1896, Aktenstück Nr. 14, S. 16.

164 Gesetz vom 28. April 1975, BGBl. I S. 1013.

Diese Abkehr vom Ehrengericht und der damit verbundenen Hinwendung zum Ehrenausschuss wurden in der Begründung[165] mit einem kurzen Hinweis auf verfassungsrechtliche Bedenken gegenüber den bisherigen Ehrengerichten erklärt. Sicherlich dürfte mit „verfassungsrechtlichen Bedenken" der Grundsatz des Art. 92 GG gemeint gewesen sein, wonach die Rechtsprechung und die Verhängung von Strafen nur dem Richter zustehen.[166] Dadurch erklärt sich auch, warum das bisherige Ehrengericht mit Verweis *bestrafte* und der jetzige Ehrenausschuss den Börsenbesucher mit einem Verweis *belegte.*

Eine weitere Entwicklung des Ehrenausschusses erfolgte mit Artikel 2 des 2. Finanzmarktförderungsgesetzes vom 26. Juli 1994.[167] Dadurch wurde der Ehrenausschuss in einen Sanktionsausschuss umgewandelt. Der Sanktionsausschuss ist aktuell in § 22 BörsG geregelt. Der Ausschuss hat neben der Umbenennung auch eine Zuständigkeitsänderung erfahren. Während der Ehrenausschuss bislang Handlungen der Börsenbesucher, die mit der Ehre oder dem Anspruch auf kaufmännisches Vertrauen nicht zu vereinbaren waren, mit Verweis und Ordnungsgeld belegte, so belegt der jetzige Sanktionsausschuss den Handelsteilnehmer oder eine für ihn tätige Hilfsperson mit Verweis und Ordnungsgeld, wenn ein vorsätzlicher oder fahrlässiger Verstoß gegen börsenrechtliche Vorschriften vorliegt, die der Sicherstellung einer ordnungsgemäßen Durchführung des Handels an der Börse oder der Börsengeschäftsabwicklung dient. Es können derzeit Ordnungsgelder bis zu 250.000 EUR verhängt werden. Folglich geht es nicht mehr um die Ahndung von Verstößen gegen die Ehre und den Anspruch auf kaufmännisches Vertrauen, sondern um die Sanktionierung von Verstößen gegen börsenrechtliche Vorschriften. Der Übergang vom Ehren- zum Sanktionsausschuss wurde damit begründet, dass infolge der zunehmenden Regulierung und Normierung des Börsenhandels ein Bedeutungswandel der Schutzrichtung stattgefunden habe.[168]

III. Ehrengerichte verschiedener Handelskammern

Die frühen Anregungen, Ehrengerichte zu schaffen, zeigten Anfang der 1930er-Jahre erste Erfolge. So hatte die Handelskammer Düsseldorf ein Ehrengericht auf Grundlage einer Satzung eingerichtet. Diesem Vorgehen schlossen sich die

---

165 BT-Drucks. 7/101, Anlage 1, S. 11.

166 Dazu *Pieroth* in: Jarass/Pieroth, GG, 2014, Art. 92 Rn. 2 ff.

167 Gesetz über den Wertpapierhandel und zur Änderung börsenrechtlicher und wertpapierrechtlicher Vorschriften vom 26. Juli 1994, BGBl. I S. 1749.

168 *Schwark/Zimmer*, Kapitalmarktrechts-Kommentar, 2010, § 22 Rn. 1.

Handelskammern Köln, Aachen, Bonn, Koblenz und Trier an.[169] Auch wenn sich die ehrengerichtlichen Verfahren der jeweiligen Handelskammern unterschieden, so war ihnen doch die Aufgabe gemein, festzustellen, ob eine geschäftliche Handlung oder eine Unterlassung derselben mit der kaufmännischen Ehre oder dem Anspruch auf kaufmännisches Vertrauen nicht zu vereinbaren war. Daher hatte der Spruch des Gerichts zum Inhalt, ob der Beschuldigte „gegen die kaufmännische Ehre" verstoßen hatte oder nicht.[170] Der Literatur zufolge kam dem Ehrengericht auch deswegen eine besondere praktische Bedeutung zu, weil beispielsweise die Fälle in Betreff des unlauteren Wettbewerbs, der Marktstörung durch Preisunterbietungen und der unfairen Werbung nicht nur von einem rechts-, sondern nun auch einem fachkundigen und wirtschaftsverbundenen Gremium beurteilt wurde.[171]

Das Ehrengericht hatte allerdings einen wesentlichen, auch damals schon als solchen erkannten Mangel: Die Gerichte basierten nicht auf reichsgesetzlicher Grundlage, sondern waren Einrichtungen der Selbstverwaltung.[172] Folglich konnten Kaufleute nicht vor das Gericht gezwungen werden, vielmehr mussten sie sich freiwillig dem ehrengerichtlichen Verfahren unterwerfen.[173] Ferner hingen die ehrengerichtliche Verwertung von geschäftlichen Unterlagen und die Einsicht in die Geschäftsbücher von der Zustimmung des Beschuldigten ab.[174] Mangels Rechtsgrundlage standen dem Ehrengericht auch keine Zwangsmittel zur Verfügung.[175] Daher bestand aus damaliger Sicht der Handelskammern nur das Zwangsmittel der Veröffentlichung, was bedeutet, dass das Ehrengericht darüber entschied, ob sie den von ihr vorgenommenen Spruch über den

---

169 *Wilden*, Ehrengerichte der Handelskammern des Westens, DWZ 1933 (30), S. 806; *Zahn*, Die kaufmännischen Ehrengerichte bei den Industrie- und Handelskammern, Die nationale Wirtschaft, 1934, S. 241.

170 *Wilden*, Ehrengerichte der Handelskammern des Westens, DWZ 1933 (30), S. 806.

171 *Zahn*, Die kaufmännischen Ehrengerichte bei den Industrie- und Handelskammern, Die nationale Wirtschaft, 1934, S. 241.

172 *Wilden*, Ehrengerichte der Handelskammern des Westens, DWZ 1933 (30), S. 806; *Zahn*, Die kaufmännischen Ehrengerichte bei den Industrie- und Handelskammern, Die nationale Wirtschaft, 1934, S. 241.

173 *Wilden*, Ehrengerichte der Handelskammern des Westens, DWZ 1933 (30), S. 806; *Zahn*, Die kaufmännischen Ehrengerichte bei den Industrie- und Handelskammern, Die nationale Wirtschaft, 1934, S. 242.

174 *Wilden*, Ehrengerichte der Handelskammern des Westens, DWZ 1933 (30), S. 806.

175 *Wilden*, Ehrengerichte der Handelskammern des Westens, DWZ 1933 (30), S. 806; *Zahn*, Die kaufmännischen Ehrengerichte bei den Industrie- und Handelskammern, Die nationale Wirtschaft, 1934, S. 243.

kaufmännischen Ehrverstoß der Vollversammlung mitteilte. Die Vollversammlung beschloss dann, ob der ehrengerichtliche Spruch allgemein veröffentlicht oder nur der Berufsvereinigung des Beschuldigten bekanntgemacht werden sollte. Um die Arbeit der Ehrengerichte zu stärken und auch eine Zuständigkeitsabgrenzung zu den ordentlichen Gerichten vorzunehmen, waren die Handelskammern bestrebt, eine gesetzliche Grundlage für die Ehrengerichte zu erreichen.[176]

1. Ehrengericht der Handelskammer Stuttgart von 1933

Ein ähnliches Vorgehen wählte man auch im süddeutschen Raum. So beschloss beispielsweise am 19. September 1933 die Vollversammlung der Handelskammer Stuttgart, ein kaufmännisches Ehrengericht zu errichten.[177] Es wurde eine Satzung erlassen, die als Zeitpunkt der Aufnahme der Tätigkeit des Ehrengerichts den 1. Oktober 1933 bestimmte. In § 2 der „Satzung über die Errichtung eines kaufmännischen Ehrengerichts bei der Handelskammer Stuttgart" hieß es:

> *„Das Ehrengericht dient der Aufrechterhaltung und Durchsetzung der Grundsätze eines ehrbaren Kaufmanns. Es hat die Aufgabe, Handlungen oder Unterlassungen im Rahmen einer gewerblichen Tätigkeit, die mit den Pflichten eines* ***ehrbaren Kaufmanns*** *in Widerspruch stehen, festzustellen."*[178]

Dass das Kaufmännische Ehrengericht der Handelskammer Stuttgart auch tätig wurde, zeigt die zu Beginn des Jahres 1934 veröffentlichte, ohne Datum versehene Entscheidung, welche betitelt ist mit „Entscheidung des Kaufmännischen Ehrengerichts der Handelskammer Stuttgart über den ehrbaren Kaufmann".[179] Geklagt hatte ein Großhändlerverband gegen einen der Organisation nicht angehörenden Berufsgenossen. Es galt die Frage zu klären, ob Preisunterbietungen[180] im Großhandel gegen die kaufmännischen Sitten verstießen. Bis dato waren in

---

176 *Wilden*, Ehrengerichte der Handelskammern des Westens, DWZ 1933 (30), S. 806; das Erfordernis einer reichsgesetzlichen Grundlage sieht auch *Zahn*, Die kaufmännischen Ehrengerichte bei den Industrie- und Handelskammern, Die nationale Wirtschaft, 1934, S. 243.

177 WWZ 1933, S. 214.

178 Abgedruckt in: WWZ 1933, S. 213 ff.

179 Dazu und zum Folgenden WWZ 1934, S. 31 f.

180 Grundlegend zur Preisunterbietung im Wettbewerbsrecht s. den "Benrather Tankstellenfall" (oder auch „Benzinkampffall" genannt) des Reichsgerichts vom 18. Dezember 1931, RGZ 134, 342; dazu *Reimer*, Warenzeichen- und Wettbewerbsrecht, Band 2, 1935, S. 590 f.

der Branche die Fabrik- und Einzelverkaufspreise geschützt, nicht jedoch die Großhandelspreise. Die Mitbewerber, die im Verband organisiert waren und daher auch mindestens den vom Verband festgelegten Preis von ihrer Endkundschaft fordern mussten, waren im Verhältnis zum nicht verbandsangehörigen Beklagten benachteiligt, da dieser den Preis frei bestimmen konnte. Er berechnete einen Preis für die Ware, der gerade noch dem Betrag entsprach, „den die Ware den Großhändler nach Abzug mindestens eines Teiles der Generalunkosten" kostete. In diesem (Berechnungs-)Verhalten sah das Gericht einen Verstoß gegen die kaufmännischen Sitten. Hierzu führte das Gericht im Wesentlichen aus, dass der Großhandelsverband dieses nicht näher bezeichneten Geschäftszweigs diese Preise mit der Industrie hart erkämpft habe und der Beklagte deswegen überhaupt in der Lage sei, diese niedrigen Preise anzubieten. Dieser niedrige Preis hätte zur Folge, dass die Kunden der verbandstreuen Großhändler zum Beklagten wechselten. Diese Geschäftsmethoden „müssen aber dem Ziel einer geordneten Marktregelung als scharf zuwiderlaufend verurteilt werden und als den kaufmännischen Sitten widersprechend bezeichnet werden". Es sei nicht zu vertreten, dass der Beklagte sein kaufmännisches Handeln ohne Rücksicht auf die Angehörigen der eigenen Branche ausgestalte. Dieses Verhalten gehöre einer vergangenen Zeit an. Der neue Staat fordere eine Rücksichtnahme auf die Gesamtwirtschaft. Das bedeute, dass ein Marktteilnehmer auf sein Recht, sich um andere nicht zu kümmern, verzichte, und sich dem Berufsstand und der Allgemeinheit verpflichte. Die Verbundenheit mit dem Berufsstand habe zur Folge, dass von Sonderinteressen, die die Allgemeinheit schädigen, Abstand zu nehmen sei. Nach Ansicht des Ehrengerichts unterliege auch die gute Kaufmannssitte dem Wandel der Wirtschaftsauffassung: „Wer im Erwerbsleben steht, ist gezwungen, sich der neuen Denkweise im Wirtschafts- und Rechtsleben anzupassen, wenn er sich nicht dem Vorwurf aussetzen will, die schwierige Neugestaltung der wirtschaftlichen Verhältnisse zu stören."

Im Ergebnis stellte das Gericht fest, dass das Verhalten des Beklagten mit den Pflichten eines ehrbaren Kaufmanns in Widerspruch stand. Der Entscheidung ist nicht zu entnehmen, welche Konsequenz diese Feststellung für den Beklagten hatte.

Der ehrengerichtlichen Entscheidung kann zum einen entnommen werden, dass eine harte Preiskalkulation, mit einem geringen Umsatz für den Warenanbieter im Ergebnis, gegen den kaufmännischen Sitten verstieß. Zum anderen stand es nach Ansicht des Gerichts im Widerspruch zu den kaufmännischen Sitten, wenn ein Kaufmann ohne Rücksicht auf seine Wettbewerber am Markt agierte. Allerdings hat die Begründung hierzu eine nationalsozialistische Einfärbung und stützt sich auf den Schutz der Allgemeinheit unter Zurückdrängung von Individualinteressen. Auf dieses den Nationalsozialismus kennzeichnende Merkmal der Verdrängung des Individuums und der Erhebung des Volkes in das Zentrum der gesellschaftlichen Ordnung wird an anderer Stelle ausführlich eingegangen (s. unten Kap. 5, A. II. 7. b.)).

Die Diskussion um die kaufmännischen Ehrengerichte hat in der Literatur ein nationalsozialistisches Gepräge erhalten. So heißt es beispielsweise in Aufsätzen zu den Ehrengerichten, dass es Bestandteil des Nationalsozialismus sei, den „brüchig und morsch gewordenen Ehrbegriff im Wirtschaftsleben wieder herzustellen", sodass der „königliche Kaufmann" wieder zu einem natürlichen Erscheinungsbild werde.[181] An anderer Stelle wird der liberalistischen Wirtschaftsepoche, deren Gegenstand das hemmungslose Streben nach geldwerten Erfolgen sei, die Schuld an der abgestumpften kaufmännischen Standesehre zugeschrieben. Ferner wird ausgeführt, die Hebung der Moral sollen die Industrie- und Handelskammern bereits seit geraumer Zeit mittels der Einrichtung der Ehrengerichte verfolgt haben, allerdings hätten sie die Ideen erst nach dem „Umschwung 1933" verwirklichen können.[182]

Ein weiterer Hinweis auf den Fortbestand des Gerichts ist die Mitteilung der Handelskammer Stuttgart, wonach das Ehrengericht 1935 neu besetzt wurde.[183] Weitere Entscheidungen des Ehrengerichts der Industrie- und Handelskammer Stuttgart ließen sich jedoch nicht finden. Die meisten Dokumente jener Zeit sind während des Zweiten Weltkriegs verloren gegangen.[184]

2. *Ehrengericht der Handelskammer Reutlingen von 1934*

Die Handelskammer Reutlingen erließ am 30. Januar 1934[185] ebenfalls eine Ehrengerichtsordnung. Die Ordnung bestimmte in § 2:

> *„Das Ehrengericht dient zur Aufrechterhaltung und Durchsetzung der Grundsätze eines ehrbaren Kaufmanns. Es hat die Aufgabe, Handlungen oder Unterlassungen im Rahmen einer gewerblichen Tätigkeit, die mit den Pflichten eines **ehrbaren Kaufmanns**, mit der*

---

181 *Wilden*, Ehrengerichte der Handelskammern des Westens, DWZ 1933 (30), S. 806.

182 *Zahn*, Die kaufmännischen Ehrengerichte bei den Industrie- und Handelskammern, Die nationale Wirtschaft, 1934, S. 243.

183 WWZ 1934, S. 1010; zum ersten Mal wird von der „Industrie"- und Handelskammer gesprochen, indem die Neubesetzung angezeigt wird als „Neue Zusammensetzung des Kaufmännischen Ehrengerichts bei der Industrie- und Handelskammer Stuttgart".

184 Die wenigen Dokumente zur IHK Stuttgart sind im Wirtschaftsarchiv Baden-Württemberg zugänglich.

185 Mitteilungen der Handelskammer Reutlingen, 1934 (Heft 4), S. 26, im Rahmen der Vollversammlung am 30. Januar 1934.

kaufmännischen Ehre und mit dem Anspruch auf kaufmännisches Vertrauen in Widerspruch stehen, festzustellen."[186]

Der Wortlaut des § 2 Ehrengerichtsordnung geht über den des § 2 der Satzung der Handelskammer Stuttgart hinaus. Demnach dürfte davon auszugehen sein, dass es keine einheitliche Vorlagesatzung (etwa des DIHT) gab, zu deren Übernahme man sich verpflichtet hatte. Womöglich gab es aber eine Orientierungsvorlage. Es kann nicht mit Sicherheit gesagt werden, ob dieses Gericht tätig wurde. Jedenfalls konnten keine Entscheidungen in den Mitteilungen der Handelskammer Reutlingen gefunden werden.

Bedenkt man das oben Ausgeführte, wonach sich die württembergischen Industrie- und Handelskammern, insbesondere jene in Reutlingen, gegen die Einrichtung von kaufmännischen Ehrengerichten ausgesprochen hatten, verwundert der Erlass der Ehrengerichtsordnungen nur zwei Jahre später. Rückblickend zeigt sich, dass die Errichtung der württembergischen Ehrengerichte nicht freiwillig erfolgte, sondern diese „in der Bewegung des Jahres 1933"[187] eingerichtet werden mussten.

IV. Ehrengerichte auf Reichsebene ab 1937

Während der Zeit des Nationalsozialismus gab es zahlreiche Ehrengerichte. Es gab die soziale Ehrengerichtsbarkeit (§§ 35 ff. Gesetz zur Ordnung der nationalen Arbeit[188]), das Ehrengericht des Handwerks (§§ 59 ff. Erste Verordnung über den vorläufigen Aufbau des deutschen Handwerks[189]), die Jägerehrengerichte (§ 57 Reichsjagdgesetz[190]) sowie weitere berufsständische Gerichte, wie beispielsweise die der Schriftleiter (§ 27 Schriftleitergesetz[191]).[192] Obwohl die Bauern nach § 15 Reichserbhofgesetz[193] ehrbar sein mussten, um überhaupt die Stellung eines

186 Abgedruckt in: Mitteilungen der Handelskammer Reutlingen, 1934 (Heft 4), S. 26.

187 *Mosthaf*, Die württembergischen Industrie- und Handelskammern, Bd. 2, 1962, S. 441. Dazu auch *Winkel*, Geschichte der württembergischen Industrie- und Handelskammern, Bd. 3, 1981, S. 263.

188 Gesetz vom 20. Januar 1934, RGBl. I S. 45.

189 Verordnung vom 15. Juni 1934, RGBl. I S. 493.

190 Gesetz vom 3. Juli 1934, RGBl. I S. 549.

191 Gesetz vom 4. Oktober 1933, RGBl. I S. 713.

192 *Michaelis*, Ständische Ehrengerichtsbarkeit, DR, 1935, S. 572 ff.; teilweise *Hedemann*, Deutsches Wirtschaftsrecht, 1943, S. 281 f.; s. auch zur Vielheit der Ehrengerichte *Buch*, Des nationalsozialistischen Menschen Ehre und Ehrenschutz, DJ, 1938, S. 1657 (1664).

193 Gesetz vom 29. September 1933, RGBl. I S. 685.

Bauern erlangen zu können,[194] war für diese Berufsgruppe kein Ehrengericht vorgesehen.[195]

Die Einrichtung der kaufmännischen Ehrengerichte erfolgte im Rahmen der Organisation der gewerblichen Wirtschaft (vgl. oben Kap. 2, A. I. 4.). Im Erlass des Reichswirtschaftsministers zur Reform der Organisation der gewerblichen Wirtschaft vom 7. Juli 1936 wurde die Einführung einer Ehrengerichtsbarkeit für den gesamten Bereich der gewerblichen Wirtschaft durch die Errichtung von erstinstanzlichen Ehrengerichten bei den Wirtschaftskammern in Aussicht gestellt.[196] Dieser Ankündigung folgte mittels Erlasses des Reichs- und Preußischen Wirtschaftsministers vom 20. Januar 1937[197] die Ehrengerichtsordnung der gewerblichen Wirtschaft (EGO der gewerblichen Wirtschaft), wodurch die kaufmännischen Ehrengerichte[198] auf Reichsebene eingeführt wurden.
Gemäß § 1 Abs. 1 der EGO der gewerblichen Wirtschaft galt:

> *„Unternehmer und gesetzliche Vertreter von Unternehmungen, die der Organisation der gewerblichen Wirtschaft (Kammern, Gruppen) angehören, haben die Pflicht, in ihrer wirtschaftlichen Tätigkeit Anstand und Sitte eines ehrbaren Unternehmers zu wahren und sich durch ihr Verhalten der Achtung würdig zu zeigen, die der Beruf und die Zugehörigkeit zur Organisation der gewerblichen Wirtschaft erfordern."*

Jeder Wirtschaftskammerbezirk hatte ein Ehrengericht, welches seinen Sitz bei der Wirtschaftskammer hatte (§ 5 Abs. 1 EGO der gewerblichen Wirtschaft). In

---

194 Gemäß § 11 Abs. 1 Reichserbhofgesetz war nur der Eigentümer eines Erbhofs ein Bauer.

195 Dafür war ein Anerbengericht eingerichtet, dem allerdings andere Aufgaben zukamen als die Aufrechterhaltung der Standesehre (§ 40 Reichserbhofgesetz).

196 Abgedruckt in: Deutscher Reichsanzeiger und Preußischer Staatsanzeiger, 9. Juli 1936, Nr. 157, S. 1–3.

197 Erlass des Reichs- und Preußischen Wirtschaftsministers über die „Einführung der Ehrengerichtsbarkeit in der Organisation der gewerblichen Wirtschaft" vom 20. Januar 1937, Reichsanzeiger vom 29. Januar 1937.

198 Die Ehrengerichtsordnung spricht zwar vom ehrbaren Unternehmer, meint damit aber gleichwohl den Kaufmann. Insgesamt war der Begriff des Kaufmanns sehr selten in der nationalsozialistischen Literatur. Es wurde vorwiegend vom Unternehmer gesprochen. S. bspw. *Würdinger* in: NS-Handbuch, 1935, S. 1107 f. Im Rahmen seiner Ausführungen zum Kaufmannsbegriff stellt er die Gleichbedeutung von Kaufmann und Unternehmer her: *„Deshalb wird für die Frage, wer als Unternehmer (Kaufmann) im Sinne des Handelsrechts zu gelten habe, auch künftighin den Ausgangspunkt der Normierung zu bilden haben* […]". Vgl. auch oben Kap. 2, A. 4. zur Organisation der gewerblichen Wirtschaft, wo der Stand der Unternehmer, und eben nicht (nur) der Kaufmann, genannt wurde.

wenigen Paragrafen wurden Zuständigkeit, Zusammensetzung, Verfahren und Rechtsmittel geregelt.[199] Als Strafarten sah die Ordnung in § 3 die Warnung, den Verweis, die Geldbuße und die Aberkennung der Fähigkeit, in der Organisation der gewerblichen Wirtschaft und des gewerblichen Verkehrs ein Amt zu bekleiden, vor.

Bei der Einrichtung der Ehrengerichte der gewerblichen Wirtschaft baute man auf den Erfahrungen der freiwilligen Ehrengerichte der Industrie- und Handelskammern auf.[200] Obwohl die freiwilligen Ehrengerichte der Handelskammern die Impulsgeber waren, mussten sie in der darauffolgenden Zeit bis zum Aufgehen der Industrie- und Handelskammern in den Gauwirtschaftskammern ab 1942 den Ehrengerichten der gewerblichen Wirtschaft weichen.[201]

Inwieweit die Ehrengerichte der gewerblichen Wirtschaft tätig waren, konnte anhand der einschlägigen Literatur und der untersuchten Zeitschriften nicht ermittelt werden.

V. Ehrengerichte nach 1945

1. Ehrengerichtliche Arbeit am Beispiel des kaufmännischen Ehrengerichts Württemberg-Baden

Die Dokumente im baden-württembergischen Wirtschaftsarchiv vermitteln, dass nach Kriegsende die einzelnen Industrie- und Handelskammern früh Kontakt miteinander aufnahmen und sie ihren Aufbau entsprechend den Erlassen der jeweiligen Besatzungsmacht organisierten.[202]

Im Hinblick auf die Ehrengerichte wurde im besetzten Nachkriegsdeutschland seitens des Deutschen Industrie- und Handelskammertags im Jahr 1949 ein Rundschreiben an die Mitglieder versendet und nach dem Bedürfnis der Errichtung von Ehrengerichten gefragt.[203] In der Folgezeit wurde ein Muster einer Ehrengerichtsordnung erstellt, welche die Industrie- und Handelskammern bei Bedarf als Grundlage verwenden konnten. Durch die Mustervorlage sollten

199 Dazu *Klenk*, Ehrengerichtsbarkeit der gewerblichen Wirtschaft, WWZ, 1937, S. 781; *Pietzsch*, Die Ehrengerichtsbarkeit der gewerblichen Wirtschaft, ZAkDR, 1937, S. 193.

200 *Pietzsch*, Die Ehrengerichtsbarkeit der gewerblichen Wirtschaft, ZAkDR, 1937, S. 193.

201 Zum Hergang an der Industrie- und Handelskammer Stuttgart vgl. WWZ 1937, S. 156, 347 und 592.

202 Dazu auch *Winkel*, Geschichte der württembergischen Industrie- und Handelskammern, Bd. 3, 1981, S. 262 ff. für die amerikanisch und S. 319 ff. für die französisch besetzten Gebiete Württembergs und Badens. S. auch oben Kap. 2, A. I. 5.

203 WABW, Bestand Y 60 Büschel 1062 – Ehrengericht Allgemein.

bundesweit einheitliche Rahmenbedingungen für die Ehrengerichte geschaffen werden.[204] § 1 des Musters der Ehrengerichtsordnung des Deutschen Industrie- und Handelskammertages formulierte:

> *„Unternehmer und gesetzliche Vertreter von Unternehmungen, die der Industrie- und Handelskammer angehören, können, wenn sie in ihrer wirtschaftlichen Tätigkeit die Ehre oder den Anspruch auf kaufmännisches Vertrauen verletzen, mit ihrem Einverständnis vom Ehrengericht zur Verantwortung gezogen werden […].“*

Ein Vergleich mit den früheren Ehrengerichtsordnungen zeigt, dass diese Ordnung ebenfalls wie bisher, mit Ausnahme der Ehrengerichtsordnung der gewerblichen Wirtschaft, an dem Grundsatz der freiwilligen Unterwerfung festhielt, welche auch nicht erzwungen werden konnte. Daneben erinnert die Formulierung *„ihrer wirtschaftlichen Tätigkeit die Ehre oder den Anspruch auf kaufmännisches Vertrauen verletzen“* sehr an die Formulierung der Ehrengerichte der Börse in § 10 BörsG 1896, welcher von *„Handlungen, die mit der Ehre oder dem Anspruch auf kaufmännisches Vertrauen nicht zu vereinbaren sind“*, sprach.

Die Industrie- und Handelskammern des amerikanisch besetzten Landes Württemberg-Baden[205] bildeten eine freie Arbeitsgemeinschaft, zu deren Vorkammer die Industrie- und Handelskammer Stuttgart bestimmt wurde.[206] Die Arbeitsgemeinschaft, die die Errichtung eines Ehrengerichts erörterte, fasste in einem Rundschreiben vom 25. Oktober 1949 an ihre Mitglieder die Vorteile eines solchen Ehrengerichts zusammen. Firmen gehen davon aus, so führt das Rundschreiben aus, dass eine mangelnde Unterwerfung unter die Ehrengerichtsordnung oder eine Verurteilung durch das Ehrengericht für den Ruf des Unternehmers oder seine Kreditfähigkeit bedeutsam sein werde. Das Schreiben hatte gleichzeitig zum Ziel, dass die Mitglieder die Muster-Ehrengerichtsordnung ihrer gebietsbezogenen Ehrengerichtsordnung zugrunde legten.[207]

In der Folgezeit hatte die Arbeitsgemeinschaft am 7. Februar 1950 eine Ehrengerichtsordnung erlassen. Wenige Tage später, am 13. Februar 1950, wurde bei der IHK Stuttgart das kaufmännische Ehrengericht für Württemberg-Baden eingerichtet.[208] Anlass für diesen Schritt, der im Zeichen der Selbstverwaltung

---

204 WABW, Bestand Y 60 Büschel 1062 – Ehrengericht Allgemein.

205 Heutiges Nord-Baden und Nord-Württemberg. Vgl. auch oben S. 42.

206 *Winkel*, Geschichte der württembergischen Industrie- und Handelskammern, Bd. 3, 1981, S. 362.

207 WABW, Bestand Y60 Büschel 1062 – Ehrengericht Allgemein.

208 WABW, Bestand Y60 Büschel 1062 – Ehrengericht Allgemein; *Winkel*, Geschichte der württembergischen Industrie- und Handelskammern, Bd. 3, 1981, S. 575.

stand, gaben nach Meinung der Kaufleute die „kaufmännische[n] Usancen", die während des Nationalsozialismus nicht gepflegt worden seien.[209] Auch die IHK Reutlingen, welche der französischen Besatzungsmacht unterstand, richtete ein Ehrengericht ein,[210] das allerdings mangels Anträgen nicht tätig wurde.[211]

Durch die Zusammenlegung der Länder Württemberg-Baden, Südbaden und Württemberg-Hohenzollern zum heutigen Bundesland Baden-Württemberg am 25. April 1952[212] kam es zu einem Zusammenschluss aller Industrie- und Handelskammern in der Arbeitsgemeinschaft der Industrie- und Handelskammern, welche ab dem 1. Januar 1954 ihre Arbeit aufnahm.[213] Das Ehrengericht war ab diesem Zeitpunkt bei der Arbeitsgemeinschaft der Industrie- und Handelskammern eingerichtet.

Eine Ehrengerichtsordnung in der Fassung vom 2. Juni 1959[214] sprach weiterhin von der Möglichkeit des Einschreitens des Ehrengerichts, wenn ein Unternehmer oder ein gesetzlicher Vertreter von Unternehmungen in Baden-Württemberg bei seiner wirtschaftlichen Tätigkeit die Ehre oder den Anspruch auf kaufmännisches Vertrauen verletzte.

Anhand der im Wirtschaftsarchiv eingesehenen Unterlagen war zu ermitteln, dass das Ehrengericht in dem Zeitraum 1950 bis 1965 mindestens zwölf Mal angerufen wurde:[215] Ein Fall erledigte sich auf dem Wege des Vergleichs, ein weiterer Fall, indem sich der Antragsgegner entschuldigte, in zwei Fällen fehlte die freiwillige Unterwerfung des Gegners, in vier Fällen war das Gericht nicht

209 *Winkel,* Geschichte der württembergischen Industrie- und Handelskammern, Bd. 3, 1981, S. 575.

210 WABW, Bestand A7 Büschel 140 – IHK Reutlingen.

211 *Winkel,* Geschichte der württembergischen Industrie- und Handelskammern, Bd. 3, 1981, S. 575.

212 Dazu oben Kap. 2, A. I. 5.

213 *Winkel,* Geschichte der württembergischen Industrie- und Handelskammern, Bd. 3, 1981, S. 378.

214 Aus dem Bestand des Archivs der IHK Region Stuttgart.

215 WABW, Bestand Y 60 Büschel 1063 – Einzelfälle A-R; WABW, Bestand Y 60 Büschel 1064 – Einzelfälle S-Z. Dazu auch *Winkel,* Geschichte der württembergischen Industrie- und Handelskammern, Bd. 3, 1981, S. 575. Die Sachverhalte wurden anhand der in den Akten vorgefundenen Informationen erstellt, wie z. B. dem Schriftverkehr zwischen verschiedenen Kammern, Schreiben der Beteiligten sowie Aktennotizen. Sie sind damit unter Umständen, da weitere Informationen fehlen könnten, nicht vollständig. Des Weiteren wurden die Namen der Beteiligten aus persönlichkeitsrechtlichen Erwägungen anonymisiert, sofern nicht aus zeithistorischem Interesse die Nennung des Namens unbedenklich schien.

zuständig und nur in drei Fällen traf das Gericht eine positive Entscheidung. In einem weiteren Fall (*Fall 1*[216]), ging aus den Unterlagen lediglich hervor, dass ein Antrag gestellt wurde, jedoch fehlten Angaben zum Streitgegenstand und ob das Verfahren auch tatsächlich durchgeführt wurde. Zu den anderen Fällen folgend im Einzelnen:

- Einigung im Wege des Vergleichs:
  Fall 2:[217] Streitgegenständlich war die Höhe eines in einem Pachtvertrag wirksam geregelten Pachtzinses, der nach Ansicht des Verpächters zu niedrig war. Der Pächter erklärte sich bereit, einen höheren Zins zu bezahlen. Daraufhin suchte der Pächter die staatliche Preisprüfstelle[218] auf und machte eine Preisüberforderung geltend. Der Verpächter stellte daraufhin einen Antrag beim Ehrengericht, um den Sachverhalt klären zu lassen. Allerdings kam es kurz darauf zu einem Vergleich zwischen den Parteien, dessen Inhalt nicht bekannt ist. Daraufhin wurde sowohl seitens der Parteien als auch auf Seiten des Ehrengerichts von einer Aufrechterhaltung des Verfahrens abgesehen.
- Erledigung durch Entschuldigung des Antragsgegners:
  Fall 3:[219] Im Grunde stritten sich die Parteien, ob zwischen ihnen ein Rechtsverhältnis bestand (problematisch war die Abgrenzung von unverbindlicher Anfrage und Auftrag). Im Rahmen des Streits wurde ein Hausverbot geäußert, wogegen sich der Antragsteller an das Ehrengericht wandte. Noch vor Einleitung des Ehrengerichtsverfahrens nahm der Antragsgegner das Hausverbot zurück und entschuldigte sich beim Antragsteller; infolgedessen kam es nicht zu einem Verfahren.
- Keine Unterwerfung des Gegners:
  Fall 4:[220] Die Parteien waren Bauunternehmer und hatten ein Werkvertragsverhältnis. Während der Zusammenarbeit wechselten mehrere Arbeitnehmer vom Bauunternehmer B. zum Bauunternehmer K., woraufhin der Erstgenannte eine zivile Klage erhob und ein rechtskräftiges Urteil wegen unlauteren

---

216 *M. ./. K.*, aus dem Jahr 1956; WABW, Bestand Y 60 Büschel 1063 – Einzelfälle A-R.

217 *S. ./. H.*, aus dem Jahr 1950/1951; vgl. WABW, Bestand Y 60 Büschel 1063 – Einzelfälle A-R.

218 Dazu *Winkel*, Geschichte der württembergischen Industrie- und Handelskammern, Bd. 3, 1981, S. 421 ff.

219 *I. ./. M.*, aus dem Jahr 1964; vgl. WABW, Bestand Y 60 Büschel 1063 – Einzelfälle A-R.

220 *B. ./. K.*, aus den Jahren 1954-1956; vgl. WABW, Bestand Y 60 Büschel 1063 – Einzelfälle A-R.

Wettbewerbs erstritt. Das Ehrengericht befand den in dem Urteil geschilderten Sachverhalt, welcher vermutlich dem Ehrengericht vom Kläger vorgelegt wurde, als ehrenrührig, und befürwortete eine Verfahrenseinleitung. Allerdings ging man davon aus, dass sich der Antragsgegner dem Gericht nicht unterwerfen werde. Es kam parallel zu einem erneuten Prozess zwischen den Parteien vor der ordentlichen Gerichtsbarkeit, woraufhin ein Ehrengerichtsverfahren zurückgestellt wurde. Ob das ehrengerichtliche Verfahren später durchgeführt wurde, konnte den Akten nicht entnommen werden.
Fall 5:[221] Streitgegenständlich war die Aussage des Antragsgegners, der behauptet haben soll, der Antragsteller befinde sich in finanziellen Schwierigkeiten. Die Arbeitsgemeinschaft der IHK übersandte dem Gegner den Sachverhalt und eine Unterwerfungserklärung. Daraufhin bat der Anwalt des Gegners, das Ehrengerichtsverfahren zurückzustellen und eine außergerichtliche Einigung zu versuchen. Sein Mandant müsse aufgrund seines fortgeschrittenen Alters Aufregungen aus dem Weg gehen, weswegen er sich dem Gerichtsverfahren auch nicht unterwerfen werde.

- Unzuständigkeit des Ehrengerichts:
  Fall 6:[222] Ein Wurstwarenhersteller belieferte Werksangehörige, worin andere Unternehmen einen Wettbewerbsnachteil sahen und einen Antrag auf Verfahrenseinleitung stellten. Das ehrengerichtliche Verfahren wurde jedoch mit der Begründung nicht eingeleitet, dass man in diesem Fall befürchten müsse, der Wursthersteller werde mit der Eröffnung des Verfahrens gegen sich Reklame machen.
  Fall 7:[223] Der Antragsteller war Eigentümer eines Grundstücks, innerhalb dessen eine Fläche im Eigentum einer anderen Person stand. Der Antragsteller bot diesem Eigentümer den Kauf oder einen Tausch des Grundstücks an und räumte ihm eine Überlegungsfrist ein. Während der Frist wurde das betreffende Grundstück an ein „Konsortium" von 14 Unternehmen veräußert. Hiergegen wendete sich der Antragsteller; allerdings erfolglos, da das Gericht § 1 der Ehrengerichtsordnung nicht berührt sah.

---

221 *W. ./. M.*, aus dem Jahr 1959; WABW, Bestand Y 60 Büschel 1063 – Einzelfälle A-R.

222 *Diverse Unternehmen ./. H.*, aus dem Jahr 1951; vgl. WABW, Bestand Y 60 Büschel 1063 – Einzelfälle A-R.

223 *S. ./. diverse Unternehmen*, aus dem Jahr 1953; vgl. WABW, Bestand Y 60 Büschel 1063 – Einzelfälle A-R.

Fall 8:[224] In diesem Falle verneinte das Gericht seine Zuständigkeit, wobei der Sachverhalt aus den Unterlagen nicht hervorging.
Fall 9:[225] Der Antragsteller trug vor, der Antragsgegner beantworte Briefe und Telegramme nicht und gehe auf Mängelrügen nicht ein. Die Arbeitsgemeinschaft der IHK Stuttgart lehnte eine Einleitung des Verfahrens mit den Hinweisen ab, dass die Sachverhalte von einem Zivilgericht zu beurteilen seien und zudem kein ehrenrühriges Verhalten feststellbar sei. Die Ablehnung stieß beim Antragsteller auf großes Unverständnis.

- Die positiven Entscheidungen:
  Fall 10:[226] Ein früherer Mitarbeiter der Firma Bosch[227] stellte einen Antrag auf Einleitung des ehrengerichtlichen Verfahrens. Zu Zeiten, als der Antragsteller noch Mitarbeiter der Firma Bosch war, hatte er nach Kriegsende diverse Streitigkeiten mit einem Kollegen gehabt, dem ein geschäftliches Tagebuch abhandengekommen war, das kurz darauf im Besitz des Antragstellers aufgefunden wurde. Einige Zeit später wurde der Kollege verhaftet. Es stellte sich heraus, dass der Antragsteller den Kollegen wegen NSDAP-Zugehörigkeit anzeigte, die nachweislich nicht bestand. Das Unternehmen kündigte dem Antragsteller außerordentlich, worauf es zu einem schiedsgerichtlichen Verfahren kam. Nachdem die Kündigung wirksam wurde, wechselte der Antragsteller in ein anderes, aber branchengleiches Unternehmen. Das branchengleiche Unternehmen war im selben Verband vertreten wie die Firma Bosch. Der Antragsteller sollte das Unternehmen, für das er nun tätig war, im Verband vertreten. Hiergegen wandte sich die Firma Bosch an den Verband und bat unter Hinweis auf die vorgefallenen Sachverhalte um Ausschluss des Antragstellers aus dem Verband. Daraufhin stellte der Antragsteller einen Antrag beim Ehrengericht, dessen Wortlaut nicht bekannt ist. Hingegen ist der Tenor der ehrengerichtlichen Entscheidung archiviert, aus der hervorgeht:

  „Es wird festgestellt, daß der Firma Robert Bosch G. m. b. H. in Stuttgart, wegen des Verhaltens das Herr Rogowski bezüglich des dem Herrn Martin Steins gehörigen Tagebuchs

---

224 *M. ./. unbekannt*, aus dem Jahr 1955; vgl. WABW, Bestand Y 60 Büschel 1063 – Einzelfälle A-R.

225 *H. ./. J.*, aus dem Jahr 1965; vgl. WABW, Bestand Y 60 Büschel 1063 – Einzelfälle A-R.

226 *Rogowski ./. Bosch*, aus den Jahren 1949-1950; vgl. WABW, Bestand Y 60 Büschel 1063 – Einzelfälle A-R.

227 Zum Unternehmen Robert Bosch GmbH s. bspw. *Bähr/Erker*, Bosch: Geschichte eines Weltunternehmens, 2013. Auf S. 255 ff. wird der oben erwähnte Sachverhalt nicht ausdrücklich erwähnt, jedoch wird auf die konfliktreiche Geschäftsbeziehung der Personen Ernst Rogowski und Martin Steins hingewiesen.

an den Tag gelegt hat, nicht zuzumuten ist, mit Herrn Rogowski in einem wirtschaftlichen Gremium zusammenzuarbeiten."

Ob diese ehrengerichtliche Entscheidung den Verband dazu bewog, den Antragsteller auszuschließen, oder der Antragsteller freiwillig auf eine Vertretung im Verband verzichtete, konnte anhand der Archiv-Unterlagen nicht ermittelt werden.

Fall 11:[228] In dem Ehrengerichtsverfahren waren Antragsteller und Antragsgegner personenidentisch. Der Antragsteller wollte vom Ehrengericht festgestellt wissen, dass er sich nicht unehrenhaft verhalten habe. Dem Antrag war ein Streit mit einem Branchenkollegen vorausgegangen. Dieser hatte dem Antragsteller vorgeworfen, dass er zum einen Kolbenprodukte in patentverletzender Weise nachbaue und zum anderen in Werbeprospekten Gebäude (konkret ein Labor) abbilde, das in keinem Zusammenhang mit der Firma des Antragsstellers stehe. Das Gericht hatte den Antragsteller von einem unehrenhaften Verhalten freigesprochen. Eine Begründung war in der Akte nicht enthalten.

Fall 12:[229] Es stritten sich der Prokurist einer Spielbank und der Inhaber einer Druckerei, der in der Vergangenheit Druckaufträge für die Spielbank ausgeführt hatte. Zwischen den beiden gab es mehrfach Unstimmigkeiten, die dazu führten, dass der Prokurist es den Mitarbeitern der Spielbank verboten haben soll, die Druckerei zu beauftragen. Der Druckereiinhaber erfuhr davon und äußerte hierüber gegenüber nicht näher bestimmbaren Personen schriftlich seinen Unmut, und warf in den Schreiben dem Prokuristen und dessen Vorgesetzten vor, dass es in der Spielbank betrügerisch zuginge. Hiergegen wandte sich der Prokurist mit einem Antrag beim Ehrengericht auf Einleitung eines Verfahrens. Auch der Inhaber der Druckerei stellte einen Antrag. Das ehrengerichtliche Verfahren endete damit, dass beide Parteien einen Verweis erhielten und der Druckereiinhaber zudem mit einer Geldbuße belegt wurde. Dieser legte am 19. Januar 1959 gegen die Entscheidung Berufung beim Ausschuss für Ehrenfragen des DIHT ein, der in seiner Berufungsentscheidung vom 25. Februar 1960 die Entscheidung des Ehrengerichts teilweise aufhob und den Druckereiinhaber freisprach.

Auf der Grundlage der hier behandelten zwölf Fälle ist eine allgemeingültige Aussage über die Arbeit des Ehrengerichts kaum möglich. Allerdings gewinnt man durch die Fälle einen Eindruck von der Arbeit des Ehrengerichts. Danach

---

228 Ehrengerichtssache *W. Z.*, aus dem Jahr 1950; vgl. WABW Bestand Y 60 Büschel 1064 – Einzelfälle S-Z.

229 *W. ./. E.*, aus dem Jahr 1959; vgl. WABW Bestand Y 60 Büschel 1064 – Einzelfälle S-Z.

war es vielseitig tätig und in seinen Entscheidungen frei, in welchen Fällen es ein Verfahren einleitete. Auch scheint das Gericht besonders auf den Gebieten tätig geworden zu sein, in denen es um den Ruf oder um die Sonderinteressen einer der beteiligten Parteien ging.
Während auf Landesebene der Selbstverwaltungsgedanke der Kammern zum Tragen kam, wurde auf Bundesebene ab 1955 das Industrie- und Handelskammer-Gesetz beraten (vgl. Kap. 2, A. II.). Eine bundeseinheitliche Ehrengerichtsordnung war allerdings nicht vorgesehen. Folglich galt einerseits das IHK-Gesetz des Bundes für alle Industrie- und Handelskammern; daneben bestanden mancherorts[230] die freiwilligen Ehrengerichte der Industrie- und Handelskammern auf Grundlage eigener Satzungen.

2. Das Ende der Ehrengerichte

a.) Diskussion um eine Rechtsgrundlage

Während man ursprünglich die Einrichtung und Unterhaltung der Ehrengerichte als fakultative Selbstverwaltungsaufgabe der Kammern betrachtete und sich die Kammern diesbezüglich seit jeher auf Satzungsautonomie beriefen,[231] wurde mit Inkrafttreten des IHK-Gesetzes dessen § 1 als Ermächtigungsgrundlage für die Ehrengerichtsordnungen betrachtet. Es gab Stimmen, die die Rechtmäßigkeit der Ehrengerichte anzweifelten.[232] Auch auf dem Deutschen Industrie- und Handelskammertag wurde die Rechtmäßigkeit der Ehrengerichte diskutiert. Anlass hierzu gab ein Aufsatz von *Heinz Bremer* aus dem Jahre 1964 mit dem Titel „Ehrengerichte im Rahmen der Industrie- und Handelskammern?". In dem Aufsatz wurde der Mangel an rechtsstaatlichen Anforderungen der ehrengerichtlichen Verfahren dargestellt.[233]

---

230 In einem Schreiben der IHK Stuttgart vom 11. November 1952 gab es den Hinweis auf 21 Ehrengerichte in der BRD.

231 *Most*, Selbstverwaltung der Wirtschaft in den Industrie- und Handelskammern, 1927, S. 84.

232 *Bremer*, Kammerrecht der Wirtschaft, *Berlin*, 1960, S. 52; dazu *Will*, Selbstverwaltung der Wirtschaft, 2010, S. 486 f.

233 *Bremer*, Ehrengerichte im Rahmen der Industrie- und Handelskammern, BB 1964, S. 828 f. Bemerkenswert ist, dass der mutmaßlich personenidentische Heinz Bremer im Jahre 1938 als Referent der Reichsstelle für Wirtschaftsmoral in Berlin tätig gewesen sein soll; vgl. JW 1938, S. 1825 (1827). Hierzu demnächst *Thiessen*, Der Ausschluss aus der GmbH als ‚praktische Durchführung einer verbrecherischen Irrlehre' – eine Rechtsfortbildungsgeschichte, im Erscheinen.

In der Folgezeit kam man überein, dass es keine Ermächtigungsgrundlage gab, auf welche man die Ehrengerichte und ihre Strafmaßnahmen stützen könne. Das Ergebnis der Diskussionen war die Abschaffung der Ehrengerichte, gefolgt von der Einrichtung von Ehrenausschüssen. Beispielsweise wurde auf der Volltagung des baden-württembergischen Industrie- und Handelskammertages am 8. Mai 1968 ein gemeinsamer Ehrenausschuss vorgeschlagen, da das „von den baden-württembergischen Kammern vor etwa 15 Jahren bei ihrer Arbeitsgemeinschaft errichtete kaufmännische Ehrengericht nach einer neuerdings in der Literatur und auch vom DIHT vertretene[n] Meinung keine Rechtsgrundlage mehr hat [...]".[234]

b.) Erlass einer Ehrenausschussordnung

In der Folge wurde im Jahr 1968 die eingangs zu den Ehrengerichten genannte Ehrenausschussordnung der Arbeitsgemeinschaft der Industrie- und Handelskammern in Baden-Württemberg (Kap. 2, B.) erlassen, nachdem man im Einklang mit den soeben zitierten Stimmen übereingekommen war, dass für die bisherige Ordnung keine Ermächtigungsgrundlage bestand.[235] Nach der nunmehrigen Ehrenausschussordnung wurde der Ausspruch über die Verletzung des Anstands und der Sitte des ehrbaren Kaufmanns vom Ehrengericht auf den gemeinsamen Ehrenausschuss übertragen. Eine Verfahrenseinleitung erfolgte gemäß § 1 der Ehrenausschussordnung:

> *„Gegen Kaufleute, in das Handelsregister eingetragene Prokuristen und besonders bestellte Bevollmächtigte von kammerzugehörigen Unternehmen in Baden-Württemberg kann ein Ehrenausschussverfahren eingeleitet werden, wenn Anlass zu der Annahme besteht, daß sie in ihrer wirtschaftlichen Tätigkeit Anstand und Sitte des ehrbaren Kaufmanns im Sinne des von § 1 Abs. 1 HKG verletzt haben."*

Während die Ehrenordnung aus den 1950er-Jahren von der Verletzung der Ehre und dem Anspruch auf kaufmännisches Vertrauen sprach, kam es nach der Ehrenausschussordnung auf eine Verletzung von Anstand und Sitte eines ehrbaren Kaufmanns an, die sich damit an die Formulierung des § 1 IHK-Gesetz anlehnt.

234 WABW, Bestand Y 60 Büschel 1062 – Ehrengericht Allgemein.

235 „Ehrenausschussordnung der Arbeitsgemeinschaft der Industrie- und Handelskammern in Baden-Württemberg" vom 1. Oktober 1968. Eingesehen im Archiv der IHK Region Stuttgart. Abgedruckt in: Mitteilungen der IHK Reutlingen, 1968, S. 274 ff.

Nach Auskünften der IHK Stuttgart und IHK Reutlingen ist keine aktive Arbeit eines Ehrenausschusses bekannt. Es konnte auch nicht geklärt werden, bis wann der Ehrenausschuss bestand.

C. Zwischenergebnis

Die bisherigen Untersuchungen gelangen zu dem Ergebnis, dass für den ehrbaren Kaufmann im IHK-Gesetz anhand der zugänglichen Materialien kein Leitbild zu ermitteln war. Zudem konnte nicht geklärt werden, woher die Formulierung stammt.

Allerdings ähneln der Wortlaut des § 1 Abs. 1 IHK-Gesetzes von 1956 und § 1 Abs. 1 EGO der gewerblichen Wirtschaft von 1937 einander hinsichtlich der Verwendung der Formulierung „von Anstand und Sitte des ehrbaren Kaufmanns", was durch eine Gegenüberstellung der Normauszüge deutlich wird:

> § 1 Abs. 1 IHK-Gesetz von 1956:
> *„Die Industrie- und Handelskammer haben […] für Wahrung von* ***Anstand und Sitte des ehrbaren Kaufmanns*** *zu wirken."*
> § 1 Abs. 1 EGO der gewerblichen Wirtschaft von 1937:
> *„Unternehmer und gesetzliche Vertreter von Unternehmungen […] haben die Pflicht, in ihrer wirtschaftlichen Tätigkeit* ***Anstand und Sitte eines ehrbaren Unternehmers zu wahren*** *[…]."*

Während die Norm der Ehrengerichtsordnung der gewerblichen Wirtschaft bestimmte, dass der *Unternehmer*[236] bei der Ausübung seiner wirtschaftlichen Tätigkeit Anstand und Sitte eines ehrbaren Unternehmers zu wahren habe, formuliert der aktuelle § 1 Abs. 1 IHK-Gesetz, dass es die Aufgabe der *Industrie- und Handelskammer* sei, Anstand und Sitte des ehrbaren Kaufmanns zu wahren. Somit adressierte die EGO der gewerblichen Wirtschaft eine Wahrungspflicht an den Unternehmer, das IHK-Gesetz hingegen formuliert eine Kammeraufgabe.

Es liegt die Vermutung nahe, dass die Formulierung zu Anstand und Sitte des ehrbaren Kaufmanns über die Ehrengerichtsordnung der gewerblichen Wirtschaft in das IHK-Gesetz gelangte. Eine direkte Entwicklungslinie konnte jedoch nicht nachgewiesen werden. Da jedoch die kaufmännischen Ehrengerichte bereits vor der Einrichtung der Ehrengerichte der gewerblichen Wirtschaft bestanden, ist es durchaus vorstellbar, dass die Formulierung des § 1 Abs. 1 EGO der gewerblichen Wirtschaft an eine ältere Ehrengerichtsordnung einer Handelskammer angelehnt wurde. So verwendete bereits die Ehrengerichtsordnung

236 Fn. 198.

der Handelskammer Stuttgart den Begriff des „ehrbaren Kaufmanns“. Allerdings gilt für dieses Gericht, ähnlich wie das Gericht der IHK Reutlingen, dass die Gerichte nicht freiwillig errichtet wurden.

Es wäre aber einseitig, den „ehrbaren Kaufmann“ allein den Nationalsozialisten zuzuschreiben, auch wenn unter anderem Begriffe wie Anstand, Treue und Ehre im Nationalsozialismus postuliert wurden und der ehrbare Unternehmer ein propagiertes Leitbild war. Es waren die Handelskammern, die bereits während der 1920er-Jahre anregten, Ehrengerichte zu schaffen, und in diesem Zusammenhang den Begriff des ehrbaren Kaufmanns verwendeten. Es wird jedoch in dieser Arbeit nicht verkannt, dass die nationalsozialistische Herrschaft die Rahmenbedingungen schuf, in der viele Ehrengerichte erst errichtet werden konnten. Auch die kaufmännischen Ehrengerichte konnten sich einer Entwicklung im nationalsozialistischen Sinn nicht entziehen, sei es aufgrund der Tatsache, dass das neue Staatsverständnis von innen heraus geteilt wurde, oder weil ab 1937 eine staatliche Einwirkung mit der Ehrengerichtsordnung der gewerblichen Wirtschaft erfolgte. Im Ergebnis war mit den kaufmännischen Ehrengerichten und dem ehrbaren Kaufmann das geschehen, was auch in anderen Fällen geschah (s. unten Kap. 5, A. II. 7. b.): Die nationalsozialistische Herrschaft griff vorhandene Institute und Ideen auf, um sie für ihre ideologischen Zwecke zu nutzen, auszubauen bzw. zu missbrauchen.

Daneben wurde ermittelt, dass sich die kaufmännischen Ehrengerichte an den Ehrengerichten der Börse orientierten, denen nach dem Willen des Gesetzgebers die Aufgabe zukam, den Börsenplatz von unehrenhaften Handlungen frei zu halten sowie die kaufmännische Ehre im Börsenbetrieb zu wahren. Für die Ehrengerichte der Börse wurden Beispiele aufgestellt, wann das Ehrengericht einschreiten sollte. Dabei wurden unter anderem genannt:

- Arglistige Beeinflussung der Kurse,
- Annahme von Geschenken,
- Anwendung von Geschäftsbedingungen, welche gegen den kaufmännischen Anstand verstoßen,
- Abschluss von Börsenspekulationsgeschäften mit Personen in unselbstständiger oder dürftiger wirtschaftlicher Lage.[237]

Da jedoch nicht nur kaufmännische Besucher, sondern auch nichtkaufmännische Besucher vom Ehrengericht erfasst waren, war somit nicht nur die Wahrung

237 Weitere Beispiele befinden sich im Anhang.

der kaufmännischen Ehre maßgeblich. Es ging vielmehr darum, den Börsenplatz allgemein von unehrenhaften Handlungen frei zu halten.

Geht man davon aus, dass mit der kaufmännischen Ehre höhere Anforderungen als mit der allgemeinen Ehre einhergehen, wofür allein schon die Begründung des Börsengesetzes spricht, so lässt sich schlussfolgern, dass die genannten Beispiele die Mindestanforderung an einen ehrbaren Kaufmann darstellen: Denn was für nichtkaufmännische Börsenbesucher galt, musste erst recht für den kaufmännischen Börsenbesucher gelten. Damit ergibt sich ein bestimmtes Mindestleitbild eines ehrbaren Kaufmanns.

Kapitel 3: Der ordentliche Kaufmann im HGB

Das bisher gefundene Ergebnis führt zur Frage, ob sich das Leitbild eines ehrbaren Kaufmanns in einem ähnlichen Begriff finden lässt. Konkret wird der Frage nachgegangen, ob der „ordentliche Kaufmann" des HGB einem bestimmten übergeordneten Kaufmannsbild folgt, mithin der ehrbare Kaufmann bei der Gesetzgebung eine Leitfigur war und heute im Begriff des ordentlichen Kaufmanns enthalten ist.

Der „ordentliche Kaufmann" ist in den Vorschriften zum Handelsvertreter (§§ 86, 90 HGB), zu den Handelsgeschäften (§ 347 HGB), über den Kommissionär (§§ 384, 390 HGB) sowie bei den Vorschriften über die Spedition (§ 461 HGB) und die Lagerhaltung (§ 475 HGB) erwähnt.[238] Danach hat der Handelsvertreter entsprechend § 86 Abs. 3 HGB seine Pflichten mit der Sorgfalt eines ordentlichen Kaufmanns wahrzunehmen. Ähnliches gilt auch für den Kommissionär, der nach § 384 Abs. 1 HGB verpflichtet ist, das übernommene Geschäft mit der Sorgfalt eines ordentlichen Kaufmanns auszuführen. In den anderen genannten Normen ist eine Haftungsbefreiung des Kommissionärs, des Spediteurs und des Lagerhalters geregelt, wenn ein Schaden oder Verlust der Ware auch durch die Sorgfalt eines ordentlichen Kaufmanns nicht abgewendet werden konnte. Folglich kommt es stets auf die Sorgfalt des ordentlichen Kaufmanns an. In diesem Zusammenhang ist § 347 HGB die zentrale Norm.

Der Begriff „ordentlicher Kaufmann" fällt daneben noch in § 90 HGB, der auf die Berufsauffassung des ordentlichen Kaufmanns abstellt (dazu unten Kap. 3, B.)

A. Die Sorgfalt eines ordentlichen Kaufmanns, § 347 HGB

I. Sorgfaltsmaßstab

Bei Handelsgeschäften verlangt § 347 Abs. 1 HGB vom Kaufmann die Anwendung der Sorgfalt eines ordentlichen Kaufmanns:

(1) „Wer aus einem Geschäfte, das auf seiner Seite ein Handelsgeschäft ist, einem anderen zur Sorgfalt verpflichtet ist, hat für die Sorgfalt eines ordentlichen Kaufmanns einzustehen."

---

238 Im weiteren Sinne ist der ordentliche Kaufmann auch im Seehandelsrecht genannt in § 497 HGB „Sorgfalt eines ordentlichen Reeders" und in § 511 HGB „Sorgfalt eines ordentlichen Kapitäns".

Diese zentrale, den Sorgfaltsmaßstab bestimmende Norm ist im Zusammenhang mit der Haftung zu sehen.[239] Entsprechend § 276 Abs. 1 BGB hat ein Schuldner, also auch ein Kaufmann, Vorsatz und Fahrlässigkeit zu vertreten. Die Fahrlässigkeit wird in § 276 Abs. 2 BGB dahingehend definiert, dass fahrlässig handelt, wer die im Verkehr erforderliche Sorgfalt außer Acht lässt. Demnach kommt es bei der Beurteilung der Frage, ob ein Schuldner fahrlässig handelt, auf die typischen Kenntnisse und Fähigkeiten des Verkehrskreises, mithin der konkreten Berufsgruppe (bspw. Ärzte, Architekten, Rechtsanwälte, Kaufleute) an. Folglich ergibt sich bereits aus § 276 Abs. 2 BGB, dass bei Handelsgeschäften der Kaufmann die von einem Kaufmann zu erwartende Sorgfalt aufzubringen hat. Daher wird vielfach die Auffassung vertreten, dass § 347 HGB eine überflüssige Norm sei, deren Aufgabe heute lediglich darin bestehe, „zur Konkretisierung kaufmännischer Sorgfaltspflichten" aufzurufen.[240] Demnach ist der ordentliche Kaufmann des § 347 Abs. 1 BGB der objektive Sorgfaltsmaßstab, der gemäß § 276 für den Handelsverkehr gilt.

Beim ordentlichen Kaufmann handelt es sich um einen Idealtyp, den das HGB zwar nicht beschreibt,[241] aber gleichwohl aufzeigt, dass bei der Konkretisierung des Idealtyps dieser im Zusammenhang mit der Art und Weise des Geschäfts (z. B. Kommissionär, Frachtführer, Spediteur) sowie gegebenenfalls mit der Größe des Unternehmens betrachtet werden muss.[242]

Da das HGB den Sorgfaltsmaßstab des § 347 HGB nicht definiert, stellt sich die Frage, ob bei der Abfassung der Norm ein Idealtyp diskutiert wurde.

---

239 Zum Folgenden *Schmidt* in: MünchKomm, HGB, Bd. 5, 2013, § 347 Rn. 1 ff.; Baumbach/Hopt/*Hopt*, HGB, 2014, § 347 Rn. 1 ff.; *Brox/Henssler*, Handelsrecht, 2011, Rn. 371 ff.; *Oetker*, Handelsrecht, 2015, S. 207 f.

240 *Schmidt* in: MünchKomm, HGB, Bd. 5, 2013, § 347 Rn. 2. Ähnlich *Brox/Henssler*, Handelsrecht, 2011, Rn. 371, wonach § 347 Abs. 1 BGB lediglich klarstellende Funktion hat. *Canaris*, *Handelsrecht*, 2006, S. 392 vertritt die Ansicht, dass die Norm eine Selbstverständlichkeit anordnet. Nach *Oetker*, Handelsrecht, 2015, S. 207 f. konkretisiert § 347 Abs. 1 HGB den § 276 Abs. 2 BGB, wobei er auch darauf hinweist, dass bei zweckgerichteter Auslegung des „Verkehr[s]" in § 276 Abs. 2 BGB der kaufmännischer Sorgfaltsmaßstab auch aus dieser Norm abgeleitet werden könnte. Nach Ansicht von Baumbach/Hopt/*Hopt*, HGB, 2014, § 347 Rn. 1 ergänzt § 347 HGB den § 276 Abs. 2 BGB.

241 Baumbach/Hopt/*Hopt*, HGB, 2014, § 347 Rn. 1.

242 *Schmidt* in: MünchKomm, HGB, Bd. 5, 2013, § 347 Rn. 2; Baumbach/Hopt/*Hopt*, HGB, 2014, § 347 Rn. 7 f.

II. Entstehungsgeschichte

Die Norm geht auf Art. 282 des Allgemeinen Deutschen Handelsgesetzbuches von 1861 (ADHGB) zurück, welches während des Bestehens des Deutschen Bundes erlassen wurde. Das ADHGB hatte zum Ziel, die territorial verschiedenen Handelsbestimmungen zu vereinheitlichen, was durch den fortgeschrittenen Aufschwung des Handels als notwendig erachtet wurde.[243]

Art. 282 ADHGB durchlief mehrere Fassungen, bis es den Verkündungswortlaut erhielt.[244] Da das Gesetz auf Grundlage des preußischen HGB-Entwurfs beraten wurde, ist die ursprünglichste Fassung des Art. 282 ADHGB auch im preußischen HGB-Entwurf von 1856 zu finden.[245] Dort war in § 230 bereits von der Sorgfalt eines „ordentlichen Kaufmanns" die Rede:

> *„Ein Kaufmann ist in Handelsgeschäften gegen den andern Kontrahenten zu der Sorgfalt verpflichtet, wie sie ein ordentlicher Kaufmann in seinen eigenen Angelegenheiten anzuwenden pflegt.*
> *Ein Kaufmann, welcher bei Erfüllung eines Handelsvertrages dieser seiner Verpflichtung entgegenhandelt, haftet bei dem Kontrahenten für den wirklichen Schaden und den entgangenen Gewinn."*[246]

Die Beratungsprotokolle zu § 230 der preußischen Sachverständigenkonferenz geben keinen Aufschluss, was das Gesetz bzw. der Kreis der Sachverständigen

---

243 Zur Entstehungsgeschichte des ADHGB s. für eine Überblick *Schmidt*, Handelsrecht, 2014, S. 52 f.; für einen Überblick mit Daten s. *Endemann*, Handbuch des deutschen Handels-, See- und Wechselrechts, Bd. 1, 1881, S. 27 ff. Ausführlich zur Entstehung des ADHGB s. *Schubert* (Hrsg.), Protokolle der Commission zur Berathung eines allgemeinen Handelsgesetz-Buches, Bd. 1, Einleitung und Register, 1984, S. IX ff.; *Rehme*, Geschichte des Handelsrechts, in: Ehrenberg (Hrsg.), Handbuch des gesamten Handelsrechts, Bd. 1, 1913, S. 237 ff.; *Raisch*, Die Abgrenzung des Handelsrechts vom bürgerlichen Recht als Kodifikationsproblem im 19. Jahrhundert, 1962, S. 116 ff. Zum ersten Versuch der Vereinheitlichung des Handelsrechts während des Deutschen Bundes s. *Baums*, Entwurf eines allgemeinen Handelsgesetzbuches für Deutschland (1848/1849), 1982, S. 29 ff.

244 Davor in Art. 216 Abs. 1 preuß. HGB-Entwurf, Art. 240 Entwurf I, Art. 265 Entwurf II. *Schubert* (Hrsg.), Protokolle der Commission zur Berathung eines allgemeinen Handelsgesetz-Buches, Bd. 1, Einleitung und Register, 1984, S. XXXVI.

245 Zu diesem Entwurf s. *Raisch*, Die Abgrenzung des Handelsrechts vom bürgerlichen Recht als Kodifikationsproblem im 19. Jahrhundert, 1962, S. 101 f.

246 *Schubert* (Hrsg.), Entwurf eines Handelsgesetzbuches für die Preußischen Staaten und Protokolle über die Berathungen mit kaufmännischen Sachverständigen und praktischen Juristen (1856), 1986.

unter einem „ordentlichen Kaufmann“ verstand. Es wird lediglich ein Vorschlag eines rechtsverständigen Mitglieds wiedergegeben, das darauf hinwies, man möge „mit Rücksicht auf das in anderen deutschen Staaten geltende Recht“ die Verpflichtung zur Sorgfalt auf die Fälle beschränken, „in welchen eine Verpflichtung zur Sorgfalt bei den einzelnen Verträgen überhaupt besteht“.[247]

§ 230 des preußischen HGB-Entwurfs von 1856 erfuhr in der Folge eine geringfügige Änderung und ging im preußischen HGB-Entwurf von 1857[248] in dessen Art. 216 auf, der formulierte:

> *„Wer aus einem Handelsgeschäfte einem Andern zur Sorgfalt verpflichtet ist, muß die Sorgfalt eines ordentlichen Kaufmanns anwenden.*
> *Wer in Handelsgeschäften Schadensersatz zu fordern hat, kann die Erstattung des wirklichen Schadens und des entgangenen Gewinns verlangen.“*[249]

In den Beratungen zu Art. 216 des preußischen HGB-Entwurfs von 1857 waren ein Diskussionspunkt die damals in Preußen geltenden Sorgfaltsgrade (Teil I, Titel 5, §§ 278 ff ALR), welche die Sachverständigen für den Handelsverkehr als unangemessen erachteten und daher für eine gesonderte Aufnahme in das Handelsgesetzbuch plädierten. Dabei sollte keine Abstufung der Grade vorgenommen werden, da nach mehrheitlicher Ansicht dies nicht dem Handelsleben entspräche. Darüber hinaus unterstellte man den Parteien der Handelsgeschäfte, dass diese stets und jeder für sich die Sorgfalt eines ordentlichen Kaufmanns anzuwenden pflegten.[250] Ein Bild dieses ordentlichen Kaufmanns wurde aber nicht wiedergegeben.

Auf Grundlage des fertiggestellten preußischen Entwurfs erfolgten die Beratungen zum ADHGB in der Bundesversammlung.[251] Auch in den ersten Beratungen der Bundesversammlung zum Sorgfaltsmaßstab[252] wurde kein Idealtyp

---

247 *Schubert* (Hrsg.), Entwurf eines Handelsgesetzbuches für die Preußischen Staaten und Protokolle über die Berathungen mit kaufmännischen Sachverständigen und praktischen Juristen (1856), 1986, S. 57.

248 Zu diesem Entwurf s. *Raisch*, Die Abgrenzung des Handelsrechts vom bürgerlichen Recht als Kodifikationsproblem im 19. Jahrhundert, 1962, S. 99 ff.

249 *Schubert* (Hrsg.), Entwurf eines Handelsgesetzbuches für die preußischen Staaten. Nebst Motiven (1857), 1986.

250 *Schubert* (Hrsg.), Entwurf eines Handelsgesetzbuchs für die Preußischen Staaten. Nebst Motiven (1857), 1986, S. 106.

251 Dazu *Raisch*, Die Abgrenzung des Handelsrechts vom bürgerlichen Recht als Kodifikationsproblem im 19. Jahrhundert, 1962, S. 99 und 118.

252 *Lutz* (Hrsg.), Protokolle der Kommission zur Berathung eines allgemeinen Handelsgesetzbuches, Teil 2, 1858, S. 409.

des ordentlichen Kaufmanns diskutiert, wohl aber die Frage erörtert, für welches Verschulden der Kaufmann einzustehen habe. Dabei wurde angeführt, man wolle keine Haftung für *diligentia in concreto* (die Sorgfalt, die ein Mensch in seinem Geschäft anzuwenden pflegt), sondern *diligentia in abstracto* (was von einem Menschen an Sorgfalt überhaupt geleistet werden kann).

Der Antrag eines Abgeordneten, wonach man die Norm dahingehend abändern möge, dass vom Kaufmann nur diejenige Sorgfalt zu leisten sei, „welche der Verpflichtete in seinen eigenen Geschäften zu beobachten pflege", wurde nicht angenommen.

In einer weiteren Beratung beanstandete ein Kommissionsmitglied die Worte „Sorgfalt eines ordentlichen Kaufmannes" und führte dazu aus, dass Handelsgeschäfte auch von Nichtkaufleuten, z. B. gewöhnlichen Fuhrkaufleuten, abgeschlossen werden können.[253] Diesem Hinweis wurde entgegengehalten, dass es sich bei den Sorgfaltsanforderungen nicht durchweg um die „Sorgfalt desjenigen [handele], den man im gewöhnlichen Leben einen Kaufmann von höherer Bildung zu nennen pflege, sondern [...] [um die] Sorgfalt eines ordentlichen Gewerbsmannes, von dem Stande und Gewerbe, welchem die jeweils in Frage stehende Person angehöre. Der Ausdruck ‚Sorgfalt eines ordentlichen Kaufmanns' repräsentiere demnach für das Handelsrecht einen technischen Begriff."[254]

Daraus lässt sich mehreres ableiten: Erstens hatten die Sachverständigen unterschiedliche Kaufmannscharaktere vor Augen. Zweitens handelt es sich bei der im Gesetz festgehaltenen Sorgfaltsanforderung an den ordentlichen Kaufmann nicht um eine solche, die man von einem höher gebildeten Kaufmann erwartet. Drittens leitet sich der Idealtyp des „ordentlichen Kaufmanns" aus dem geschäftlichen Umfeld ab, in dem sich der Kaufmann bewegt, sodass der ordentliche Kaufmann kein allgemeingültiger, in allen Handelsbeziehungen gleich vorkommender Idealtyp ist. Demnach konnte für den heutigen § 347 Abs. 1 HGB kein übergeordnetes Kaufmannsbild vorbildhaft gewirkt haben.

Letztlich ging Art. 216 Abs. 1 des preußischen Entwurfs von 1857[255] im Wortlaut fast gleichbleibend im Art. 282 ADHGB auf:

253 *Lutz* (Hrsg.), Protokolle der Kommission zur Berathung eines allgemeinen Handelsgesetzbuches, Teil 3, 1858, S. 1308 f. Die Sorgfalt eines ordentlichen Kaufmanns wird noch einmal auf S. 5066 erwähnt, betrifft dort aber die Frage nach dem Wortlaut der letzten Fassung und ist hier nicht relevant.

254 *Lutz* (Hrsg.), Protokolle der Kommission zur Berathung eines allgemeinen Handelsgesetzbuches, 1858, Teil 3, S. 1308 f.

255 Art. 216 Abs. 2 ADHGB wurde in einen eigenen Artikel überführt.

> *„Wer aus einem Geschäft, welches auf seiner Seite ein Handelsgeschäft ist, einem Anderen zur Sorgfalt verpflichtet ist, muß die Sorgfalt eines ordentlichen Kaufmanns anwenden.“*[256]

Dem ADHGB folgte das HGB von 1897, welches – entsprechend den Angaben der Denkschrift – novelliert wurde, um zum einen die handelsrechtlichen Vorschriften mit den Vorschriften den BGB in Einklang zu bringen und zum anderen Änderungen und Ergänzungen vorzunehmen, die sich seit dem Inkrafttreten des ADHGB als wünschenswert gezeigt hatten.[257]

Art. 282 ADHGB wurde in § 347 HGB von 1897 übernommen und um Absatz 2 erweitert, der eine Haftungsbeschränkung enthält. Danach hat der Kaufmann nur noch Vorsatz und grobe Fahrlässigkeit zu vertreten (vgl. § 276 BGB) und für die Sorgfalt einzustehen, die er in eigenen Angelegenheiten anzuwenden pflegt (vgl. § 277 BGB *diligentia quam in suis*; bspw. enthalten in § 690 BGB, § 708 BGB). Der Absatz 2 wurde mit der Begründung eingeführt, dass die Ausnahmevorschriften, wonach der Schuldner nicht für jede Fahrlässigkeit verantwortlich sei (z. B. Schenkung, Leihe, Aufbewahrung), auch für den Handelsverkehr sachgemäß seien.[258]

B. Die Berufsauffassung eines ordentlichen Kaufmanns, § 90 HGB

Dem ordentlichen Kaufmann begegnet man im Recht der Handelsvertreter im bereits genannten Zusammenhang mit der Sorgfaltsanforderung in § 86 Abs. 3 HGB, ferner in § 90 HGB, der von dessen Berufsauffassung handelt:

> *„Der Handelsvertreter darf Geschäfts- und Betriebsgeheimnisse, die ihm anvertraut oder als solche durch seine Tätigkeit für den Unternehmer des Vertragsverhältnisses nicht verwerten oder anderen mitteilen, soweit dies nach den gesamten Umständen der* ***Berufsauffassung eines ordentlichen Kaufmanns*** *widersprechen würde.“*

Dem ADHGB war der Handelsvertreter noch unbekannt; es regelte nur die Tätigkeit des Handelsmaklers. Die Tätigkeit des Handelsvertreters wurde damals

---

256 Gesetzsammlung für die Königlichen Preußischen Staaten, 1861, S. 449, (480; 540). Die genannte Quelle belegt das ADHGB in der Entwurfsfassung, welches Preußen für sein Hoheitsgebiet verkündete.

257 Abgedruckt in *Hahn/Mugdan*, Die gesammelten Materialien zu den Reichsjustizgesetzen, Bd. 6, 1897, S. 189 (Denkschrift, S. 1). Hierzu *Schmidt*, Handelsrecht, 2014, S. 53.

258 *Schubert/Schmiedel/Krampe* (Hrsg.), Denkschrift zum Entwurfe eines Handelsgesetzbuches und Einführungsgesetzes, Bd. 2, 2. Halbband, 1988, S. 1111 f. S. auch *Schmidt* in: MünchKomm, HGB, Bd. 5, 2013, § 347 Rn. 1.

nach dem allgemeinen Dienst- oder Werkvertragsrecht beurteilt.[259] Erst mit der Reform des HGB von 1897[260] wurde das Handelsvertreterrecht aufgenommen, wobei die Bestimmung des § 90 HGB später mit dem „Gesetz zur Änderung des Handelsgesetzbuchs" vom 6. August 1953[261] eingeführt wurde.

Eine Untersuchung der Gesetzesmaterialen[262] zeigt, dass sich die verkündete Norm und die Entwurfsnorm (HGB-Entwurf 1953) im Wortlaut unterschieden. In der Entwurfsfassung lautete § 90:

> *„Der Handelsvertreter darf Geschäfts- und Betriebsgeheimnisse, die ihm anvertraut oder als solche durch seine Tätigkeit für den Unternehmer bekannt geworden sind, auch nach Beendigung des Vertragsverhältnisses nicht verwerten oder anderen mitteilen, soweit dies nach den gesamten Umständen einer anständigen kaufmännischen Berufsauffassung widersprechen würde."*

In der Begründung zum Gesetzesentwurf[263] heißt es dazu, dass eine Geheimhaltungspflicht hinsichtlich der Betriebs- und Geschäftsgeheimnisse auch nach der Beendigung der Vertragsverhältnisse bestehe und dieser Tatsache durch den § 90 HGB-Entwurf 1953 Rechnung getragen werden soll. Die Erstreckung dieser Pflicht über das Vertragsverhältnis hinaus rechtfertige sich durch den Umstand, dass der Handelsvertreter die Geheimnisse allein aufgrund seiner Tätigkeit erlange und man deswegen erwarten dürfe, dass er dieses Wissen nicht verwerte. Diese Verpflichtung sei aber nicht grenzenlos. Eine Verwertung könne dann erfolgen, wenn eine solche den Gesamtumständen einer anständigen kaufmännischen Berufsauffassung nicht widerspreche. Weiter heißt es, dass sich damit „die Geheimhaltungspflicht nach Beendigung des Vertragsverhältnisses letzten Endes nach den Grundsätzen von Treu und Glauben" bestimme.[264]

Der Entwurf wurde dem Bundesrat vorgelegt, der hinsichtlich § 90 HGB-Entwurf 1953 den Änderungsvorschlag äußerte, die Worte „einer anständigen kaufmännischen Berufsauffassung" durch die Worte „der Berufsauffassung eines ordentlichen Kaufmanns" zu ersetzen, und begründete dies mit dem Hinweis auf die „sprachliche Verbesserung".[265] Die Bundesregierung erhob in ihrer

---

259 *von Hoyningen-Huene* in: MünchKomm, HGB, Bd. 1, 2010, § 84 Rn. 1.

260 Gesetz vom 10. Mai 1897, RGBl. S. 219.

261 Gesetz vom 6. August 1953, BGBl. I S. 771.

262 Entwurf eines Gesetzes zur Änderung des Handelsgesetzbuches (Recht der Handelsvertreter) nebst Begründung, BT-Drucks. 1/3856.

263 BT-Drucks. 1/3856, Anlage 1.

264 BT-Drucks. 1/3856, Anlage 1, S. 37.

265 BT-Drucks. 1/3856, Anlage 2.

Stellungnahme[266] hiergegen keine Einwände. Im folgenden Verlauf wurde die Änderung in den Gesetzesentwurf[267] aufgenommen und wurde damit Gegenstand der Beschlussfassung.

Auch im Falle des § 90 HGB geht der Gesetzgeber auf den ordentlichen Kaufmann ein, ohne jedoch dessen Eigenschaften, insbesondere den im Entwurf genannten „Anstand", zu konkretisieren. Ein übergeordnetes Kaufmannsbild als Leitfigur wird damit auch hier nicht beschrieben.

C. Zwischenergebnis

Die Untersuchung, ob sich der Gesetzgeber bei Einführung des ordentlichen Kaufmanns an einem übergeordneten Leitbild orientierte, blieb ergebnislos. Es konnte lediglich aufgezeigt werden, dass man sich im Gesetzgebungsverfahren hinsichtlich der Sorgfaltsanforderungen am Kaufmann des jeweiligen Geschäfts orientierte. Bei den Beratungen zum ADHGB wurde jedoch deutlich, dass die Berater eine Vorstellung von unterschiedlichen Kaufmannstypen hatten, ohne diese zu konkretisieren.

Ferner konnte bei den Beratungen zur Reform des Handelsvertreterrechts zumindest gezeigt werden, dass der „anständige" und der „ordentliche" Kaufmann synonym verstanden wurden.

---

266 BT-Drucks. 1/3856, Anlage 3.

267 BT-Drucks. 1/4604. Mündlicher Bericht des Ausschusses für Rechtswesen und Verfassungsrecht (23. Ausschuss).

Kapitel 4: Die Buchführungspflicht von Kaufleuten

Unter den fünf Büchern des Handelsgesetzbuches ist neben den Vorschriften über den Handelsstand (Erstes Buch), die Handelsgesellschaften und die stille Gesellschaft (Zweites Buch), die Handelsgeschäfte (Viertes Buch) und den Seehandel (Fünftes Buch) ein eigenes Buch zum Thema Handelsbücher (Drittes Buch) vorhanden.

Die Bücher regeln grundlegende Fragen der Kaufleute. Dabei ist das Buch über das Seehandelsrecht besonders auffällig, welches einen eigenständigen Handelsgeschäftsbereich zum Gegenstand hat. Auch die Bücher eins, zwei und vier des HGB sind selbsterklärend: Es gilt zu regeln, wer überhaupt Kaufmann ist; welche Formen durch die Zusammenschließung von Kaufleuten entstehen können; worauf der Kaufmann seine materielle Existenz stützt (nämlich den Handel, also die Vornahme von Handelsgeschäften). Da auch die Handelsbücher in einem eigenen Buch geregelt sind, scheint sich darin eine bestimmte Wertung des Gesetzgebers auszudrücken. Was hat es also mit der Buchführung auf sich?

Heute verpflichtet § 238 HGB den Kaufmann zur Führung von Handelsbüchern:

> *„(1) Jeder Kaufmann ist verpflichtet, Bücher zu führen und in diesen seine Handelsgeschäfte und die Lage seines Vermögens nach den Grundsätzen ordnungsmäßiger Buchführung ersichtlich zu machen. Die Buchführung muß so beschaffen sein, daß sie einem sachverständigen Dritten innerhalb angemessener Zeit einen Überblick über die Geschäftsvorfälle und über die Lage des Unternehmens vermitteln kann. Die Geschäftsvorfälle müssen sich in ihrer Entstehung und Abwicklung verfolgen lassen.*
> *(2) Der Kaufmann ist verpflichtet, eine mit der Urschrift übereinstimmende Wiedergabe der abgesandten Handelsbriefe (Kopie, Abdruck, Abschrift oder sonstige Wiedergabe des Wortlauts auf einem Schrift-, Bild- oder anderen Datenträger) zurückzubehalten.“*

Die Buchführung ist Teil der Rechnungslegung,[268] indem sie die Grundlage der Erstellung des Jahresabschlusses bildet.[269] Der Sinn und Zweck der Rechnungslegung ist die Dokumentation der Geschäftsverhältnisse, die ihrerseits der Selbstinformation des Kaufmanns, der Rechenschaft des Kaufmanns gegenüber seinen Vertragspartnern oder auch der Beweisführung dienen kann.[270] Diese Zwecke sind auch der Buchführung eigen. Primär soll die Buchführung der Selbstkontrolle des Kaufmanns dienen. Daneben wird auch der Schutz der Allgemeinheit gegen „unsolides Geschäftsgebaren" als Zweck angeführt sowie der Nutzen für das Steuerrecht.[271] Eine weitere wichtige Rolle nehmen die Handelsbücher im Zivilprozess ein, wo sie im Urkundenbeweis (§ 416 ZPO) eingesetzt werden können. Dabei gilt, dass ordnungsmäßig geführte Handelsbücher eine erhebliche Wahrscheinlichkeit für ihre inhaltliche Richtigkeit begründen.[272]

Eine frühe Regelung für den deutschen Rechtsraum, die den Handelsbüchern eine Beweiskraft zukommen lässt, enthielt das Hamburger Stadtrecht:

> *„Wenn Kaufleute* […] *ihre Handelsbücher* […] *ehrbarer Kaufleute Gebrauch gemäß gehalten* […] *so wird ihnen, in Sachen, ihr Gewerbe und Hantierung belangend, so viel Glauben gegeben, daß dem Produzenten der Eid zur völligen Beweisung zuerkannt werden mag."*[273]

---

268 *Lettl*, Handelsrecht, 2015, S. 183; *Schmidt*, Handelsrecht, 2014, S. 526 f. Zur kaufmännischen Rechnungslegung gehören die Handelsbücher, die Handelsbriefe, das Inventar, die Bilanz sowie die Gewinn- und Verlustrechnung. Einführend *Schmidt*, Handelsrecht, 2014, S. 512 f. Das *Inventar* stellt der Kaufmann auf. Dabei hat er seine Grundstücke, seine Forderungen und Schulden, den Betrag seines baren Geldes sowie seine sonstigen Vermögensgegenstände genau zu verzeichnen und dabei den Wert der einzelnen Vermögensgegenstände und Schulden anzugeben (§ 240 Abs. 1 HGB). Die *Bilanz* ist eine Gegenüberstellung von Vermögen und Schulden eines Unternehmens am Ende eines Geschäftsjahrs, § 242 Abs. 1 HGB. *Gewinn- und Verlustrechnung* ist eine Gegenüberstellung der Aufwendungen und Erträge des Geschäftsjahrs (§ 242 Abs. 2 HGB). Der *Jahresabschluss* besteht aus der Bilanz und der Gewinn- und Verlustrechnung (§ 242 Abs. 3 HGB).

269 *Ballwieser*, in: MünchKomm, HGB, Bd. 4, 2013, § 238 Rn. 1.

270 *Lettl*, Handelsrecht, 2015, S. 182 f.; ausführlich *Ballwieser*, in: MünchKomm, HGB, Bd. 4, 2013, § 238 Rn. 1; *Schmidt*, Handelsrecht, 2014, S. 520.

271 *Schmidt*, Handelsrecht, 2014, S. 527; *Ballwieser*, in: MünchKomm, HGB, Bd. 4, 2013, § 238 Rn. 1.

272 *Schmidt*, Handelsrecht, 2014, S. 520 f.; Baumbach/Hopt/*Merkt*, HGB, 2014, § 238 Rn. 3; *Ballwieser*, in: MünchKomm, HGB, Bd. 4, 2013, § 238 Rn. 1.

273 Artikel 6, Hamburger Stadtrecht aus dem 17. Jahrhundert, hier zitiert nach *Penndorf*, Geschichte der Buchhaltung in Deutschland, 1913, S. 236 f. (dort ohne weitere Datumsangabe). Die Langversion lautet:

Ähnliches formulierte auch die Nürnberger Reformation von 1564. Danach konnten der *„Kaufleute Schuld- und andere Handelsbücher [Beweiswirkung haben], so dieselben ordentlich nach ehrbarer Kaufleutt gebrauch geschrieben“* waren.[274]

Diesen Quellen ist zum einen zu entnehmen, dass man schon damals den ehrbaren Kaufmann zum Vorbild nahm. Ein Kaufmann, der diesem Leitbild entsprechend seine Handelsbücher führte, konnte diese im Streitfall als Beweismittel einbringen. Das lässt weiter den Schluss zu, dass ehrbare Kaufleute ehrliche Personen waren, deren Aufzeichnungen man Glauben schenkte. Zum anderen lässt sich aus den Quellen ableiten, dass der Kaufmann, der seine Handelsbücher dem Leitbild entsprechend führte, ein Kriterium erfüllte, das den ehrbaren Kaufmann ausmachte, wobei hier nur von einem Mindesterfordernis ausgegangen wird, d. h., dass der ehrbare Kaufmann weitere Kriterien (Führung von Handelsbüchern) erfüllen bzw. weitere Eigenschaften (Ehrlichkeit) besitzen musste, um aus der Perspektive anderer als solcher zu gelten. Diese Annahme wird hier aufgestellt, da die Buchführung „nach ehrbarer Kaufleute Gebrauch“ den Begriff des ehrbaren Kaufmanns voraussetzt, folglich die Buchführung nicht das einzige zu erfüllende Erfordernis war, was den Kaufmann zum ehrbaren Kaufmann machte.

„Wenn Kaufleute […] ihre Schuld- und andere Handelsbücher zur Beweisung ihrer daselbst eingeschriebenen Schulden und Handlung gerichtlich produzieren und dieselben Kauf- und Handelsleute in ihren Gewerben aufrichtig befunden und eines guten Leumundes sind, auch ihre Handelsbücher ordentlich und richtig, ehrbarer Kaufleute Gebrauch gemäß gehalten und darin nicht allein creditum, sondern auch debitum, mit Benennung Jahres, Monats und Tages geschrieben, die Ursache der Schuld gemeldet und dieselbe Schuld nicht übermäßig, und der Gegenteil solcher Bücher durch keine Gegenbeweisung oder rechtmäßige Vermutung kann ablehnen, so wird ihnen, in Sachen, ihr Gewerbe und Hantierung belangend, so viel Glauben gegeben, daß dem Produzenten der Eid zur völligen Beweisung zuerkannt werden mag.“
Dazu *Rehme*, Geschichte des Handelsrechts, in: Ehrenberg (Hrsg.), Handbuch des gesamten Handelsrechts, Bd. 1, 1913, S. 215 f. der annimmt, dass dieser „Bucheid“ ein Institut des jüdischen Rechts ist und im deutschen Rechtsraum Aufnahme fand. Ebenfalls einer Hamburger Quelle kann die einstige Forderung vernommen werden, dass die *„Handelsbücher, ordentlich und richtig, ehrbarer kauffleute Gebrauch gemäß, gehalten“* werden sollten, aus *Kruse*, Grundsätze ordnungsmässiger Buchführung, 1978, S. 52, der die Hamburger Statuten von 1603 zitiert.

274 Aus *Kruse*, Grundsätze ordnungsmässiger Buchführung, 1978, S. 52.

Daher ist der Frage nachzugehen, ob der Gesetzgeber bei der Einführung der Buchführungspflicht einem Leitbild folgte oder auf ein solches Bezug nahm.

Zwar legen die oben genannten Quellen ein Zeugnis für die Einsetzung der Handelsbücher als Beweismittel ab, sodass zu vermuten gewesen wäre, dass der Ursprung der Buchführung respektive der Handelsbücher in der Beweisfunktion liegt. Ihr Ursprung wird jedoch vielmehr in der Selbstkontrolle des Kaufmanns gesehen.[275] Die Buchführung als solche, d. h. ohne gesetzliche Verpflichtung hierzu, nahm ihren Anfang in Italien,[276] wo die italienischen Kaufleute im 13. Jahrhundert begannen, ihre Geschäftsvorgänge aufzuzeichnen, und später daraus die doppelte Buchführung entwickelten.[277] Diesem Vorgang folgten dann auch italienische Statuten, die den Kaufmann zur ordnungsgemäßen Aufzeichnung der Geschäftsvorfälle verpflichteten.[278] Diese Pflicht soll im Gesetzeswege auf die jährlichen Bilanzen und die Inventaraufnahmen ausgedehnt worden sein. Dabei war die Führung bestimmter Bücher in einer bestimmten Art vorgeschrieben und unterstanden der obrigkeitlichen Kontrolle.[279]

---

275 *Schmidt*, Handelsrecht, 2014, S. 527; *Gierke/Sandrock*, Handels- und Wirtschaftsrecht, Bd. I, 1975, S. 318.

276 *Schmidt-Busemann*, Die Vorschriften der §§ 38 ff. HGB über Handelsbücher, 1977, S. 5 ff. Zu den Anfängen und der Entwicklung der Buchführungspflicht in Europa s. *Rückert*, Die Einführung der obligatorischen Buchführung, 2009, S. 35 ff. Ein römischer Ursprung wird diskutiert bei *Klügmann*, Die Beweiskraft der Handelsbücher, ihre Geschichte und jetzige Bedeutung, 1907, S. 5 ff.

277 *Gierke/Sandrock*, Handels- und Wirtschaftsrecht, Bd. I, 1975, S. 318. Ausführliche Erläuterungen zu den italienischen Anfängen s. *Goldschmidt*, Handbuch des Handelsrechts, Bd. 1, 1891, S. 245 ff. insb. Fn. 36. Ausführlich zur Buchführung an sich in Deutschland ab dem 14. Jahrhundert s. *Penndorf*, Geschichte der Buchhaltung in Deutschland, 1913, S. 3 ff.

278 Zu den italienischen Statuten sowie den Handelsbuchregistern des 16. Jahrhunderts s. *Goldschmidt*, Handbuch des Handelsrechts, Bd. 1, 1891, S. 247 f.

279 *Gierke/Sandrock*, Handels- und Wirtschaftsrecht, Bd. I, 1975, S. 318, es wird jedoch nicht erwähnt, welche Länder die Pflicht einführten.

A. Einführung der Buchführungspflicht in Frankreich

Die Ordonnance de commerce Ludwigs XIV. von 1673[280] war das erste Gesetz in Europa, dass die Buchführung staatsflächenweit zur Pflicht der Kaufleute deklarierte. Sie wurde für die europäischen Handelsgesetzbücher wegweisend. Anlass für die Einführung der Buchführungspflicht waren die gravierenden Missstände im Kreditwesen,[281] was sich in der gehäuften Zahl der Insolvenzen und Betrugsvorwürfe zeigte.[282] Die Buchführung verfolgte zum einen den Dokumentations- und zum anderen den (Selbst-)Informationszweck.[283] Der Dokumentationszweck war nach außen gerichtet und diente gegenüber öffentlichen Stellen als Nachweis des Verlaufs der getätigten Handelsgeschäfte. Damit eng verbunden war auch die Beweisfunktion der Handelsbücher im Gerichtsprozess, die die Ordonnance den Büchern zukommen ließ. Der Informationszweck ermöglichte den Kaufleuten, sich über den Stand ihrer Geschäfte auf dem Laufenden zu halten. Dieser Zweck soll auf Jaques *Savary* zurückzuführen sein, der bei der Ausarbeitung der Ordonnance maßgeblich mitwirkte.[284] Seiner Vorstellung nach[285] sollten Kaufleute ein jährliches Inventar aufstellen, um zum einen volle Kenntnis über ihr Geschäft hinsichtlich Gewinn und Verlust zu erhalten und zum anderen aufdecken zu können, ob sie von ihren Angestellten bestohlen wurden. Ferner vertrat er die Meinung, wer keine Bücher führe und keine Bilanz aufstelle, wissen womöglich gar nicht, dass er zahlungsunfähig sei. Zudem sei eine Bilanz auch für die Erben

---

280 In französischer Sprache abgedruckt bei *von Martens*, Gesetze und Verordnungen einzelner europäischer Mächte, Bd. 1, 1802, S. 49 ff. und im Folgenden verwendet. Zur geschichtlichen Entwicklung s. *Rehme*, Geschichte des Handelsrechts, in: Ehrenberg (Hrsg.), Handbuch des gesamten Handelsrechts, Bd. 1, 1913, S. 183 f.; Hinweise auf die Sekundärliteratur zur Ordonnance von 1673 gibt *Goldschmidt*, Handbuch des Handelsrechts, Bd. 1, 1874, S. 42 f.

281 Auf diese wirtschaftlichen Missstände geht ein *Savary*, Der vollkommene Kauff- und Handelsmann, 1676 (Nachdruck 2010), Vorwort S. X; aufgegriffen bei *ter Vehn*, Die Entwicklung der Bilanzauffassung bis zum ADHGB, 1928, S. 10; *Schmidt-Busemann*, Die Vorschriften der §§ 38 ff. HGB über Handelsbücher, 1977, S. 22.

282 *Rückert*, Die Einführung der obligatorischen Buchführung, 2009, S. 56.

283 Zum Folgenden *Schmidt-Busemann*, Die Vorschriften der §§ 38 ff. HGB über Handelsbücher, 1977, S. 31 f.

284 Zur Mitwirkung *Savarys* an der Ordonnance, die deswegen von manchen auch *Code Savary* genannt wird, s. *Lion*, Geschichtliche Betrachtungen zur Bilanztheorie bis zum ADHGB, 1928, S. 426 ff. Zur Bezeichnung als *Code Savary* und zur Person Savarys s. *ter Vehn*, Die Entwicklung der Bilanzauffassung bis zum ADHGB, 1928, S. 9 ff.

285 Zum Folgenden *Savary*, Der vollkommene Kauff- und Handelsmann, 1676 (Nachdruck 2010), S. 358 f.

wichtig, da diese dadurch den Vermögensstand des Erblassers ermitteln können. Die Handelsbücher waren jedoch nicht nur dazu geeignet, Auskunft über die aktuelle und vergangene Situation zu geben, sondern bildeten schon damals die Informationsgrundlage für eine zukunftsgerichtete Planung des Handelsbetriebs, indem aus den Bücher abgeleitet werden konnte, welche Waren gewinnbringend waren und welche zu hohe Kosten verursachten, um dann für die Zukunft zu entscheiden, welche Waren weiter gehandelt werden.[286]

Die Ordonnance verpflichtete den Kaufmann nicht nur zur Buchführung, sondern formulierte auch Rechtsfolgen bei Nichteinhaltung der Vorschriften. So drohte dem Kaufmann, der im Insolvenzfall keine oder nicht ordnungsgemäß geführte Handelsbücher vorweisen konnte, die Erklärung zum betrügerischen Bankrotteur, der mit dem Tod bestraft werden konnte (vgl. Titel XI, Art. 11 und Art. 12 der Ordonnance de commerce 1673[287]). Dabei wurde die Erklärung des Kaufmanns zum betrügerischen Bankrotteur durch seine Gläubiger im Wege eines Gerichtsverfahrens herbeigeführt. Diese Vorgehensweise und die Verhängung der Todesstrafe sollen allerdings nur selten vorgekommen sein.[288]

Die Ordonnance wurde zum Code de commerce von 1807 unter Napoleon weiterentwickelt,[289] was auch zu differenzierteren Rechnungslegungsvorschriften

---

286 *Savary*, Der vollkommene Kauff- und Handelsmann, 1676 (Nachdruck 2010), S. 288. Ein weiteres Planungsinstrument war das „Schuldbüchlein", das bei ordentlicher Führung Auskunft geben sollte, zu welchem Zeitpunkt der Kaufmann welche Schulden zu bezahlen hat, um so für die notwendige Liquidität zu sorgen (vergleichbar der heutigen Liquiditätsplanung); ebenda S. 296.

287 Art. 11: „*Les Négocians et les Marchands […], qui lors de leur faillite ne représenteront point leurs Registres, et Journaux, signez et paraphez, comme Nous avons ordonné cidessus, pourront être reputez Banqueroutiers frauduleux.*"
Übersetzung bei *Barth*, Die Entwicklung des deutschen Bilanzrechts, 1953, S. 268: „*Die Groß- und Kleinhändler […], die zur Zeit der Zahlungseinstellung ihre Handelsbücher nicht mit Seitenzahlen versehen und mit ihrem Namenszeichen, wie oben vorgeschrieben, können wie betrügerische Bankrotteure behandelt werden.*"
Art. 12: „*Les Banqueroutiers frauduleux seront poursuivis extraordinairement, et punis de mort.*"
Übersetzung bei *Barth*, Die Entwicklung des deutschen Bilanzrechts, 1953, S. 268: „*Die betrügerischen Bankrotteure werden strafrechtlich verfolgt und mit dem Tode bestraft.*"

288 *Rückert*, Die Einführung der obligatorischen Buchführung, 2009, S. 73.

289 Zur Entstehung des Code de commerce s. *Goldschmidt*, Handbuch des Handelsrechts, Bd. 1, 1874, S. 209 ff.; *Rehme*, Geschichte des Handelsrechts, in: Ehrenberg (Hrsg.), Handbuch des gesamten Handelsrechts, Bd. 1, 1913, S. 230 ff.

führte. Mit der Verfeinerung der Methoden der Rechnungslegung suchte der Gesetzgeber dem Sittenverfall des Kaufmannsstandes und der Rasanz der Handelsgeschäfte zu begegnen.[290] Damals wurden der Luxus und die Unaufrichtigkeit der Kaufleute sowie ihre fehlende Sparsamkeit und ihr mangelnder Ordnungssinn beklagt.[291] Im Rahmen der Gesetzesausarbeitung hieß es, dass man „Kaufleute ohne Handelsbücher, und Handelsbücher ohne Verlässlichkeit finde".[292] Diese Handhabung bedeutete eine Bereicherung des Schuldners, die zum Bankrott zulasten der Gläubiger führte. Da die „öffentliche Moral [...] einem solchen Verhalten gegenüber zu nachsichtig [war und ist]", müssen Gesetze geschaffen werden, die diesen „schwere[n] Delikten" begegneten. Daher ordnete der Code de commerce über die Buchführungspflicht hinaus die laufende Aufzeichnung der Geschäftsvorfälle an sowie die jährliche Aufstellung des Inventars.[293] Auch führte das Gesetz im Zusammenhang mit der Zahlungsunfähigkeit die Bilanz ein. Diese war vor bzw. binnen 24 Stunden nach einem Konkursantrag zu erstellen.[294] Ebenso knüpfte der Code Straffolgen an nicht oder nicht ordentlich geführte Bücher, wonach der Kaufmann als einfacher oder betrügerischer Bankrotteur bestraft werden konnte.[295] Die napoleonischen Reformen zur Hebung der Kaufmannsmoral werden heute als nur bedingt erfolgreich angesehen, gleichwohl bildeten sie die Grundlagen für die Rechnungslegung, die im heutigen Wirtschaftsleben für die „Redlichkeit und Ordnung" unentbehrlich ist.[296] Auf Grundlage des Code de commerce erließ später bspw. Baden sein Handelsrecht, und es diente auch Portugal, Holland und Rumänien als Vorbild.[297]

Folglich zeigt sich, dass die Einführung der Buchführungspflicht mit der Ordonnance in erster Linie eine funktionierende Wirtschaft herstellen und die Weiterentwicklung durch den Code de commerce diese sichern sollte. Der französische

290 Dazu *Moxter*, Bilanzlehre, 1974, S. 31.

291 *Moxter*, Bilanzlehre, 1974, S. 27.

292 Zitiert nach *Moxter*, Bilanzlehre, 1974, S. 27.

293 *Savary* hatte dies den Kaufleuten nur empfohlen, *Schmidt-Busemann*, Die Vorschriften der §§ 38 ff. HGB über Handelsbücher, 1977, S. 34.

294 Dazu *Schmidt-Busemann*, Die Vorschriften der §§ 38 ff. HGB über Handelsbücher, 1977, S. 33 ff.

295 Gemäß Art. 151 und Art. 158, Drittes Buch, Titel IV des Code de commerce i. V. m. dem Code pénal von 1810 hinsichtlich der Strafart und der Strafhöhe. Aufgegriffen bei *Schmidt-Busemann*, Die Vorschriften der §§ 38 ff. HGB über Handelsbücher, 1977, S. 33.

296 *Moxter*, Bilanzlehre, 1974, S. 28.

297 *Rückert*, Die Einführung der obligatorischen Buchführung, 2009, S. 106.

Gesetzgeber war dabei jeweils von einer Negativsituation veranlasst worden und suchte diese durch Setzung von Mindeststandards zu beheben. Die Einführung von Mindeststandards spricht weniger dafür, dass der Gesetzgeber einem besonderen Leitbild folgte, auch wenn bei der Ausarbeitung der Ordonnance Jaques Savary mitwirkte, der ein bestimmtes Kaufmannsbild pflegte (nämlich das eines „vollkommenen" Kaufmanns[298]) und dessen Ansichten teilweise[299] einflossen.

B. Einführung der Buchführungspflicht in Deutschland

Das Allgemeine Landrecht für die Preußischen Staaten von 1794[300] (ALR) bezog sich in Teil II, Titel 8, §§ 562-613 auf die Handelsbücher und ließ ihnen eine Beweisfunktion zukommen (Teil II, Titel 8, §§ 562, 566 ALR), ohne dabei jedoch eine allgemeine Buchführungspflicht aufzustellen.[301] Allerdings ergab sich durch die strafrechtlichen Vorschriften ein indirekter Zwang für die Kaufleute, Handelsbücher zu führen, da gemäß Teil II, Titel 20, § 1468 ALR der zahlungsunfähige Kaufmann als fahrlässiger Bankrotteur bestraft werden konnte, wenn er dies nicht tat. Diese dem französischen Recht ähnelnde Vorschrift[302] hatte jedoch nicht die Todesstrafe zur Konsequenz, sondern den Verlust der kaufmännischen Rechte, wozu die Glaubwürdigkeit der Bücher, die Wechselfähigkeit sowie die Geschäftsfähigkeit der Handlungsgehilfen zählten.[303] Wollte der Kaufmann also auch nach einem Insolvenzfall im Vollbesitz seiner Rechte bleiben, hatte er keine andere Wahl, als Bücher zu führen.

---

298 Vgl. den Titel seines Werkes in Fn. 285.

299 Nicht alle seine Vorschläge wurden aufgenommen, so bspw. die hier erwähnte Aufstellung des Inventars. Diese wurde erst in den Code de commerce aufgenommen.

300 Dazu ausführlich unten Kap. 5, A. II. 5. b.).

301 Eine Buchführungspflicht bestand nur für die Gesellschafter einer Handelsgesellschaft, vgl. Teil II, Titel 8, § 639 ALR: *„Jeder Gesellschafter ist schuldig, dahin zu sehen, daß über die durch ihn besorgten Geschäfte ordentliche Bücher nach kaufmännischer Art geführt werden."* Dazu *Schmidt-Busemann*, Die Vorschriften der §§ 38 ff. HGB über Handelsbücher, 1977, S. 41.

302 Wobei sich die Normen des ALR, die die Handelsbücher betreffen, nicht an der Ordonnance de commerce orientierten, sondern sich auf preußisch-brandenburgische Gesetze zurückführen lassen, dazu *Schmidt-Busemann*, Die Vorschriften der §§ 38 ff. HGB über Handelsbücher, 1977, S. 39 m. w. N.

303 *Bremer*, Kammerrecht der Wirtschaft, 1960, S. 4. Ausführlich zu den Bankrotttatbeständen des ALR s. unten Kap. 5, A. II. 5.b.) cc.).

Eine direkte Buchführungspflicht für Deutschland führte erst das ADHGB von 1861[304] ein. Dabei waren die Bestimmungen hierüber nicht wie im aktuellen HGB in einem eigenen Buch geregelt, sondern in Art. 28-40 im fünften Titel des Ersten Buches (Vom Handelsstande) enthalten. Art. 28 ADHGB bestimmte zum Verkündungszeitpunkt:[305]

> *„Jeder Kaufmann ist verpflichtet Bücher zu führen, aus welchen seine Handelsgeschäfte und die Lage seines Vermögens vollständig zu ersehen sind.*
> *Er ist verpflichtet, die empfangenen Handelsbriefe aufzubewahren und eine Abschrift (Kopie oder Abdruck) der abgesandten Handelsbriefe zurückzubehalten und nach der Zeitfolge in ein Kopierbuch einzutragen."*

In den Motiven[306] wird zur Buchführungspflicht erklärt, dass die Führung ordnungsgemäßer Handelsbücher seit jeher als eine der wichtigsten Pflichten der Kaufleute angesehen wurde, allerdings gehe aus den älteren Handelsrechten nicht hervor, was man unter einer „ordnungsmäßigen Buchführung" zu verstehen habe. Dies gelte auch für das ALR, da es nur von „ordentlichen" und

---

304 Zur Geschichte des ADHGB Fn. 243. Der preußische HGB-Entwurf von 1857 sah bereits die Buchführungspflicht in Art. 29-38 vor, ebenso der preußische HGB-Entwurf von 1856 in den §§ 27-42. In den Beratungen zum Entwurf von 1856 „wurde zuvörderst hervorgehoben, daß es sich hier wesentlich darum handele, das Minimum festzustellen, welches das Gesetz von jedem Kaufmann ohne Unterschied in Ansehnung der Buchführung verlangen müsse". Die Anwesenden zeigten sich damit einverstanden. Vgl. *Schubert* (Hrsg.), Entwurf eines Handelsgesetzbuches für die Preußischen Staaten und Protokolle über die Berathungen mit kaufmännischen Sachverständigen und praktischen Juristen (1856), 1986, S. 10.

305 Gesetzsammlung für die Königlichen Preußischen Staaten, 1861, S. 449. Die genannte Quelle belegt das ADHGB in der Entwurfsfassung, welches Preußen für sein Hoheitsgebiet verkündete.

306 Gemeint sind hier die Motive zum preußischen Handelsgesetzbuch von 1857, das später die Grundlage des ADHGB wurde, s. oben Fn. 251. Den Beratern lag zunächst folgende Fassung (Art. 29) als Diskussionsgrundlage vor: *„Jeder Kaufmann ist verpflichtet, Bücher zu führen, aus welchen zu jeder Zeit seine Handelsgeschäfte und die Lage seines Vermögens vollständig zu ersehen sind. Er ist verpflichtet, die empfangenen Handelsbriefe aufzubewahren und eine wörtliche Abschrift aller abgesandten Handelsbriefe nach der Zeitfolge zurückzuhalten. Falls die Abschrift nicht in ein Briefkopirbuch eingetragen werden, sind dieselben zu sammeln und in einer zusammenhängenden Reihenfolge aufzubewahren."* Zum Folgenden *Schubert* (Hrsg.), Entwurf eines Handelsgesetzbuches für die preußischen Staaten. Nebst Motiven (1857), 1986, S. 19 f.

„gehörigen" Büchern spreche, weswegen diese Vorschrift von den Verfassern des ADHGB rückblickend als zu unbestimmt bezeichnet wurde. Diese Unbestimmtheit müsse behoben werden, da das Gesetz Rechtsfolgen an die Handelsbücher knüpfe. In den Motiven wird weiter ausgeführt, dass das Gesetz den Handelsbüchern, wie eben bereits dargelegt, zum einen eine Beweiskraft beilege, zum anderen im Falle des Bankrotts (§§ 259, 261 des preußischen Strafgesetzbuches[307]) Strafen androhe. Die Behebung der Unbestimmtheit solle dadurch erfolgen, dass das Gesetz genauere Vorschriften enthalte und bestimmte Bücher hervorhebe,

---

307 *§ 259 [Betrügerischer Bankrott]*
Handelsleute, Schiffsrheder und Fabrikbesitzer, welche ihre Zahlungen eingestellt haben, werden, als des betrüglichen Bankerutts schuldig, mit Zuchthaus bis zu fünfzehn Jahren bestraft:
[…]
3) wenn sie in der Absicht, ihre Gläubiger zu benachtheiligen, Handelsbücher zu führen unterlassen haben, obgleich deren Führung gesetzlich vorgeschrieben, oder nach der Beschaffenheit ihres Geschäfts erforderlich war;
4) wenn sie in gleicher Absicht ihre Handelsbücher verheimlicht oder vernichtet oder so geführt oder verändert haben, daß dieselben keine Uebersicht des Vermögenszustandes gewähren. Wird festgestellt, daß mildernde Umstände vorhanden sind, so ist die Strafe Gefängniß nicht unter drei Monaten; zugleich kann auf zeitige Untersagung der Ausübung der bürgerlichen Ehrenrechte erkannt werden.
§ 261 [Strafen für einfachen Bankrott]
Handelsleute, Schiffsrheder und Fabrikbesitzer, welche ihre Zahlungen eingestellt haben, werden wegen einfachen Bankerutts mit Gefängniß bis zu zwei Jahren bestraft:
[…]
2) wenn sie Handelsbücher zu führen unterlassen haben, obgleich deren Führung gesetzlich vorgeschrieben oder nach der Beschaffenheit ihres Geschäfts erforderlich war, oder wenn sie diese Handelsbücher verheimlicht oder vernichtet oder so unordentlich geführt haben, daß dieselben keine Uebersicht des Vermögenszustandes gewähren;
3) wenn sie unterlassen haben, die Bilanz ihres Vermögens jährlich zu ziehen, obgleich dies gesetzlich vorgeschrieben oder nach der Beschaffenheit ihres Geschäfts erforderlich war;
[…];
Zum Zeitpunkt der Ausarbeitungen des HGB-Entwurfs von 1857 waren nicht mehr die Straftatbestände des ALR maßgeblich, sondern die des preußischen Strafgesetzbuches von 1851. Zum Strafgesetzbuch von 1851 ausführlich unten Kap. 5, A. II. 6. b.).

die „mindestens von jedem Kaufmanne gehalten werden müßten".[308] Dabei wird erwähnt, dass das französische Handelsrecht[309] und andere seinem Vorbild folgende Handelsgesetzbücher (Holland, Spanien) den Kaufmann zur Führung von drei Büchern – dem Tagebuch, dem Briefkopierbuch und dem Inventarienbuch – verpflichte. Gleichwohl entschieden sich die Gesetzesverfasser gegen eine Bestimmung, welche die von einem Kaufmann zu führenden Handelsbücher konkret nannte. Zur Begründung ihrer Entscheidung schickten sie voraus, dass eine kaufmännische Buchführung nicht nur eine rechtliche, sondern auch „wohl überwiegend [...] eine technische Seite hat, und daß es gefährlich erscheint, durch gesetzliche Anordnungen nach dieser Seite hin zu tief einzugreifen", da die Art der Buchführung wesentlich mit der Art und dem Umfang des kaufmännischen Geschäfts zusammenhänge.[310] Es erschien den Verfassern nicht sinnvoll, eine Norm zu erlassen, die die vielen Geschäftsarten berücksichtigte. Daher sollte lediglich der Grundsatz aufgenommen werden, dass der Kaufmann eine Pflicht zur Buchführung habe. Jeder verständige Kaufmann werde „mit Leichtigkeit beurtheilen können", welche Bücher er führen muss, aus welchen er zur jeder Zeit seine Geschäfte und seine Vermögenslage ersehen kann. In den

---

308 *Schubert* (Hrsg.), Entwurf eines Handelsgesetzbuches für die preußischen Staaten. Nebst Motiven (1857), 1986, S. 20.

309 Art. 8 Code de commerce: *„Tout commerçant est tenu d´avoire un livre-journal qui présente, jour par jour, ses dettes et passives, les opération de son commerce, ses négations, acceptations ou endossements d´effets, et généralement tout ce qu´il reçoit et paye, á quelque titre que ce soit; et qui énonce, mois par mois, les sommes employées à la dépense de sa maison; le tout indépendament [sic.] des autres livres usités dans le commerce, mais qui ne sont pas indispensables. Il est tenu de mettre en liasse les lettres missives qu´il reçoit, et de copier sur un registre celles qu´il envoie."*
„Jeder Kaufmann ist verpflichtet, ein Geschäftstagebuch zu führen, welches Tag für Tag seine Forderungen und seine Schulden, seine Handelsgeschäfte, seine Ziehungen, Annahmen und Indossierungen von Wechseln oder sonstigen Handelspapieren enthält und überhaupt alles, was er einnimmt und ausgibt, unter welcher Form es auch sei; dieses Buch hat er weiter monatlich die Beträge auszuweisen, die zur Bestreitung der privaten Aufwendungen entnommen sind; dies muß ganz unabhängig davon gemacht werden, daß andere Handelsbücher, die üblich, aber nicht verbindlich sind, geführt werden. Er ist weiter verpflichtet, die eingehenden Geschäftsbriefe zu sammeln und zu heften und die von ihm selbst abgesandten in ein Briefkopierbuch einzutragen."
Französischer Gesetzestext und Übersetzung bei *Barth*, Die Entwicklung des deutschen Bilanzrechts, 1953, S. 268 und 270.

310 *Schubert* (Hrsg.), Entwurf eines Handelsgesetzbuches für die preußischen Staaten. Nebst Motiven (1857), 1986, S. 20.

Beratungen zum ADHGB wurde dann einstimmig der Antrag angenommen, den Kaufleuten die Buchführungspflicht aufzuerlegen, wobei sie ebenfalls einstimmig eine Regelung ablehnten, die die Zahl und die Gattung der zu führenden Bücher aufzählte.[311]

Auch bei der Weiterentwicklung des ADHGB zum HGB hielt man an der Buchführungspflicht fest,[312] welche der Gesetzgeber um die Grundsätze ordnungsmäßiger Buchführung ergänzte und die Vorschriften in die §§ 38-47 im vierten Abschnitt des Ersten Buches (Handelsstand) verortete. § 38 HGB 1897 formulierte dann:

> *„Jeder Kaufmann ist verpflichtet, Bücher zu führen und in diesen seine Handelsgeschäfte und die Lage seines Vermögens nach den Grundsätzen ordnungsmäßiger Buchführung ersichtlich zu machen.*
> *Er ist verpflichtet, eine Abschrift (Kopie oder Abdruck) der abgesendeten Handelsbriefe zurückzubehalten und diese Abschriften sowie die empfangenen Handelsbriefe geordnet aufzubewahren.“*[313]

Aus der Denkschrift ergibt sich, dass man an der Regelung hinsichtlich der Zahl und der Gattung der zu führenden Handelsbücher nichts ändern wollte. Vielmehr „beschränkt[e man] sich […] auf die Vorschrift, daß der Kaufmann in den Büchern seine Handelsgeschäfte und die Lage seines Vermögens nach den Grundsätzen ordnungsmäßiger Buchführung ersichtlich zu machen“ hat.[314] Es

---

311 *Lutz* (Hrsg.), Protokolle der Kommission zur Berathung eines allgemeinen Handelsgesetzbuches, Teil 1, 1858, S. 44. Strittig blieb der Absatz 2 des Entwurfs. Zum einen bezweifelte ein Teil der Kommissionsmitglieder, dass der verfolgte Zweck dieser Bestimmung, nämlich zu jeder Zeit den Stand des Vermögens eines Kaufmanns einzusehen, erreicht werden könne, da es keine Art der Buchführung gebe, welche dazu in der Lage sei. Zum anderen wurde kritisiert, den Kaufmann zur Aufbewahrung aller eingehenden Handelsbriefe sowie die Anfertigung von Abschriften von ausgehenden Handelsbriefen zu verpflichten. Hierfür bestehe in der kaufmännischen Praxis keine gleichmäßige Übung.

312 Hierzu fand sich die Ansicht, dass es „[i]ndeß es eines Zwanges [zur Buchführung] im Allgemeinen überhaupt nicht [bedarf], weil der Kaufmann in seinem eigenen wohlverstandenen Interesse Veranlassung genug hat, ordnungsmäßige Handelsbücher zu führen“, da sie die Grundlage eines erfolgreiches Kaufmanns sind; vgl. *Staub*, Kommentar zum Handelsgesetzbuch, Bd. 1, 1900, § 38 Einleitung.

313 Handelsgesetzbuch vom 10. Mai 1897, RGBl. S. 219.

314 *Hahn/Mugdan*, Die gesammelten Materialien zu den Reichs-Justizgesetzen, Bd. 6, 1897, S. 225 (Denkschrift, S. 43 f.).

sei nach den „Gepflogenheiten sorgfältiger Kaufleute“ zu beurteilen, wie die Bücher geführt werden müssen, da je nach dem Gegenstand, der Art und insbesondere dem Umfang des Geschäfts die Anforderung an die Buchführung verschieden sein können.[315] § 38 HGB wurde als Generalnorm verstanden, die an der Spitze der Rechnungslegungsvorschriften und damit an der Spitze der Buchführung steht.[316]

Eingangs wurde die Annahme aufgestellt, dass den Handelsbüchern aufgrund ihrer Regelung in einem eigenen Buch innerhalb des HGB eine besondere Bedeutung zukomme. Es konnte gezeigt werden, dass weder das ADHGB noch das ihm folgende HGB diese hervorgehobene Regelung für Handelsbücher vorsahen. Dies erfolgte erst durch die Einführung des Bilanzrichtliniengesetzes, welches die vierte Richtlinie des Rates der Europäischen Gemeinschaften zur Koordinierung des Gesellschaftsrechts umsetzte.[317] Das Artikelgesetz legte die verschiedenen, unternehmensspezifischen Regelungen zur Rechnungslegung und damit zur Buchführung und Bilanzierung in einem Dritten Buch (§§ 238 ff. HGB) zusammen und folgte dabei vornehmlich dem praktischen Zweck der Übersichtlichkeit.[318] Auch wenn der Gesetzgeber den Bestimmungen keine

---

315 *Hahn/Mugdan*, Die gesammelten Materialien zu den Reichs-Justizgesetzen, Bd. 6, 1897, S. 225 (Denkschrift, S. 44 f.). Im Kommissionsbericht zum HGB fand der vierte Abschnitt, also die §§ 38-47, keine Erwähnung. Der Kommissionsbericht ist abgedruckt bei *Hahn/Mugdan*, Die gesammelten Materialien zu den Reichs-Justizgesetzen, Bd. 6, 1897, S. 542–546 (Kommissionsbericht S. 12–18). Vgl. dort die Anmerkungen zum dritten Abschnitt (Handelsfirma) und die darauffolgenden Anmerkungen zum fünften Abschnitt (Prokura und Handlungsvollmacht) unter Auslassung des vierten Abschnitts.

316 *Moxter*, Bilanzlehre, 1974, S. 32. Die Rechtsnatur der Grundsätze ordnungsmäßiger Buchführung ist immer noch umstritten. So werden sie teilweise dem Gewohnheitsrecht und Handelsbrauch zugerechnet, sodass sie keine Rechtsnormen sind. Dieser Streit hat allerdings an Bedeutung verloren, da ein Großteil der Grundsätze ordnungsmäßiger Buchführung (z. B. § 239 Abs. 2 Grundsatz der Richtigkeit und Willkürfreiheit; §§ 238 Abs. 1 S. 2, 243 Abs. 2 Grundsatz der Klarheit und Übersichtlichkeit; § 239 Abs. 2 HGB, § 246 Abs. 1 HGB Grundsatz der Vollständigkeit) durch das Bilanzrichtliniengesetzes kodifiziert wurden. Das Gesetz trat am 1. Januar 1986 in Kraft (s. BGBl. I S. 2355). Für eine Übersicht zum Streit bzgl. der Rechtsnatur s. Baumbach/Hopt/*Merkt*, HGB, 2014, § 238, Rn. 11; *Schmidt*, Handelsrecht, 2014, S. 519. Zur Vertiefung der Rechtsnatur und der Bedeutung der Grundsätze vor ihrer Aufnahme ins HGB s. *Kruse*, Grundsätze ordnungsmäßiger Buchführung, 1978, S. 13 ff.

317 Vom 19. Dezember 1985 (BGBl. I S. 2355). Einführend in die Bilanzrechtsreform von 1985 s. Baumbach/Hopt/*Merkt*, HGB, 2014, Einl. vor § 238, Rn. 1 ff.

318 Begründung zum Gesetzesentwurf, BT-Drucks. 10/317, S. 64, 67 und 72 ff.

grundlegende Bedeutung ausdrücklich beimaß – aber er es durch die Zusammenlegung indirekt doch tat –, ändert dies nichts an der Tatsache, dass die Führung der Handelsbücher heute Teil eines elementaren kaufmännischen Planungsinstruments ist und zu Zeiten der Ordonnance von 1673 ebenfalls schon war (vgl. oben die Ausführungen zu Savary, S. 86).

In der Gesamtbetrachtung wird deutlich, dass der Gesetzgeber bei der Ausarbeitung des ADHGB keinen ehrbaren Kaufmann vor Augen hatte, als er die Regelungen zur Buchführungspflicht aufstellte. Vielmehr wurde – wie bei den Diskussionen zum Sorgfaltsmaßstab eines ordentlichen Kaufmanns – auf die Verschiedenheit der Kaufleute vor dem Hintergrund ihrer besonderen Branchen Rücksicht genommen.

Kapitel 5: Einfluss der bürgerlichen Ehre auf den Kaufmann

Die bisher untersuchten Normen – § 1 IHK-Gesetz, §§ 90, 238, 347 HGB – zeugen nicht unmittelbar von einer gesetzgeberischen Vorstellung und Definition eines ehrbaren Kaufmanns. Ein Leitbild des ehrbaren Kaufmanns konnte nicht herausgearbeitet werden, sieht man von dem Mindestleitbild ab, welches bei der Schaffung des Ehrengerichts der Börse Gegenstand war.

Auf Grundlage dieses Ergebnisses wird nunmehr nach dem grundsätzlichen Zusammenhang zwischen Kaufmann und Ehre gefragt und der Gedanke aufgeworfen, ob aufgrund der Entwicklung von Recht und Gesetz nicht jeder Kaufmann ein ehrbarer Kaufmann sein müsse, um überhaupt Handel treiben zu dürfen. Da sich diese Arbeit in einem rechtswissenschaftlichen und rechtshistorischen Rahmen bewegt, kann es vordergründig nicht auf eine Ehre im sittlichen, moralischen oder philosophischen Sinn ankommen. Maßgeblich ist daher ein rechtlicher Ehrbegriff – der freilich in der Regel einem sittlichen Vorstellungsbild der Gesellschaft entspringt. Dieser rechtliche Anknüpfungspunkt ist mit der sog. bürgerlichen Ehre gefunden. Es stellt sich dann die Frage nach dem Einfluss der bürgerlichen Ehre auf das Wirken und das Handeln des Kaufmanns. Bei der Klärung dieser Leitfrage gilt es auch zu ermitteln, ob ein solcher Einfluss einen Beitrag zu einem bestimmten Kaufmannsbild oder zur Zusammensetzung der Kaufmannschaft leistete. Ferner ist zu klären, ob der Gesetzgeber auf eine Wechselwirkung von Kaufmann und Ehre in der Absicht Einfluss nahm, nur bestimmte Kaufleute am Wirtschaftsleben zu beteiligen. Womöglich erschließt sich über diesen Weg ein Bild des ehrbaren Kaufmanns.

Der Begriff der bürgerlichen Ehre war im Privatrecht des 19. Jahrhunderts als auch im Strafrecht des 20. Jahrhunderts geläufig. Im Strafrecht begegnete man allerdings dem Ausdruck der bürgerlichen Ehren*rechte*, welcher auf den Begriff der bürgerlichen Ehre zurückzuführen ist. Auf diesen historischen Zusammenhang wird im Rahmen der Untersuchung näher einzugehen sein. Heute ist die bürgerliche Ehre nicht mehr Gegenstand der deutschen Rechtsordnung.

In diesem Kapitel wird zunächst auf die bürgerlichen Ehrenrechte im Sinne des Strafrechts eingegangen (A.), bevor die bürgerliche Ehre des Privatrechts in den Fokus der Betrachtung gelangt (B.). Für beide Rechtsgebiete ist zu ermitteln, welchen Einfluss die bürgerliche Ehre auf die Tätigkeit des Kaufmanns nahm. Insbesondere die bürgerlichen Ehrenrechte im Sinne des Strafrechts werden hinsichtlich ihres Ursprungs und ihrer Entwicklung besonders dargelegt, um im Anschluss daran die Bedeutung für den Kaufmann schlüssig darstellen zu können. Hinsichtlich des Strafrechts wird auch darauf einzugehen sein, ob der Gesetzgeber ein bestimmtes Kaufmannsbild pflegte. Nach einem Resümee zum Einfluss der bürgerlichen Ehre auf den Kaufmann (C.) gilt der Blick der Gegenwart. Es wird nach äquivalenten Bestimmungen gefragt (D.), die in ihrer Bedeutung und Reichweite dem Institut der bürgerlichen Ehre vergleichbar sein könnten.

A. Die bürgerlichen Ehrenrechte im Strafrecht und ihr Einfluss auf den Kaufmann

Die bürgerlichen Ehrenrechte waren bis weit ins 20. Jahrhundert Gegenstand des Strafrechts. Bis zum 1. Strafrechtsreformgesetz vom 25. Juni 1969[319] waren sie im Strafgesetzbuch (StGB 1968[320]) im Zusammenhang mit ihrem Verlust geregelt, und dort als „Verlust der bürgerlichen Ehrenrechte“ bezeichnet. Dieser sog. Ehrverlust war als Nebenstrafe konzipiert, deren Umfang und Folgen in den §§ 32-36 StGB 1968 normiert waren. Der Verlust der bürgerlichen Ehrenrechte war eine Ehrenstrafe.[321] Er war bereits im Reichsstrafgesetzbuch von 1871 enthalten, auf welchem das heutige StGB basiert.

I. Verlust der bürgerlichen Ehrenrechte als Ehrenstrafe

Mit der Ehrenstrafe bestimmte das Gesetz eine Strafe, die den Verurteilten lediglich an gewissen Rechten und in seiner Rechtsstellung betreffen sollte.[322] Die Ehrenstrafe zielte nicht darauf ab, seine Ehre im Sinne des äußeren Ansehens und sozialen Wertes der Persönlichkeit abzusprechen.[323] Schon gar nicht war der damit einhergehende Ehrverlust als ein gänzlicher Ehrverlust zu verstehen, sondern bedeutete lediglich eine rechtliche Ehrenminderung.[324]

---

319 Erstes Gesetz zur Reform des Strafrechts vom 25. Juni 1969, BGBl. I S. 645. Ein Großteil der Normen trat am 1. September 1969 und der übrige Teil am 1. April 1970 in Kraft (vgl. Art. 105 des Gesetzes).

320 Der Zusatz *1968* hinter *StGB* soll in den folgenden strafrechtlichen Ausführungen verdeutlichen, dass die Gesetzeslage gemeint ist, in der die Ehrenstrafe noch galt.

321 *Ebermayer*, Art. „Ehrenstrafe“, Handwörterbuch der Rechtswissenschaft, 1927; *Brückner*, Art. „Ehrenstrafen“, HRG, Bd. I, 1971, Sp. 851-853; *Deutsch*, Art. „Ehrenstrafe“, HRG, Bd. I, 2008, Sp. 1232-1234.

322 *Jagusch* in: Leipziger Kommentar, StGB, 1957, § 31 Anm. 1.

323 *Jagusch* in: Leipziger Kommentar, StGB, 1957, § 31 Anm. 1.

324 *Schwarz/Dreher*, Kommentar zum StGB, 1968, § 32 Ziffer 1.

1. Voraussetzungen der Ehrenstrafe

Die Ehrenstrafe konnte nur dann verhängt werden, wenn die Hauptstrafe auf Zuchthausstrafe oder auf eine mindestens dreimonatige Gefängnisstrafe[325] lautete und das Gesetz im Falle der letztgenannten Alternative den Verlust der bürgerlichen Ehrenrechte ausdrücklich zuließ (fakultative Ehrenstrafe) oder aufgrund mildernder Umstände anstelle der Zuchthausstrafe die Gefängnisstrafe trat (§ 32 StGB 1968). In wenigen Fällen der Gefängnis- als auch der Zuchthausstrafe musste sogar zwingend auf die Ehrenstrafe erkannt werden (obligatorische Ehrenstrafe).

Die Zuchthausstrafe war wie die Gefängnisstrafe eine Freiheitsstrafe und die schwerste Strafart des deutschen Strafrechts. Der Unterschied zwischen diesen beiden Freiheitsstrafen war, dass die Zuchthaushäftlinge[326] Zwangsarbeit leisten mussten.[327]

a.) Fakultative Ehrenstrafe neben der Gefängnisstrafe

Die fakultative Ehrenstrafe war neben der Gefängnisstrafe für eine Vielzahl von Tatbeständen vorgesehen. So konnte der Richter beispielsweise auf den Verlust der bürgerlichen Ehrenrechte erkennen[328] für die uneidliche Falschaussage (§ 153 i. V. m. § 161), wissentlich falsche Versicherung an Eides statt (§ 156 i. V. m. § 161), misslungene Anstiftung (im Zusammenhang mit den Aussagedelikten; § 159 i. V. m. § 161), falsche Verdächtigung (§ 164), Störung der Totenruhe (§ 168), Blutschande (§ 173), Sodomie (§ 175 b), Kuppelei (§ 180), Erregung geschlechtlichen Ärgernisses (§ 183), Verbreitung von unzüchtigen Schriften und Sachen sowie Schriften für unzüchtigen Verkehr (§ 184), Diebstahl (§ 248 i. V. m. § 242) oder Unterschlagung (§ 246), Stromentwendung (§ 248 c), Erpressung (§ 256 i. V. m. § 253), Hehlerei (§ 262 i. V. m. § 259), Betrug (§ 263), Untreue (§ 266), Urkundenfälschung (§ 280 i. V. m. §§ 267, 274, 275), Glücksspiel (§ 285 a i. V. m. §§ 284, 284 a, 285), einfachen Kreditwucher (§ 302 a), schweren Wucher (§ 302 b), Nachwucher (§ 302 c), gemeinschädliche Sachbeschädigung (§ 304),

---

325 Ausnahmen § 358 StGB a.F.

326 Umgangssprachlich wurde häufig „Zuchthäusler" verwendet und beinhaltet eine abwertende Bedeutung.

327 Hierzu einführend: *Krause*, Art. „Zuchthaus", HRG, Bd. V, 1998, Sp. 1777-1780; interessant *Quanter*, Deutsches Zuchthaus- und Gefängniswesen, 1905, S. 400 ff., allerdings ohne Quellenangaben, daher wird im Weiteren auf dieses Werk verzichtet. Zur Zuchthausstrafe s. auch unten Kap. 5, A. II. 6. a.).

328 Mit den hier genannten Paragrafen sind die in der Fassung des StGB von 1968 gemeint.

aktive Bestechung (§ 333), Amtsunterschlagung (§ 350) sowie für den einfachen Bankrott (§ 240 Abs. 1 Nr. 1 und Nr. 2 Konkursordnung).

b.) Obligatorische Ehrenstrafe neben der Gefängnisstrafe

Auf die Ehrenstrafe musste der Richter neben der Gefängnisstrafe im Falle des gewerbs- oder gewohnheitsmäßigen Wuchers (§ 302 d) oder des Sachwuchers (§ 302 e) erkennen.

c.) Fakultative Ehrenstrafe neben der Zuchthausstrafe

Da die Ehrenstrafe auch neben der Zuchthausstrafe angeordnet werden konnte, interessieren in diesem Zusammenhang auch die Tatbestände, deren Verwirklichung die Zuchthausstrafe nach sich zog. Sie wurde beispielsweise verhängt im Bereich[329] von Hochverrat,[330] Landesverrat und Gefährdung der äußeren Sicherheit,[331] Straftaten gegen Verfassungsorgane sowie bei Wahlen und Abstimmungen,[332] Vergehen gegen die Landesverteidigung,[333] Widerstand gegen die Staatsgewalt,[334] Verbrechen und Vergehen wider die öffentliche Ordnung,[335] Münzverbrechen und Münzvergehen,[336] falsche uneidliche Aussage,[337] Straftaten gegen den Personenstand, die Ehe und die Familie,[338] Verbrechen und

---

329 Da die Zuchthausstrafe in vielen Fällen Rechtsfolge war, werden die konkreten Straftatbestände nur in der Fußnote genannt.

330 § 81 Hochverrat gegen den Bund; § 82 Hochverrat gegen ein Land.

331 § 94 Landesverrat; § 95 Abs. 2 Offenbaren von Staatgeheimnissen (besonders schwerer Fall); § 96 Landesverräterische Ausspähung; § 98 Landesverräterische Vorbereitungstätigkeit; § 99 Abs. 2 Geheimdienstliche Tätigkeit (besonders schwerer Fall); § 100 Friedensgefährdende Beziehungen; § 100 a Abs. 3 Gefährdung der Bundesrepublik durch Fälschungen (besonders schwerer Fall).

332 § 105 Nötigung von Verfassungsorganen; § 106 Abs. 3 Nötigung des Bundespräsidenten (besonders schwerer Fall); § 107 Wahlbehinderung (besonders schwerer Fall); § 108 Wahlbeeinflussung (besonders schwerer Fall).

333 § 109 b Abs. 3 Verleitung zu militärischem Ungehorsam (besonders schwerer Fall); § 109 e Abs. 3 Wehrmittelsabotage (besonders schwerer Fall).

334 § 114 Abs. 3 Beamten- und Soldatennötigung (besonders schwerer Fall); § 118 Schwerer Forstwiderstand.

335 § 133 Abs. 2 Erkennung auf Verlust der bürgerlichen Ehrenrechte möglich, bei Verwahrungsbruch aus gewinnsüchtiger Absicht; § 138 Abs. 3 Nichtanzeige geplanter Delikte (besonders schwerer Fall); § 140 Abs. 2 Belohnung und Billigung von Verbrechen (besonders schwerer Fall); § 142 Abs. 2 Verkehrsflucht (besonders schwerer Fall).

336 § 146 Falschmünzerei. Münzfälschung; § 147 Verbreitung von Falschgeld.

337 § 153 uneidliche Falschaussage (in schweren Fällen).

338 § 169 Verletzung des Personenstandes; § 171 Doppelehe.

Vergehen wider die Sittlichkeit,[339] Verbrechen und Vergehen wider das Leben,[340] Körperverletzung,[341] Verbrechen und Vergehen wider die persönliche Freiheit,[342] Diebstahl und Unterschlagung,[343] Raub und Erpressung,[344] Begünstigung und Hehlerei,[345] Betrug und Hehlerei,[346] Urkundenfälschung,[347] Bankrott,[348] Eigennutz und Verletzung fremder Geheimnisse,[349] gemeingefährliche Verbrechen und Vergehen[350] und Verbrechen und Vergehen im Amte.[351]

---

339 § 173 Blutschande; § 174 Unzucht mit Abhängigen; § 175 a Schwere Unzucht zwischen Männern; § 176 Nötigung zur Unzucht. Unzucht mit Kindern; § 177 Notzucht; § 178 Notzucht mit Todesfolge; § 179 Erschleichung des außerehelichen Beischlafs; § 181 a Zuhälterei.

340 § 211 Mörder; § 212 Totschläger; § 217 Kindsmord; § 218 besonders schwerer Fall der Abtreibung; § 220 a Völkermord; § 221 Aussetzung mit schwerer Körperverletzungsfolge.

341 § 223 b Abs. 2 Verletzung der Obhutspflicht (besonders schwerer Fall); § 225 beabsichtigte schwere Körperverletzung; § 227 Abs. 2 qualifizierter Raufhandel; § 229 Vergiftung.

342 § 234 Menschenraub; § 234 a Verschleppung; § 239 a Gewinnsüchtiger Kindesraub; § 240 Nötigung (besonders schwerer Fall).

343 § 243 Schwerer Diebstahl; § 244 Rückfalldiebstahl.

344 § 249 Einfacher Raub; § 250 Schwerer Raub; § 251 Besonders schwerer Raub; § 252 Räuberischer Diebstahl; § 253 Erpressung (besonders schwerer Fall); § 255 Räuberische Erpressung.

345 § 260 Gewerbs- oder gewohnheitsmäßige Hehlerei; § 261 Hehlerei mit Rückfall.

346 § 263 Abs. 4 Betrug (besonders schwerer Fall); § 264 Betrug im Rückfall; § 265 Versicherungsbetrug.

347 § 267 Abs. 3 Urkundenfälschung (besonders schwerer Fall); § 272 Schwere Falschbeurkundung; § 273 i. V. m. § 272 Gebrauchmachen von falschen Beurkundungen; § 281 Ausweispapiermißbrauch (besonders schwerer Fall).

348 § 239 Betrügerischer Bankrott; § 242 Schuldnerbegünstigung.

349 § 302 d Abs. 3 Gewerbs- oder gewohnheitsmäßiger Wucher (besonders schwerer Fall); § 302 e Sachwucher.

350 § 306 Menschengefährdende Brandstiftung; § 307 Besonders schwere Brandstiftung; § 308 Einfache Brandstiftung; § 311 Herbeiführung einer Explosion; § 312 Menschengefährdende Überschwemmung; § 313 Sachgefährdende Überschwemmung; § 315 Abs. 3 Qualifizierter gefährlicher Eingriff in den Bahn-, Schiffs- oder Luftverkehr; § 316 a Autostraßenraub; § 316 b Abs. 3 Betriebssabotage (besonders schwerer Fall); § 317 Abs. 3 Sabotage an Fernmeldeanlagen; § 321 Abs. 2 Gemeingefährliche Beschädigung von wichtigen Bauten mit Verletzungsfolge; § 324 Gemeingefährliche Vergiftung.

351 § 332 Schwere passive Bestechung; § 334 Richterbestechung; § 336 Rechtsbeugung; § 343 Aussageerpressung; § 344 Verfolgung Unschuldiger; § 345 Unzulässige Vollstreckung; § 346 Begünstigung im Amte; § 347 Entweichenlassen von Gefangenen;

d.) Obligatorische Ehrenstrafe neben der Zuchthausstrafe

Zwingend vorgeschrieben war die Aberkennung der bürgerlichen Ehrenrechte neben der Zuchthausstrafe im Falle der schweren Kuppelei nach § 181 und des Meineids nach § 154 i. V. m § 161. Der Meineid barg noch die Besonderheit, dass zudem „*auf die dauernde Unfähigkeit des Verurteilten, als Zeuge oder Sachverständiger eidlich vernommen zu werden, zu erkennen*" war.

Demnach wurde in diesen Fällen die schwerste Freiheitsstrafe, welche bereits an sich einen entehrenden Charakter hatte, mit der Ehrenstrafe versehen, worin ein besonders hohes Unwerturteil zu erblicken ist.

Diese beiden Tatbestände sowie der des Bankrotts, dem die Ehrenstrafe neben der Zuchthausstrafe folgen *konnte*, werden sich in dieser Arbeit noch als historische Konstanten erweisen.

2. Ehrenstrafe im Nebenstrafrecht

Die Straftatbestände, die einen Verlust der bürgerlichen Ehrenrechte nach sich ziehen konnten, waren nicht abschließend im StGB 1968 geregelt. Es fanden sich im Nebenstrafrecht weitere Tatbestände, die in ihrer Rechtsfolge gleichfalls die Ehrenstrafe androhten.

Mit Blick auf den Kaufmann interessieren primär jene Gesetze, die mit dessen beruflicher Tätigkeit in einem näheren Zusammenhang stehen. Untersucht werden daher unter anderem die Gewerbeordnung, das Handelsgesetzbuch, das Lauterkeitsrecht sowie das Börsengesetz, welches einen besonderen Handelsplatz der Kaufleute reguliert. Im Rahmen der Untersuchung interessiert auch die Frage, ob es in den kaufmannsnahen Gesetzen Ehrenstrafen gab, die in besonderer Weise auf den Kaufmann zugeschnitten waren.

a.) Ehrenstrafe in der Gewerbeordnung

Gesetzliche Voraussetzung für das Betreiben eines Gewerbes, also auch eines Handelsgewerbes, ist die Anzeige der Aufnahme gegenüber der zuständigen Behörde (vgl. § 14 Abs. 1 GewO), weswegen die Gewerbeordnung am Anfang der folgenden Untersuchung steht.

Die Strafbestimmungen der Gewerbeordnung, die in Titel X geregelt sind, sahen bis zum Inkrafttreten des 1. Strafrechtsreformgesetzes eine Ehrenstrafe nur für den Sachverständigen in § 145 a GewO vor, und zwar für den Fall der

---

§ 348 Abs. 3 schwerer Fall der Falschbeurkundung und Urkundenbeschädigung; § 351 Schwere Amtsunterschlagung; § 356 Abs. 2 Parteiverrat.

Offenbarung oder der Nachahmung von Betriebsgeheimnissen, von denen er im Rahmen seiner Tätigkeit Kenntnis erlangte. Die Ehrenstrafe war als eine fakultative Strafe ausgestaltet und allein an den Sachverständigen adressiert.

Weder die Gewerbeordnung in ihrer Erstfassung vom 21. Juni 1869 für den Norddeutschen Bund[352] noch die Reichsgewerbeordnung von 1871, zu welcher die Gewerbeordnung des Norddeutschen Bundes nach der Gründung des Deutschen Kaiserreichs wurde,[353] enthielten eine Ehrenstrafe. § 145 a GewO wurde erst im Zuge der Novelle von 1900 in die GewO eingeführt,[354] deren Schwerpunkt auf der Heimarbeit, dem Schutz der Handlungsgehilfen und der Einführung eines allgemeinen Ladenschlusses lag. Daneben wurden Regelungen zum Sachverständigen getroffen. Zum einen wurde die Verschwiegenheitspflicht der Sachverständigen in § 21 a GewO, zum anderen die damit korrespondierende Strafbestimmung in § 145 a GewO eingeführt. Im Rahmen behördlicher Genehmigungsverfahren von bestimmten Anlagen, wie bspw. Schießpulverfabriken, Anlagen zur Feuerwerkerei, Glashütten oder chemischer Fabriken aller Art (vgl. § 16 GewO) sowie der Anlegung (= Aufstellung und Einrichtung am Ort der Verwendung[355]) von Dampfkesseln (§ 24 GewO) konnte die Behörde gemäß § 21 Nr. 1 GewO i. V. m. mit der jeweiligen landesrechtlichen Verfahrensvorschrift einen Sachverständigen laden und eidlich vernehmen. Die Einführung der Verschwiegenheitspflicht und der Strafbestimmung war deswegen notwendig geworden, weil es bis dato keine Vorschrift gab, die es den privatwirtschaftlichen Sachverständigen verbot, ihre Kenntnisse weiterzugeben oder ihr gewonnenes Wissen im Wege der Nachahmung zu verwerten. Bei der Schließung dieser gesetzlichen Lücke nahmen die Kodifikatoren Bezug auf das Unfallversicherungsrecht, wonach für die Sachverständigen eine Pflicht zur Verschwiegenheit bestand.[356] Im Rahmen der Gesetzesausarbeitungen des § 145 a GewO wurde der

---

352 Gesetz vom 21. Juni 1869, BGBl. des Norddeutschen Bundes, S. 245. Im Gesetzesentwurf war ebenfalls keine Ehrenstrafe vorgesehen. S. Stenographische Berichte über die Verhandlungen des Reichstages des Norddeutschen Bundes, Anlagen zu den Verhandlungen, 1869, Bd. 3, Aktenstück Nr. 13, S. 94 ff.

353 Vgl. *Ziekow*, Art. „Gewerbeordnung", HRG, Bd. II, 2009, Sp. 346-347.

354 Bekanntmachung, betreffend die Redaktion der Gewerbeordnung für das Deutsche Reich vom 26. Juli 1900, RGBl. S. 871.

355 *Schicker*, Die Gewerbeordnung, Bd. 1, 1901, § 16 Einleitung.

356 Stenographische Berichte über die Verhandlungen des Reichstages, 10. Legislaturperiode, 1. Session, 1898/1900, Zweiter Anlagenband, Aktenstück Nr. 165, S. 1230 (1235); *Schicker*, Die Gewerbeordnung, Bd. 1, 1901, § 145 a Einleitung.

Einführung weder eine besondere Bedeutung zugemessen, noch war sie sonst Gegenstand von Diskussionen, vielmehr stieß sie auf allgemeine Zustimmung.[357]

b.) Ehrenstrafe im Handelsgesetzbuch

Das Handelsgesetzbuch[358] kannte keine Ehrenstrafe. Dies galt für das Allgemeine Deutsche Handelsgesetzbuch von 1861[359] ebenso wie für das Handelsgesetzbuch von 1897 (HGB 1897).

Allerdings waren Strafvorschriften im Rahmen der Bestimmungen über die Aktiengesellschaften formuliert. Auch wenn sich die vorliegende Arbeit dem Kaufmann als natürlicher Person widmet, bieten die aktienrechtlichen Strafvorschriften Anlass, einen kurzen Blick in das Gesellschaftsrecht unter dem Gesichtspunkt der Gesellschaften als Formkaufleute[360] zu richten.

c.) Ehrenstrafe im Gesellschaftsrecht

aa.) Ehrenstrafe im Aktienrecht

Bevor das heutige Aktienrecht in einem eigenen Gesetzbuch geregelt wurde, war es bis 1937 Gegenstand des HGB. Sowohl das HGB in seiner Fassung von 1897 als auch das Aktiengesetz wiesen insoweit Ehrenstrafen auf. Der Vorläufer des HGB 1897, das ADHGB 1861, enthielt bereits Regelungen zum Aktienrecht für den Deutschen Bund. Jedoch kannte es die Ehrenstrafe noch nicht.[361] Maßgeblich für diesen Umstand könnte gewesen sein, dass zum Verkündungszeitpunkt

---

357 Stenographische Berichte über die Verhandlungen des Reichstages, 10. Legislaturperiode, 1899, Bd. 2, S. 1855 und 1870.

358 Gesetz vom 10. Mai 1897, RGBl. S. 219.

359 Gesetz vom 31. Mai 1861.

360 Bestimmung über die Eigenschaft als Formkaufmann (s. § 6 Abs. 1 HGB) für die nachfolgend zu untersuchenden Gesellschaften: für die AG: § 3 Abs. 1 AktG; für die Genossenschaft: § 17 Abs. 2 GenG; für die GmbH: § 13 Abs. 2 GmbHG.

361 Die aktienrechtlichen Bestimmungen des ADHGB basieren hauptsächlich auf dem Preußischen Aktiengesetz von 1843, welches die Ehrenstrafe ebenfalls nicht enthielt. Vgl. Gesetz über die Aktiengesellschaften vom 9. November 1843, Gesetzsammlung für die Königlichen Preußischen Staaten, S. 341. Zur Entwicklung des Aktienrechts s. *Assmann*, Großkommentar zum AktG, 2004, Einleitung Rn. 12 ff.; zum Einfluss des Preußischen Aktiengesetzes auf das ADHGB ebenda Rn. 70 ff.; vertiefend zum Preußischen Aktiengesetz s. *Hadding/Kießling*, Anfänge deutschen Aktienrechts: Das Preußische Aktiengesetz von 1843, in: Eckert (Hrsg.), Der praktische Nutzen der Rechtsgeschichte, 2003, S. 159 ff.

des ADHGB 1861 jeder Bundesstaat das Strafrecht noch selbstständig regelte und daher kein Strafrecht mit Wirkung für das Gebiet des Deutschen Bundes vorhanden war.

Die erste große Reform des Aktienrechts durch die 1. Aktienrechtsnovelle von 1870,[362] welche noch zu Zeiten des Norddeutschen Bundes vorgenommen wurde, führte zwar keine Ehrenstrafe, wohl aber erstmals Strafbestimmungen ein (vgl. für die AG Art. 249 und Art. 249 a ADHGB 1870; für die KGaA Art. 206 ADHGB 1870). Der Schwerpunkt der Novelle lag auf dem bedeutenden Wechsel vom Konzessions- zum Normativsystem, also der Abkehr von der Abhängigkeit der Gründung einer Aktiengesellschaft von der Erlaubnis der jeweiligen Landesobrigkeit.[363] Die eingeführten Strafvorschriften sollten in diesem Zusammenhang die Gläubiger und Aktionäre mittelbar schützen, indem sich Mitglieder des Vorstands und des Aufsichtsrats strafrechtlichen Sanktionen aussetzten, wenn sie bestimmte aktienrechtliche Bestimmungen verletzten.[364]

Erst durch die 2. Aktienrechtsnovelle von 1884[365] wurde die Ehrenstrafe in den Strafvorschriften vorgesehen. Der betreffende Abschnitt hatte zugleich eine Erweiterung der strafbaren Handlungen erfahren (vgl. nunmehr Art. 249-249 f ADHGB 1884).

Die Ehrenstrafe war in den Bestimmungen der Art. 249, 249 a, 249 b und 249 d ADHGB 1884 als fakultative Strafe ausgestaltet.[366] Der Wortlaut der Normen bestimmte: „*Zugleich kann auf Verlust der bürgerlichen Ehrenrechte erkannt werden.*" Der Ehrverlust war beispielsweise angedroht für die Nachteilszufügung durch Vorstands- oder Aufsichtsratsmitglieder oder Liquidatoren (Art. 249 ADHGB 1884), für die Angabe falscher Daten im Zusammenhang mit

---

362 Gesetz betreffend die Kommanditgesellschaften auf Aktien und die Aktiengesellschaften vom 11. Juni 1870, BGBl. des Norddeutschen Bundes, S. 375. Ausführlich zur Aktienrechtsnovelle s. *Lieder*, Die 1. Aktienrechtsnovelle vom 11. Juni 1870, in: Bayer/Habersack (Hrsg.), Aktienrecht im Wandel, Bd. 1, 2007, S. 318 ff. Zur Rechtsentwicklung des Aktienstrafrechts, s. *Schaal* in: MünchKomm, AktG, Bd. 6, 2011, Vor § 399 Rn. 1 ff.

363 Dazu *Lieder*, Die 1. Aktienrechtsnovelle vom 11. Juni 1870, in: Bayer/Habersack (Hrsg.), Aktienrecht im Wandel, Bd. 1, 2007, S. 327 ff.

364 Vgl. die Verhandlungen des Reichstags des Norddeutschen Bundes, 1870, Bd. 2, 50. Sitzung vom 20. Mai 1970, S. 1055 ff. Zur geringen praktischen Bedeutung der aktienrechtlichen Straftatbestände, s. *Lieder*, Die 1. Aktienrechtsnovelle vom 11. Juni 1870, in: Bayer/Habersack (Hrsg.), Aktienrecht im Wandel, Bd. 1, 2007, S. 371 f.

365 Gesetz betreffend die Kommanditgesellschaften auf Aktien und die Aktiengesellschaft vom 17. Juli 1884, RGBl. S. 123.

366 Die Art. 249 c, e und f ADHGB 1884 enthielten keine Ehrenstrafe.

dem Gründungshergang oder der Grundkapitalerhöhung (Art. 249 a ADHGB 1884), für die unwahre Darstellung oder Verschleierung der Gesellschaftsverhältnisse (Art. 249 b Nr. 1 ADHGB 1884) sowie die betrügerische Verleitung des Publikums, das betrügerische Einwirken auf den Aktienkurs und das Einwirken auf das Stimmverhältnis mittels urkundlicher Fälschung der Bescheinigungen (Art. 249 d ADHGB 1884). Mit der Ausdehnung der Strafvorschriften wurde die Absicht verfolgt, den Folgen der 1. Aktienrechtsnovelle von 1870 zu begegnen. Denn infolge der Einführung des Normativsystems kam es zu einem erheblichen Anstieg von Gründungen von Aktiengesellschaften (sog. Gründungsboom).[367] Mit der Einführung des Normativsystems ging aber auch eine Gründungs- und Aktienschwindelwelle einher, durch die viele Aktionäre ihre Ersparnisse verloren.[368] Der Gesetzgeber sah sich vor die Aufgabe gestellt, Gesellschaftsgläubigern und Aktionären mehr Schutz zukommen zu lassen, und versuchte dies auch über den Weg der Strafvorschriften.[369]

Man hatte erkannt, dass die Bestimmungen des Reichsstrafgesetzbuches von 1871 (RStGB),[370] welche seit dem 15. Mai 1871 im Deutschen Reich in Kraft waren, nicht für die Sachverhalte des Aktienwesens genügten und die Lücken im Strafsystem eine vollständige Erfassung der Taten nicht möglich machten.[371]

Die Motive zum Gesetzesentwurf zeigen auf, dass sich die Strafvorschriften des Aktienrechts an den Bestimmungen des RStGB orientierten.[372] Anhand der Gesetzesmaterialien ließ sich eine Anlehnung des Art. 249 ADHGB 1884 an die Untreue (§ 266 RStGB) nachvollziehen. Ferner folgte Art. 249 a ADHGB 1884

---

367 *Wagner* in: Handbuch Privatrechtsgeschichte, Bd. III/3, 1986, S. 3008.

368 *Hofer*, Das Aktiengesetz von 1884 – ein Lehrstück für prinzipielle Schutzkonzeptionen, in: Bayer/Habersack (Hrsg.), Aktienrecht im Wandel, Bd. 1, 2007, S. 413.

369 Daneben wurden u. a. Bestimmungen zur Stärkung der Aktionäre (bspw. Mitwirkung bei der Satzungsänderung, Veränderungen des Grundkapitals, Wahl der Aufsichtsratsmitglieder) und zu mehr Publizität beim Gründungshergang (Art. 213 a ADHGB 1884) eingeführt.

370 Gesetz, betreffend die Redaktion des Strafgesetzbuchs für den Norddeutschen Bund als Strafgesetzbuch für das Deutsche Reich, vom 15. Mai 1871, RGBl. S. 127.

371 Entwurf eines Gesetzes, betreffend die Kommanditgesellschaft auf Aktien und die Aktiengesellschaften vom 7. März 1884, nebst Motiven, Aktenstück Nr. 21, abgedruckt in *Schubert/Hommelhoff*, Hundert Jahre modernes Aktienrecht, ZGR-Sonderheft, 1985, S. 387 (513).

372 Entwurf eines Gesetzes, betreffend die Kommanditgesellschaft auf Aktien und die Aktiengesellschaften vom 7. März 1884, nebst Motiven, Aktenstück Nr. 21, abgedruckt in *Schubert/Hommelhoff*, Hundert Jahre modernes Aktienrecht, ZGR-Sonderheft, 1985, S. 387 (514).

dem Vorbild des Betruges (§ 263 RStGB) und Art. 249 d ADHGB 1884 dem Tatbestand der Urkundenfälschung (§ 267 RStGB).[373]

In den Motiven wurde jedoch keine Begründung gegeben, warum auf der Rechtsfolgenseite die Ehrenstrafe aufgenommen wurde. Allerdings dürfte die gewählte Vorgehensweise, namentlich die Orientierung an den bestehenden Straftatbeständen und deren Anpassung an die aktienrechtlichen Verhältnisse, die Aufnahme der Ehrenstrafe in das Aktienrecht erklären, da sowohl der Betrug als auch die Urkundenfälschung (§ 267 i. V. m. § 280 RStGB) und die Untreue als Nebenstrafe die Ehrenstrafe vorsahen.

Diese Annahme bedeutet, dass sich der Gesetzgeber von Bestehendem hatte leiten lassen und sich keine besonderen Gedanken über ehrlose Handlungen gemacht hatte. Ausgehend von dem lückenhaften Strafrechtssystem, das nicht geeignet war, die Unrechtshandlungen des aktienrechtlichen Wirtschaftslebens aufzufangen, griff er die bestehenden Straftatbestände des RStGB in modifizierter Form auf, orientierte sich auf diese Weise am Tatbestand und nahm zugleich die Rechtsfolge, mithin die Ehrenstrafe, auf. Damit hatte der Gesetzgeber zugleich einen Gleichklang mit dem RStGB unter dem Gesichtspunkt herbeigeführt, dass ähnliche Tatbestände ähnliche Rechtsfolgen nach sich zogen.

Anders verhielt sich der Gesetzgeber im Rahmen des Art. 249 b ADHGB 1884. Bei seiner Formulierung lehnte er sich an die bisherigen Art. 206 Ziffer 3 ADHGB 1870[374] und Art. 249 Ziffer 3 ADHGB 1870 an. Das Ergebnis lautete:

> *„Persönlich haftende Gesellschafter, Mitglieder des Aufsichtsraths und Liquidatoren einer Kommanditgesellschaft auf Aktien, sowie Mitglieder des Vorstandes und des Aufsichtsraths und Liquidatoren einer Aktiengesellschaft werden mit Gefängnis bis zu einem Jahre und zugleich mit Geldstrafe bis zu zwanzigtausend Mark bestraft:*
>
> 1. *wenn sie wissentlich in ihren Darstellungen, in ihren Uebersichten über den Vermögensstand der Gesellschaft oder in den in der Generalversammlung gehaltenen Vorträgen den Stand der Verhältnisse der Gesellschaft unwahr darstellen oder verschleiern;*
> 2. *[…]*
> 3. *[…]*
> 4. *[…]*

373 Entwurf eines Gesetzes, betreffend die Kommanditgesellschaft auf Aktien und die Aktiengesellschaften vom 7. März 1884, nebst Motiven, Aktenstück Nr. 21, abgedruckt in *Schubert/Hommelhoff*, Hundert Jahre modernes Aktienrecht, ZGR-Sonderheft, 1985, S. 387 (515 und 517).

374 Bestimmung im Rahmen der KGaA.

Im Falle der Ziffer 1 kann zugleich auf den Verlust der bürgerlichen Ehrenrechte erkannt werden. […].“

Bei dieser Neuformulierung wurde bewusst im Verhältnis zum Art. 249 Ziffer 3 ADHGB 1870 eine Verschärfung der Strafe vorgenommen und zudem die Ehrenstrafe eingeführt. Die Einführung der Ehrenstrafe wurde im Gesetzesentwurf mit dem Hinweis begründet, dass der Strafrichter in den Stand versetzt werden müsse, den Täter „in denjenigen Fällen, in denen die Handlung aus ehrloser Gesinnung, namentlich aus gewinnsüchtiger Absicht hervorgegangen ist“, die bürgerlichen Ehrenrechte entziehen zu können.[375]

Demnach entsprach es der Ansicht des Gesetzgebers, dass die Täuschung des Publikums durch unwahre Darstellung und Verschleierung bereits an sich eine strafwürdige Handlung war. Bei einer Täuschung aus Gewinnsucht sollte hingegen eine Strafschärfung durch den Richter im Wege der Aberkennung der bürgerlichen Ehrenrechte möglich sein. Daraus lässt sich der Schluss ziehen, dass der Gesetzgeber eine ehrlose Gesinnung dann annahm, wenn der Handelnde zum Nachteil eines geschützten Personenkreises seinen Gewinn maximierte.

Die aktienrechtlichen Strafvorschriften, welche die Ehrenstrafe androhten, finden sich später im HGB 1897 (vgl. §§ 312 ff. HGB 1897) wieder. Auch nach der Herauslösung des Aktienrechts im Jahr 1937 in ein eigenständiges Aktiengesetz[376] blieb die Ehrenstrafe in den Strafvorschriften des Aktiengesetzes erhalten (vgl. §§ 294 ff. AktG 1937).

Bereits bevor ein Teil des 1. Strafrechtsreformgesetzes am 1. September 1969 in Kraft trat,[377] wurde die Ehrenstrafe im Aktiengesetz im Rahmen der Aktienrechtsreform von 1965[378] aus dem Aktiengesetz herausgenommen. Die Strafvorschriften selbst sind in den §§ 399 ff. AktG nach wie vor enthalten

375 Entwurf eines Gesetzes, betreffend die Kommanditgesellschaft auf Aktien und die Aktiengesellschaften vom 7. März 1884, nebst Motiven, Aktenstück Nr. 21, abgedruckt in *Schubert/Hommelhoff*, Hundert Jahre modernes Aktienrecht, ZGR-Sonderheft, 1985, S. 387 (515).

376 Zu Reformanlass und Reformwirkung siehe *Bayer/Engelke*, Die Revision des Aktienrechts durch das Aktiengesetz von 1937, in: Bayer/Habersack (Hrsg.), Aktienrecht im Wandel, Bd. 1, 2007, S. 624 ff.; *Wagner* in: Handbuch Privatrechtsgeschichte, Bd. III/3, 1986, S. 3010. Speziell zur Einführung des „Führerprinzips“ und des Gemeinwohlgedankens *Thiessen*, Wirtschaftsrecht und Wirtschaftsrechtler im Schatten der NS-Vergangenheit, in: Görtemaker/Safferling (Hrsg.), Die Rosenburg, 2013, S. 204 (211 ff., 235 ff.).

377 Vgl. dessen Art. 105, BGBl. I S. 645 ff.

378 Aktiengesetz vom 6. September 1965, BGBl. I S. 1089.

und stellen eine Weiterentwicklung der Bestimmungen des ADHGB 1884 dar (falsche Angaben, unrichtige Darstellung, Pflichtverletzung bei Verlust, Überschuldung und Zahlungsunfähigkeit, falsche Ausstellung oder Verfälschung von Hinterlegungsbescheinigungen, Verletzung der Berichtspflicht, Verletzung der Geheimhaltungspflicht). Weiterhin blieben wie bisher alle Straftaten mit einer Freiheitsstrafe bedroht.

Die Reform des Aktienrechts von 1965 vollzog sich über mehrere Jahre und Legislaturperioden.[379] Im Regierungsentwurf[380] hieß es zu den Strafvorschriften, man habe auf verschiedene Straftatbestände verzichtet, da man bestimmte Handlungen durch den Untreuetatbestand des StGB erfasst sehe. Ferner mäßigte man verschiedene Strafhandlungen zu Ordnungswidrigkeiten. Hinsichtlich der Ehrenstrafe wurde in der Begründung zum Entwurf des Aktiengesetzes[381] angeführt, dass der Entwurf die Möglichkeit einer Aberkennung der bürgerlichen Ehrenrechte nicht mehr vorsieht. Ein Motiv für diese Abkehr wurde aber nicht genannt.[382]

Daneben zeigte sich auch eine Rückkehr in das StGB: War ursprünglich als Anlass für die Einführung der aktienrechtlichen Straftatbestände das lückenhafte RStGB genannt, so erfolgte nunmehr eine Streichung bestimmter aktienrechtlicher Strafvorschriften mit dem Hinweis auf die Erfassbarkeit der Handlungen durch das StGB.

bb.) Ehrenstrafe im Genossenschaftsgesetz

Bis zum Inkrafttreten des 1. Strafrechtsreformgesetzes stellte auch das Genossenschaftsgesetz[383] die Untreue (§ 146 GenG) und die Abgabe falscher Angaben oder Darstellungen über den Vermögensstand der Genossenschaft (§ 147 GenG) unter Strafe. Täter konnten Organe und Liquidatoren der Genossenschaft sein. Beide Tatbestände verwiesen in ihren zweiten Absätzen auf den Verlust der bürgerlichen Ehrenrechte. Die Strafbestimmungen waren bereits in etwas anderer Formulierung Gegenstand des Gesetzes bei dessen Inkrafttreten am 1. Oktober 1889.

---

379 Zum Hergang s. *Kropff*, Reformbestrebungen im Nachkriegsdeutschland und die Aktienrechtsreform von 1965, in: Aktienrecht im Wandel, Bayer/Habersack (Hrsg.), Bd. 1, 2007, S. 670 ff.; *Assmann* in: Aktiengesetz, Großkommentar, Bd. 1, 2004, Einleitung, Rn. 183 ff.

380 Abdruck der Begründung des Regierungsentwurfs bei *Kropff*, Aktiengesetz, 1965, S. 498 ff.

381 Begründung zum Gesetzesentwurf, BT-Drucks. 4/171, S. 92 ff.

382 Begründung zum Gesetzesentwurf, BT-Drucks. 4/171, S. 92 (260 ff.).

383 Gesetz vom 1. Mai 1889, RGBl. S. 55.

Im „Entwurf eines Gesetzes, betreffend die Erwerbs- und Wirtschaftsgenossenschaften" nebst Begründung vom 27. November 1888[384] (GenG-Entwurf) waren die Strafbestimmungen in den §§ 125, 126 vorgesehen. In beiden Normen war der Verlust der bürgerlichen Ehrenrechte enthalten. In der Begründung zum Entwurf fanden sich die Aussagen, dass die unter Strafe gestellten Handlungen dem Untreuetatbestand und der Urkundenfälschung des (Reichs-) Strafgesetzbuches sehr nahe kämen, dort allerdings nicht alle denkbaren Fälle erfasst seien. Der Gesetzgeber orientierte sich an Straftatbeständen der Untreue und der Urkundenfälschung, „wie dies auch in Artikel 249 des Aktiengesetzes geschehen ist".[385] Hinsichtlich des § 126 GenG-Entwurf lehnte man „sich hierbei im Wesentlichen an den Artikel 249 b des Aktiengesetzes an".[386] Die Strafvorschriften des Entwurfs gingen in den §§ 144, 145 GenG 1889 auf. Auch hier erklärt sich der Weg der Ehrenstrafen in das Genossenschaftsgesetz über eine Orientierung an den bestehenden Straftatbeständen und zusätzlich über die Anlehnung an das Aktienrecht.

cc.) Ehrenstrafe im GmbH-Gesetz

Dem „Gesetz betreffend die Gesellschaften mit beschränkter Haftung"[387] (GmbHG) war gleichfalls die Ehrenstrafe für die Nachteilszufügung (§ 81 a GmbHG) und die Vornahme falscher Angaben, unwahrer Versicherungen oder unwahrer Darstellungen durch die Organe der Gesellschaft (§ 82 GmbHG) bekannt.

§ 82 GmbHG war bereits beim Inkrafttreten des GmbHG am 19. Mai 1892 enthalten. Im Entwurf eines „Gesetzes betreffend die Gesellschaften mit beschränkter Haftung"[388] (GmbHG-Entwurf) war die Vorläufernorm des § 82 GmbHG der § 79 GmbHG-Entwurf. Zur Begründung für die Aufnahme der fakultativen Ehrenstrafen hieß es in den Motiven, man habe sowohl auf das Aktienrecht (Art. 249 a und b ADHGB 1884) als auch auf das Genossenschaftsrecht (§ 141 GenG) Bezug genommen. Insbesondere habe man die in § 79 GmbHG-Entwurf

---

384 Abgedruckt in: *Beuthien/Hüsken/Aschermann*, Materialien zum Genossenschaftsgesetz, II. Parlamentarische Materialien (1866-1922), 1989, S. 150 ff.

385 Begründung zum GenG-Entwurf in: *Beuthien/Hüsken/Aschermann*, Materialien zum Genossenschaftsgesetz, II. Parlamentarische Materialien (1866-1922), 1989, S. 324.

386 Begründung zum GenG-Entwurf in: *Beuthien/Hüsken/Aschermann*, Materialien zum Genossenschaftsgesetz, II. Parlamentarische Materialien (1866-1922), 1989, S. 324.

387 Gesetz vom 20. April 1892, RGBl. S. 477.

388 Stenographische Berichte über die Verhandlungen des Reichstags, 1892, Anlagenband 5, Aktenstück Nr. 660.

angedrohte Strafe derjenigen des § 141 GenG angeglichen und den Betrag der Geldstrafe erhöht.[389]

Folglich orientierte sich das GmbHG ebenfalls an bestehenden Gesetzen und zeigt damit, dass der Gesetzgeber keine bewussten Entscheidungen über das Für und Wider der Einführung der Ehrenstrafe traf.

Bei der Einführung des Straftatbestands der Nachteilszufügung (§ 81 a GmbHG), der in seiner Rechtsfolge die fakultative Ehrenstrafe vorsah, verhielt es sich nicht anders. Die Norm wurde durch Artikel 3 der Strafrechtsnovelle vom 26. Mai 1933[390] in das GmbHG aufgenommen. Das Änderungsgesetz betraf im Wesentlichen die Normen des RStGB (Artikel 1) sowie des Militärstrafgesetzbuches (Artikel 2). Die Artikel 3 bis 5 änderten die Strafvorschriften unter anderem des GmbHG, des HGB und des GenG, und führte zu einer Angleichung dieser drei Gesetze hinsichtlich des Straftatbestandes der Nachteilszufügung. Zunächst wurde § 81 a in das GmbHG eingeführt:

> *„Wer als Geschäftsführer, Liquidator oder Mitglied eines Aufsichtsrats oder eines ähnlichen Organs einer Gesellschaft mit beschränkter Haftung vorsätzlich zum Nachteil der Gesellschaft handelt, wird mit Gefängnis und mit Geldstrafe bestraft. Daneben kann auf Verlust der bürgerlichen Ehrenrechte erkannt werden.*
> *In besonders schweren Fällen tritt an die Stelle der Gefängnisstrafe Zuchthaus bis zu zehn Jahren. Ein besonders schwerer Fall liegt insbesondere dann vor, wenn die Tat das Wohl des Volkes geschädigt oder einen anderen besonderen großen Schaden zur Folge gehabt oder der Täter besonders arglistig gehandelt hat.“*

Das GenG und das Aktienrecht des HGB regelten bereits die Nachteilszufügung, die die Strafrechtsnovelle lediglich hinsichtlich des besonders schweren Falls modifizierte. So wurde § 146 GenG um Absatz 3 erweitert, dessen Wortlaut dem des § 81 a Abs. 2 GmbHG entsprach. Die in § 312 HGB geregelte aktienrechtliche Nachteilszufügung hatte schon im Absatz 3 den „besonders schweren Fall“[391] geregelt, dessen Wortlaut jedoch durch den Wortlaut des § 81 a Abs. 2

389 Stenographische Berichte über die Verhandlungen des Reichstags, 1892, Anlagenband 5, Aktenstück Nr. 660, S. 3760.

390 Gesetz zur Abänderung strafrechtlicher Vorschriften vom 26. Mai 1933, RGBl. I S. 295. Dazu und zu den weiteren Änderungen des GmbH-Rechts während des Nationalsozialismus *Thiessen*, Wirtschaftsrecht und Wirtschaftsrechtler im Schatten der NS-Vergangenheit, in: Görtemaker/Safferling (Hrsg.), Die Rosenburg, 2013, S. 204 (267 ff.).

391 Die Einführung des „besonders schweren Falls“ erfolgte durch Art. 9 der Verordnung des Reichspräsidenten über Aktienrecht, Bankenaufsicht und über eine Steueramnestie vom 19. September 1931, RGBl. I S. 493. Zu dieser sog. Notverordnung und ihren Hintergründen, s. *Engelke/Maltschew*, Weltwirtschaftskrise, Aktienskandale und

GmbHG ersetzt wurde. Einerseits erfolgte eine Angleichung des GmbHG an die strafrechtlichen Regelungen des Aktien- und Genossenschaftsrechts. Andererseits – und hierin muss die Zielsetzung der Strafrechtsnovelle hinsichtlich der gesellschaftsrechtlichen Straftatbestände gesehen werden – instrumentalisierte die nationalsozialistische Staatsführung das Wirtschaftsstrafrecht für ihre Zwecke.[392] Wie § 81 a GmbHG zu entnehmen ist, lag eine einfache Nachteilszufügung dann vor, wenn die Gesellschaft im juristischen Sinn geschädigt wurde, ein besonders schwerer Fall hingegen, wenn durch die Handlung das Wohl des Volkes, die Gesellschaft im politischen Sinn, einen Schaden nahm. Demnach schützte die Norm primär die Interessen der Allgemeinheit[393] und brachte damit auch im Gesellschaftsrecht die nationalsozialistische Grundanschauung zum Ausdruck, wonach die deutsche „Volksgemeinschaft" im Mittelpunkt („Gemeinnutz vor Eigennutz"[394]) stand. Durch diese Strafrechtsnormen wurde von den juristischen Personen eine vorbehaltlose Verpflichtung gegenüber der Gemeinschaft[395] eingefordert. Wurde dieser Verpflichtung nicht nachgekommen, so lagen eine Pflichtverletzung gegen die Gemeinschaft und damit ein Treuebruch gegen diese vor.[396]

d.) Ehrenstrafe im Börsengesetz

Die Bestimmungen des Börsengesetzes (BörsG), die die Ehrenstrafe normierten, bestraften die Einwirkung in betrügerischer Absicht auf den Marktpreis von Waren und Wertpapieren (§ 88 BörsG), die gewohnheitsmäßige Verleitung eines

---

Reaktionen des Gesetzgebers durch Notverordnungen im Jahre 1931, in: Aktienrecht im Wandel, Bayer/Habersack (Hrsg.), Bd. 1, 2007, S. 573 f. und 580 ff.

392 Dazu *Werner*, Wirtschaftsordnung und Wirtschaftsstrafrecht im Nationalsozialismus, 1991, S. 164 ff.

393 *Werner*, Wirtschaftsordnung und Wirtschaftsstrafrecht im Nationalsozialismus, 1991, S. 165. Die durch die Strafrechtsnovelle eingeführten Absätze in die gesellschaftsrechtlichen Straftatbestände beziehen sich auf das „Wohl des Volkes" und dienten damit als „Einbruchsstelle für die nationalsozialistische Ideologie". Dazu ebenfalls *Werner*, S. 168. Vertiefend *Stolleis*, Gemeinwohlformeln im nationalsozialistischen Recht, 1974, S. 151 ff. Für eine Übersicht der nationalsozialistischen Gemeinwohlformeln s. ebenda S. 9 ff.

394 Punkt 24 des Parteiprogramms der NSDAP. Zeitgenössisch dazu *Rosenberg*, Das Parteiprogramm, Wesen, Grundsätze und Ziele der NSDAP, 1941, S. 18. Das Parteiprogramm ist ebenfalls abgedruckt bei *Wollstein* (Hrsg.), Quellen zum politischen Denken der Deutschen im 19. und 20. Jahrhundert, Bd. IX, 2013, S. 69–71.

395 Dazu oben Kap. 2, A. I. 4.

396 Dazu Fn. 1036.

Unerfahrenen zu Börsenspekulationsgeschäften in gewinnsüchtiger Absicht (§ 94 BörsG) sowie die Nachteilszufügung zulasten des Kommittenten durch den Kommissionär (§ 95 BörsG). Diese Normen waren bereits beim Inkrafttreten des Börsengesetzes am 1. Januar 1897 in etwas anderer Formulierung in den §§ 75, 78 und 79 vorhanden und sind auf die §§ 72, 73 und 74 des Entwurfs des Börsengesetzes (BörsG-Entwurf) zurückzuführen.[397]

Hintergrund für die Aufnahme der Ehrenstrafe war wieder die Anlehnung an das Straf- und Aktienrecht, da die geltenden strafrechtlichen Bestimmungen nicht als ausreichend erachtet wurden. Konkret wurde zu § 72 BörsG-Entwurf (Einwirkung auf den Marktpreis) in der Gesetzesbegründung erläutert, man habe sich an Art. 249 b ADHGB 1884 orientiert. Daneben wurde festgehalten, man wolle für das Börsengesetz den Art. 249 d ADHGB 1884, der die betrügerische Verleitung des Publikums, das betrügerische Einwirken auf den Aktienkurs und das Einwirken auf das Stimmverhältnis mittels urkundlicher Fälschung der Bescheinigungen bestrafe, für das Börsengesetz aufgreifen und auf sonstige Wertpapiere sowie auf Waren ausdehnen.[398] Zum § 73 BörsG-Entwurf (Verleitung Unerfahrener) wurde angeführt, hinsichtlich der Straffolgen habe der Straftatbestand des gewerbsmäßigen Wuchers (§ 302 d RStGB[399]) als Vorbild gedient.

Die Erwägungen zu § 74 BörsG-Entwurf (Nachteilszufügung durch den Kommissionär) nahmen Bezug auf den geplanten § 72 BörsG-Entwurf (Einwirkung auf den Marktpreis), und es wurde diskutiert, ob § 72 BörsG-Entwurf als Tatbestand nicht ausreichen würde. Es wurde zugunsten einer eigenen Norm argumentiert, da die nachteiligen Handlungen des Kommissionärs in vielerlei Ausgestaltung denkbar seien, deren Erfassung nach den Tatbeständen des Betrugs, der Untreue oder des § 72 BörsG-Entwurf nicht gewährleistet seien. Daher sei es geboten, sich an den bestehenden Normen zu orientieren, aber die Norm konkreter auf das Verhältnis Kommissionär – Kommittent zuzuschneiden.[400]

Die eben getroffene Feststellung, wonach die Ehrenstrafe im Wege der Anlehnung an die Straftatbestände in das jeweilige Gesetz aufgenommen wurde, gilt

---

397 Stenographische Berichte über die Verhandlungen des Reichstages, 9. Legislaturperiode, IV. Session, 1895/97, Erster Anlagenband, 1896, Aktenstück Nr. 14.

398 Stenographische Berichte über die Verhandlungen des Reichstages, 9. Legislaturperiode, IV. Session, 1895/97, Erster Anlagenband, 1896, Aktenstück Nr. 14 (S. 32).

399 §§ 302a-d wurden durch das Reichsgesetz vom 24. Mai 1880, betreffend den Wucher eingeführt, RGBl. I S. 109.

400 Stenographische Berichte über die Verhandlungen des Reichstages, 9. Legislaturperiode, IV. Session, 1895/97, Erster Anlagenband, 1896, Aktenstück Nr. 14 (S. 33).

auch hier. Hervorzuheben ist hinsichtlich des § 73 BörsG-Entwurf und des späteren § 78 BörsG 1889, der sich am gewerbsmäßigen Sachwucher des § 302 d RStGB orientierte, dass diese Vorschriften „nur" die fakultative Ehrenstrafe aufnahmen, obgleich der gewerbsmäßige Sachwucher im RStGB die obligatorische Ehrenstrafe vorsah. Als Ergänzung sei wiederholt, dass die Einwirkung auf den Marktpreis sowie teilweise die Verleitung Unerfahrener das Einschreiten des Ehrengerichts der Börse ermöglichten (vgl. Kap. 2, B. II. 1.).

e.) Ehrenstrafe im Gesetz gegen den unlauteren Wettbewerb

Das „Gesetz gegen den unlauteren Wettbewerb" (UWG), das der Reglementierung bestimmter Verhaltensweisen der Marktteilnehmer, mithin der Kaufleute dient, nimmt gezielt Einfluss auf die geschäftlichen Handlungen der Kaufleute und Gewerbetreibenden. Erstaunlicherweise war gleichwohl weder im „Gesetz zur Bekämpfung des unlauteren Wettbewerbs" vom 27. Mai 1896[401] eine Ehrenstrafe vorgesehen noch im „Gesetz gegen den unlauteren Wettbewerb" vom 7. Juni 1909,[402] welches das Vorläufergesetz ablöste. Die vorgesehenen Strafen lauteten ausschließlich auf Haft oder Geld.

f.) Fazit zu den Ehrenstrafen im kaufmannsnahen Nebenstrafrecht

Eine Gesamtbetrachtung der Ehrenstrafen im Nebenstrafrecht und deren Geschichte zeigt, dass grundsätzlich eine Orientierung am Strafrecht stattfand. Dies gilt insbesondere für das Aktienrecht. Die anderen hier genannten Gesetze orientierten sich sowohl am RStGB als auch am Aktienrecht des ADHGB von 1884. Den Gesetzen ist der Regelungsanlass, nämlich das lückenhafte Strafsystem, gemein. Die Aufnahme der Strafvorschriften war im Ergebnis eine Anpassung der bestehenden Strafrechtsnormen an die Bedürfnisse des jeweiligen Regelungsgebiets. Dabei fand hauptsächlich eine Orientierung an den Straftatbeständen des Betrugs, der Untreue und der Urkundenfälschung statt, die in ihrer Rechtsfolge die fakultative Ehrenstrafe vorsahen.[403]

Eine Ausnahme bildet die Nachteilszufügung in Art. 249 b ADHGB 1884. Der Gesetzgeber maß der Handlung eine eigene Straffolge bei und hatte bewusst die Ehrenstrafe eingeführt. Sie sollte dem Richter die Möglichkeit einer Wertung

---

401 Gesetz vom 27. Mai 1896, RGBl. S. 145. Zur Entwicklung s. *von Stechow*, Das Gesetz zur Bekämpfung des unlauteren Wettbewerbs vom 27. Mai 1896, 2002, S. 155 ff.

402 Gesetz vom 7. Juni 1909, RGBl. S. 499.

403 Vgl. für Betrug § 263 RStGB, Untreue § 266 RStGB und die Urkundenfälschung § 267 i. V. m. § 280 RStGB.

geben, wenn die Tat in ehrloser Gesinnung erfolgte, was nach Ansicht des Gesetzgebers dann anzunehmen war, wenn der Täter mit Gewinnsucht handelte.

Aufgefallen sind ferner die Straftatbestände des Börsengesetzes. Diese konnten einerseits zum Verlust der bürgerlichen Ehrenrechte führen. Andererseits handelte es sich bei den Tatbeständen teilweise um jene Handlungen, für die die Börsen-Enquete-Kommission die Einleitung eines ehrengerichtlichen Verfahrens an der Börse in Aussicht gestellt hatte (vgl. Kap. 2, B. II. 1.).

3. Rechtsfolgen der Ehrenstrafe nach dem StGB 1968

Die Folgen der Ehrenstrafe waren entweder von dauernder (§ 33 StGB 1968) oder vorübergehender (§ 34 StGB 1968) Natur.

Die Aberkennung der bürgerlichen Ehrenrechte nach § 33 StGB 1968 bewirkte den „dauernden Verlust der aus öffentlichen Wahlen für den Verurteilten hervorgegangenen Rechte, ingleichen den dauernden Verlust der öffentlichen Ämter, Würden, Titel, Orden und Ehrenzeichen."

Mit Rechten, die aus öffentlichen Wahlen hervorgegangen sind, sind solche gemeint, die öffentliche, staatliche Angelegenheiten betrafen.[404] Unter den Begriff der Würden fallen Ehrenstellungen, die durch den Staat oder durch Körperschaften, die unter staatlicher Aufsicht stehen, verliehen wurden.[405]

Eine ähnliche Formulierung griff auch § 34 StGB 1968 auf. Die in § 34 StGB 1968 bestimmten Folgen erstreckten sich nur auf die Dauer der im Urteil bestimmten Zeit. Der Verurteilte war nach § 34 StGB 1968 für bestimmte Zeit unfähig:

1. öffentliche Ämter, Würden, Titel, Orden und Ehrenzeichen zu erlangen;
2. in öffentlichen Angelegenheiten zu stimmen, zu wählen oder gewählt zu werden oder andere politische Rechte auszuüben;
3. Zeuge bei der Aufnahme von Urkunden zu sein;
4. Vormund, Gegenvormund, Pfleger, Beistand der Mutter oder Mitglied eines Familienrates zu sein, es sei denn, dass es sich um eine Verwandte absteigender Linie gehandelt oder der Familienrat die Genehmigung erteilt hatte.

Demnach war der Verurteilte in bestimmten Lebensbereichen in seiner Rechtsstellung eingeschränkt. Allerdings hatten die Ziffer 3 und Ziffer 4 in der Praxis wenig Bedeutung, da man in beiden Ziffern eine Sollvorschrift sah, sodass

404 *Jagusch* in: Leipziger Kommentar, StGB, 1957, § 33 Anm. 2.
405 *Jagusch* in: Leipziger Kommentar, StGB, 1957, § 33 Anm. 4.

beispielsweise eine Urkunde, die unter Zuziehung eines an sich unfähigen Zeugen nach Ziffer 3 entstanden war, ihre Gültigkeit behielt.[406]

4. Rechtsfolgen der Ehrenstrafe nach besonderen Gesetzen

Der Verlust der bürgerlichen Ehrenrechte bedeutete nicht nur eine Einschränkung der in den §§ 33, 34 StGB 1968 genannten Rechte. Es gab eine Vielzahl von Normen außerhalb des Strafgesetzbuchs, die an den Verlust der bürgerlichen Ehrenrechte anknüpften (Anknüpfungstatbestände) und eine sog. Verwirkung[407] bestimmten. So ordnete beispielsweise[408] das BGB an, dass der zu einer Ehrenstrafe Verurteilte nicht zum Vormund bestellt werden konnte (§ 1781 Nr. 4 BGB a. F.). Auch erfuhr der Verurteilte Einschränkungen nach dem GVG. Danach konnte ihm der Zutritt zur Gerichtsverhandlung versagt (§ 175 GVG a. F.) oder seine Funktion als Schiedsrichter abgelehnt werden (§ 1032 Abs. 3 GVG a. F.). Ferner konnte er nicht zum Handelsrichter ernannt werden, was auf die Stellung des Amts des Handelsrichters als Ehrenamt zurückzuführen ist (§ 111 GVG a. F.).[409]

Hinsichtlich der Tätigkeiten des Kaufmanns sind in diesem Zusammenhang wieder die Gewerbeordnung, das Handelsgesetzbuch sowie das Genossenschafts- und das Börsengesetz besonders interessant. Es soll untersucht werden, ob die Gesetze an den Verlust der bürgerlichen Ehrenrechte eine Folge anknüpften. Zugleich soll herausgearbeitet werden, ob der Gesetzgeber mittels der Anknüpfung an eine erfolgte Ehrenstrafe eine bestimmte Absicht verfolgte und diesbezüglich eine allgemeingültige Aussage aufgestellt werden kann. Bei der Untersuchung der Anknüpfungstatbestände wird zunächst vom Zeitpunkt des Inkrafttretens des 1. Strafrechtsreformgesetzes am 1. September 1969 ausgegangen[410] und gegebenenfalls eine Rückschau in frühere Bestimmungen vorgenommen.

---

406 *Jagusch* in: Leipziger Kommentar, StGB, 1957, § 34 unter c) und d); *Schwarz/Dreher*, Kommentar zum StGB, 1968, § 34 unter C. und D.

407 *Jagusch* in: Leipziger Kommentar, StGB, 1957, § 32 Anm. 6.

408 Siehe die Aufzählung bei *Jagusch*, in: Leipziger Kommentar, StGB, 1957, § 32 Anm. 6.

409 *Sydow/Busch*, Gerichtsverfassungsgesetz, 1899, § 113.

410 Der größte Teil des Gesetzes trat zum 1. September 1969 in Kraft. Zum schrittweisen Inkrafttreten: Erstes Gesetz zur Reform des Strafrechts vom 25. Juni 1969, Artikel 105; BGBl. I S. 645 (680).

a.) Gewerbeordnung

Zum Zeitpunkt des Inkrafttretens des Strafrechtsreformgesetzes gab es in der Gewerbeordnung keine Bestimmung, die an die Ehrenstrafe anknüpfte.

Aufschlussreich war allerdings ein Rückblick auf die Entwicklung der Gewerbeordnung. Eine chronologische Betrachtung fördert bemerkenswerte Wandlungen zutage.

aa.) Direkte Anknüpfung

(1) § 57 GewO von 1869

Wie bereits oben (Kap. 5, A. I. 2.) bei der Betrachtung der Ehrenstrafen im Nebenstrafrecht angeführt wurde, nimmt die Gewerbeordnung ihren bundeseinheitlichen Anfang mit der Gewerbeordnung für den Norddeutschen Bund vom 21. Juni 1869 (GewO 1869). Die Gewerbeordnung des Norddeutschen Bundes hatte in § 57 GewO 1869 als eine mögliche Rechtsfolge die Beschränkung der „Ausübung der bürgerlichen Ehrenrechte" ausgesprochen. § 57 GewO 1869 stand im Zusammenhang mit dem umherziehenden Gewerbe. Für das Gewerbe im Umherziehen war ein Legitimationsschein notwendig, der unter anderem dann nach § 57 GewO 1869 versagt werden konnte, wenn der Gewerbetreibende wegen der im Gesetz näher bestimmten Tatbestände zu Gefängnis von mindestens sechs Wochen, *„oder zwar zu einer geringeren Strafe verurtheilt, aber in der* ***Ausübung der bürgerlichen Ehrenrechte*** *beschränkt worden ist"*.

Vor dem Hintergrund, dass zum Zeitpunkt des Inkrafttretens der GewO 1869 zum 1. Januar 1870 noch kein Strafgesetzbuch für den Norddeutschen Bund[411] vorhanden war, aber auch kein konkreter Hinweis auf die landesrechtlichen Bestimmungen gegeben wurde, stellte sich die Frage, nach welchem Gesetz sich die Beschränkung der „Ausübung der bürgerlichen Ehrenrechte" ergab. In den Motiven ließen sich keine Anhaltspunkte finden. Dafür zeigte sich eine inhaltliche Abweichung zwischen § 57 GewO 1869 in der Fassung seiner Verkündung und der ursprünglichen Entwurfsfassung (§ 58). Der Entwurf einer Gewerbeordnung für den Norddeutschen Bund (GewO-Entwurf) lautete in dessen § 58:

> *„Einem Bundesangehörigen, welcher innerhalb des Norddeutschen Bundesgebiets einen festen Wohnsitz hat und frei von auffallenden oder ekelhaften Krankheiten oder Gebrechen ist, darf der Gewerbeschein, vorbehaltlich der Bestimmungen des § 60, nur dann versagt werden, wenn ihm die Zuverlässigkeit in Beziehung auf den beabsichtigten Gewerbebetrieb fehlt. […]"*[412]

---

411 Eine einheitliche Regelung erfolgte erst zum 31. Mai 1870. Hierzu unten Kap. 5, A. II. 6. c.).

412 Stenographische Berichte über die Verhandlungen des Reichstages des Norddeutschen Bundes, Anlagen zu den Verhandlungen, 1869, Bd. 3, Aktenstück Nr. 13, S. 99.

Folglich sah der Entwurf noch keine Anknüpfung an die bürgerlichen Ehrenrechte vor. In den Motiven wurde zu § 58 GewO-Entwurf lediglich ausgeführt, dass eine Erteilung des Gewerbescheins (später umbenannt in Legitimationsschein) nur dann versagt werden durfte, wenn die Zuverlässigkeit mit Blick auf das konkrete Gewerbe zu verneinen war.[413]

Eine Änderung erfuhr § 58 GewO-Entwurf durch die Reichstagskommission, die zur Beratung über den III. Titel der Gewerbeordnung (Gewerbebetrieb im Umherziehen) zusammengekommen war. Der Vorschlag der Kommission lautete:

> *„Einem Bundesangehörigen, welcher innerhalb des Norddeutschen Bundesgebiets einen festen Wohnsitz besitzt und das 21. Lebensjahr überschritten hat, darf der Legitimationsschein […] nur dann versagt werden, wenn er:*
>
> 1. *[…]*
> 2. *oder wegen strafbarer Handlungen, aus Gewinnsucht, gegen das Eigenthum, gegen die Sittlichkeit […] zu Gefängnis von mindestens 6 Wochen, oder zwar zu einer geringeren Strafe verurtheilt, aber in der Ausübung der bürgerlichen Ehrenrechte beschränkt worden ist […].“*[414]

Im weiteren Verfahren wurde der Kommissionsentwurf im Reichstag mit geringen Änderungen angenommen[415] und entsprach dem späteren § 57 der GewO 1869. Demnach war erst im Wege der Kommissionsarbeit der Anknüpfungstatbestand aufgenommen worden. In den Beratungen im Reichstag wurde vorgetragen, dass es sich bei dem Kreis derjenigen, die das umherziehende Gewerbe betreiben, um einen Teil der bürgerlichen Gesellschaft handle, „der weniger ehrlich, weniger nützlich sein Gewerbe betreibt, als diejenigen, die das stehende Gewerbe kultivieren“.[416] Weiter hieß es, das Gewerbe im Umherziehen entbehre gewisser Garantien für die öffentliche Sicherheit und Sittlichkeit im Gegensatz zum stehenden Gewerbe. Ferner biete das umherziehende Gewerbe mehr Möglichkeiten zur missbräuchlichen Anwendung „desselben zur Schädigung des Publikums und der Beeinträchtigung der öffentlichen Sicherheit“.[417]

---

413 Stenographische Berichte über die Verhandlungen des Reichstages des Norddeutschen Bundes, Anlagen zu den Verhandlungen, 1869, Bd. 3, Aktenstück Nr. 13, S. 122.

414 Stenographische Berichte über die Verhandlungen des Reichstages des Norddeutschen Bundes, Anlagen zu den Verhandlungen, 1869, Bd. 3, Aktenstück Nr. 121, S. 434 ff.

415 Stenographische Berichte über die Verhandlungen des Reichstages des Norddeutschen Bundes, 1869, Bd. 2, 31. Sitzung vom 30. April 1869, S. 707.

416 Stenographische Berichte über die Verhandlungen des Reichstages des Norddeutschen Bundes, 1869, Bd. 2, 31. Sitzung vom 30. April 1869, S. 691.

417 Stenographische Berichte über die Verhandlungen des Reichstages des Norddeutschen Bundes, 1869, Bd. 2, 31. Sitzung vom 30. April 1869, S. 691.

Daher wollte man den Personenkreis frei halten von denjenigen, die sich durch Verbrechen oder schlechten Leumund für die Öffentlichkeit und das Publikum als gefährlich erwiesen haben.[418] Hierzu bediente man sich bestimmter äußerer Kategorien. Einen Hinweis, auf welches Strafrecht man sich dabei bezog, wurde nicht gegeben.[419] Es war wie bei anderen Gesetzen im Verhältnis von Bundesstaat und Bund die landesgesetzlich geregelte Ehrenstrafe gemeint. Folgerichtig sah § 160 GewO-Entwurf[420] vor:

> *„Die Befugnis zum Betriebe der in den §§ 29, 30, 32, 33 und 34 unter 1 und 2 bezeichneten, sowie aller derjenigen Gewerbe und Geschäfte, zu deren Betreibung der Gewerbetreibende von der Obrigkeit besonders verpflichtet worden ist, erlischt, wenn dem Gewerbetreibenden die* ***Ausübung der bürgerlichen Ehrenrechte nach den Landesgesetzen*** *für immer oder auf Zeit entzogen worden ist, und zwar mit dem Tage der Rechtskraft des Straferkenntnisses."*

Die in § 160 GewO-Entwurf genannten Paragrafen normierten ihrerseits eine Konzessionspflicht für bestimmte Gewerbe (Apotheker, Ärzte, Unternehmer von Privat-Krankenanstalten, Seeschiffer, Schauspielunternehmen etc.). Den Motiven war zu entnehmen, dass die Strafvorschriften der Preußischen Gewerbeordnung, unter Berücksichtigung der abweichenden Bestimmungen der Landesgesetze über die Ehrenstrafe, nachgebildet wurden.[421]

§ 160 GewO-Entwurf fand allerdings keinen Eingang in die Gewerbeordnung. Aus den Reihen der Abgeordneten wurde der Antrag auf Streichung des § 160 GewO-Entwurf gestellt.[422] Zur Begründung wurde vorgetragen, es ließen sich viele Fälle denken, in denen jemandem die bürgerlichen Ehrenrechte strafrechtlich aberkannt werden können, ohne dass diesen Fällen ein Grund zu entnehmen sei, dem Verurteilten das Gewerbe im Allgemeinen zu untersagen.[423]

---

418 Stenographische Berichte über die Verhandlungen des Reichstages des Norddeutschen Bundes, 1869, Bd. 2, 31. Sitzung vom 30. April 1869, S. 692.

419 Hierzu mehr weiter unten in Kap. 5, A. II. im Rahmen der Untersuchungen zum Ursprung und der Entwicklung der Ehrenstrafe.

420 Stenographische Berichte über die Verhandlungen des Reichstages des Norddeutschen Bundes, Anlagen zu den Verhandlungen, 1869, Bd. 3, Aktenstück Nr. 13, S. 105.

421 Stenographische Berichte über die Verhandlungen des Reichstages des Norddeutschen Bundes, Anlagen zu den Verhandlungen, 1869, Bd. 3, Aktenstück Nr. 13, S. 125.

422 Stenographische Berichte über die Verhandlungen des Reichstages des Norddeutschen Bundes, Anlagen zu den Verhandlungen, 1869, Bd. 3, Aktenstück Nr. 151; vgl. Antrag Nr. I, 2, c).

423 Stenographische Berichte über die Verhandlungen des Reichstages des Norddeutschen Bundes, 1869, Bd. 2, 33. Sitzung vom 3. Mai 1869, S. 762.

Darüber hinaus sei die Untersagung des Gewerbebetriebs meist eine Verurteilung zur Erwerbslosigkeit und bedeute einen wirtschaftlichen Ruin. Zudem könnte das Publikum selbst entscheiden, ob es dem Verurteilten Vertrauen schenke. Daher habe das Gesetz keine Veranlassung, das Gewerbe zu untersagen.[424] Die Mehrheit der Abgeordneten hat im Folgenden für die Streichung des § 160 gestimmt.[425]

Für die Gewerbeordnung des Norddeutschen Bundes blieb damit im Ergebnis mit § 57 GewO 1869 nur eine Norm, die an eine, wenn auch landesherrliche, Ehrenstrafe anknüpfte. Betroffen war davon nur der Betreiber eines umherziehenden Gewerbes. Die Anknüpfung des § 57 GewO 1869 an die Beschränkung der Ausübung der bürgerlichen Ehrenrechte wurde im Zuge der Novelle der Gewerbeordnung vom 1. Juli 1883[426] gestrichen. In der Gesetzesbegründung[427] wurde hierzu erläutert, dass die Terminologie der Gewerbeordnung mit der des Reichsstrafgesetzbuchs nicht harmoniere. Konkret ging es um die Begrifflichkeit „Beschränkung der Ausübung der bürgerlichen Ehrenrechte“ der GewO, die das RStGB nicht kenne, sondern vom „Verlust der bürgerlichen Ehrenrechte“ spreche. Die Möglichkeit einer Anpassung an den Wortlaut des RStGB hatte man in Erwägung gezogen, aber mit dem Hinweis für nicht durchführbar erachtet, dass die bestehende Gewerbeordnung, also auch in der Fassung der beabsichtigten Novellierung, von einer Freiheitsstrafe von vier bzw. sechs Wochen bei gleichzeitiger Verurteilung zum Verlust der bürgerlichen Ehrenrechte ausgehe. Dies könne aber nach dem gegenwärtigen RStGB praktisch nicht vorkommen, da dieses eine dreimonatige Mindeststrafe für die Verhängung der Ehrenstrafe vorsehe.[428] Die Gewerbeordnung an die Mindeststrafe nach dem RStGB anzupassen, wurde, zumindest den Verhandlungsberichten nach, nicht überlegt.

---

424 Stenographische Berichte über die Verhandlungen des Reichstages des Norddeutschen Bundes, 1869, Bd. 2, 33. Sitzung vom 3. Mai 1869, S. 762.

425 Stenographische Berichte über die Verhandlungen des Reichstages des Norddeutschen Bundes, 1869, Bd. 2, 33. Sitzung vom 3. Mai 1869, S. 763.

426 Bekanntmachung, betreffend die Redaktion der Gewerbeordnung für das Deutsche Reich, vom 1. Juli 1883, RGBl. S. 177 ff.

427 Stenographische Berichte über die Verhandlungen des Reichstages, 5. Legislaturperiode, II. Session 1882/83, Bd. 5, Anlagen zu den Verhandlungen des Reichstages, Aktenstück Nr. 5, S. 1 (26).

428 Nachfolger des § 57 GewO 1869 wurde § 57 a GewO 1883. Dieser sah wiederum vor, dass der Legitimationsschein versagt werden durfte, wenn der Gewerbetreibende aufgrund bestimmter Taten zu mindestens drei Monaten Freiheitsstrafe verurteilt wurde. Folglich wäre damit zugleich eine Voraussetzung der Ehrenstrafe erfüllt. Gleichwohl hat man auf den Verlust der bürgerlichen Ehrenrechte verzichtet.

(2) § 106 GewO von 1878

Einen weiteren Anknüpfungstatbestand bildete § 106 GewO, der mit dem Gesetz vom 17. Juli 1878[429] eingeführt wurde:

> *„Gewerbetreibende, welchen die bürgerlichen Ehrenrechte aberkannt sind, dürfen, so lange ihnen diese Rechte entzogen bleiben, mit der Anleitung von Arbeitern unter achtzehn Jahren sich nicht befassen."*

Die Motive[430] gaben Auskunft darüber, dass sich § 106 GewO 1878 an § 116 GewO 1869 orientierte. Gemäß § 116 GewO 1869 waren von der Befugnis, Lehrlinge zu halten, diejenigen Gewerbetreibenden ausgeschlossen, welchen wegen *„anderer als politischer Verbrechen oder Vergehen der Vollgenuß der staatsbürgerlichen Rechte entzogen ist, für die Zeit der Entziehung, sofern sie nicht in diese Rechte wieder eingesetzt oder welche wegen Diebstahls oder Betruges rechtskräftig verurtheilt worden sind."*

Jedoch fand § 116 GewO 1869 hinsichtlich des Begriffs „Vollgenuß der staatsbürgerlichen Rechte" keine Parallele im RStGB, sodass man in diesem Fall an die §§ 32 ff. RStGB anknüpfen wollte.[431]

Im Wesentlichen wurde die Norm damit begründet, „daß der Lehrling in so jugendlichem Alter noch zu wenig Charakterfestigkeit besitze, um den bedenklichen Einflüssen widerstehen zu können".[432] Gleichwohl wollte man die Industrie nicht benachteiligen und erklärte daher, dass der betroffene Gewerbetreibende nicht auf die Beschäftigung jüngerer Leute verzichten müsse, da er sich eines Dritten zur Anleitung des unter Achtzehnjährigen bedienen könne.[433]

Genau genommen handelt es sich um eine Verschärfung der Norm, die auch grundsätzlich vom Gesetzgeber beabsichtigt war. Denn durch den Verzicht auf das vormalige Erfordernis der Verurteilung zum Verlust der bürgerlichen Ehrenrechte wurde die Möglichkeit für die Versagung eines Legitimationsscheins faktisch erleichtert.

429 Gesetz betreffend die Änderung der Gewerbeordnung vom 17. Juli 1878, RGBl. S. 199 ff.

430 Stenographische Berichte über die Verhandlungen des Deutschen Reichstages, 3. Legislaturperiode, II. Session 1878, Bd. 3, Anlagen zu den Verhandlungen des Reichstags, Aktenstück Nr. 41, S. 496 ff.

431 Stenographische Berichte über die Verhandlungen des Deutschen Reichstages, 3. Legislaturperiode, II. Session 1878, Bd. 3, Anlagen zu den Verhandlungen des Reichstags, Aktenstück Nr. 41, Motive, S. 500 (S. 503).

432 Stenographische Berichte über die Verhandlungen des Deutschen Reichstages, 3. Legislaturperiode, II. Session 1878, Bd. 3, Anlagen zu den Verhandlungen des Reichstags, Aktenstück Nr. 41, Motive, S. 500 (S. 502).

433 Stenographische Berichte über die Verhandlungen des Deutschen Reichstages, 3. Legislaturperiode, II. Session 1878, Bd. 3, Anlagen zu den Verhandlungen des Reichstags, Aktenstück Nr. 41, Motive, S. 500 (S. 503).

Eine besondere Bedeutung kam § 106 GewO 1878 in den Beratungen des Reichstages nicht zu. Man widmete sich vielmehr den übergeordneten Leitthemen wie der Kinderarbeit, der Einführung eines Arbeitsbuches und dem Lehrlingsverhältnis als solchem, hierbei insbesondere dem väterlichen Züchtigungsrecht des Lehrherrn.[434]

§ 106 GewO wurde zum 1. Oktober 1960 durch § 76 Abs. 2 Ziffer 5 des Jugendarbeitsschutzgesetzes vom 9. August 1960 (BGBl. I S. 665) gestrichen. An seine Stelle trat § 39 Jugendarbeitsschutzgesetz. Auch gemäß dieser Norm durften „*Personen, die die bürgerlichen Ehrenrechte nicht besitzen,* [...] *Kinder und Jugendliche nicht beschäftigen sowie im Rahmen eines Beschäftigungsverhältnisses im Sinne des § 1 nicht beaufsichtigen, nicht anweisen und nicht zur Beaufsichtigung und Anweisung von Kindern und Jugendlichen verwendet werden*“. § 39 Jugendarbeitsschutzgesetz wurde letztlich durch Art. 75 des 1. Strafrechtsreformgesetzes beseitigt.

(3) § 126 GewO von 1897

Eine dem § 106 GewO ähnliche Bestimmung wurde durch das Gesetz vom 26. Juli 1897 mit § 126 GewO aufgenommen. Danach wurde die Befugnis zum Halten oder zur Anleitung von Lehrlingen Personen, welche sich nicht im Besitze der bürgerlichen Ehrenrechte befinden, nicht zugestanden. Während sich § 106 GewO an den Gewerbetreibenden richtete, verwendete § 126 GewO hingegen den weitergehenden Begriff der Person. Damit waren auch die Handwerker, die Werkmeister und andere mit der Unterweisung der Lehrlinge beauftragte Personen umfasst.[435]

§ 126 GewO wurde durch die Vorschrift des § 106 Berufsausbildungsgesetz vom 14. August 1969,[436] also kurz vor dem Inkrafttreten des 1. Strafrechtsreformgesetzes,[437] aufgehoben.

(4) Sonstiges

Daneben wirkte sich der Verlust der bürgerlichen Ehrenrechte sowohl auf die Approbation der Ärzte und Apotheker (bereits in § 53 GewO 1883) als auch

434 Stenographische Berichte über die Verhandlungen des Deutschen Reichstages, 3. Legislaturperiode, II. Session 1878, Bd. 1, Sitzungen 12 (vom 2. März 1878), 13 (vom 4. März 1878), Bd. 2, Sitzungen 40 (vom 4. Mai 1878), 43 (vom 8. Mai 1878), 44 (vom 9. Mai 1878), 50 (vom 17. Mai 1878), 51 (vom 18. Mai 1878), 53 (vom 21. Mai 1878).

435 *von Landmann*, Kommentar zur Gewerbeordnung, Bd. 2, 1907, § 126, Ziffer 4.

436 Gesetz vom 14. August 1969, BGBl. I S. 1112.

437 Der hier relevante Teil trat zum 1. September 1969 in Kraft. Zum schrittweisen Inkrafttreten: Erstes Gesetz zur Reform des Strafrechts vom 25. Juni 1969, Artikel 105; BGBl. I S. 645 (680).

auf die Berechtigung zur Wahl der Vertreter der Innungsmitglieder oder auf die Teilnahme an den Innungsgeschäften (§ 93 a GewO 1900) aus: Wer die bürgerlichen Ehrenrechte verlor, musste mit der Aberkennung der Approbation oder der eingeschränkten Mitwirkung am Innungsleben rechnen.

bb.) Indirekte Anknüpfung: Unzuverlässigkeit

In der älteren Literatur fand sich die Ansicht, dass der Ehrverlust überall dort relevant sein würde, wo wegen „Unzuverlässigkeit“[438] die Genehmigung zu einem Gewerbebetrieb versagt oder der Gewerbebetrieb untersagt werden konnte.[439] Eine Verallgemeinerung dahingehend, dass jeder, dem die bürgerlichen Ehrenrechte aberkannt wurden, auch unzuverlässig war, kann jedoch nicht getroffen werden. Die Ehrenstrafe war, wie jede andere Strafe, eine Tatsache, die in die objektive Bewertung einfloss, ob eine Unzuverlässigkeit des Gewerbetreibenden in Bezug auf das ausgeübte Gewerbe vorlag. Sie war also keine alleinige Bewertungsgrundlage. Die Behörde musste auf den Sachverhalt zurückgreifen, der der Ehrenstrafe zugrunde lag.[440]

b.) Handelsgesetzbuch

Zum Zeitpunkt des Inkrafttretens des 1. Strafrechtsreformgesetzes waren keine Anknüpfungstatbestände im Handelsgesetzbuch vorhanden. Auch hier lohnt ein Rückblick auf frühere Gesetzesfassungen. So untersagte einst § 81 HGB in der Fassung von 1897 „Personen, die nicht im Besitze der bürgerlichen Ehrenrechte sind“, die Haltung sowie die Anleitung von Handlungslehrlingen. Im Übrigen durfte der Lehrherr „solche Personen zur Anleitung von Handlungslehrlingen nicht verwenden [...]“. Eine entsprechende Regelung war im ADHGB 1861 noch nicht vorhanden,[441] sondern wurde erst im Rahmen der Reformen zum HGB 1897 eingeführt. § 81 HGB 1897 geht auf den § 80 des HGB-Entwurfes zurück. In der Denkschrift zur Reichstagsvorlage[442] wurde erläutert, dass die

---

438 Auf die Entwicklung der „Unzuverlässigkeitstatbestände“ der GewO zu einer generellen Untersagungsnorm (seit 1960 in § 35 GewO geregelt) soll hier nicht näher eingegangen werden. Zur geschichtlichen Entwicklung vgl. Fn. 1214.

439 *Gierke*, Deutsches Privatrecht, Bd. 1, 1895, S. 429.

440 *Landmann-Rohmer*, Kommentar zur Gewerbeordnung, 1952, § 35 Anm. 4.

441 Vergleiche dort die Bestimmungen über die Handlungsgehilfen, Art. 57-65 HGB.

442 Denkschrift zum Entwurf eines Handelsgesetzbuches und eines Einführungsgesetzes, abgedruckt in: *Schubert/Schmiedel/Krampe* (Hrsg.), Quellen zum Handelsgesetzbuch von 1897, Bd. 2, Halbband 2, S. 949 (S. 1004) = Verhandlungen des Reichstages, 9. Legislaturperiode, IV. Session, 1895/1897, zu Aktenstück Nr. 632.

Norm einem Wunsch aus den Kreisen der Handlungsgehilfen Rechnung trage und sich am § 106 der Gewerbeordnung[443] anlehne.

Diese Norm wurde gleichfalls wie § 126 GewO nicht durch das Strafrechtsreformgesetz, sondern bereits im Wege des Berufsbildungsgesetzes vom 14. August 1969[444] gestrichen. Das Berufsbildungsgesetz ersetzte unter anderem den Lehrlingsbegriff durch den Begriff des Auszubildenden und schaffte gleichzeitig die §§ 76-82 HGB ab.[445]

c.) Gesellschaftsrecht: hier Genossenschaftsgesetz

Konsequent ging das Genossenschaftsgesetz[446] in § 68 Abs. 1 vor. Danach konnte ein Genosse wegen des Verlusts der bürgerlichen Ehrenrechte sogar aus der Genossenschaft ausgeschlossen werden. Diese Norm gab es seit Inkrafttreten des Genossenschaftsgesetzes am 1. Oktober 1889 und wurde erst mit der Abschaffung der Ehrenstrafe beseitigt. Die Norm geht zurück auf § 64 GenG-Entwurf,[447] der den Wortlaut des späteren Gesetzes bereits formulierte. In der Begründung zu § 64 GenG-Entwurf wird auf die Ausschlussmöglichkeit wegen des Verlusts der bürgerlichen Ehrenrechte überhaupt nicht eingegangen.[448] Dabei bildete diese Norm weder einen Diskussionspunkt in der ersten Beratung[449] zum Genossenschaftsgesetz, noch wurde darauf im Kommissionsbericht

---

443 § 106 GewO wurde durch das Gesetz betreffend die Änderung der Gewerbeordnung vom 17. Juli 1878, RGBl. S. 199 ff. eingeführt. Interessant ist dabei, dass § 81 HGB dem § 126 GewO (Anleiten von Lehrlingen) inhaltlich näher steht, da beide das Lehrlingsverhältnis betreffen, die Norm sich dennoch am § 106 GewO (Anleitung von *Arbeitern*) orientiert. Hintergrund dürfte sein, dass § 81 HGB bereits am 10. Mai 1897 und § 126 GewO erst am 26. Juli 1897 verkündet wurde. Ob sich § 126 GewO wiederum am § 81 HGB und den damit einhergehenden Beratungen orientierte, steht hier zu weit außerhalb der leitenden Forschungsfrage.

444 Gesetz vom 14. August 1969, BGBl. I S. 1112.

445 *Schmidt*, Handelsrecht, 1994, S. 520.

446 Gesetz vom 1. Mai 1889, RGBl. S. 55.

447 Entwurf eines Gesetzes, betreffend die Erwerbs- und Wirtschaftsgenossenschaften nebst Begründung vom 27. November 1888; abgedruckt in: *Beuthien/Hüsken/Aschermann*, Materialien zum Genossenschaftsgesetz, II. Parlamentarische Materialien (1866-1922), 1989, S. 190 ff.

448 Begründung zum GenG-Entwurf in: *Beuthien/Hüsken/Aschermann*, Materialien zum Genossenschaftsgesetz, II. Parlamentarische Materialien (1866-1922), 1989, S. 186 (264 ff.). Auch im einleitenden Teil der Begründung wurde nicht auf diesen Punkt eingegangen.

449 Stenographische Berichte über die Verhandlungen des Reichstags, 1888, Bd. 1, 14. Sitzung vom 13. Dezember 1988, S. 273, abgedruckt in: *Beuthien/Hüsken/Aschermann*,

eingegangen.[450] Folglich konnte anhand der vorliegenden Gesetzesmaterialien der Grund für die Einführung der Ausschlussmöglichkeit in § 64 GenG-Entwurf nicht rekonstruiert werden.

Das GenG ist mit dieser Ausschlussmöglichkeit unter den anderen gesellschaftsrechtlichen Normen allein. Weder das GmbHG noch das Aktienrecht sahen eine Ausschließung wegen einer verhängten Ehrenstrafe vor, zumal diesen Gesellschaftsformen ein Mitgliederausschluss, wie ihn § 68 GenG für die Genossenschaft formuliert, grundsätzlich unbekannt ist.[451]

d.) Börsengesetz

Das Börsengesetz schloss gemäß § 7 Nr. 2 Personen vom Börsenbesuch aus, *„welche sich nicht im Besitze der bürgerlichen Ehrenrechte befinden"*.

Diese Norm war bereits zum Zeitpunkt des Inkrafttretens des Börsengesetzes im Gesetz enthalten. In der Begründung zum Gesetzesentwurf[452] heißt es hierzu, dass die Berliner, Hamburger und Lübecker Börse den Ausschließungsgrund der fehlenden bürgerlichen Ehrenrechte in ihrer Börsenordnung geregelt hätten. Die Frankfurter Börse war konkreter und schloss nur denjenigen aus, der verurteilt worden war wegen Betrugs, Fälschung, Meineids, mutwilligen oder betrügerischen Bankrotts, Diebstahls „oder ähnlicher gegen die Sicherheit des Eigenthums und mit Verletzung von Treu und Glauben begangener Verbrechen".[453]

Materialien zum Genossenschaftsgesetz, II. Parlamentarische Materialien (1866-1922), 1989, S. 341 ff.

450 Kommissionsbericht in: *Beuthien/Hüsken/Aschermann*, Materialien zum Genossenschaftsgesetz, II. Parlamentarische Materialien (1866-1922), 1989, S. 399 (448).

451 Abgesehen von den jeweiligen Kaduzierungsvorschriften (§ 21 GmbHG, § 64 AktG) sowie der Einziehungsvorschrift des § 237 AktG, regeln weder das GmbHG noch das AktG den Ausschluss des Gesellschafters bzw. des Aktionärs aus der Gesellschaft. Allerdings hat sich eine Rechtsprechung zum Ausschluss von GmbH-Gesellschaftern aus wichtigem Grund entwickelt. Zum Ausschluss eines GmbH-Gesellschafters s. *Thiessen* in: Bork/Schäfer, GmbHG, 2015, § 31 Rn. 56 ff. Zur in der Rechtsprechung noch offen gelassenen Frage des Ausschlusses eines Aktionärs aus wichtigem Grund s. *Oechsler* in: MünchKomm, AktG, Bd. 4, 2016, § 237 Rn. 52 ff. Zum Ausschluss des Gesellschafters aus der Personengesellschaft s. § 738 BGB und §§ 140, 133 HGB.

452 Stenographische Berichte über die Verhandlungen des Reichstages, 9. Legislaturperiode, IV. Session, 1895/97, Erster Anlagenband, 1896, Aktenstück Nr. 14 (S. 18).

453 Stenographische Berichte über die Verhandlungen des Reichstages, 9. Legislaturperiode, IV. Session, 1895/97, Erster Anlagenband, 1896, Aktenstück Nr. 14 (S. 18).

Bereits vor der Schaffung eines Börsengesetzes gab es im Deutschen Reich eine Vielzahl von Börsenplätzen.[454] Die meisten hatten ihre eigene Börsenordnung und unterstanden entweder einem Kaufmannsausschuss, der Handelskammer oder direkt dem Handelsminister.[455] Allerdings war von den Marktteilnehmern der Wunsch nach einer reichseinheitlichen Regelung geäußert worden. Anlass hierfür gaben der Missbrauch der bestehenden Regelungen und die wachsende Zahl an Depotveruntreuungen. Mit Blick auf die bestehenden Börsenordnungen war es auch das Ziel der Gesetzgebung, auf die bisherigen gesetzlichen und historisch gewachsenen Bestimmungen Rücksicht zu nehmen. In Anlehnung an die bestehenden Börsenordnungen nahm der Gesetzgeber den Ausschließungsgrund der bürgerlichen Ehrenrechte in das Börsengesetz auf.[456]

e.) Gesetz gegen den unlauteren Wettbewerb

Bereits die Untersuchung der Ehrenstrafe zeigte, dass das UWG den Verlust der bürgerlichen Ehrenrechte nicht als Tatbestand kannte. Auch knüpft das Gesetz keine Rechtsfolgen an den Verlust der bürgerlichen Ehrenrechte. Dies mag sicherlich auch mit der Ausgestaltung des Gesetzes zusammenhängen, das im Wesentlichen Unterlassungstatbestände und Verbote von bestimmtem Marktverhalten formuliert. Hauptzweck des Gesetzes ist von Anfang an, die Marktteilnehmer vor unlauteren geschäftlichen Handlungen (vgl. § 1 UWG) und nicht vor unlauter geschäftlich Handelnden zu schützen.[457] Demnach bewertet und sanktioniert es ein konkretes marktrelevantes Handeln und beurteilt nicht die Person des Handelnden, sodass folgerichtig auch kein Raum für eine Regelung vorhanden ist, die eine Rechtsfolge an den Verlust der bürgerlichen Ehrenrechte bestimmt.

---

454 Berlin, Breslau, Danzig, Düsseldorf, Elbing, Essen, Frankfurt am Main, Gleiwitz, Grimmen, Halle an der Saale, Köln, Königsberg, Magdeburg, Memel, Posen, Stettin, München, Augsburg, Dresden, Leipzig, Stuttgart, Mannheim, Lübeck, Bremen, Hamburg, Straßburg und Mühlhausen. Vgl. Stenographische Berichte über die Verhandlungen des Reichstages, 9. Legislaturperiode, IV. Session, 1895/97, Erster Anlagenband, 1896, Aktenstück Nr. 14 (S. 13).

455 Im Detail Stenographische Berichte über die Verhandlungen des Reichstages, 9. Legislaturperiode, IV. Session, 1895/97, Erster Anlagenband, 1896, Aktenstück Nr. 14 (S. 13).

456 Stenographische Berichte über die Verhandlungen des Reichstages, 9. Legislaturperiode, IV. Session, 1895/97, Erster Anlagenband, 1896, Aktenstück Nr. 14 (S. 12).

457 Vgl. dazu *Hauß*, Gesetz zur Bekämpfung des unlauteren Wettbewerbs, 1896, S. 24 ff.

f.) Fazit zu den Rechtsfolgen der Ehrenstrafe nach besonderen Gesetzen

Eine Vielzahl von Gesetzen knüpfte Folgen an den Verlust der bürgerlichen Ehrenrechte. Im Bereich der „kaufmannsnahen" Gesetze hatte die Gewerbeordnung die meisten Tatbestände aufgewiesen, die Rechtsfolgen für den Ehrverlust bestimmten. Aus den Gesetzesmaterialien ist ersichtlich, dass sich der Gesetzgeber über die Möglichkeit eines Ausschlusses bestimmter Personen vom Gewerbe im Wege der Anknüpfung an den Ehrverlust bewusst war. Allerdings bezog er die wirtschaftlichen Folgen und das Ausmaß für den Betroffenen in seine Bewertung mit ein und entschied sich letztlich gegen den Gewerbeausschluss wegen Verlusts der bürgerlichen Ehre (anders noch § 160 GewO-Entwurf).

Eine Rechtsfolge für den Ehrverlust bestimmte die Gewerbeordnung im Zusammenhang mit dem Jugendschutz (§§ 106, 126 GewO; § 81 HGB). Dabei ging es allerdings nicht darum, den Gewerbetreibenden und die in § 126 GewO genannten Personen zu benachteiligen, sondern primär um den Schutz der Jugendlichen. Die Intention des Gesetzgebers hinsichtlich des Ausschlusses von Mitgliedern aus der Genossenschaft konnte nicht geklärt werden. Dagegen ist sie mit Blick auf den Ausschluss der Börsenbesucher mit Hinweis auf die Angleichung an die bereits bestehenden Börsenordnungen klar zu benennen.

5. Besondere Rechtsfolge der Zuchthausstrafe

Die Ehrenstrafe konnte, wie oben bereits dargestellt (Kap. 5, A. I. 1.), neben einer Gefängnisstrafe von mindestens drei Monaten oder neben der Zuchthausstrafe verhängt werden. Die bemerkenswerte Rechtsfolge der Zuchthausstrafe bestand gemäß § 31 StGB 1968 von Rechts wegen in der dauernden Unfähigkeit zur Bekleidung öffentlicher Ämter (sog. Amtsunfähigkeit). Dem Begriff der öffentlichen Ämter unterfielen gemäß § 31 Abs. 2 StGB 1968 die Anwaltschaft, das Notariat sowie der Geschworenen- und Schöffendienst. Es handelte sich hierbei um eine Ehrenminderung. Die Amtsunfähigkeit war jedoch nicht als Nebenstrafe bzw. Nebenfolge zu verstehen, sondern Gegenstand der Zuchthausstrafe selbst.[458]

In der dauernden Unfähigkeit zur Bekleidung öffentlicher Ämter stimmen die Zuchthaus- und die dauernde Ehrenstrafe überein.

6. Abschaffung der Ehren- und der Zuchthausstrafe

Das 1. Strafrechtsreformgesetz vom 25. Juni 1969[459] schaffte die Zuchthaus- und die Ehrenstrafe ab. Das langjährig erarbeitete Reformgesetz beruhte auf einer

---

458 *Schönke/Schröder*, Strafgesetzbuch, 1967, § 31 Rn. 1.
459 BGBl. I S. 645 ff.

Kabinettsvorlage, welche erstmals bereits am 4. Oktober 1962 in den Bundestag eingebracht worden war.[460]

Leitgedanke der Reform war die Modernisierung des Strafrechts und die Anpassung des Strafrechts an das Schuldprinzip.[461] Das bis dahin gültige Strafgesetzbuch, welches auf dem Reichsstrafgesetzbuch von 1871 basierte, wurde seither vielfach novelliert. Man versuchte mit den Novellen, den jeweils aktuellen Stand der Strafrechtswissenschaft einfließen zu lassen und der Rechtsprechung gerecht zu werden. Das Ergebnis war ein teilweise widersprüchliches Gesetz. Trotz aller Änderungsgesetze und Anpassungsbemühungen hatte das Strafgesetzbuch nicht die Gestalt erhalten, welche den Vorstellungen der damaligen Gesellschaft über das Strafrecht entsprochen hätte.[462] Daher befand man die „Notwendigkeit einer großen Reform, die allein zu einem auf klarer Grundlage ruhenden Gesetz aus einem Guß führen kann".[463]

Kernpunkte der Reform waren unter anderem die Einschränkung der kurzen Freiheitsstrafe,[464] die Einführung von Maßregeln der Besserung und Sicherung[465] und die Entziehung der Fahrerlaubnis,[466] die Schaffung von Rechtsklarheit durch eng angelegte Strafrahmen und deren Unterteilung nach besonders schweren Fällen, die Beachtung der Irrtumslehre[467] sowie die Abschaffung der Ehrenstrafe.[468] Ausdrücklich beibehalten wurde im ersten Entwurf die Zuchthausstrafe. Zur Begründung hieß es, der Unwert einer Tat äußere sich nicht nur in der Strafhöhe, sondern müsse auch in der Strafart zum Ausdruck kommen.[469] Man lehnte eine Einheitsstrafe, d. h. die Verschmelzung von Gefängnis- und Zuchthausstrafe, ausdrücklich unter anderem mit der Begründung ab, dass es mit dem Schuldstrafrecht unvereinbar wäre, „wenn z. B. Mörder und Fahrlässigkeitstäter mit der derselben farblosen Einheitsstrafe belegt würden".[470] Daher sollte die Zuchthausstrafe weiterhin – auch mit Blick auf die abgeschaffte Todesstrafe – zur

460 BT-Drucks. 4/650. Zu den vorausgegangenen Reformarbeiten s. *Vormbaum*, Einführung in die moderne Strafrechtsgeschichte, 2011, S. 239 ff.
461 Begründung zum Gesetzesentwurf, BT-Drucks. 4/650, S. 94.
462 Begründung zum Gesetzesentwurf, BT-Drucks. 4/650, S. 95.
463 Begründung zum Gesetzesentwurf, BT-Drucks. 4/650, S. 95.
464 Begründung zum Gesetzesentwurf, BT-Drucks. 4/650, S. 98.
465 Begründung zum Gesetzesentwurf, BT-Drucks. 4/650, S. 99.
466 Begründung zum Gesetzesentwurf, BT-Drucks. 4/650, S. 101.
467 Begründung zum Gesetzesentwurf, BT-Drucks. 4/650, S. 101.
468 Begründung zum Gesetzesentwurf, BT-Drucks. 4/650, S. 98.
469 Begründung zum Gesetzesentwurf, BT-Drucks. 4/650, S. 98, 164.
470 Begründung zum Gesetzesentwurf, BT-Drucks. 4/650, S. 164.

Kennzeichnung schwerster Unrechtstaten dienen. Die Zuchthausstrafe wurde im Entwurf als Strafart in den Tatbeständen[471] angeordnet, welche als höchstkriminell bezeichnet wurden.[472]

Eine Abkehr von dieser Ansicht wurde in der nächsten, d. h. der 5. Legislaturperiode herbeigeführt, die mit der Koalition aus CDU/CSU und FDP unter Ludwig Erhard im September 1965 begann und ab dem 1. Dezember 1966 in der sog. Großen Koalition unter der Führung Kurt Georg Kiesingers fortgesetzt wurde. Zunächst wurde zwar der gleiche Entwurf nochmals am 11. November 1965 eingebracht[473] und in einer ersten Beratung die Notwendigkeit der Beibehaltung der Zuchthausstrafe betont.[474] Jedoch wurde zwei Jahre später ein Alternativentwurf

---

471 Dem Entwurf nach war die Zuchthausstrafe u. a. angeordnet für:
§ 134 Totschlag, § 135 Mord, § 141 schwere Abtreibung, § 147 schwere Körperverletzung, § 164 a Verbrecherische Freiheitsberaubung, § 165 erpresserischer Kindesraub, § 166 Verschleppung, § 192 Abs. 1 Blutschande in absteigender Linie, § 204 Notzucht, § 207 Schändung, § 206 a Besonders schwerer Fall der schweren Nötigung zur Unzucht, § 210 Abs. 4 besonders schwerer Fall der Unzucht, § 229 Menschenhandel (gewerbsmäßige Kuppelei), § 238 berufsmäßiger Diebstahl, §§ 245, 246, 247 Raub und schwerer Raub und räuberischer Diebstahl, § 254 berufsmäßiger Betrug, § 260 schwere Erpressung, § 261 Räuberische Erpressung, § 287 Abs. 2 berufsmäßige Hehlerei, § 320 Brandstiftung, § 322 Herbeiführen einer Explosion durch Kernenergie, § 323 Herbeiführen einer andere Explosion, § 324 Missbrauch ionisierender Strahlen, § 327 Gefährdung durch Giftstoffe, § 328 Entfesseln von Naturkräften, § 329 Brunnenvergiftung, § 330 Vergiftung von Lebensmitteln, Arzneimitteln und Bedarfsgegenständen, § 331 Verbreiten einer übertragbaren Krankheit unter Menschen, § 342 Gefährliche Eingriffe in den Bahn- Schiffs- oder Luftverkehr, § 344 Abs. 3 qualifizierter gefährlicher Eingriff in den Straßenverkehr, § 348 Räuberischer Angriff auf Kraftfahrer, § 361 Hochverrat, § 362 Hochverrat gegen ein Land, § 363 Vorbereitung eines hochverräterischen Unternehmens, § 364 Verfassungsverrat, § 365 Angriff gegen den Bundespräsidenten, § 383 Landesverrat, § 384 Landesverräterische Ausspähung, § 388 Landesverräterische Friedensgefährdung, § 389 Landesverräterisches Vortäuschen von Staatsgeheimnissen, § 390 Landesverräterische Fälschung und Unterdrückung von Beweismitteln, § 392 Landesverräterische Untreue, § 395 Nötigung eines Verfassungsorgans, § 433 schwerer Meineid, § 454 Aussageerpressung [eines Amtsträgers], § 478 Ausrottung durch Tötung, § 479 Andere Ausrottungshandlungen; §§ 226 – 228 von der eigennützigen bis zur schweren Kuppelei nur Gefängnis; §§ 271, 272, Bankrott und schwerer Bankrott nur mit Gefängnis.

472 Verhandlungen des Dt. Bundestages, 4. Wahlperiode, 70. Sitzung vom 28. März 1963, S. 3186.

473 BT-Drucks. 5/32.

474 Verhandlungen des Dt. Bundestages, 5. Wahlperiode, 14. Sitzung vom 13. Januar 1966, S. 549.

vom 17. November 1967[475] zur Entscheidung und Beratung dem Bundestag zugeführt, der sich auf den allgemeinen Teil des Strafgesetzbuches beschränkte und die Zuchthausstrafe nicht mehr vorsah.[476] Man bekannte sich ausdrücklich zur sog. Einheitsstrafe, also dem Wegfall der Zuchthausstrafe einerseits und der Beibehaltung der Gefängnisstrafe als einziger dauerhafter Freiheitsstrafe andererseits.

Die ursprünglichen Leitgedanken der Reformbestrebungen wurden nunmehr ergänzt durch das Motiv der „Resozialisierung des Täters", also der Wiedereingliederung des Straffälligen nach verbüßter Strafe in die Gesellschaft.

In der zweiten Beratung am 7. Mai 1969[477] war einer der Hauptdiskussionspunkte die Hinwendung zur Einheitsstrafe. Sie wurde teilweise als eines der wichtigsten Kernstücke des Reformvorhabens gesehen.[478] Die Befürworter der Einheitsstrafe lehnten den Fortbestand der Zuchthausstrafe mit dem Hinweis ab, dass eine Wiedereingliederung des Täters in die Gesellschaft nach erfolgter Zuchthausstrafe erheblich erschwert sei, da der Täter in der Gesellschaft nach Volksmund als „Zuchthäusler" abgestempelt und damit gebrandmarkt sei, mithin die Zuchthausstrafe einen entehrenden Effekt habe.[479] Der Täter werde zum Bürger zweiter Klasse.[480] Da der Täter fast unüberwindlichen Hürden bei der Wiedereingliederung in die Gesellschaft gegenüber stehe, erweise sich diese Strafe als ineffektiv und eröffne „den Teufelskreis des Rückfalls und neuer Verbrechen", den man durchbrechen wolle.[481] Daneben zeige der europäische Vergleich, dass in vielen Ländern eine Hinwendung zur Einheitsstrafe stattgefunden habe und statistisch weniger Rückfälle zu verzeichnen seien.[482] Bereits

---

475 BT-Drucks. 5/2285.

476 Vgl. *Baumann (u. a.)*, Alternativ-Entwurf eines Strafgesetzbuches, Allgemeiner Teil, Bd. 1, 1969, S. 75 f.

477 Verhandlungen des Dt. Bundestages, 5. Wahlperiode, 230. Sitzung vom 7. Mai 1969, S. 12703 ff. In der ersten Beratung in der 149. Sitzung vom 23. Januar 1968 gab es keine Wortmeldungen.

478 Verhandlungen des Dt. Bundestages, 5. Wahlperiode, 230. Sitzung vom 7. Mai 1969, S. 12753.

479 Verhandlungen des Dt. Bundestages, 5. Wahlperiode, 230. Sitzung vom 7. Mai 1969, S. 12714.

480 Verhandlungen des Dt. Bundestages, 5. Wahlperiode, 230. Sitzung vom 7. Mai 1969, S. 12704.

481 Verhandlungen des Dt. Bundestages, 5. Wahlperiode, 230. Sitzung vom 7. Mai 1969, S. 12714.

482 Verhandlungen des Dt. Bundestages, 5. Wahlperiode, 230. Sitzung vom 7. Mai 1969, S. 12722, Verhandlungen des Dt. Bundestages, 5. Wahlperiode, 14. Sitzung vom 13. Januar 1966, S. 547.

ein Vergleich der Gefängnis- mit der Zuchthausstrafe zeige, dass es in der Praxis des Strafvollzugs keinen Unterschied mehr gebe.[483] Insgesamt sei die Zuchthausstrafe resozialisierungsfeindlich und diskriminierend, da der Täter auch nach verbüßter Strafe an den Statusfolgen leide und damit über den eigentlichen Zeitraum des Freiheitsentzugs hinaus bestraft werde. Das widerspreche dem Gedanken des Schuldprinzips.[484]

Die Befürworter der Gefängnisstrafe neben der Zuchthausstrafe und damit Gegner der Einheitsstrafe führten wie in der Vergangenheit zur Begründung an, dass die Strafe ein „Unwerturteil" über das menschliche Verhalten sei und daher nicht nur in der Länge der Strafe zum Ausdruck kommen solle, sondern auch in der Art des Strafe,[485] denn nur dadurch werde das begangene Unrecht des Täters deutlich. Der größere Ehrverlust, der die Folge des Zuchthauses sei, entspreche „der größeren Verwerflichkeit der Straftat" und entspreche auch „dem Mehr an inhumane[m] Verhalten des Täters".[486] Das Strafrecht unterliege einer „weichen Welle", die eine Tendenz zur Erweichung des Staates erkennen lasse[487] und eine permanente Strafminimierung bedeute, wie sie seit der Abschaffung der Todesstrafe befürchtet werde.[488] Im Übrigen sei die gesellschaftliche Brandmarkung nicht Folge des Zuchthauses, sondern Folge der Tat.[489] Der Täter verdiene daher die entsprechende Behandlung.[490] Darüber hinaus sprach man einem modernen Strafrechtssystem die Notwendigkeit nach einer Resozialisierung der Täter nicht ab, allerdings dürfe der Fokus nicht allein auf den Täter verlagert werden, denn das Strafrecht diene auch dem Schutz der Gemeinschaft. Daher sei man nicht

483 Verhandlungen des Dt. Bundestages, 5. Wahlperiode, 230. Sitzung vom 7. Mai 1969, S. 12718.

484 Verhandlungen des Dt. Bundestages, 5. Wahlperiode, 230. Sitzung vom 7. Mai 1969, S. 12751.

485 Verhandlungen des Dt. Bundestages, 5. Wahlperiode, 230. Sitzung vom 7. Mai 1969, S. 12749 und 12755.

486 Verhandlungen des Dt. Bundestages, 5. Wahlperiode, 230. Sitzung vom 7. Mai 1969, S. 12749.

487 Verhandlungen des Dt. Bundestages, 5. Wahlperiode, 230. Sitzung vom 7. Mai 1969, S. 12749.

488 Verhandlungen des Dt. Bundestages, 5. Wahlperiode, 230. Sitzung vom 7. Mai 1969, S. 12754.

489 Verhandlungen des Dt. Bundestages, 5. Wahlperiode, 230. Sitzung vom 7. Mai 1969, S. 12749.

490 Verhandlungen des Dt. Bundestages, 5. Wahlperiode, 230. Sitzung vom 7. Mai 1969, S. 12755.

nur gegen die Einheitsstrafe, sondern auch für eine Rückkehr zum Charakter der Zuchthausstrafe.[491] Zumindest aber sei die Zuchthausstrafe auf die schwersten Straftatbestände zu beschränken.[492]

Im Ergebnis glaubte die Mehrheit an die Besserungsfähigkeit der Menschen und gab dem Resozialisierungsgedanken gegenüber den Folgen der Zuchthausstrafe den Vorzug. Die Einheitsstrafe wurde mit 270 Stimmen von 366 abgegebenen Stimmen angenommen.

Die Streichung der Nebenstrafe des Verlustes der bürgerlichen Ehrenrechte wurde, den Plenarprotokollen nach zu urteilen, ohne Debatte entsprechend dem Entwurf vorgenommen. An ihre Stelle trat der neue § 31 StGB, der ohne ausdrücklichen Bezug zur Ehre, aber in der Sache übereinstimmend, den Verlust der Amtsfähigkeit, der Wählbarkeit und des Stimmrechts normierte.

Für den allgemeinen Teil des StGB wirkten sich die Neuerungen folgendermaßen aus: An die Stelle von „Ehrenfolge der Zuchthausstrafe" (§ 31 StGB 1968), „Verlust der bürgerlichen Ehre" (§ 32 StGB 1968) und der dauernden und vorübergehenden Wirkung der Aberkennung (§§ 33, 34 StGB 1968) traten nach dem 1. Strafrechtsreformgesetz spätestens zum 1. April 1970[493] der „Verlust der Amtsfähigkeit, der Wählbarkeit und des Stimmrechts", in § 32 der „Eintritt und die Berechnung des Verlustes" sowie in § 33 die „Wiederverleihung von Fähigkeiten und Rechten". Die §§ 31-33 StGB machten dann im Wege des 2. Strafrechtsreformgesetzes[494] mit Inkrafttreten am 1. Oktober 1973 Platz für die Notwehrtatbestände und sind aktuell in den §§ 45-45 b StGB enthalten. Durch die Abschaffung des Verlustes der bürgerlichen Ehre wurden auch die privatrechtlichen Nebenfolgen obsolet und im Zuge der Reform durch ersatzlose Streichung der Verweise auf den Verlust der bürgerlichen Ehre angepasst.[495]

Interessant ist, dass der Schwerpunkt der Bundestagsberatungen auf der Zuchthausstrafe und nicht auf der Ehrenstrafe lag, obwohl doch die Ehrenstrafe

---

491 Verhandlungen des Dt. Bundestages, 5. Wahlperiode, 230. Sitzung vom 7. Mai 1969, S. 12750.

492 Verhandlungen des Dt. Bundestages, 5. Wahlperiode, 230. Sitzung vom 7. Mai 1969, S. 12750.

493 Zum schrittweisen Inkrafttreten: Erstes Gesetz zur Reform des Strafrechts vom 25. Juni 1969, Artikel 105, BGBl. I S. 645 (680).

494 Zweites Gesetz zur Reform des Strafrechts vom 4. Juli 1969, BGBl. I S. 717.

495 Vgl. hierzu Erstes Gesetz zur Reform des Strafrechts vom 25. Juni 1969, Art. 40 zur ZPO, Art. 49 zum BGB, Art. 50 zum BörsG, Art. 51 zum GmbHG, Art. 52 zum GenG, BGBl. I S. 645.

in vielen Gesetzen vorgesehen war. Auf diesen Umstand wird im Rahmen der Untersuchung im nächsten Abschnitt näher einzugehen sein.

7. Fazit zum Einfluss der Ehrenstrafe auf den Kaufmann in der Moderne

Im Zeitfenster ab Verkündung des Reichsstrafgesetzbuches 1871 bis zum Inkrafttreten des 1. Strafrechtmodernisierungsgesetzes 1969 waren die Voraussetzungen und Folgen der Ehrenstrafe nicht nur im StGB, sondern auch in anderen Gesetzen geregelt. Die Folgen des Verlusts der bürgerlichen Ehrenrechte waren vielfältig. Alle erwähnten Folgen konnten den Kaufmann treffen. Allerdings muss eine Differenzierung der Folgen dahingehend vorgenommen werden, ob sie ihn als Bürger oder ob sie ganz konkret seine Eigenschaft als Kaufmann beeinflussten.

Der Verlust der bürgerlichen Ehre konnte für den Kaufmann bedeuten, nicht zum Handelsrichter ernannt zu werden, keine Handlungslehrlinge halten und anleiten sowie keinen Handel an der Börse als Börsenbesucher treiben zu dürfen.

Bei einer resümierenden Betrachtung scheint der Einfluss des Ehrverlusts jedoch nicht von erheblicher Bedeutung für die Tätigkeit des Kaufmanns gewesen zu sein. Der Ausschluss von der Börse konnte zwar empfindliche Wirkung auf die Kaufmannstätigkeit entfalten, da der Börsenhandel in einer technologielosen Zeit eine Tätigkeit war, die in der Regel eine persönliche Anwesenheit am Ort des Geschehens erforderte. Allerdings dürfte die Möglichkeit einer Vertretung bestanden haben.[496] Ähnliches gilt für die Anleitung und die Haltung von Lehrlingen. Die Unfähigkeit zur Berufung zum Handelsrichter hatte auf seine Tätigkeit als Kaufmann keinen Einfluss. Darüber hinaus war auch kein eindeutiger Wille des Gesetzgebers dahingehend zu ermitteln, dass er sich der Ehrenstrafe bedient hätte, um bestimmte Kaufleute vom Wirtschaftsleben fernzuhalten (vgl. Fazit in Kap. 5, A. I. 4. f)).

Im Anschluss an dieses Ergebnis stellt sich die Frage, ob der Einfluss der Ehrenstrafe auf den Kaufmann stets von weniger starkem Gewicht war oder ob ein ursprünglich messbarer Einfluss im Laufe der Zeit nachgelassen hat. Um

496 Hierfür spricht zum einen, dass der damaligen Kommentarliteratur nichts Gegenteiliges entnommen werden kann, s. bspw. die Kommentierung zu § 7 BörsG bei *Hemptenmacher*, Börsengesetz, 1908 und *Rehm (u.a.)*, Kommentar zum Börsengesetz, 1909. Zum anderen soll es Frauen – diese waren kraft Gesetzes gemäß § 7 Nr. 1 BörsG vom Börsenbesuch ausgeschlossen –, die Inhaberinnen von Handelsgeschäften waren und deren Betrieb den Besuch an der Börse erforderte, möglich gewesen sein, ihre Geschäfte durch männliche Vertreter vornehmen zu lassen, vgl. *Hemptenmacher*, Börsengesetz, 1908, § 7 Rn. 2.

diese Frage beantworten zu können, muss zunächst ein Überblick über den Ursprung und die Entwicklung der Ehrenstrafe erfolgen.

II. Ursprung und Entwicklungslinie der Ehrenstrafe

Ein Kern der Ehrenstrafe des StGB 1968 soll dem römischen Recht entstammen. Ältere Untersuchungen kommen zum Ergebnis, dass sich eine römische Ehrenstrafe mit einer deutschen Ehrenstrafe, der sog. Ehr- und Rechtlosigkeit, im Mittelalter vermischte und ihren Weg über die Epochen der Aufklärung und der Strafgesetzgebung des 19. Jahrhunderts in die Moderne gefunden habe.[497]

Die Nachzeichnung der Entwicklung der Ehrenstrafe ist primär relevant für die Anschlussfrage nach dem Einfluss auf den Kaufmann (später unter A. III.). Mit Blick auf die bereits vorhandenen Forschungsergebnisse zur Ehrenstrafe[498] werden im Folgenden der Ursprung und die Entwicklung der Ehrenstrafe in großen Etappen nachgezeichnet. Nur an jenen Stellen, wo die bisherige Literatur aufgekommene Fragen nicht zusammenhängend beantworten konnte oder aufgrund neuerer Forschungen überholt ist, wird näher auf die Materie eingegangen.

1. Bürgerliche Ehre im Römischen Recht

Schaut man auf den konkreten Inhalt der Ehrenstrafe, den Verlust der bürgerlichen Ehrenrechte, findet man einen Anknüpfungspunkt zum römischen Recht, da die bürgerliche Ehre und der Verlust der bürgerlichen Ehre im römischen Recht bekannte Institute waren.

a.) Bürgerliche Ehre und existimatio

Dem Begriff der bürgerlichen Ehre nähert man sich vorliegend am verständlichsten über die römische Statuslehre, wonach heute unrömisch in *status libertatis*, *status civitatis* und *status familiae* unterschieden wird. Für den *status* war entscheidend, ob man frei oder unfrei (*status libertatis*) sowie Bürger oder

---

497 *Holzer*, Verlust der bürgerlichen Ehrenrechte, 1913, S. 1 ff.; *Betz*, Die Ehrenstrafen, 1935, wobei der Autor, dem Zeitgeist entsprechend, die sog. germanische und fränkische Ehrenstrafe in den Fokus seiner Untersuchung nimmt; ähnlich auch *Ketteler*, Erneuerung der Ehrenstrafe, 1937. Nachzeichnungen der Entwicklungsgeschichte aus neuerer Zeit *Weinrich*, Statusmindernde Nebenfolgen als Ehrenstrafen im Sanktionssystem des StGB, 2009, S. 79 ff.; daneben *Knott*, Bei der Ehre gepackt, 2006, S. 21 ff.

498 Fn. 497.

Nicht-Bürger (*status civitatis*) war und welche Stellung man in der Familiengemeinschaft einnahm (*status familiae*).[499] Für die vorliegende Untersuchung sind die beiden sog. großen Status von Bedeutung: *status libertatis* und *status civitatis*.[500]

Der *status libertatis* bedeutet, dass die Person frei, mithin kein Sklave und somit bestimmter Rechte fähig war.[501] Nur die freie Person konnte den *status civitatis* erlangen. Der Stellung als römischer Bürger[502] folgte die Anwendbarkeit des *ius civile*, das Stimmrecht in der Volksversammlung sowie das Recht, sich gegen Beamtenwillkür zur Wehr zu setzen (*ius provocationis*).[503] Darüber hinaus war es nur den römischen Bürgern möglich, den *cursus honorum*[504] anzustreben.

Wer den *status libertatis* und *civitatis* besaß, galt im römischen Recht als vollberechtigter Bürger. Damit standen ihm sowohl im privaten als auch im öffentlichen römischen Rechtsleben Rechte und Befugnisse zu, beispielsweise das Wahlrecht sowie das Recht auf Bekleidung öffentlicher Ämter und Stellen.[505] Folglich begründete der bürgerliche und freiheitliche Status eine bestimmte Rechtsfähigkeit im Staat.[506] Die weitere Folge des Besitzes beider *status* und der

---

499 *Duve*, HKK, 2003, §§ 1-14, Rn. 4; *Kaser/Knütel/Lohsse*, Römisches Privatrecht, 2017, S. 93; *Kaser*, Das Römische Privatrecht, Erster Abschnitt, 1971, S. 271.

500 Zum *status familiae* vgl. *Honsell/Mayer-Maly/Selb*, Römisches Recht, 1987, S. 64. Der *status familiae* berührte im Kern die Frage nach der Rechtsfähigkeit innerhalb der eigenen Menschengruppe, die Möglichkeit, Vermögen zu erwerben oder Eigentum zu erlangen. Unterstand man als Sohn der Hausgewalt des *pater familias* – was die Regel war –, so war man nicht rechtsfähig, wohl aber geschäftsfähig.

501 *Honsell/Mayer-Maly/Selb*, Römisches Recht, 1987, S. 68. Zwar konnte auch der Sklave Geschäfte schließen, jedoch nur mit Wirkung für seinen Herrn, in dessen Eigentum er stand.

502 Ein Freier ohne die Bürgerstellung (*peregrinus*) konnte sich dagegen nur auf das *ius gentium* berufen. Das *ius gentium* regelte die Rechtsverhältnisse zwischen Römern und Ausländern und den Ausländern untereinander.

503 *Waldstein/Rainer*, Römische Rechtsgeschichte, 2014, S. 25 f.

504 Der *cursus honorum* bezeichnet die Ämterlaufbahn, die ein römischer Bürger einschlagen konnte. Die Reihenfolge der Ämter war hierbei vorgeschrieben. Bspw. konnte nur Konsul werden, wer zuvor Prätor gewesen war, vgl. *Hausmaninger/Selb*, Römisches Privatrecht, 2001, S. 6.

505 *Löbmann*, Der kanonische Infamiebegriff in seiner geschichtlichen Entwicklung, 1956, S. 28.

506 *Luden* in: Rechtslexikon, Art. „Ehrlosigkeit“, Bd. 3, 1841, S. 617 f.

ihnen folgenden besondere Rechte war „eine gewisse Würde“,[507] womit dem Bürger eine besondere *dignitas* zuerkannt wurde.[508]

Diese dem *status* folgende Stellung im Staate, also die durch Freiheit und römisches Bürgerrecht begründete Rechtsfähigkeit,[509] wurde als *existimatio* bezeichnet, welche bei Callistratus in D. 50,13,5,1 folgende Definition gefunden hatte:

> „*Existimatio est dignitatis inlaesae status, legibus ac moribus comprobatus, qui ex delicto nostro auctoritate legum aut minuitur aut consumitur.*“
> „Die Ehre (*existimatio*) ist der Zustand unverletzter Würde, welcher auf Gesetzen und Sitten sich stützt, welcher aber durch ein Verbrechen den Gesetzen nach entweder geschmälert oder vernichtet wird.“[510]

Eben unter diesem Begriff *existimatio* versteht man die „bürgerliche Ehre“,[511] wobei die neuere Literatur *existimatio* nur mit „Ehre“ oder „Ehrenstellung“ übersetzt, ohne dabei den Begriff der Bürgerlichkeit davor zu setzen.[512]

b.) Verlust und Schmälerung der existimatio

Die Stelle D. 50,13,5,1 erklärt, dass die bürgerliche Ehre „durch ein Verbrechen den Gesetzen nach“ geschmälert oder vernichtet werden kann. In der älteren Literatur unterschied man zwischen der teilweisen Schmälerung (*minutio existimationis*[513]) und der gänzlichen Schmälerung der *existimatio*, wobei Letztere

---

507 *Löbmann*, Der kanonische Infamiebegriff in seiner geschichtlichen Entwicklung, 1956, S. 28.

508 *Löbmann*, Der kanonische Infamiebegriff in seiner geschichtlichen Entwicklung, 1956, S. 28 f.

509 *Luden* in: Rechtslexikon, Art. „Ehrlosigkeit“, Bd. 3, 1841, S. 609; zur Klarstellung sei darauf hingewiesen, dass dem römischen Recht der Begriff der Rechtsfähigkeit in Gestalt unserer heutigen Definition unbekannt war.

510 D. 50,13,5,1; Übersetzung bei *Otto/Schiling/Sintenis* (Hrsg.), Bd. 4, 1832 (Neudruck 1984).

511 *Greenidge*, Infamia, 1894, S. 1 ff.; *Löbmann*, Der kanonische Infamiebegriff in seiner geschichtlichen Entwicklung, 1956, S. 28.

512 *Kaser/Knütel/Lohsse*, Römisches Privatrecht, 2017, S. 96; *Kaser*, Das Römische Privatrecht, Erster Abschnitt, 1971, S. 274; *Kaser*, Infamia und ignominia in den römischen Rechtsquellen, ZRG (RA) 73 (1956), S. 220 (266), wobei hier die *existimatio* noch weiter gefasst wird, nämlich als ein Zustand unverletzter Menschenwürde. Heute wird in gängigen Übersetzungsbüchern *existimatio* übersetzt mit Beurteilung, Urteil, Meinung sowie guter Ruf und guter Name.

513 *Löbmann*, Der kanonische Infamiebegriff in seiner geschichtlichen Entwicklung, 1956, S. 28 f.

dem Verlust der *existimatio* gleichkam (*consumtio existimationis*), darunter also die vollständige Vernichtung der *existimatio* im Sinne von D. 50,13,5,1 zu verstehen ist.[514]

aa.) Verlust der existimatio

Aus D. 50,13,5,3 ergibt sich ferner, wann die *existimatio* vernichtet wurde:

> „Consumitur uero, quotiens magna capitis minutio interuenit, id est cum libertatis adimitur [...]."
>
> „Vernichtet wird die Ehre, sooft grosse Capitisdeminution eintritt, das heisst, wenn einem die Freiheit genommen wird [...]."[515]

Die eben erwähnte „Capitisdeminution"[516] steht für Verlust oder Schmälerung des *status* (*capitis deminutio*). Man unterschied im römischen Recht zwischen *capitis deminutio maxima, capitis deminutio media* und *capitis deminutio minima*.[517]

Die *capitis deminutio maxima* hatte die weitestreichenden Folgen, da sie die Freiheitsstellung betraf („grosse Capitisdeminution" im Sinne von D. 50,13,5,3). Wer beispielsweise in Kriegsgefangenschaft gelangte oder zum Zwecke der Entziehung der Strafverfolgung aus dem Land floh, wurde unfrei. Allerdings verlor er damit nicht nur den *status libertatis*, sondern zugleich seine Bürgerrechte und seine Familienzugehörigkeit.[518]

Die *capitis deminutio media*, also der Verlust des *status civitatis*, war beispielsweise Folge des Übertritts in eine nichtrömische Gemeinde (*exilium*[519]) und berührte nicht den *status libertatis*, sondern führte zum Verlust des Bürgerrechts.[520]

Die *capitis deminutio minima* beschreibt den Verlust der Stellung im Familienverband. Dieser Verlust war bedingt durch den Tod des *pater familias*, durch die einfache Freilassung (*emancipatio*) oder den Übertritt in eine neue Familie

514 *Luden* in: Rechtslexikon, Art. „Ehrlosigkeit", Bd. 3, 1841, S. 617 f.

515 Übersetzung bei *Otto/Schiling/Sintenis* (Hrsg.), Bd. 4, 1832 (Neudruck 1984).

516 Dazu *von Hippel*, Deutsches Strafrecht, 1925, S. 70.

517 Diese Unterscheidung soll eine Schöpfung der juristischen Praktiker und erst nach der Spätklassik aufgekommen sein; dazu *Kaser*, Das Römische Privatrecht, Erster Abschnitt, 1971, S. 272.

518 *Honsell/Mayer-Maly/Selb*, Römisches Recht, 1987, S. 75.

519 *Honsell/Mayer-Maly/Selb*, Römisches Recht, 1987, S. 75; ausführlich zum *exilium* und Verlust des Bürgerrechts *Mommsen*, Römisches Staatsrecht, Dritter Bd., Teil 1, Nachdruck der 3. Auflage, 1952, S. 48 ff.

520 *Honsell/Mayer-Maly/Selb*, Römisches Recht, 1987, S. 75; *Kaser/Knütel/Lohsse*, Römisches Privatrecht, 2017, S. 93.

(*adoptio*).[521] Mit Blick auf die römische Gesamtgesellschaft hatte die *capitis deminutio minima*, wie der Name bereits zeigt, die geringste Auswirkung auf die Rechtsstellung des Betroffenen.

Da die *existimatio* Ausfluss des *status libertatis* und *status civitatis* war, bedeutete der Verlust mindestens des *status civitatis* den Verlust der *existimatio*, also der bürgerlichen Ehre.

bb.) Schmälerung der existimatio

In der Wissenschaft sind verschiedene Institute bekannt, welche eine Schmälerung der *existimatio* herbeiführten. Zu den bisher am meisten erforschten römischen Instituten zählen zum einen die zensorische Nota, zum anderen die Infamie.[522]

(1) Zensorische Nota

Die zensorische Nota, welche auch als zensorische Infamie oder als *ignominia* bezeichnet wird,[523] steht im Zusammenhang mit der Amtstätigkeit des römischen Zensors. Das Amt des Zensors, das 366 v. Chr. eingerichtet wurde,[524] zählte in der Zeit der Römischen Republik[525] neben dem Amt des Konsuls, Prätors, Ädils und des Quästors zur Magistratur.[526] Zu den Aufgaben des Zensors gehörten die Bürgerschätzung sowie die Aufstellung der Bürgerlisten.[527] In diesem Zusammenhang erfolgte die Vermögensschätzung des Bürgers, aufgrund derer der Bürger in eine bestimmte Wahlklasse eingeordnet wurde. In der frühen republikanischen Zeit

---

521 *Honsell/Mayer-Maly/Selb*, Römisches Recht, 1987, S. 76; *Kaser/Knütel/Lohsse*, Römisches Privatrecht, 2017, S. 93.

522 Einleitend *Kaser/Knütel/Lohsse*, Römisches Privatrecht, 2017, S. 96; *Wolf*, Das Stigma ignominia, ZRG (RA) 126 (2009), S. 55 (90).

523 Zum Ursprung der *infamia* in der *ignominia*, s. *Kaser*, Infamia und ignominia in den römischen Rechtsquellen, ZRG (RA) 73 (1956), S. 220 ff.; *ders.* Das Römische Privatrecht, Erster Abschnitt, 1971, S. 274; *Pommeray*, Études sur l'infamie en droit romain, 1937, S. 9 ff., 23 ff., der die Infamie insb. unter Heranziehung nichtjuristischer Literatur untersucht. Ausführlich *Wolf*, Das Stigma ignominia, ZRG (RA) 126 (2009), S. 55 ff. Dazu auch *Chiusi*, ‚Fama' and ‚infamia' in the Roman Legal System, in: Burrows/Johnsten/Zimmermann (Hrsg.), Judge and jurist, 2013, S. 143 (146).

524 *Dulckeit/Schwarz/Waldstein*, Römische Rechtsgeschichte, 1995, S. 93.

525 Die Periodisierung in Republik, Prinzipat und Dominat erfolgte in Anlehnung an *Hausmaninger/Selb*, Römisches Privatrecht, 2001, S. 3 ff.

526 *Mommsen*, Römisches Staatsrecht, 2. Bd., Teil 1, Nachdruck der 3. Auflage, 1952, S. 1 ff.

527 *Mommsen*, Römisches Staatsrecht, 2. Bd., Teil 1, Nachdruck der 3. Auflage, 1952, S. 359 ff.

hatten zwar alle römischen Bürger das Stimmrecht, allerdings hing das Stimmgewicht des einzelnen Bürgers davon ab, welcher Wahlklasse er zugeordnet war.[528] Daneben führte der Zensor auch die Sittenaufsicht und legte als Maßstab kein Gesetz, sondern die soziale Moral an.[529] War ihm ein Bürger durch seinen Lebenswandel negativ aufgefallen, so wurde er gerügt. Diese Rüge wurde in die Bürgerliste aufgenommen (*nota censoria*).[530] Folge hiervon waren der Ausschluss aus der bisherigen Wahlklasse und die Zuweisung in eine niedrigere Wahlklasse oder auch der Ausschluss aus der Ritterschaft, was gleichfalls Einfluss auf das Stimmgewicht hatte.[531]

Da in der Römischen Republik die Bürger sehr aktiv am Staatsleben mitwirkten,[532] sollten durch diese Vorgehensweise diejenigen an der Ausübung ihrer politischen Rechte gehindert werden, die nach den sittlichen Ansichten des Zensors für die Teilnahme am Staatsleben als unwürdig erachtet wurden.[533]

Die *nota censoria* beeinflusste im Ergebnis durch den Ausschluss aus der Wahlklasse ein bestimmtes, den römischen Bürger kennzeichnendes Recht. Es war somit geeignet, die *existimatio* – wenn auch nur zeitweise – zu schmälern.

(2) Infamie

Als weiteres Institut, das die *existimatio* schmälerte und daher auch als ehrenschmälernd oder ehrenmindert bezeichnet wird, gilt die *infamia*. Ihre Geschichte ist lang und in der älteren Literatur hinsichtlich ihres Ursprungs, ihrer Wirkung

---

528 Diese Vermögensschätzung durch den Zensor war zugleich auch Grundlage für die Besteuerung.

529 *Wolf*, Das Stigma ignominia, ZRG (RA) 126 (2009), S. 55 (61); *Chiusi*, ‚Fama' and ‚infamia' in the Roman Legal System, in: Burrows/Johnsten/Zimmermann (Hrsg.), Judge and jurist, 2013, S. 143 (145).

530 *Kaser*, Infamia und ignominia in den römischen Rechtsquellen, ZRG (RA) 73 (1956), S. 220 (224).

531 *Hausmaninger/Selb*, Römisches Privatrecht, 2001, S. 36; *Wolf*, Das Stigma ignominia, ZRG (RA) 126 (2009), S. 55 (60).

532 *Waldstein/Rainer*, Römische Rechtsgeschichte, 2014, S. 75 ff.

533 *Luden* in: Rechtslexikon, Art. „Ehrlosigkeit", Bd. 3, 1841, S. 615; *Mommsen*, Römisches Staatsrecht, 2. Bd., Teil 1, Nachdruck der 3. Auflage, 1952, S. 376. Zur Dauer der *nota censoria* s. *Mommsen*, Römisches Staatsrecht, 2. Bd., Teil 1, Nachdruck der 3. Auflage, 1952, S. 389 f. Die zensorische Handlung wird auch als eine bloße Maßregelung vom Standpunkt der sozialen Moral aus gesehen, *Kaser*, Infamia und ignominia in den römischen Rechtsquellen, ZRG (RA) 73 (1956), S. 220 (226); *Wolf*, Das Stigma ignominia, ZRG (RA) 126 (2009), S. 55 (61).

und ihrer Anwendbarkeit stark diskutiert worden,[534] was nicht zuletzt zu einer Vielzahl von unterschiedlichen Begrifflichkeiten führte. Heute versteht man unter „Infamie" allgemein die „Ehrlosigkeit" und misst ihr als Rechtsfolge den Verlust oder die Verminderung der bürgerlichen Ehre bei.

Der *infamia* wird der Begriff *existimatio* gegenübergestellt,[535] woraus sich ferner die begriffliche Gegenüberstellung „Ehrlosigkeit" und „bürgerliche Ehre" ergibt. Die Entwicklung der Infamie[536] war ein dynamischer Prozess, der insbesondere durch die jeweiligen politischen Verhältnisse im Römischen Reich geprägt war.

(a.) Ursprung der infamia: prätorisches Edikt

Als den Ursprung der Infamie sieht man das prätorische Edikt an,[537] weswegen die hierauf gestützte Infamie auch prätorische Infamie[538] genannt wird. Ähnlich der zensorischen Nota ist die prätorische Infamie auf die Tätigkeit eines römischen Amtsträgers, konkret auf die des Prätors, zurückzuführen.[539] Der Prätor war als Gerichtsmagistrat Teil der Rechtspflege[540] und nahm eine wichtige Funktion im römischen Zivilprozess ein.

Das römische Zivilprozessrecht unterteilt man aus heutiger Sicht in vier Abschnitte, die nicht unmittelbar aneinander anschließen, sondern vielmehr fließend ineinander übergehen.[541] Die Rede ist von dem am Anfang stehenden Legisaktionenverfahren (*legis actio*), dem Formularprozess in der Zeit des Übergangs

534 Hierauf verweisen bspw. *Kaser*, Infamia und ignominia in den römischen Rechtsquellen, ZRG (RA) 73 (1956), S. 220 und bereits *Savigny*, System des heutigen römischen Rechts, Bd. 2, 1840, S. 224 ff. Zu den zahlreichen Quellen, die (im Rahmen der Ausführungen zur bürgerlichen Ehre) auf die Infamie und ihren Ursprung sowie ihre Wirkung eingehen, s. Fn. 1147.

535 *Merzbacher*, Art. „Infamie", HRG, Bd. II. 1978, Sp. 358-360; *Wolf*, Das Stigma ignominia, ZRG (RA) 126 (2009), S. 55 (90).

536 Ausführlich zur Entwicklung *Wolf*, Das Stigma ignominia, ZRG (RA) 126 (2009), S. 55 ff., 83 f., 90 f.

537 *Windscheid*, Lehrbuch des Pandektenrechts, Bd. 1, 1873, S. 128.

538 Dazu *von Hippel*, Deutsches Strafrecht, 1925, S. 70.

539 Zur Entwicklung und Bedeutung des Amts des Prätors s. *Mommsen*, Römisches Staatsrecht, 2. Bd., Teil 1, Nachdruck der 3. Auflage, 1952, S. 1 ff.; *Kunkel/Schermaier*, Römische Rechtsgeschichte, 2001, S. 21 ff.; *Hausmaninger/Selb*, Römisches Privatrecht, 2001, S. 23 f.; *Pommeray*, Études sur l'infamie en droit romain, 1937, S. 113 ff.

540 *Hausmaninger/Selb*, Römisches Privatrecht, 2001, S. 368.

541 *Kaser/Hackl*, Das römische Zivilprozessrecht, 1996, S. 4 f.; *Nörr*, Ein geschichtlicher Abriss des kontinentaleuropäischen Zivilprozesses, 2015, S. XIII f.

von der Republik ins Prinzipat,[542] dem sich anschließenden Kognitionsverfahren[543] sowie dem darauf folgenden nachklassischen Verfahren.[544] Das Legisaktionenverfahren war geprägt von den strengen Spruchformeln der Prozessbeteiligten, d. h., die Klageformeln mussten genau gesprochen werden, wollte der Prozess gewonnen werden.[545] Dieser starre Formalismus nahm im Formularprozess insofern ab, als der Prozess nicht verloren ging, wenn man die schriftlich erteilte Klageformel nicht fehlerfrei vortrug.[546] Beiden Verfahren war die Zweiteilung des Prozesses gemein, an dessen jeweiligen Verfahrensanfang der Prätor stand.[547] Dieser prüfte, ob eine anerkannte Klage vorhanden war, die den vorgetragenen Anspruch trug. Hielt er das Verfahren für zulässig, wurde der Prozess an den Richter übertragen. Der *iudex* erhob gegebenenfalls die Beweise und brachte den Prozess zum Abschluss.[548]

Der Prätor erklärte vor Amtsantritt in seinem Jahresedikt, welche Grundsätze er vor seinem Gericht gelten lassen wolle und gab gleichzeitig die zulässigen Klageformeln und Einwände bekannt.[549] Das jeweilige Edikt des Vorgängers wurde in der Regel übernommen oder nur geringfügig modifiziert, was vor allem im Hinblick auf das Verhältnis von Annuität des Amtes und dem hohen Aufwand der Zusammenstellung des Edikts gesehen werden muss. Eines dieser im Laufe der Zeit gefestigten Edikte beinhaltete Regelungen darüber, wann eine Person vor dem Gericht postulieren durfte. Die Grundsätze dieses Edikts sind im dritten Buch der Digesten überliefert.

Ulpian erklärte im ersten Titel des dritten Buches (D. 3,1 *De postulando* – Von gerichtlichen Anträgen), dass dieser Titel vom Prätor geschrieben wurde. Der Prätor habe diesen Titel aufgestellt, *„um eine gehörige Unterscheidung* [der Personen] *zu treffen, sowie um seine Würde zu behaupten und um seines Ansehens*

---

542 Zur Periodisierung vgl. Fn. 525.

543 Im Einzelnen hierzu *Kaser/Hackl*, Das römische Zivilprozessrecht, 1996, S. 435 f.; *Honsell/Mayer-Maly/Selb*, Römisches Recht, 1987, S. 507 ff.

544 Im Einzelnen hierzu *Kaser/Hackl*, Das römische Zivilprozessrecht, 1996, S. 517 ff.

545 *Kaser/Hackl*, Das römische Zivilprozessrecht, 1996, S. 34 ff.; *Hausmaninger/Selb*, Römisches Privatrecht, 2001, S. 369 f. mit Hinweisen auf Gaius.

546 *Kaser/Hackl*, Das römische Zivilprozessrecht, 1996, S. 151 f.

547 Zum Legisaktionenverfahren: *Kaser/Hackl*, Das römische Zivilprozessrecht, 1996, S. 37 ff., wobei es nicht unumstritten ist, ob der Prätor von jeher am Anfang des Verfahrens stand oder ob diese Aufgabe nicht ursprünglich durch eine andere Höchstgewalt ausgeübt wurde. Zum Formularprozess: *Kaser/Hackl*, Das römische Zivilprozessrecht, 1996, S. 172 f.; *Nörr*, Ein geschichtlicher Abriss des kontinentaleuropäischen Zivilprozesses, 2015, S. 3 ff.

548 *Kaser/Hackl*, Das römische Zivilprozessrecht, 1996, S. 359.

549 *Wieacker*, Römische Rechtsgeschichte, Bd. 1, 1988, S. 462 ff.

willen, damit nicht ohne Auswahl und Unterschied [von jedermann] *bei ihm gerichtliche Anträge gemacht würden*".[550]

Danach waren manche Personen ganz von der Antragstellung ausgeschlossen, andere konnten nur für sich Anträge stellen, eine dritte Gruppe wiederum konnte nur teilweise für sich und nur teilweise für andere Anträge stellen.

Von Interesse ist hier die zweite Gruppe (D. 3,1,1,5), die nur für sich postulieren, also für sich Anträge stellen konnte. Zu dieser Gruppe zählten Frauen, Menschen mit Behinderungen sowie „*persona[e] in turpitudine notabiles*"; gemeint sind damit Ehrlose.

Welche Personen das konkret waren, erklärt das dritte Buch des zweiten Titels (D. 3,2: *De his qui notantur infamia* – Über diejenigen, die von der Ehrlosigkeit betroffen werden). D. 3,2,1 führt die Personen auf, die als infam, mithin als ehrlos galten. Es werden unter anderem genannt die aufgrund Diebstahls (*furtum*), Raubes (*rapina*), Körperverletzung (*inuria*), Arglist (*dolus*) oder Betrugs (*fraus*) Verurteilten; ferner, wer aufgrund einer Gesellschafterklage (*actio socio*), Vormundschaftsklage (*actio tutela*), Auftragsklage (*actio mandatum*) oder der Verwahrungsklage (*actio deposito*) im eigenen Namen verurteilt wurde. Im Rahmen der Kontraktsklagen war der Umstand besonders, dass diesen Verhältnissen ein Vertrauensverhältnis zugrunde lag. Ebenso war der Kupper ehrlos.[551] Folglich bedeutet das, dass eine Verurteilung wegen Raubes, Diebstahls, Betrugs oder auch aufgrund einer Kontraktsklage eine infamierende Wirkung hatte, der Betroffene also ehrlos wurde.[552] Die Folgen der prätorischen Infamie ergeben

---

550 D. 3,1,1: *Hunc titulum praetor proposuit habendae rationis causa suaeque dignitatis tuendae et decoris sui causa, ne sine delectu passim apud se postuletur.* Die im Text zitierte Übersetzung nachzulesen bei *Otto/Schiling/Sintenis* (Hrsg.), Bd. 1, 1839 (Nachdruck 1984). Die Übersetzung bei *Behrends/Knütel/Kupisch/Seiler* (Hrsg.), Bd. 2, 1995 lautet: „Diesen Ediktstitel hat der Prätor zu dem Zweck erlassen, seine Würde und sein Amt zu schützen, damit nicht wahllos jeder, der da kommt, vor ihm auftreten kann." *Pommeray*, Études sur l'infamie en droit romain, 1937, S. 160 ff. vertrat die Ansicht, dass die Postulationsunfähigkeit ehrloser Personen nicht dem Schutz des Prätors, sondern dem Schutz des Richters diente.

551 Zu den Fällen der Kuppelei im römischen Recht und deren Entwicklung, s. *Bacharach*, Der Begriff der Kuppelei, 1911, S. 3 ff.

552 Ähnlich lautet die Regelung in Inst. 4,16, 2, die mutwillig Prozessierende betrifft: *„Ex quibusdam iudiciis damnati ignominiosi fiunt, veluti furti, vi bonorum raptorum, iniuriarum, de dolo, item tutelae, mandati, depositi, directis non contrariis actionibus, item pro socio, quae ab utraque parte directa est et ob id quilibet ex sociis eo iudicio damnatus ignominia notatur.* [...]."

sich bereits aus ihrer Quelle selbst: der *infamis* konnte nur für sich (oder ggf. für Verwandte in gerader Linie[553]) Anträge bei Gericht stellen. Diese Einschränkung der Antragsbefugnis stellte im Vergleich zu einem anderen römischen Bürger eine Schmälerung jener Rechte dar, die Ausdruck seines *status* waren, und bedeutete damit zugleich eine Schmälerung seiner *existimatio*.

(b.) Gesetzliche infamia

Neben den vom Prätor im Edikt festgehaltenen infamierenden Tatbeständen und den damit einhergehenden Folgen gab es Gesetze, die gleichfalls Folgen an infamierende Handlungen anknüpften.[554]

Eines dieser überlieferten Gesetze ist die Lex Iulia municipalis (ca. 80-40 v. Chr.), die 1732 in der Nähe des Golfs von Tarent gefunden wurde.[555] Sie

---

„Gewisse Klagen machen den Verurteilten ehrlos, z. B. die Klagen wegen Diebstahls, gewaltsam weggenommenen Gutes, wegen Personenverletzungen und wegen Arglist, ferner die direkten Klagen – nicht die Gegenklagen – wegen Vormundschaft, Auftrag und Verwahrung, schließlich die Gesellschafterklage, die von beiden Seiten direkte Klage ist, weswegen jeder aufgrund dieser Klage verurteilte Gesellschafter mit Ehrlosigkeit belegt wird. [...]. Übersetzung bei *Behrends/Knütel/Kupisch/Seiler* (Hrsg.), Bd. 1, 1990. Die Regelung spricht von *ignominia*. Zum Zusammenhang von *ignominia* und *infamia* s. oben Fn. 523. Die Norm zielte darauf ab Kläger und Beklagte vom Prozessieren abzuhalten. Vgl. die Einleitung zu Inst. 4,16 – De poena temere litigantium: *„Nunc admonendi sumus magnam curam egisse eos, qui iura sustinebant, ne facile homines ad litigandum procederent: quod et nobis studio est. idque eo maxime fieri potest, quod temeritas tam agentium quam eorum cum quibus ageretur modo pecuniaria poena, modo iurisiurandi religione, modo metu infamiae coerectur.*"
„Wir müssen darauf hinweisen, daß diejenigen, die für das Recht verantwortlich waren, große Sorgfalt darauf verwendet haben, die Menschen von leichtfertigem Prozessieren abzuhalten. Das ist auch unser Bestreben. Und dieses Ziel kann am besten dadurch erreicht werden, daß der Mutwille der Kläger wie der Beklagten bald durch Geldstrafe, bald durch die religiöse Scheu vor dem Eid, bald durch Furcht vor Ehrlosigkeit gezügelt wird."
Übersetzung bei *Behrends/Knütel/Kupisch/Seiler* (Hrsg.), Bd. 1, 1990.

553 *Kaser/Hackl*, Das römische Zivilprozessrecht, 1996, S. 208; *Kaser*, Das römische Privatrecht, Erster Abschnitt, 1971, S. 274.

554 Weiterführend *Kaser*, Infamia und ignominia in den römischen Rechtsquellen, ZRG (RA) 73 (1956), S. 220 (254 ff.) sowie *Wolf*, Das Stigma ignominia, ZRG (RA) 126 (2009), S. 55 (62 ff.).

555 *Legras*, La table latine d'Héraclée, 1907, S. 2.

erklärt in ihrem Infamiekatalog,[556] ähnlich den prätorischen Tatbeständen, beispielsweise diejenigen für unfähig, ein Munizipalamt, also ein Amt der Stadtverwaltung,[557] zu bekleiden, die aufgrund Diebstahls, Raubes oder aufgrund Gesellschafterklage (*actio socio*), Vormundschaftsklage (*actio tutela*) oder Auftragsklage (*actio mandatum*) verurteilt wurden.[558] Nach der Lex Iulia municipalis war ferner zur Bekleidung eines Munizipalamts unfähig, wer einen Offenbarungseid schwor, seinen Bürgen und Gläubigern die Zahlungsunfähigkeit erklärte oder wer in Konkurs gegangen war.[559] Bezüglich des Konkurses ist hier, auch wenn es sich um ein prätorisches Rechtsmittel handelt, das Konkursverfahren zu nennen, womit die ordentliche Vermögensvollstreckung gemeint ist.[560] Diese Zwangsvollstreckung in das Vermögen des Schuldners, führte in der Regel zu dessen Ehrverlust.[561]

Eine weitere Quelle enthält der Codex des Corpus Iuris Civilis. In C. 2,4,41[562] wird angeordnet, dass jemand eine infamierende Handlung beging, wenn er „*gegen Pacta oder Vergleiche, welche er, ohne durch irgendeine Gewalt dazu gezwungen zu werden, sondern aus freiem Ermessen und Willen abgeschlossen hat,* [handelt], *sei es dadurch, dass er den Richter angeht, oder seine Bitten an den Kaiser richtet, oder das Versprochene nicht erfüllt* […]" und wenn der Vertrag unter „*Anrufung des Namens des allmächtigen Gottes, als Gewährleistung*" desselben bekräftigt wurde.[563] Im Mittelpunkt dieser Bestimmung steht nicht nur der Vertragsbruch als solcher, sondern vor allem der Eidbruch. Da der Eid regelmäßig unter Anrufung der Götter und später unter Einbeziehung des christlichen Gottes erfolgte, lag in dem Bruch des gegebenen Versprechens zugleich ein

---

556 Zur Quellenlage und zur Bedeutung s. *Kaser*, Infamia und ignominia in den römischen Rechtsquellen, ZRG (RA) 73 (1956), S. 220 (235 ff.).

557 *Brockhaus/Wahrig*, Deutsches Wörterbuch, 1982, Stichwort „munizipal".

558 FIRA, Nr. 18, Lex Iulia municipalis, Zeile 110 ff.

559 FIRA, Nr. 18, Lex Iulia municipalis, Zeile 110 ff.; *Kaser*, Vollstreckbarkeit und Bürgenregreß, ZRG (RA) 100 (1983), S. 80 (127).

560 *Kaser/Knütel/Lohsse*, Römisches Privatrecht, 2017, S. 471 f.

561 *Kaser/Knütel/Lohsse*, Römisches Privatrecht, 2017, S. 472.

562 *Si quis maior annis adversus pacta vel transactiones nullo cogentis imperio libero arbitrio et voluntate confecta putaverit esse veniendum vel interpellando iudicem vel supplicando prinipibus vel non implendo promissa, eas autem invocato dei omnipotentis nomine eo auctore solidaverit, non solum inuratur infamia, verum etiam actione privatus restituta poena, quae pactis probatur inserta, et rerum proprietate careat et emolumento, quod ex pacto vel transactions illa fuerit consecutus: itaque omnia eorum mox commodo deputabuntur, qui intemerata pacti iura servaverint.* Gegeben zu Konstantinopel, 11. Oktober 395 n. Chr.

563 C. 2,4,41 Übersetzung bei *Otto/Schiling/Sintenis* (Hrsg.), Bd. 5, 1833 (Neudruck 1984).

Missbrauch des Namens Gottes.[564] Diesem versuchte man wohl mit der erwähnten Codexstelle zu begegnen, indem man den Eidbrecher mit *infamia* belegte.

Der Regelungsgehalt des Meineids weist eine lange Entwicklungsgeschichte auf. Zu Frühzeiten hatte der Eid einen magisch-religiösen Inhalt, später einen christlich-religiösen. Man unterschied bis ins 18. Jahrhundert den assertorischen vom promissorischen Eid.[565] Ersterer bezeichnet den Fall, dass man durch Eid ein unwahres Faktum bekräftigt, womit man dem gegenwärtigen Verständnis des Meineids sehr nahe kommt. Letzterer umfasst den wissentlichen Bruch eines eidlich bekräftigten Versprechens. Danach wurde „jede wissentliche, absichtliche Verletzung derjenigen Rechtsverbindlichkeit, welche durch Leisten eines Eides für den Schwörenden begründet worden ist“[566], durch den Meineid unter Strafe gestellt. Erst die Gesetzgebung des 19. Jahrhunderts beschränkte den Meineid auf den gerichtlich/behördlich zu leistenden Eid,[567] also auf das falsche Schwören vor Gericht oder vor einer anderen zur Abnahme von Eiden zuständigen Stelle.

Die hier untersuchte Codexstelle belegt den promissorischen Eidesbrüchigen, also denjenigen, der ein Versprechen brach, oder, wie es später in der Literatur diskutiert wurde, den Meineidigen[568] mit Infamie. *Savigny* beispielsweise bezeichnete diesen in der Codexstelle genannten Fall des Eidbruchs als einen Meineid.[569] Der Kern des Unrechts dürfte im Bruch des Schwurs liegen. Welche Folgen diese Infamie nach sich zog, erwähnt die Codexstelle allerdings nicht.

(c.) Kognitionale Infamie und Ehrenstrafe

Die Entwicklung der Infamie hing nicht zuletzt mit den politischen Entwicklungen in Rom zusammen. Denn beim Übergang von der Römischen Republik in den Prinzipat (ab 27 v. Chr.) wurden die Magistraturen bereits unter Kaiser

---

564 *Holzhauer*, Art. „Meineid“, HRG, Bd. III, 1984, Sp. 447-458.

565 *Holzhauer*, Art. „Meineid“, HRG, Bd. III, 1984, Sp. 447-458.

566 *Marezoll*, Das gemeine deutsche Criminalrecht, 1841, S. 474.

567 *Holzhauer*, Art. „Meineid“, HRG, Bd. III, 1984, Sp. 447-458.

568 *Marezoll* hielt es für bedenklich, aus dieser einen Stelle eine allgemeine Regel bilden zu wollen, nach welcher jeder Meineidige infam sein solle, zumal es an einer allgemeinen Vorschrift fehle, *Marezoll*, Das gemeine deutsche Criminalrecht, 1841, S. 477 Fn. 1; ebenso *von Liszt*, Meineid und falsches Zeugnis, 1876, S. 21, Fn. 2.

569 *Savigny*, System des heutigen römischen Rechts, Bd. 2, 1840, S. 174; *von Liszt*, Meineid und falsches Zeugnis, 1876, S. 21, hingegen sah hierin nicht den Meineid im eigentlichen Sinne, sondern eine Form des Eidbruchs.

Augustus durch einen Beamtenapparat ersetzt. Zwar hatte der Prätor im Vergleich zu den anderen Magistraturen seine Amtstätigkeit am längsten fortführen können, doch blieb sein Amt in seiner ursprünglichen Ausgestaltung im Ergebnis von dem politischen Wandel nicht verschont.[570]

Am Anfang dieser Entwicklung stand die Einführung des Kognitionsverfahrens, welches von einem Beamtenrichter geleitet wurde. Dieses Verfahren ersetzte nicht gleich zu Beginn das zweigliedrige Formularverfahren, sondern löste dieses vielmehr schrittweise ab.[571] Das eingliedrige Kognitionsverfahren war unter anderem gekennzeichnet durch die amtliche Ladung der Beteiligten durch das Gericht und einer stärkeren Stellung des Richters.[572]

Während der Prätor hinsichtlich der Infamie fest an Tatbestand und Rechtsfolgen gebunden war, musste sich der Beamtenrichter aufgrund seines anfänglichen Ermessens zunächst weniger streng an die Voraussetzungen und den Ausspruch der Infamie halten.[573] Allerdings ließ sich nachweisen, dass die vorherigen Infamietatbestände auf den Kognitionsbereich übertragen wurden und die Infamie keinesfalls willkürlich verhängt wurde.[574] Die eben beschriebene Infamie wird auch als kognitionale Infamie bezeichnet.[575]

Die Infamie wurde zu einem gebräuchlichen Institut, das sich dann im Laufe des 3. Jahrhunderts n. Chr., als die Beamtenkognition den Formularprozess völlig abgelöst hatte,[576] zu einer festen *Ehrenstrafe* entwickelte.[577]

---

570 *Dulckeit/Schwarz/Waldstein*, Römische Rechtsgeschichte, 1995, S. 197.

571 *Hausmaninger/Selb*, Römisches Privatrecht, 2001, S. 386.

572 *Hausmaninger/Selb*, Römisches Privatrecht, 2001, S. 387.

573 *Kaser*, Infamia und ignominia in den römischen Rechtsquellen, ZRG (RA) 73 (1956), S. 220 (265 ff.); *Kaser/Hackl*, Das römische Zivilprozessrecht, 1996, S. 495; *Kaser*, Das römische Privatrecht, Erster Abschnitt, 1971, S. 275; *Levy*, Zur Infamie im römischen Strafrecht, Riccobono II, 1936, S. 79 (90 f.).

574 *Kaser*, Infamia und ignominia in den römischen Rechtsquellen, ZRG (RA) 73 (1956), S. 220 (268).

575 *Kaser*, Das römische Privatrecht, Erster Abschnitt, 1971, S. 275.

576 *Kunkel/Schermaier*, Römische Rechtsgeschichte, 2001, S. 185.

577 *Kaser*, Infamia und ignominia in den römischen Rechtsquellen, ZRG (RA) 73 (1956), S. 220 (274 ff.); *Wolf*, Das Stigma ignominia, ZRG (RA) 126 (2009), S. 55 (83 f.); *Pommeray*, Études sur l'infamie en droit romain, 1937, S. 216 ff.

(d.) Folgen der infamia

Im Rahmen der Darstellung der prätorischen und gesetzlichen Infamie wurde zugleich auf die Folgen der Infamie eingegangen. Ebenso wie sich die Tatbestände der Infamie entwickelten, erfuhren auch die Infamiefolgen eine Weiterentwicklung. Zu den Folgen der Infamie zählten unter anderem die Zeugnisunfähigkeit,[578] die Postulationsunfähigkeit,[579] sowie die Heeresunfähigkeit.[580] Daneben wurde der *infamis* mit bestimmten Eheverboten belegt.[581] Ferner ergaben sich Einschränkungen auf dem Gebiet des Erbrechts, so z. B. bei der Fähigkeit, Zeuge bei einer Testamentserrichtung zu sein,[582] Erbe zu sein oder ein Testament zu errichten.[583] Ebenso kam es zu Zurücksetzungen beim Pflichtteilsrecht.[584]

Die *infames* wurden härter bestraft,[585] und im Falle von schweren Staatsverbrechen konnten sich Rechtsnachteile auch auf die Kinder des *infamis* erstrecken.[586] Danach sollten selbst noch die Kinder desjenigen, der eine Verschwörung gegen das Leben des Ministers anzettelte, unfähig sein, Vermögen zu erwerben.[587]

(e.) Unterscheidung in infamia iuris und infamia facti

Im Bereich der Infamie unterschied man zwei Hauptgruppen. Die erste Hauptgruppe bildete die sog. *infamia iuris.* Diese ließ sich auf eine gesetzliche Grundlage zurückführen. Innerhalb dieser Gruppe unterschied man in die *infamia mediata* und die *infamia immediata.*[588]

---

578 *Greenidge*, Infamia, 1894, S. 165; *Migliorino*, Fama e infamia, 1985, S. 139 ff., mit Quellenverweisen und Glossenstellen.

579 *Migliorino*, Fama e infamia, 1985, S. 152 ff.

580 *Greenidge* vermutete es, *Greenidge*, Infamia, 1894, S. 157.

581 *Kaser*, Infamia und ignominia in den römischen Rechtsquellen, ZRG (RA) 73 (1956), S. 220 (277).

582 *Greenidge*, Infamia, 1894, S. 165; *Migliorino*, Fama e infamia, 1985, S. 146 ff.

583 *Luden* in: Rechtslexikon, Art. „Ehrlosigkeit", Bd. 3, 1841, S. 613.

584 *Kaser*, Infamia und ignominia in den römischen Rechtsquellen, ZRG (RA) 73 (1956), S. 220 (277).

585 *Kaser*, Infamia und ignominia in den römischen Rechtsquellen, ZRG (RA) 73 (1956), S. 220 (278).

586 *Kaser*, Infamia und ignominia in den römischen Rechtsquellen, ZRG (RA) 73 (1956), S. 220 (277).

587 Dazu C. 9,8,5,1.

588 Diese Bezeichnungen sind unrömisch, *Kaser/Knütel/Lohsse*, Römisches Privatrecht, 2017, S. 96.

Infamia mediata bezeichnete den Umstand, dass die Infamie durch ein Urteil ausgesprochen wurde. Die oben aufgezeigten Infamiefälle sind überwiegend solche, die an eine gerichtliche Verurteilung anknüpften. Die daneben stehende *infamia immediata* drückte aus, dass diese Infamie unmittelbar der Handlung selbst folgte, d. h., es keines richterlichen Urteils bedurfte.[589] Ihr wurde gleichfalls eine Rechtserheblichkeit zugesprochen. Zu den Handlungen zählten beispielsweise die schimpfliche Entlassung aus dem Heer, die Wiederheirat von Witwen vor Ende des Trauerjahres oder auch das öffentliche Auftreten als Gladiator oder Schauspieler. Ferner sollen der *infamia immediata* Wucherer, Zinseszinsnehmer, auf frischer Tat erwischte Ehebrecherinnen, öffentliche Huren sowie Kuppler und Kupplerinnen unterlegen haben, außerdem Personen, die eine Doppelehe oder ein Doppelverlöbnis eingegangen waren.[590]

Die zweite Hauptgruppe bildete die faktische Infamie. Sie bestand neben der mittelbaren und unmittelbaren, gesetzlich geregelten Infamie. Die *infamia facti* hatte hingegen keine gesetzliche Verankerung.[591] Sie soll das Werturteil der Gesellschaft gegenüber einem Mitmenschen und dabei ohne rechtliche Wirkung für den Betroffenen gewesen sein.[592] Der Kern der faktischen Infamie lag im Verlust des guten Rufes einer Person in den Augen seiner Mitmenschen.[593]

---

589 *Luden* in: Rechtslexikon, Art. „Ehrlosigkeit", Bd. 3, 1841, S. 617 f.

590 Vgl. die Aufzählung bei *Luden* in: Rechtslexikon, Art. „Ehrlosigkeit", Bd. 3, 1841, S. 617 f. Aus neuerer Zeit *Kaser*, Das römische Privatrecht, Erster Abschnitt, 1971, S. 275; *Chiusi*, ‚Fama' and ‚infamia' in the Roman Legal System, in: Burrows/Johnsten/Zimmermann (Hrsg.), Judge and jurist, 2013, S. 143 (147 f.).

591 *Löbmann*, Der kanonische Infamiebegriff in seiner geschichtlichen Entwicklung, 1956, S. 19 f.

592 *Glück*, Pandecten, Bd. 5, 1798, S. 140 ff.

593 *Löbmann*, Der kanonische Infamiebegriff in seiner geschichtlichen Entwicklung, 1956, S. 19. Neben den hier behandelten Formen der Infamie gibt es auch einen kanonischen Infamiebegriff. Die kanonische Infamie entwickelte sich aus der römischen Infamie. Ziel der kanonischen Infamie war es, bestimmte Personen vom Priesterstand fernzuhalten. Das kanonische Recht unterschied ebenfalls in die *infamia iuris* und die *infamia facti*. Erstere war vom kanonischen Recht im Codex Iuris Canonici (Can. 2291-2295) geregelt und war eine Vergeltungsstrafe. Wer mit ihr belegt wurde, war unfähig, Benefizien, Pensionen, Ämter und kirchliche Würden zu erlangen. Letztere war gegeben, wenn jemand wegen eines begangenen Delikts oder wegen schlechter Sitten die gute Meinung bei den Gläubigen verloren hatte. Vgl. die Erläuterungen bei *Jacobi*, Infamie des Patrons nach kanonischem Recht, in: FS Kisch, 1955, S. 205. Ausführlich zur Entstehung des kanonischen Infamiebegriffs *Löbmann*, Der kanonische Infamiebegriff in seiner geschichtlichen Entwicklung, 1956, S. 9 ff.; *Landau*, Die

(f.) Fazit zur Infamie und Vergleich mit der Ehrenstrafe des StGB 1968

Die Infamie folgte bestimmten Handlungen und drückte sich auf der Rechtsfolgenseite in der Beeinträchtigung bestimmter, den römischen Bürger kennzeichnenden Rechte aus. Auf der Tatbestandsseite wurden oben z. B. der Meineid im Sinne eines Schwurbruchs, die Kuppelei, die Zahlungsunfähigkeit (d. h. der Konkurs bzw. Bankrott) und die Verurteilung wegen bestimmter Kontraktsklagen genannt. Auf der Rechtsfolgenseite standen unter anderem die Heeresunfähigkeit und prozessrechtliche Einschränkungen, wie z. B. die Zeugnisunfähigkeit sowie die Amtsunfähigkeit.

Vergleicht man nun die Tatbestände des StGB 1968, die die Ehrenstrafe sowohl fakultativ als auch obligatorisch als Rechtsfolge vorsahen, mit den infamierenden Tatbeständen des römischen Rechts, so sind vor allem die Tatbestände sehr bemerkenswert, denen die obligatorische Ehrenstrafe folgte. Die obligatorische Ehrenstrafe des deutschen StGB 1968 – gleichgültig, ob neben der Gefängnis- oder Zuchthausstrafe – war vorgesehen für die Straftatbestände des Meineids (§ 154 StGB 1968), der schweren Kuppelei (§ 181 StGB 1968) sowie des Gewerbs- oder gewohnheitsmäßigen Wuchers (§ 302 d StGB 1968) und des Sachwuchers (§ 302 e StGB 1968). Es lässt sich also eine klare Überschneidung vor allem für die Kuppelei und den Meineid erkennen. Diese beiden Tatbestände waren bereits bei Inkrafttreten des RStGB 1871 mit der obligatorischen Ehrenstrafe belegt. Die Straftatbestände des Gewerbs- oder gewohnheitsmäßigen Wuchers (§ 302 d StGB 1968) sowie des Sachwuchers (§ 302 e StGB 1968) wurden erst durch das Reichsgesetz vom 24. Mai 1880[594] eingeführt. Aber auch hierin zeigt sich eine Ähnlichkeit zum römischen Recht, wonach das Zinseszinsnehmen ein Fall der *infamia immediata* war.[595]

Ebenfalls waren auf der Rechtsfolgenseite bemerkenswerte Ähnlichkeiten zu erkennen. Zu nennen sind auf der Seite des römischen Rechts die Postulationsunfähigkeit und auf moderner Seite die Verweigerung des Zutritts zu Gerichtsverhandlungen nach dem GVG. Ähnlich verhält es sich mit der Hinderung zur Zulassung zur Advokatur und der Amtsunfähigkeit, wobei die Amtsunfähigkeit des StGB 1968 unmittelbar der Verurteilung zur Zuchthausstrafe folgte.

Entstehung des kanonischen Infamiebegriffs von Gratian bis zur Glossa Ordinaria, 1966, S. 1 ff. Die Infamietatbestände waren bis 1983 im Codex Iuris Canonici enthalten, vgl. *Becker*, Art. „Infamie", HRG, Bd. II, 2009, Sp. 1212-1214.

594 Reichsgesetz vom 24. Mai 1880, betreffend den Wucher eingeführt worden, RGBl. S. 109; eingeführt wurden die §§ 302 a-d.

595 Vgl. S. 146.

Mit Blick auf die römische Heeresunfähigkeit muss hinsichtlich des deutschen Strafrechts hier eine Ergänzung vorgenommen werden. Nach § 31 RStGB von 1871 führte (bereits) die Zuchthausstrafe zur dauernden Unfähigkeit des Dienstes im Deutschen Heer und in der Kaiserlichen Marine. Allerdings wird noch zu zeigen sein, dass die Rechtsfolgen der Ehrenstrafe teilweise zu den Rechtsfolgen der Zuchthausstrafe wurden, in dem das Preußische Strafgesetzbuch von 1851 der Zuchthausstrafe den sog. „Verlust der bürgerlichen Ehre" folgen ließ (s. dazu unten Kap. 5, A. II. 6. b)).

c.) Ergebnis zur bürgerlichen Ehre im Römischen Recht

Es konnte aufgezeigt werden, wie die Stellung als römischer Bürger die *existimatio*, also die bürgerliche Ehre begründete. Eine Schmälerung bis hin zum völligen Verlust dieser bürgerlichen Ehre führte das römische Institut der Infamie herbei.

Ehrenschmälernd, mithin infamierend, wirkten Urteile oder reine Handlungen, wie die Erklärung der Zahlungsunfähigkeit, die Kuppelei und der Eidbruch. Die Ehrenschmälerung führte zu einer rechtlichen Zurücksetzung der Person z. B. auf den Gebieten des Erb- und Familienrechts sowie des Prozessrechts, der Heeresunfähigkeit und der Unfähigkeit zur Bekleidung öffentlicher Ämter.

Hinsichtlich des Kaufmanns dürfte hier vor allem die Ehrlosigkeit wegen Zahlungsunfähigkeit interessant sein. Dass diese Handlung mit Infamie belegt wurde, zeigt die Bedeutung, die der Zahlungsfähigkeit beigemessen wurde. Die konkreten Gründe, die zur Erfassung dieses Tatbestands in den Infamiekatalog der Lex Iulia municipalis geführt haben, sind nicht bekannt. Auch das Konkursverfahren führte in der Regel zum Ehrverlust des Schuldners. Wohl wird man unter anderem vermuten können, mit dieser Infamiefolge zum Ausdruck bringen zu wollen, dass die Funktionsfähigkeit der Wirtschaft ein schützenswertes Gut ist. Ein Handelssystem, das im Kern auf Leistung und Gegenleistung beruht, muss darauf vertrauen können, dass dieser Austausch problemlos funktioniert, damit eine dauerhafte und erfolgreiche Wirtschaft – zugunsten des einzelnen Kaufmanns, aber sicherlich auch zugunsten der Gemeinschaft – gewährleistet ist. Wer dieses System durch seine Überschuldung, mithin Zahlungsunfähigkeit gefährdete, wurde in seinen Rechten zurückgesetzt und damit auch in gewisser Weise aus der Gesellschaft ausgeschlossen, da er nicht mehr vollwertiges Mitglied infolge des Rechtsverlust war. Mehrere Jahrhunderte später wird dieser Rechtsverlust dazu führen, dass der ehrlose Kaufmann aus der „kaufmännischen Gesellschaft", d. h. den Gilden und späteren Korporationen (s. dazu unten Kap. 5, A. III.), ausgeschlossen werden wird.

Die römische Infamie führte aber nicht nur zur Ehrlosigkeit, sondern steht auch synonym für diese. In der römischen Spätantike wurde sie zu einer

Ehrenstrafe. Auch heute noch gilt weitgehend: Wer infam ist, ist ehrlos.[596] Bemerkenswert waren zudem die Übereinstimmungen zwischen der Infamie und der Ehrenstrafe des StGB 1968 hinsichtlich Tatbestand und Rechtsfolge, was darauf hindeutet, dass diese in einer Beziehung zueinander stehen, welche nachfolgend näher untersucht wird.

2. Von der Frühzeit bis zum Hochmittelalter

Im Folgenden wird der Frage nachgegangen, ob eine einheimische[597] Ehrenstrafe vorhanden war. Auch wenn man sich der Vermutung nicht verschließen kann, wonach ein enger Zusammenhang zwischen der Ehrenstrafe des StGB 1968 und der römischen Infamie bestehen könnte, interessiert gleichwohl die Frage, ob das einheimische Recht eine Ehrenstrafe kannte und wie sich diese entwickelte.

a.) Ehrenstrafe in der Frühzeit

Für die Frühzeit – gemeint ist die Zeit der Germanen und Franken[598] – lassen sich mit Blick auf die germanischen Stämme kaum Quellen anführen. Auch bei einem

---

596 *Brockhaus/Wahrig*, Deutsches Wörterbuch, 1981, Stichwort „infam": „ehrlos", „niederträchtig", „abscheulich"; *Klappenbach/Steinitz* (Hrsg.), Wörterbuch der deutschen Gegenwartssprache, 1969, Stichwort „infam": veraltet für „ehrlos"; *Paul* (Hrsg.), Deutsches Wörterbuch, 2002, Stichwort „infam": veraltet für „jur. ehrlos"; *Duden*, Das große Wörterbuch der deutschen Sprache, 1994, Stichwort „infamieren": „für ehrlos erklären".

597 Begriffswahl in Anlehnung an *Schäfer*, Juristische Germanistik, 2008, S. 22 ff.

598 Es gibt viele verschiedene Ansichten zur Periodisierung. Früher wurde in die Zeit der Germanen (ca. bis 500 n. Chr.), der Franken (ca. 500-800 n. Chr.) und den Beginn des Mittelalters ab ca. 800/850 unterschieden, wobei das Mittelalter in das frühe, hohe (ab ca. 1250) und das späte (bis ca. 1500) untergliedert wurde. Vgl. die Inhaltsübersichten bspw. bei *Brunner/von Schwerin*, Deutsche Rechtsgeschichte, Bd. 2, 1928; *Mitteis/Lieberich*, Deutsche Rechtsgeschichte, 1992; neuerdings beschreibt man die Zeit der Germanen und Franken als die Frühzeit oder gibt den Zeitraum zwischen Antike und Mittelalter an, so *Kroeschell*, Deutsche Rechtsgeschichte, Bd. 1, 2008, S. 19 f. Insgesamt zum Problem der Periodisierung und Epochenbildung sowie deren Folgen s. *Vormbaum*, Moderne Strafrechtsgeschichte, 2011, S. 16 ff.; *Hattenhauer*, Die geistesgeschichtlichen Grundlagen des deutschen Rechts, 1996, Rn. 1 ff. Keiner will zwar die Periodisierung wirklich vornehmen, aber sie wird in der Wissenschaft benötigt, s. dazu *Wesel*, Geschichte des Rechts, 2014, S. 267.

ausgedehnten Verständnis der germanischen Stämme[599] lassen sich keine sicheren Quellen angeben, die von Ehrenstrafen der Germanen berichten könnten.[600]

Im Rahmen der Erörterung germanischen Brauchtums, germanischer Sitte und germanischen Rechts wird regelmäßig auf die Germania des Tacitus zurückgegriffen.[601] Die Verwendung dieses Werks als Quelle begegnet zunehmend Bedenken, da Tacitus selbst nie in „Germanien" gewesen sein soll und sich daher nur auf Erzählungen heimgekehrter römischer Soldaten verlassen habe. Zusätzlich kommt noch der Umstand zum Tragen, dass er die geschilderten Sachverhalte nur unter Zugrundlegung eines römischen Verständnisses bewertet haben konnte.[602]

Betrachtet man dennoch die von der Ehre sprechenden Stellen, so zeigt sich ein enges Verhältnis von Ehre und Militär.[603] So erklärt Tac. Germ. c. 13, dass die Waffenfähigkeit eines Germanen eng mit der Ehre verbunden war. Nach Tac. Germ. c. 14 wurden als *infame ac probrosum* diejenigen angesehen, die den Führer im Kampf lebend verlassen hatten, statt ihn zu verteidigen. Ebenso bezieht sich Tac. Germ. c. 6. auf den Krieg und beschreibt die Folgen der Preisgabe des Schildes im Zusammenhang mit der Flucht von der Schlachtstätte. Tacitus bezeichnet diese Person als *ignomiosus*. Diesem Germanen soll es dann versagt gewesen sein, an religiösen Handlungen mitzuwirken und an Volksversammlungen teilzuhaben.

In der Literatur hat sich auf Grundlage weniger Quellen ein Bild über die Germanen als Volk und über die germanischen Rechte entwickelt, welches sich heute

599 Die immer noch besprochene Frage, ob auch skandinavische und slawische Stämme zum Volk der Germanen zählen, ist für diese Arbeit nicht entscheidend. Zum Begriff des germanischen Rechts und seiner Entwicklung sowie den geführten Diskussionen vgl. *Schäfer*, Juristische Germanistik, 2008, S. 22 ff. und *Siems*, Zum Weiterwirken des römischen Rechts in der kulturellen Vielfalt des Frühmittelalters, in: Leges – Gentes – Regna, 2006, S. 231–255 (232 f.).

600 Auch die Leges werden heute nicht mehr ohne Weiteres als Quellen zur Ermittlung eines spezifischen germanischen Rechts herangezogen. S. *Kroeschell* in: Reallexikon der germanischen Altertumskunde, Bd. 11, 1998, S. 395–408 (400 f.); *Sellert/Rüping*, Studien- und Quellenbuch zur Geschichte der deutschen Strafrechtspflege, Bd. 1, 1989, S. 51.

601 Daneben wird auf Caesar „De Bello Gallico" zurückgegriffen von *Kroeschell* in: Reallexikon der germanischen Altertumskunde, Bd. 11, 1998, S. 395–408 (399 f.); *Sellert/ Rüping*, Studien- und Quellenbuch zur Geschichte der deutschen Strafrechtspflege, Bd. 1, 1989, S. 51.

602 *Kroeschell* in: Reallexikon der germanischen Altertumskunde, Bd. 11, 1998, S. 395–408 (399 f.); *ders.* Germanisches Recht als Forschungsproblem, in: Studien zum frühen und mittelalterlichen deutschen Recht, 1995, S. 65 (69).

603 Zu allen Stellen s. *Köbler* in: Reallexikon der germanischen Altertumskunde, Bd. 6, 1986, S. 502 ff.

trotz aller kritisch hinterfragenden Forschungsarbeiten beständig hält.[604] Nach älterer Literatur soll der Germane, dessen Leben in Sippen organisiert war, welche wohl zugleich Friedens-, Schutz- und Rechtsgemeinschaften waren,[605] vollberechtigt, waffenfähig und Träger von politischen Rechten gewesen sein sowie an der Rechtsprechung teilgenommen haben.[606] Daraus wurde gefolgert, dass erst die Zugehörigkeit zu einer Sippe zur Teilnahme am Rechtsleben berechtigte.[607] Außerhalb des Rechtslebens und außerhalb der Gesellschaft stand, wer keiner Sippe angehörte oder ausdrücklich von einer solchen ausgeschlossen wurde (sog. Entsippung). Man vertrat die Ansicht, dass die Entsippung zur Friedlosigkeit führte.[608] Neben die Friedlosigkeit durch Entsippung trat die Friedlosigkeit durch Verurteilung infolge einer Missetat[609] (sog. Friedloslegung[610]), welche als Bruch des Rechtsfriedens verstanden wurde.[611] Mit der Friedlosigkeit soll der Verlust der Rechtsfähigkeit einhergegangen sein,[612] wodurch alle Beziehungen

---

604 *Kroeschell*, Germanisches Recht als Forschungsproblem, in: Studien zum frühen und mittelalterlichen deutschen Recht, 1995, S. 65 ff.; *Kaufmann*, Zur Lehre von der Friedlosigkeit im Germanischen Recht, in: Beiträge zur Rechtsgeschichte, Gedächtnisschrift für Hermann Conrad, 1979, S. 329 ff.

605 *Mitteis/Lieberich*, Deutsche Rechtsgeschichte, 1992, S. 23 ff.; distanzierter *Schmidt*, Einführung in die Geschichte der deutschen Strafrechtspflege, 1965, S. 23.

606 *Mitteis/Lieberich*, Deutsche Rechtsgeschichte, 1992, S. 31.

607 *Mitteis/Lieberich*, Deutsche Rechtsgeschichte, 1992, S. 23 ff.

608 Von welcher bereits Tacitus in seiner Germania berichtet. Zu den Bedenken an der Quelle, s. die Ausführungen oben. Vgl. hierzu *Kroeschell*, Germanisches Recht als Forschungsproblem, in: Studien zum frühen und mittelalterlichen deutschen Recht, 1995, S. 65 (67). Die Theorien zur Friedlosigkeit, wie sie bspw. noch bei *Brunner*, *Conrad* oder *von Amira* vertreten wurden, gelten heute als überholt. Vgl. hierzu *Kaufmann*, Zur Lehre von der Friedlosigkeit im Germanischen Recht, in: Beiträge zur Rechtsgeschichte, Gedächtnisschrift für Hermann Conrad, 1979, S. 329 ff.; *Kroeschell*, Germanisches Recht als Forschungsproblem, in: Studien zum frühen und mittelalterlichen deutschen Recht, 1995, S. 65 (76 ff.); *ders.* in: Reallexikon der germanischen Altertumskunde, Bd. 11, 1998, S. 395–408 (405 f.).

609 *Conrad*, Deutsche Rechtsgeschichte, Bd. 1, 1962, S. 51. Zur Frage, ob eine Friedlosigkeit nur infolge einer Missetat eintreten konnte (in etwa vergleichbar der infamia immediata) vgl. *Kaufmann*, Zur Lehre von der Friedlosigkeit im Germanischen Recht, in: Beiträge zur Rechtsgeschichte, Gedächtnisschrift für Hermann Conrad, 1979, S. 329 ff.; *Kroeschell*, Germanisches Recht als Forschungsproblem, in: Studien zum frühen und mittelalterlichen deutschen Recht, 1995, S. 65 (76 ff.).

610 *Schmidt*, Einführung in die Geschichte der deutschen Strafrechtspflege, 1965, S. 30.

611 *Conrad*, Deutsche Rechtsgeschichte, Bd. 1, 1962, S. 49; *von Amira*, Grundriss des germanischen Rechts, 1913, S. 237.

612 *Schmidt*, Einführung in die Geschichte der deutschen Strafrechtspflege, 1965, S. 30.

zur Gesellschaft erloschen.[613] Allerdings soll die Friedlosigkeit durch eine Sühneleistung abgewendet worden sein können.[614] Dadurch soll sich der Friedlose zurück in die Gesellschaft und in den Frieden gekauft haben.[615] Nach dieser Ansicht erfuhr der Mensch der Frühzeit durch die Begehung einer Missetat und den Ausschluss aus der Sippe und damit aus der Gesellschaft eine vollständige Rechtsbeeinträchtigung. Es folgte eine Rechtlosigkeit. Die frühere Literatur sah hierin eine eigene, d. h. einheimische Ehrenstrafe, die losgelöst vom römischen Recht entstand.

Die Annahme einer einheimischen Ehrenstrafe, also einer Rechtlosigkeit infolge der Friedlosigkeit, kann bei Betrachtung der wenigen Quellen unter Zugrundelegung der neueren Forschungsergebnisse nicht mehr als sicher gelten.[616] Der neueren Forschung nach geben die Quellen nicht die Friedlosigkeit an, sondern beinhalten andere Institute, wie beispielsweise die gerechtfertigte Notwehr oder das Ungehorsamsverfahren.[617] Danach lassen sich nach gegenwärtigem Forschungsstand für eine Existenz einer „germanischen Ehrenstrafe" keine sicheren Belege anführen.

b.) Entwicklungen in der späten Frühzeit

Die damalige Ausbildung des Strafsystems war ein Prozess, der sich über mehrere Herrschergeschlechter vollzog und verschiedenen Einflüssen unterlag.[618] Zu Beginn der Frühzeit sollen im Zentrum des Strafrechts die Rache, die Fehde und die Sühne gestanden haben, welche sich infolge des Fehlens einer starken

---

613 So wurde angeführt, dass seine Ehefrau zur Witwe wurde und seine Kinder zu Waisen wurden sowie ein Vermögensverlust und der Verlust des Klagerechts eintraten. Vgl. hierzu *Brunner*, Deutsche Rechtsgeschichte, Bd. 1, 1906, S. 232 ff.; *Conrad*, Deutsche Rechtsgeschichte, Bd. 1, 1962, S. 50.

614 *von Amira*, Grundriss des germanischen Rechts, 1913, S. 238.

615 *Schmidt*, Einführung in die Geschichte der deutschen Strafrechtspflege, 1965, S. 31; ebenso *Conrad*, Deutsche Rechtsgeschichte, Bd. 1, 1962, S. 51; *von Amira*, Grundriss des germanischen Rechts, 1913, S. 238.

616 *Schmidt*, Einführung in die Geschichte der deutschen Strafrechtspflege, 1965, S. 21 ff. Zu den überholten Ansichten zur „Germanischen Ehrenstrafe" vgl. die Zusammenfassung bei *Weinrich*, Statusmindernde Nebenfolgen als Ehrenstrafe im Sanktionssystem des StGB, 2009, S. 83.

617 *Kaufmann*, Zur Lehre von der Friedlosigkeit im Germanischen Recht, in: Beiträge zur Rechtsgeschichte, Gedächtnisschrift für Hermann Conrad, 1979, S. 329 ff.; *Kroeschell*, Germanisches Recht als Forschungsproblem, in: Studien zum frühen und mittelalterlichen deutschen Recht, 1995, S. 65 (76 ff.).

618 *Sellert/Rüping*, Studien- und Quellenbuch zur Geschichte der deutschen Strafrechtspflege, Bd. 1, 1989, S. 55 f.

Obrigkeit mit entsprechendem Strafverfolgungsapparat ausgebildet hatten.[619] Folglich galt im Bereich des Strafrechts das Prinzip der Selbsthilfe unter Mitwirkung der Gemeinschaft (Fehdewesen).[620]

Die nach und nach erstarkende Obrigkeit versuchte das Fehdewesen zurückzudrängen und führte ab 600 n. Chr. ein Bußsystem ein, welches im Kern eine Geldleistung an den Geschädigten zum Gegenstand hatte (sog. Kompositionssystem).[621] In der Geldleistung sollte von da an die Sühneleistung des Schädigers gesehen werden. Über die Entwicklungen des Kompositionssystems berichten bereits früh die *Leges*.[622] Für jene Zeit lassen sich nicht nur Quellen finden, die das Kompositionssystem beschreiben, sondern auch solche, die ausdrücklich die Ehrenstrafe ansprechen. So enthält z. B. die *Constitutio de expeditione Beneventana* aus dem Jahr 866 n. Chr. die Regelung des Satteltragens als Ehrenstrafe:

> *„Wer sich erdreistet hat, ein Pferd, einen Ochsen, Lämmer oder Ferkel, Kleidungsstücke, Waffen oder andere bewegliche Sachen wegzutragen, der büße es nach dem Gesetz mit dem Dreifachen und der Freie mit der Ehrenstrafe, das heißt, er soll von seinen älteren Verwandten mit dem Sattel auf seinem Rücken vor uns* [her] *geschickt werden* [....].“[623]

Während im StGB 1968 und im römischen Recht die Ehrenstrafe als eine Beeinträchtigung bestimmter Rechte wahrgenommen wurde, bezeugt diese Quelle einen anderen Inhalt der Ehrenstrafe. Sie zeigt auf, dass diese Ehrenstrafe vielmehr darauf gerichtet war, den Straffälligen in der Gesellschaft vorzuführen. Das Satteltragen sollte sein Ehrgefühl negativ berühren. Im Ergebnis handelte es sich bei dieser Ausgestaltung der Ehrenstrafe um eine ehrenrührige oder demütigende

---

619 *Sellert/Rüping*, Studien- und Quellenbuch zur Geschichte der deutschen Strafrechtspflege, Bd. 1, 1989, S. 50 f.

620 *Sellert/Rüping*, Studien- und Quellenbuch zur Geschichte der deutschen Strafrechtspflege, Bd. 1, 1989, S. 55 f.; *Kroeschell*, Deutsche Rechtsgeschichte, Bd. 1, 2008, S. 35 f.

621 Zur Zurückdrängung des Fehdewesens und Entwicklung des Kompositionssystems *Schmidt*, Einführung in die Geschichte der deutschen Strafrechtspflege, 1965, S. 25 ff.; *Conrad*, Deutsche Rechtsgeschichte, Bd. 1, 1962, S. 170 ff.; *Kroeschell*, Deutsche Rechtsgeschichte, Bd. 1, 2008, S. 35 ff.

622 Vor nicht allzu langer Zeit auch noch als Stammesrechte und Volksrechte bezeichnet, vgl. *Kroeschell*, Deutsche Rechtsgeschichte, Bd. 1, 2008, S. 23; hinsichtlich der frühen Erwähnung in den Leges *Schmidt*, Einführung in die Geschichte der deutschen Strafrechtspflege, 1965, S. 25.

623 *Sellert/Rüping*, Studien- und Quellenbuch zur Geschichte der deutschen Strafrechtspflege, 1989, Bd. 1, S. 72, Quelle 15.

Ehrenstrafe, die im Kern darauf angelegt war, die Achtung der Gesellschaft, welche der Straffällige in der Regel vor seiner Missetat besaß, zu schmälern.[624]

In der folgenden Zeit bildeten sich Strafen mit einem demütigenden und schändlichen Charakter immer weiter aus. Diese Entwicklung stand im Zusammenhang mit der Entstehung der Leibes- und Lebenstrafen, den sog. peinlichen Strafen.

Einführung und Ausbreitung der peinlichen Strafen waren Folge der Gottes- und Landfrieden.[625] Die Gottes- und Landfrieden, welche dem Fehdewesen, insbesondere dem ritterlichen Fehdewesen sowie dem Raubrittertum, zu begegnen versuchten, sahen als Konsequenz eines Friedensbruches die peinliche Strafe vor[626] und verboten die bis dahin üblich gewordenen Bußzahlungen.[627]

Unter die Leibesstrafen fielen die Verstümmelungsstrafen sowie die „Strafen an Haut und Haar".[628] Letzteres war für weniger gewichtigere Taten wie kleinere Diebstähle, Beleidigungen, Schwören oder Fluchen vorgesehen und wurde durch Kahlscheren des Kopfes, Brandmarkung oder Prügelstrafe vollzogen.[629] Die Ausgestaltung der Verstümmelungsstrafen nahm im Laufe der Zeit an Grausamkeit und Unmenschlichkeit zu. Es zählten hierzu das Abschlagen von Händen, Füßen, Fingern, Ohren und Nase sowie das Herausreißen der Zunge, das Ausstechen der Augen und gelegentlich die Entmannung.[630]

In diesem Kontext ist auch die Herausbildung der Ehrenstrafe im Sinne der eben dargestellten demütigenden Ehrenstrafen (Satteltragen) zu sehen. Sie trat in der damaligen Zeit primär als eine demütigende oder schändliche (Leibes-) Strafe auf und äußerte sich beispielsweise im Tragen von Schandmasken und Schandsteinen, dem Halseisen, dem Prangerstehen und Eselreiten mit dem Kopf nach unten.[631] Durch diese Mittel waren die öffentliche Beschimpfung und die

---

624 *Sprecher*, Persönliche Ehre und Ehrenstrafe, in: Das Recht im kulturgeschichtlichen Wandel, 2002, S. 401 (407).

625 *Conrad*, Deutsche Rechtsgeschichte, Bd. 1, 1962, S. 438.

626 Übersicht über Gottes- und Landfrieden bei *His*, Das Strafrecht des deutschen Mittelalters, Teil 1, 1964, S. 2 ff.; *Schmidt*, Einführung in die Geschichte der deutschen Strafrechtspflege, 1965, S. 48 ff.

627 *Kroeschell*, Deutsche Rechtsgeschichte, Bd. 1, 2008, S. 211; *Eisenhardt*, Deutsche Rechtsgeschichte, 2013, Rn. 154 f.

628 *Conrad*, Deutsche Rechtsgeschichte, Bd. 1, 1962, S. 171.

629 *Schmidt*, Einführung in die Geschichte der deutschen Strafrechtspflege, 1965, S. 63; *Conrad*, Deutsche Rechtsgeschichte, Bd. 1, 1962, S. 171.

630 *Conrad*, Deutsche Rechtsgeschichte, Bd. 1, 1962, S. 171; *Schmidt*, Einführung in die Geschichte der deutschen Strafrechtspflege, 1965, S. 62 f.

631 *Wettlaufer*, Schand- und Ehrenstrafen des Spätmittelalters und der Frühneuzeit, in: DRW, Perspektiven, 2010, S. 265 ff. mit einer Einführung zu den hier relevanten

Herabsetzung des Straffälligen in der Gesellschaft beabsichtigt.[632] Rückblickend sind damit auch Aussagen über den sozialen Gebrauch des Schamgefühls in der damaligen Zeit möglich.[633]

c.) Fazit für den vorliegenden Zeitraum

Eine Ehrenstrafe im Sinne einer Rechtsbeeinträchtigung, wie sie zuletzt dem StGB 1968 bekannt war, konnte für die Frühzeit nicht ermittelt werden. Allerdings konnte der Anfang der schändlichen Ehrenstrafe aufgezeigt werden. Deren Ziel war es, die Achtung des Betroffenen in der Gesellschaft zu minimieren oder gar zu beseitigen. Sie wurde in der Öffentlichkeit häufig durch eine physische Einwirkung mittels Gegenständen auf den Straffälligen vollzogen.

3. Wende vom Hochmittelalter zum Spätmittelalter

Im Hochmittelalter, gemeint ist der Zeitraum zwischen ca. 1200 und 1300, vollzog sich in der Rechtswissenschaft ein wahrnehmbarer Wandel.[634] Ein wesentlicher Grund hierfür war die Juristenausbildung, die ihren maßgeblichen Anfang in Bologna nahm. Die Juristen des Reiches studierten an dieser berühmten Rechtsschule und brachten das dort gelehrte Recht an ihren Heimatort. Das römische Recht und das einheimische Partikularrecht gelangten auf diesem Weg

---

Anfängen der Schandstrafen. *Wettlaufer* differenziert nach den Schandstrafen der Niedergerichtsbarkeit, die nur kurzweilig ehrenmindernd wirkten, und der Schandstrafe der Hochgerichtsbarkeit wie Pranger und Brandmarkung, die zu einem nachhaltigen Ausschluss aus der Gesellschaft führen konnten und zu einer sozialen und wirtschaftlichen Einbuße des Betroffenen führten. Der Autor bezeichnet diese langanhaltende Folge als „dauerhafte Infamie". Ähnlich *Holzer*, Verlust der bürgerlichen Ehrenrechte, 1913, S. 6; er führte gleichfalls an, dass die demütigenden Strafen/Schandstrafen keine infamierende Wirkung hatten. Folglich nahmen sie keinen Einfluss auf die bürgerliche Ehre, sondern sollten nur eine Kränkung des Betroffenen herbeiführen. Für die in Bayern üblichen Schandstrafen des 17. Jahrhunderts, s. *Knott*, Bei der Ehre gepackt, 2006, S. 28 ff.

632 *Schmidt*, Einführung in die Geschichte der deutschen Strafrechtspflege, 1965, S. 64; *Conrad*, Deutsche Rechtsgeschichte, Bd. 1, 1962, S. 441; *His*, Das Strafrecht des deutschen Mittelalters, Teil 1, 1964, S. 569. Besondere Betrachtung des Strafzwecks der Ehren- und Schandstrafen, *Wettlaufer*, Schand- und Ehrenstrafen des Spätmittelalters und der Frühneuzeit, in: DRW, Perspektiven, 2010, S. 265 ff.

633 *Wettlaufer*, Schand- und Ehrenstrafen des Spätmittelalters und der Frühneuzeit, in: DRW, Perspektiven, 2010, S. 265 (266).

634 *Schlosser*, Grundzüge der Neueren Privatrechtsgeschichte, 2005, S. 36; *Kroeschell*, Deutsche Rechtsgeschichte, Bd. 1, 2008, S. 260.

in Kontakt.[635] Bei der Betrachtung der Quellen jener Umbruchszeit ist dieser Umstand zu berücksichtigen.

a.) Sachsenspiegel

Der Sachsenspiegel (Ssp.),[636] etwa zwischen 1221 und 1224 von Eike von Repgow verfasst,[637] gilt als das bedeutendste Rechtsbuch des Hochmittelalters.[638] Es fand weite Verbreitung in Norddeutschland und Osteuropa und war z. B. in den Regionen Lauenburg, Holstein, Anhalt und in thüringischen Kleinstaaten bis zum Inkrafttreten des BGB als „subsidiäre Hauptquelle“ in Gebrauch.[639] Man geht heute davon aus, dass das gespiegelte Recht weitgehend frei vom gelehrten römischen Recht ist und das Rechtsbuch somit das einheimische sächsische Recht wiedergibt. Gleichwohl hat das sächsische Recht Berührung mit dem römischen und kanonischen Recht erfahren, wie man heute weiß.[640] Dennoch

---

635 Die erste Aufnahme des römischen Rechts wird stellenweise auch als „Frührezeption“ bezeichnet. Die Frührezeption galt als Wegbereiter der „Vollrezeption“, die durch die Reichskammergerichtsordnung von 1495 ihren Höhepunkt fand. Vgl. *Kiefner*, Art. „Rezeption (privatrechtlich)“, HRG, Bd. IV, 1990, Sp. 970-984. Hierzu weiter unten ausführlicher.

636 Die hochdeutsche Übersetzung von *Kaller*, Der Sachsenspiegel, 2002; daneben in mitteldeutscher Mundart, die Edition von *Ebel*, Sachsenspiegel, 2005.

637 *Ebel*, Art. „Sachsenspiegel“, HRG, Bd. IV, 1990, Sp. 1228-1237. Der Verfasser schaffte mit dem Sachsenspielgel kein neues Recht, sondern zeichnete das bestehende Recht auf. Eike von Repgow gilt als gottesfürchtiger Mensch und sah den Ursprung des Rechts in Gott. Vgl. zur Person Eike von Repgow: *Kleinheyer/Schröder*, Deutsche und Europäische Juristen aus neun Jahrhunderten, 2008, S. 128–131.

638 Einführend *Ebel*, Art. „Sachsenspiegel“, HRG, Bd. IV, 1990, Sp. 1228-1237; *Lück/Schymalla*, Über den Sachsenspiegel, 2005; *Schroeder*, Vom Sachsenspiegel zum Grundgesetz, 2011, S. 5 ff.; S. auch *Kisch*, Sachsenspiegel-Bibliographie, ZRG (GA) 90, S. 73 ff.

639 *Schroeder*, Vom Sachsenspiegel zum Grundgesetz, 2011, S. 17.

640 *Coing*, Römisches Recht in Deutschland, in: IRMAE V, 6), 1964, S. 109 f.; *Lück*, Römisches und kanonisches Recht in der Dresdner Bilderhandschrift des Sachsenspiegels, 2006, S. 235 (237). Vgl. hierzu Ssp. II 63, § 1: „Es kann kein Weib Fürsprecher sein noch ohne Vormund klagen; das verlor ihnen allen Calefurnia, die sich vor dem Königsgericht aus Zorn übel gebärdete, da ihr Wille ohne Fürsprecher nicht durchdringen mochte“. Dieses Fürsprechverbot stammt aus dem römischen Recht. In D. 3,1,1,5 heißt es hierzu, dass man dies seit Carfania, „eine[r] höchst unverschämte[n] Frauenperson“, einführte.

spricht man nicht von einem „Einfluss“ oder einer „Aufnahme“ (sog. Rezeption[641]) des römischen Rechts, wie es das deutsche Recht in der Folgezeit erfahren hat.[642]

Das Rechtsbuch[643] gibt heute Aufschlüsse darüber, in welchem Rechtsrahmen und in welcher gesellschaftlichen Ordnung die Menschen lebten.[644] Die mittelalterliche Gesellschaft war durchdrungen von einer ständisch geprägten Denkweise. Selbst Menschen, die an den Rand der Gesellschaft gedrängt waren, hatten so dennoch ihren Platz in der Gemeinschaft erhalten.[645] Die Stelle Ssp. III 45, die Regelungen zur Buße und zum Wergeld[646] enthält, gibt heute Auskunft über die damalige ständische Ordnung, indem sie unterschiedliche Höhen des Wergeldes beispielsweise für Fürsten, freie Leute oder Zinsbauern angibt. Kaufleute sind in dieser Regelung nicht namentlich erwähnt, weswegen man vermuten darf, dass dem Stand der Kaufleute – zumindest im Sachsenspiegel – keine besondere Bedeutung zukam. Gleichwohl kennt das Rechtsbuch die Kaufleute. Allerdings ist ihre Stellung eher negativ behaftet, wofür das Lehensrecht des Sachsenspiegels sprechen könnte. Dort heißt es in Art. 2 § 1, dass Pfarrer, Frauen, Dörfler und Kaufleute sowie alle, die ohne Rechte oder unecht[647] geboren sind, kein Lehensrecht haben können.[648]

---

641 Ausführlich zur sog. Rezeption unten Kap. 5, A. II. 4.

642 *Kannowski*, Der Sachsenspiegel und die Buch'sche Glosse, in: Leges – Gentes – Regna, 2006, S. 503 (504 ff.). Zur sog. Rezeption des römischen Rechts s. ausführlich unten Kap. 5, A. II. 4.

643 Einen aktuellen Überblick über die ältesten Überlieferungen des Sachsenspiegels gibt *Bertelsmeier-Kierst*, Zur ältesten Überlieferung des Sachsenspiegels, in: Buchholz/Lück (Hrsg.), Worte des Rechts – Wörter zur Rechtsgeschichte, 2007, S. 56 ff.

644 Zur Frage, was für eine „Rechtsordnung“ (göttliche oder staatliche) zur Zeit des Sachsenspiegels vorhanden gewesen sein könnte, s. *Schild*, „Ungerichte“ oder „Verbrechen“, in: Buchholz/Lück (Hrsg.), Worte des Rechts – Wörter zur Rechtsgeschichte, 2007, S. 297 ff.

645 *Scheele*, Spillute … di sint alle rechtelos, in: Der Sachsenspiegel als Buch, 1991, S. 315 (320).

646 Wergeld bezeichnet eine Geldbuße für die Tötung oder Verletzung eines Menschen. Der Täter, der diese Geldleistung erbrachte, konnte damit die Rache der Sippe oder Familie abwenden. Vgl. *Grimm*, Deutsches Wörterbuch, 1960, Stichwort „Wergeld“.

647 *Ebel* (Hrsg.), Sachsenspiegel, 2005, Glossar, Stichwort „unecht“: „unehelich“, „rechtsunfähig“.

648 Art. 2 § 1 „Papen unde wif, dorpere, koplude, une alle de rechtes darvet oder unecht geboren sint, unde alle de nicht ne sin van ridders art van vader unde van eldervader, de scolen lenrechtes darven.“; aus *Eckhardt*, Das Lehnrecht des Sachsenspiegels, Bd. 15, 1956.

Untersucht man den Sachsenspiegel auf Ehrenstrafen,[649] so zeigt sich die Verwendung verschiedener Begriffe, die im Zusammenhang mit der Ehre stehen.

aa.) Ehrverlust – Ehrlosigkeit – Rechtlosigkeit

Die Quelle berichtet von diversen Strafarten. Beispielsweise bezeugt der Sachsenspiegel verschiedene Varianten der Todesstrafe und die Leibesstrafen sowie Strafen, die zu Haut und Haar gehen. Letztere Strafen wurden für leichtere Strafhandlungen verhängt. Den Begriff der Ehrenstrafe als solchen verwendet der Sachsenspiegel im Landrecht nicht. Er bestimmte aber den Verlust der Ehre. Der „Ehrverlust" drohte demjenigen, der „treulos oder heeresflüchtig aus des Reiches Dienst überführt"[650] wurde. Neben dem Ehrverlust bezeugt das Rechtsbuch ferner die „Ehrlosigkeit". So wurde der Dieb, der einen Gegenstand stahl, dessen Wert unter drei Schilling lag, nicht nur zu Haut und Haar gerichtet, sondern auch ehrlos und rechtlos.[651] Ehrlos und rechtlos blieb auch der verurteilte leibeigene Mann, auch wenn dessen Herr die Unschuld seines Leibeigenen beschwor.[652]

Es zeigt sich, dass die Ehrlosigkeit gemeinsam mit dem Begriff der „Rechtlosigkeit" auftritt. Während die Kombination von Ehr- und Rechtlosigkeit im Sachsenspielgel nur zweimal Verwendung findet, ist die Rechtlosigkeit ein häufig vorkommender Begriff. Der Sachsenspiegel erklärt für rechtlos: den Berufskämpfer und seine Kinder, Spielleute und unecht[653] Geborene;[654] ferner den Dieb und den Räuber[655] und den in Reiches Acht (Oberacht) Gelegten[656] sowie denjenigen, der sich von seiner Strafe freikaufte.[657] Ferner wird in der Literatur zum Sachsenspiegel angegeben, dass eine Ehr- und Rechtlosigkeit auch denjenigen traf, der „zu einer mit Berührung von Henkershand verbundenen Strafe" oder zu einer entehrenden Strafe verurteilt wurde.[658] Dem Sachsenspiegel konnte das

649 Allgemein zum Strafrecht des Sachsenspiegels, vgl. *Hälschner*, Geschichte des Brandenburgisch-Preußischen Strafrechts, 1855, S. 32 ff.; *Friese*, Das Strafrecht des Sachsenspiegels, 1898.
650 Ssp. I 40, Übersetzung bei *Kaller*.
651 Ssp. II 13.
652 Ssp. II, 19 § 2.
653 Fn. 647.
654 Ssp. I 38 § 1.
655 Ssp. I 38 § 1.
656 Ssp. I 38 § 2.
657 Ssp. I 65 § 2.
658 *Friese*, Das Strafrecht des Sachsenspiegels, 1898, S. 208.

nicht ohne Weiteres entnommen werden, zumal das Rechtsbuch den Henkersberuf noch gar nicht gekannt haben soll.[659]

bb.) Folgen von Ehrverlust – Ehrlosigkeit – Rechtlosigkeit

Folgen der Ehrlosigkeit nennt der Sachsenspiegel nicht. Dahingegen besagt er, dass Rechtlose grundsätzlich keinen Vormund haben sollen.[660] Der Vormund muss zur Zeit des Sachsenspiegels im Zusammenhang mit dem Kampf gesehen werden, der elementarer Bestandteil des gesellschaftlichen Lebens war. So wurde ein Täter durch einen gewonnen Zweikampf wieder frei; verlor er hingegen den Zweikampf, so konnte dies seinen Tod bedeuten. Wer nicht kämpfen konnte, wie Frauen, Verwundete und Gebrechliche,[661] bedurften eines Kampfvormundes (durch sog. Berufskämpfer), der für sie den Zweikampf bestritt.[662]

Der Literatur nach[663] sollen weitere Folgen der Rechtlosigkeit die Unfähigkeit der Ernennung zum Richter, Fronboten, Schöffen, Urteilsfinder, Zeugen, Eideshelfer, Fürsprecher und Gerichtsboten gewesen sein sowie die Unfähigkeit zur Bekleidung gewisser öffentlicher Stellungen und Ämter. Diese Folgen benennt das Landrecht des Sachsenspiegels nicht ausdrücklich. Vielmehr werden diese rechtlichen Konsequenzen unter Berufung auf andere Rechtsgelehrte und mit Verweis auf allgemeine Grundsätze hergeleitet.[664] Auf der Grundlage dieser in der Literatur angegebenen weitergehenden Folgen der Rechtlosigkeit wurde die Ansicht vertreten, dass die

---

659 *Friese*, Das Strafrecht des Sachsenspiegels, 1898, S. 155. Überraschend ist, dass Friese die Rechtlosigkeit aufgrund der Berührung von Henkershand nannte, aber an anderer Stelle angab, dass der Sachsenspiegel den Henkersberuf nicht gekannt habe und dann weiter ausführte, dass der Beruf des Henkers damals noch gar nicht anrüchig war. Vgl. *Friese*, S. 115, Anm. 17; *Holzer*, Verlust der bürgerlichen Ehrenrechte, 1913, S. 6 verweist auf *Quanter*, der wiederum überhaupt keine Quellen angibt. Ferner führt Holzer den Grund der Ehrlosigkeit nicht auf die Person des Henkers zurück, sondern sieht den Henker als Indiz für die Schwere der Tat, der eine schwere Strafe folgte. Schwere Strafen sollen nur vom Henker vollzogen worden sein.

660 Ssp. III 16 § 2 „Rechtlose Leut sollen keinen Vormund haben“; Ssp. I 48 „Alle die uneheliche geboren sind oder sich rechtlos gemacht haben, die können keinen Vormund haben bei ihrer Klage noch bei ihrem Kampfe.“

661 S. die Stellen Ssp. I 43, 48, 49.

662 Zum Kampf und Kampfvormund, s. *Hirsch*, Der Sachsenspiegel, 1936, S. 319.

663 *Friese*, Das Strafrecht des Sachsenspiegels, 1898, S. 213, mit Verweis auf weitere Literaturangaben.

664 *Friese*, Das Strafrecht des Sachsenspiegels, 1898, S. 213, Fn. 17 mit Hinweise auf *Planck*, Das deutsche Gerichtsverfahren im Mittelalter, Bd. 1, 1879, S. 172 ff.

Rechtlosigkeit einer Gerichtsunfähigkeit, zumindest einem Mangel an vollkommener Gerichtsfähigkeit gleichkomme.[665] Diese Ansicht scheint man in diversen Ausgaben des Sachsenspiegels zu teilen. Beispielsweise übersetzt *Kaller* in seiner neuhochdeutschen Übersetzung des Sachsenspiegels den Begriff „rechtlos" an den meisten Stellen mit „gerichtsunfähig".[666] Auch der von *Eckhardt* zuvor herausgegebene Sachsenspiegel gibt in seinem Anhang für den Begriff „rechtelos" die Übersetzung „gerichtsunfähig" an.[667] Dadurch gewinnt der Begriff einen inhaltlichen Ausbau: Während der Begriff „rechtelos" sehr weitläufig, allgemein ist und die Konsequenzen der Rechtlosigkeit ohne Lektüre des Rechtsbuchs nicht deutlich werden, so verhält es sich bei der Gerichtsunfähigkeit anders. Der Begriff allein drückt bereits nach heutigem Verständnis eine konkrete Rechtsminderung aus. Zur Begründung für die Übersetzung von „rechtelos" mit „gerichtsunfähig" wird angeführt, der Begriff „Recht" finde sich im Sachsenspiegel häufig für „Gericht".[668]

Die Quelle berichtet nicht nur von Ehrverlust und der Ehr- und Rechtlosigkeit, sondern sie zeigt auch auf, dass zu jener Zeit eine bestimmte Folge nur eintreten konnte, wenn eine Person im Besitz seiner Rechte war. So beschreibt das Landrecht in III 54, 4, dass nur König werden konnte, der unter anderem „*sin recht ouch behalden habe*". Eine Anknüpfung an den Bestand von Rechten nahm auch das Lehnsrecht in Art. 2 § 1 vor, indem es denjenigen das Recht auf ein Lehen, also die Lehensfähigkeit absprach, die ohne Rechte waren.

Zusammenfassend kann festgehalten werden, dass die Quelle zwar nicht ausdrücklich Ehrenstrafen benennt, sie dennoch in einem bestimmten Fall den Verlust der Ehre ausspricht und auch Handlungen angibt, die zur Ehr- und Rechtlosigkeit führten. Für die Aussage, dass die Ehrlosigkeit dem Vollzug einer Strafe durch den Henker folgte, konnte im Sachsenspiegel kein Beleg gefunden werden, obwohl in der Literatur auf diesen Umstand hingewiesen wird.[669] Im Sachsenspiegel war die Rechtlosigkeit bedeutender. An sie wurden nachweislich Rechtsfolgen angeknüpft. Daneben ergaben sich aus der Literatur weitergehende Rechtsfolgen. Diese Rechtsfolgen äußerten sich in einer geminderten gerichtlichen Rechtsstellung (u. a. in der Unfähigkeit, als Richter, Zeuge, Eideshelfer oder Fürsprecher berufen zu werden) und ähneln damit teilweise den Rechtsfolgen der römischen Infamie.

---

665 *Friese*, Das Strafrecht des Sachsenspiegels, 1898, S. 215.

666 *Kaller*, Sachsenspiegel, 2002, Glossar, Stichwort „rechtlos".

667 *Eckhardt*, Das Lehnrecht des Sachsenspiegels, Bd. 15, 1956, S. 82.

668 *Friese*, Das Strafrecht des Sachsenspiegels, 1898, S. 215, Fn. 26.

669 *Sprecher*, Persönliche Ehre und Ehrenstrafe, in: Das Recht im kulturgeschichtlichen Wandel, 2002, S. 401 (412); *Friese*, Das Strafrecht des Sachsenspiegels, 1898, S. 155 sowie die Anmerkungen oben in Fn. 659.

b.) Mainzer Reichslandfrieden

Bereits bei der Darstellung der Ausbildung der peinlichen Strafen (vgl. Kap. 5, A. II. 2. c.)) wurde auf die Gottes- und Landfrieden sowie ihre Zielsetzung hingewiesen.[670] Im Kontext des Sachsenspiegels ist vor allem der Mainzer Reichslandfrieden[671] vom 15. August 1235 bedeutsam,[672] welcher von Kaiser Friedrich II. erlassen wurde und heute als der bedeutendste mittelalterliche Landfrieden gilt. Das Kaisergesetz beabsichtigte u. a., das Selbsthilferecht zurückzudrängen, indem es auf die gerichtliche Konfliktlösung setzte und hierzu die Stellung des Richters stärkte. Neben den Bestimmungen zum Gerichtswesen enthielt der Mainzer Reichslandfrieden strafrechtliche Bestimmungen sowie Regelungen zum Münz- und Verkehrswesen.

Die Quelle[673] zeugt an mehreren Stellen von der Verwendung der Formulierung „ehrlos und rechtlos", wie sie bereits aus dem – nach gegenwärtigem Forschungsstand geringfügig älteren – Sachsenspiegel bekannt ist. Als ehr- und rechtlos galt oder wurde als solcher erklärt, wer den Friedensbruch[674] oder einen Bruch eines richterlich geschlossenen Friedensvertrags[675] beging, als Sohn

670 Zur geistigen Grundlage der Landfriedensbewegung s. *Gernhuber*, Die Landfriedensbewegung in Deutschland bis zum Mainzer Reichslandfrieden von 1235, 1952, S. 3–17.

671 Der Begriff des „Reichslandfriedens" ist in der Literatur geläufig, wobei der Begriff des „Landfriedens" erst ab 1495 in den Quellen auftaucht. Vgl. *Kroeschell*, Deutsche Rechtsgeschichte, Bd. 1, 2008, S. 198 f.

672 Zum Folgenden *Eisenhardt*, Deutsche Rechtsgeschichte, 2013, Rn. 155; *Willoweit*, Deutsche Verfassungsgeschichte, 2013, S. 77 f.; *Buschmann*, Art. „Mainzer Reichslandfriede", HRG, 21. Lieferung, 2015, Sp. 1186-1191.

673 Die hier verwendete Fassung des Mainzer Reichslandfriedens ist abgedruckt in: *Weinrich*, Quellen zur deutschen Verfassungs-, Wirtschafts- und Sozialgeschichte bis 1250, Bd. 32, 1977, S. 463 ff. Die in diesem Abschnitt zitierten Stellen stammen aus *Weinrich.*

674 § 3: „Wenn durch jemandes gewaltsamen Tod Handfrieden verletzt wurde und ein Verwandter des Getöteten den Beweis nach der genannten Form antritt, soll der überführte Friedensbrecher ‚ehrlos' und ‚rechtlos' sein."

675 § 6 handelt davon, dass vor dem Richter eine Art Friedensvertrag geschlossen wird. Wird dieser Vertrag gebrochen, soll der Richter „den Gesetzesbrecher entweder selbst oder durch einen Boten vorladen, und wenn der Gesetzesbrecher nach seiner Vorführung deswegen nicht [...] seine Unschuld beteuert, daß er eben nicht gegen dieses Gesetz gehandelt hat, soll er ewige Strafe unterliegen – was man ‚ehrenlos und rechtlos' nennt."

Tötungsabsicht gegenüber dem Vater hegte,[676] als Dritter den Sohn bei der Tötung des Vaters unterstütze[677] sowie der Zweikämpfer, der nicht innerhalb der gesetzten Frist seine Unschuld bewies.[678]

Der Mainzer Reichslandfriede wurde sowohl in deutscher als auch in lateinischer Sprache verfasst.[679] In der mittelhochdeutschen Fassung wurde die Formulierung „elos un rehtlos" verwendet und dabei durch die Erklärung ergänzt „also daz er niemer muge wid'rchomen zu sinem rehte".[680] Interessant ist der Vergleich mit der lateinischen Fassung. Darin wurde gleichfalls die Formulierung „erenlos et rehtlos" sowie „erenlos unde rehtlos" verwendet. Die Verwendung des deutschen Begriffspaars in der lateinischen Fassung ist auffällig. Es könnte dafür sprechen, dass das „ehrlos und rechtlos" allein dem deutschen Rechtsverständnis entspringt und damit keine Verbindung zum römischen Recht, mithin zur *infamia* und ihren rechtsmindernden Folgen aufweist. Diese Vermutung wird von § 18 des Mainzer Reichlandfriedens (Unterstützung des Sohnes durch Dritte bei der Tötung des Vaters) untermauert, da diese Stelle die Ehr- und Rechtlosigkeit und daneben die Infamie nennt: „*…vulgo dicitur erenlos et rehtlos, perpetuo-cum infamie* [sic] *nota subiaceant ipso iure*".[681] Das spricht einerseits für einen unterschiedlichen Kerngehalt, andererseits für das Aufkommen – oder auch die

---

676 § 16: „Der Sohn aber, der den Tod seines Vaters arglistig plant oder gewaltsam durch Verwundung oder Verhaftung gegen ihn seine Hand erhebt, – wenn er dessen vor seinem Richter überführt wird, so soll er […] alles Recht zu irgendwelcher rechtmäßigen Handlung ohne weiteres für immer und ewig verlieren – was man gemeinhin ‚ehrlos' und ‚rechtlos' nennt […]."

677 § 18: „Die Dienstmannen aber und seine Leute hörigen Standes, mit deren Rat und Hilfe der Sohn eines der vorgenannten Verbrechen durchgeführt hat, sollen, wenn sie vor seinem Richter oben angegebener Form gemäß vom Vater überführt werden, für immer und ewig mit dem Makel des Verrufs der oben genannten Strafe – was man gemeinhin ‚ehrlos' und ‚rechtlos' nennt – unterliegen, und zwar ohne weiteres […]."

678 § 24: „Ferner: Ganz gleich, wer von einem zum Zweikampf herausgefordert wird wegen Hochverrats, so als hätte er mit Rat und Hilfe gegen Uns oder das Reich einen Verschwörung versucht –, wenn er nach zuvor erlangter rechtmäßiger Frist nicht erscheint, um seine Unschuld zu beweisen, so wird er durch Unsren Spruch als ‚ehrlos' und ‚rechtlos' verurteilt. Ebenso bei Heimtücke und Totschlag – was man ‚Mord' nennt."

679 Dazu *Buschmann*, Art. „Mainzer Reichslandfrieden", HRG, 21. Lieferung, 2015, Sp. 1186-1191.

680 S. *Weinrich*, Quellen zur deutschen Verfassungs-, Wirtschafts- und Sozialgeschichte bis 1250, Bd. 32, 1977, S. 469, Anmerkungen zu § 6. Die Stelle ist dort wie folgt übersetzt: „Als dass er nimmer zu seinen Rechte kommen möge." S. auch Fn. 675.

681 „[…] für immer und ewig mit dem Makel des Verrufs […] unterliegen." S. auch Fn. 677.

Übernahme – eines Verständnisses der römischen Infamie. Mögliche Rechtsfolgen der Ehr- und Rechtlosigkeit gibt der Mainzer Reichslandfrieden allerdings nicht an.

c.) Fazit für den vorliegenden Zeitraum

Der Sachsenspiegel belegt Tatbestände, die zu einer Ehr- und Rechtlosigkeit führten. Die Folge der Rechtlosigkeit war eine eingeschränkte Rechtsposition. Dem Rechtlosen wurde der Vormund sowie die Lehns- und Königsfähigkeit verweigert. Eine weitere Auslegung unter Zugrundelegung bestimmter Grundprinzipien sah zudem als Rechtsfolge der Rechtlosigkeit eine geminderte Rechtsstellung in Gerichtsangelegenheiten vor. Nur nach dieser weiteren Auslegung sind Gemeinsamkeiten zwischen den Folgen der Rechtlosigkeit des Sachsenspiegels und den Folgen der römischen Infamie erkennbar.

Die Untersuchung des Mainzer Reichslandfriedens zeigte das Nebeneinander von „erenlos unde rehtlos" einerseits und der *infamia* anderseits. Das spricht zum einen dafür, dass mit der Ehr- und Rechtlosigkeit eine „einheimische" Ehrenstrafe vorhanden war und könnte zum anderen auch für eine aufgekommene Koexistenz der einheimischen und der römischen Ehrenstrafe sprechen.

4. Wende vom Mittelalter zur Neuzeit

Für gewöhnlich werden die Entdeckung Amerikas sowie die durch Martin Luther angestoßene Reformation als Marksteine für die Beendigung des Mittelalters und den Beginn einer neuen Zeit,[682] der sog. Neuzeit,[683] angeführt. Diese Ereignisse sowie die naturwissenschaftlichen Erforschungen führten bei den Menschen zu einer veränderten Wahrnehmung der Welt, der gesellschaftlichen Struktur und der eigenen Person. In der rechtsgeschichtlichen Wissenschaft geht mit der Wende vom Mittelalter zur Neuzeit gemeinhin der Höhepunkt der Aufnahme des römischen Rechts im deutschen Rechtsraum einher.

---

682 Hierzu und zum Folgenden *Wesel*, Geschichte des Rechts, 2014, S. 343.

683 Der Begriff Neuzeit, der in älterer Literatur gängig war, s. bspw. *Conrad*, Deutsche Rechtsgeschichte, Bd. 2, 1966, S. 3 ff. und *Mitteis/Lieberich*, Deutsche Rechtsgeschichte, 1992, S. 311, wo von „frühe Neuzeit" gesprochen wird, wird hier als Arbeitsbegriff verwendet. In aktueller Literatur wird versucht, den Begriff weitgehend zu vermeiden. Zum Problem der Periodisierung s. oben Fn. 598.

Betrachtet man die damaligen Rechtsquellen des deutschen Rechtsraums, fallen die vielen Reichsgesetze auf, worunter der sog. Ewige Landfrieden[684] eine bedeutende Stellung einnimmt. Dieser wurde auf dem Reichstag zu Worms mit dem Ziel erlassen, die Fehde auf immer zu beseitigen.[685] Die Durchsetzung dieses Ziels wurde zur Aufgabe des Reichskammergerichts erklärt, welches durch die Reichskammergerichtsordnung 1495 errichtet wurde und welches als Beleg für den Höhepunkt der Aufnahme des römischen Rechts im deutschen Rechtsraum angeführt wird,[686] da § 3 der Gerichtsordnung den Richtern auferlegt *„nach des Reichs gemainen Rechten, auch nach redlichen, erbern und leidlichen Ordnungen, Statuten und Gewohnheiten […] zu richten […]*". Damit hatten die Richter römisches Recht anzuwenden. Anstatt von der „Aufnahme des römischen Rechts" zu sprechen, wird auch von der „Rezeption des römischen Rechts" gesprochen, wenn auch ungern, und daher auch zunehmend weniger, da der Begriff die Vielschichtigkeit des Prozesses nicht ausreichend zum Ausdruck bringt.[687] Trotz der ablehnenden Haltung gegenüber dem Begriff Rezeption wird er gleichwohl in der Rechtswissenschaft als Arbeitsbegriff benutzt,[688] da er im Kern die Aufnahme eines fremden Rechts beschreibt.[689]

---

684 Abgedruckt bei *Zeumer*, Quellensammlung zur Geschichte der Deutschen Reichsverfassung in Mittelalter und Neuzeit, 1904, S. 225 ff.

685 *Conrad*, Deutsche Rechtsgeschichte, Bd. 2, 1966, S. 4 ff.; *Carl*, Art. „Landfrieden", HRG, 2014, Sp. 483-505; *Eisenhardt*, Deutsche Rechtsgeschichte, 2013, Rn. 116 f.; *Stobbe*, Geschichte der deutschen Rechtsquellen, Bd. 1, 2. Abteilung, 1864, S. 189 f.

686 *Schlosser*, Grundzüge der neueren Privatrechtsgeschichte, 2005, S. 5; ausführlich hierzu *Trusen*, Anfänge des gelehrten Rechts in Deutschland, 1962, S. 236.

687 Kritische Betrachtung der Rezeption einführend bei *Schlosser*, Grundzüge der neueren Privatrechtsgeschichte, 2005, S. 4 ff.; ausführlich zur Aufnahme des römischen Rechts s. die maßgebliche Arbeit von *Trusen*, Anfänge des gelehrten Rechts in Deutschland, 1962, S. 2 f.

688 *Sellert*, Zur Rezeption des römischen und kanonischen Rechts in Deutschland, in: *Boockmann* u. a. (Hrsg.), Recht und Verfassung im Übergang vom Mittelalter zur Neuzeit, 1998, S. 113–166 (117).

689 Zur grundsätzlichen Frage, was Rezeption ist und was sie bedeuten kann, s. *Hattenhauer*, Die geistesgeschichtlichen Grundlagen des deutschen Rechts, 1996, Rn. 135 ff. Zur Einteilung der Rezeption (wenn auch nicht einhellig) in die Phasen der Früh-, Voll- und Nachrezeption s. vertiefend *Sellert*, Zur Rezeption des römischen und kanonischen Rechts in Deutschland, in: *Boockmann* u. a. (Hrsg.), Recht und Verfassung im Übergang vom Mittelalter zur Neuzeit, 1998, S. 113–166 (118); *Eisenhardt*, Deutsche Rechtsgeschichte, 2013, Rn. 212; *Coing*, Römisches Recht in Deutschland, in: IRMAE V, 6), 1964, S. 45; Trusen spricht bspw. von „Frührezeption" und „Hauptphase der Rezeption", *Trusen*, Anfänge des gelehrten Rechts in Deutschland, 1962, S. 2 und 237; a. A. *Schlosser*, Grundzüge der neueren Privatrechtsgeschichte, 2005,

Am Anfang dieser geschichtlichen und rechtlichen Wendezeit stehen für diese Arbeit hinsichtlich der Ehrenstrafe drei wichtige Gesetzeswerke: die Bambergische Halsgerichtsordnung von 1507,[690] die peinliche Gerichtsordnung Karl V. von 1532[691] sowie die Reichspolizeiordnungen aus den Jahren 1530, 1548 und 1577.[692] Gegenstand dieser Ordnungen sind strafprozessuale und strafrechtliche Normen, wobei diese Aussage nicht uneingeschränkt für die Reichspolizeiordnungen gilt. Auf ihren besonderen Charakter wird gleich näher einzugehen sein.

Die strafrechtlichen Rechtsquellen um das Jahr 1500 waren von einzelnen Territorien und Städten erlassen worden und bauten dabei jeweils auf den

---

S. 59. Zur Ansicht, wonach nicht nur materielles (römisches) Recht, sondern auch die wissenschaftliche Methode übernommen wurde und somit die Rezeption zur Verwissenschaftlichung des deutschen Rechtswesens führte s. *Sellert*, Zur Rezeption des römischen und kanonischen Rechts in Deutschland, in: *Boockmann* u. a. (Hrsg.), Recht und Verfassung im Übergang vom Mittelalter zur Neuzeit, 1998, S. 113–166 (144 f.); *Trusen*, Anfänge des gelehrten Rechts in Deutschland, 1962, S. 3; *Wieacker*, Privatrechtsgeschichte der Neuzeit, 1967, S. 132; *Horn* in: Handbuch Privatrechtsgeschichte, Bd. I, 1973, S. 283.

690 Einleitend *Dölemeyer*, Art. „Bayrische Kodifikationen des Naturrechtszeitalters", HRG, Bd. I, 2008, Sp. 478-480; *Brunnenmeister*, Die Quellen der Bambergensis, 1879; *von Hippel*, Deutsches Strafrecht, Bd. 1, 1925, S. 171 ff.; ebenfalls zur Entstehung und zur geistigen Ausrichtung der Bambergensis s. *Wolf*, Johann Freiherr von Schwarzenberg, in: Schroeder (Hrsg.), Die Carolina, 1986, S. 120, insb. S. 136 ff.; *von Bar*, Handbuch des deutschen Strafrechts, Bd. 1, 1882, S. 117 ff.

691 Einleitend *Lieberwirth*, Art. „Constitutio Criminalis Carolina", HRG, Bd. I, 2008, Sp. 885-890; zur Entstehung der Carolina und den Materialien vgl. *Güterbock*, Die Entstehungsgeschichte der Carolina auf Grund archivalischer Forschungen und neu aufgefundener Entwürfe, 1876; zur Vertiefung s. die verschiedenen Beiträge in *Schroeder* (Hrsg.), Die Carolina, Die peinliche Halsgerichtsordnung Kaiser Karls V. von 1532, 1986 sowie die Beiträge in *Landau/Schroeder* (Hrsg.), Strafrecht, Strafprozess und Rezeption, Grundlagen, Entwicklung und Wirkung der Constitutio Criminalis Carolina, 1984; s. ferner die umfangreichen bibliographischen Hinweise bei *Schroeder* (Hrsg.), Die Peinliche Gerichtsordnung Kaiser Karls V., 2000, S. 198 ff.

692 Einleitend *Schmelzeisen*, Art. „Polizeiordnungen", HRG, Bd. III, 1984, Sp. 1803-1808; *von Hippel*, Deutsches Strafrecht, Bd. 1, 1925, S. 213 ff.; *Stobbe*, Geschichte der deutschen Rechtsquellen, Bd. 1, 2. Abteilung, 1864, S. 200 ff.

regionalen Gewohnheiten auf.[693] Folglich war kein einheitliches Strafrecht für das Heilige Römische Reich (auch als sog. Altes Reich für den Zeitraum ab 1500-1800 bezeichnet[694] und im Folgenden auch in diesem Sinne verwendet) vorhanden.[695] Daraus ergab sich auch teilweise der Anlass zur Strafgesetzgebung: Die Rechtszersplitterung im Reich führte zur Unsicherheit in der Gesellschaft und damit auch zur Unzufriedenheit.[696] Ein weiterer bedeutender Anlass zur Schaffung eines einheitlichen Strafgesetzes war die unmenschliche und ausufernde Anwendung der Folter sowie die willkürliche Strafverfolgung, die zu einer schweren Bedrohung für jeden Angeschuldigten werden konnte.[697] Ferner führte ein verbreitetes Verbrecher- und Bandenwesen zu einem gestiegenen öffentlichen Interesse an der Verbrechensverfolgung.[698]

a.) Peinliche Halsgerichtsordnungen

Beim Reichskammergericht ging eine Vielzahl von Beschwerden ein, wonach die „Obrigkeit unverschuldete Leute zum Tod verurteilt und hingerichtet habe".[699] Die Beschwerden wurden vom Gericht an die im Jahre 1496 in Lindau tagende Reichsversammlung weitergegeben,[700] wodurch eine Reform der Strafrechtspflege in Wege geleitet wurde, die nach einem längeren Entstehungsprozess in die Peinliche Halsgerichtsordnung Kaiser Karls V. von

693 *Sellert*, Straf- und Strafprozessrecht im 16. Jahrhundert, in: Säkulare Aspekte der Reformationszeit, 1983, S. 31.

694 *Wesel*, Geschichte des Rechts, 2014 S. 343.

695 *Sellert*, Straf- und Strafprozessrecht im 16. Jahrhundert, in: Säkulare Aspekte der Reformationszeit, 1983, S. 31.

696 Eine Übersicht über die strafrechtlichen Verhältnisse im Reich vor der Reform bei *von Hippel*, Deutsches Strafrecht, Bd. 1, 1925, S. 157 f.

697 *Eisenhardt*, Deutsche Rechtsgeschichte, 2013, Rn. 444. Ausführlich zu den damals vorherrschenden gesellschaftlichen Missständen s. *Schmidt*, Sinn und Bedeutung zur Constitutio Criminalis Carolina als Ordnung des materiellen und prozessualen Rechts, ZRG (GA) 83 (1966), S. 239 (240 ff.)

698 *Eisenhardt*, Deutsche Rechtsgeschichte, 2013, Rn. 444; *von Hippel*, Deutsches Strafrecht, Bd. 1, 1925, S. 156.

699 *Conrad*, Deutsche Rechtsgeschichte, Bd. 2, 1966, S. 406 f.; *Schmidt*, Einführung in die Geschichte der Strafrechtspflege, 1965, S. 107; *Rüping/Jerouschek*, Grundriss der Strafrechtsgeschichte, 2011, S. 41.

700 *Conrad*, Deutsche Rechtsgeschichte, Bd. 2, 1966, S. 406 f.; *Schmidt*, Einführung in die Geschichte der Strafrechtspflege, 1965, S. 107; *Rüping/Jerouschek*, Grundriss der Strafrechtsgeschichte, 2011, S. 41; *Güterbock*, Die Entstehungsgeschichte der Carolina auf Grund archivalischer Forschungen und neu aufgefundener Entwürfe, 1876, S. 18 f.

1532[701] (*Constitutio Criminalis Carolina;* im Folgenden CCC oder Carolina) mündete, mithin in die erste reichseinheitliche Strafrechtskodifikation für das Territorium des Heiligen Römischen Reiches.[702]

In dieser Zeit der gesetzgeberischen Schaffensphase[703] nimmt die Bambergische Halsgerichtsordnung aus dem Jahre 1507 (*Constitutio Criminalis Bambergensis;* im Folgenden CCB oder Bambergensis) eine Vorreiterstellung ein. Die Bambergensis, die für das Fürstentum Bamberg erlassen[704] wurde und als eines

---

701 Allerdings kam es nicht nur auf Reichsebene zu Reformen, sondern auch in den einzelnen Territorien, wie bspw. in Worms (1498), Tirol (1499) und Radolfzell (1506), s. *von Hippel*, Deutsches Strafrecht, Bd. 1, 1925, S. 163 f.; *Schmidt*, Einführung in die Geschichte der Strafrechtspflege, 1965, S. 103 ff.; *von Bar*, Handbuch des deutschen Strafrechts, Bd. 1, 1882, S. 116 ff. Diese Entwicklung ist im Zusammenhang mit der Ausbildung der Territorien zu Territorialstaaten zu sehen, die ebenfalls in jener Wendezeit ihre Anfänge nahmen, s. *Schmidt*, Einführung in die Geschichte der Strafrechtspflege, 1965, S. 112; *Sellert*, Straf- und Strafprozessrecht im 16. Jahrhundert, in: Säkulare Aspekte der Reformationszeit, 1983, S. 36; *Schmidt*, Strafrechtspflege und Rezeption, ZStW, 62 (1942), S. 232 (237 f.).

702 *Buschmann*, Textbuch zur Strafrechtsgeschichte der Neuzeit, 1998, S. 104. Die Carolina galt nicht nur im Heiligen Römischen Reich, sondern auch in der Schweiz, im Herzogtum Mailand und in Polen. Darüber hinaus wurde es in mehrere Sprachen übersetzt wie z. B. ins Polnische, Französische, Russische. Dazu *Maes*, Die drei großen europäischen Strafgesetzbücher des 16. Jahrhunderts, ZRG (GA) 94 (1977), S. 207 f.
Die Carolina galt mehrere Jahrhunderte, bis ihre geistigen Strömungen von denen der Aufklärung im Wege der Kodifikationen des 18. und 19. Jahrhunderts überholt wurden. Zur Vertiefung *Kleinheyer*, Tradition und Reform in der Constitutio Criminalis Carolina, in: Landau/Schroeder (Hrsg.), Strafrecht, Strafprozess und Rezeption, 1984, S. 7 ff. Den Zeitraum zwischen dem Erlass der Carolina und der territorialen Gesetzgebung in Bayern erläutert *von Bar*, Handbuch des deutschen Strafrechts, Bd. 1, 1882, S. 126 ff.
Sellert/Rüping, Studien- und Quellenbuch zur Geschichte der deutschen Strafrechtspflege, Bd. 1, 1989, S. 199 ff.; *Schmidt*, Sinn und Bedeutung zur Constitutio Criminalis Carolina als Ordnung des materiellen und prozessualen Rechts, ZRG (GA) 83 (1966), S. 239 (255).

703 Zu den entstehenden Stadt- und Landrechten s. Überblick bei *Wieacker*, Privatrechtsgeschichte der Neuzeit, 1967, S. 191 ff.

704 Als ihr Urheber gilt Johann Freiherr von Schwarzenberg (1463/1465-1528), der kein ausgebildeter Jurist war, aber praktische Rechtserfahrung aufgrund seiner Stellung als Vorsitzender des Hofgerichts im Fürstbistum Bamberg hatte. Vgl. *Kleinheyer/Schröder*, Deutsche und Europäische Juristen aus neun Jahrhunderten, 2008, S. 379–382; *Wolf*, Johann Freiherr von Schwarzenberg, in: Schroeder (Hrsg.), Die Carolina, 1986, S. 120 ff. Da er aber kein studierter Jurist war, ist seine Urheberschaft nicht ganz unbestritten, *Kroeschell*, Deutsche Rechtsgeschichte, Bd. 2, 2008, S. 293.

der bedeutendsten landesherrlichen Strafgesetzbücher gilt, füllte nicht nur die Strafrechtslücken, sondern diente auch als Leitfaden für die häufig rechtlich ungebildeten Richter.[705] Sie bildete ferner die Grundlage für die Brandenburgische Halsgerichtsordnung von 1516 sowie für die Peinliche Halsgerichtsordnung Kaiser Karls V. von 1532. Die Bambergensis, die bis 1795 galt,[706] ist eine Zusammenfassung überlieferten Rechts unter Bezugnahme verschiedener Strafrechtsquellen wie der Digesten und fränkischer Brauchtümer. Folglich bestand ein Nebeneinander von einheimischem und römischem Recht.[707] Die Strafrechtsquelle verweist in ihrem Text bereits selbst auf das römische Recht und zwar immer dann, wenn sie von den „gemeyn geschriben rechten" spricht[708] (s. Art. 125 CCB). Diese Zusammenfassung von verschiedenen Rechtsquellen in einem Gesetzeswerk erklärt sich zum einen aus dem Rezeptionsprozess und zum anderen aus dem mittelalterlichen Verständnis von Recht, wonach nur altes Recht gutes Recht war und Recht nicht gesetzt, sondern gefunden wurde.[709]

---

705 *Kleinheyer/Schröder* (Hrsg.), Deutsche und Europäische Juristen aus neun Jahrhunderten, 2008, S. 381.

706 *Buschmann*, Textbuch zur Strafrechtsgeschichte der Neuzeit, 1998, S. 18.

707 *Buschmann*, Textbuch zur Strafrechtsgeschichte der Neuzeit, 1998, S. 18; zu den einheimischen Rechtsquellen s. *Brunnenmeister*, Die Quellen der Bambergensis, 1879, S. 288 f. Als Quellen kommen danach in Betracht: das Bamberger Stadtrecht, die Bambergische Landgerichtsordnung von 1503, der Wormser Landfrieden, die Nürnberger Reformation von 1479, die Wormser Reformation von 1498, die Tiroler Malefizordnung von 1499. Allerdings hält er den Einfluss der italienischen Werke für wesentlich größer als die der einheimischen Rechtsquellen. Ebenda S. 290. Zu den römischen Rechtsquellen s. ebenfalls *Brunnenmeister*, Die Quellen der Bambergensis, 1879, S. 207 ff., der die Werke italienischer Juristen als Quellen der Bambergensis aufführt; *von Bar*, Handbuch des deutschen Strafrechts, Bd. 1, 1882, S. 115 f.; *Schmidt*, Einführung in die Geschichte der Strafrechtspflege, 1965, S. 107 f.; *Eisenhardt*, Deutsche Rechtsgeschichte, 2013, Rn. 444; *Maes*, Die drei großen europäischen Strafgesetzbücher des 16. Jahrhunderts, ZRG (GA) 94 (1977), S. 207 (208); vertiefend *Dahm*, Zur Rezeption des römisch-italienischen Rechts, 1955; zum Einfluss des kanonischen Rechts auf die Carolina s. *Wolter*, Ius canonicum in iure civili, 1975, S. 7 f.

708 *Brunnenmeister*, Die Quellen der Bambergensis, 1879, S. 206 f.

709 *Dilcher*, Der Gedanke der Rechtserneuerung im Mittelalter, in: *Battenberg/Ranieri* (Hrsg.), Geschichte der Zentraljustiz in Mitteleuropa, 1994, S. 2 ff. Der Gedanke, dass die Obrigkeit Recht durch Rechtssetzung schaffen konnte, war dem früheren Rechtsverständnis noch nicht vertraut. Folglich waren die damals geschaffenen Gesetzesbücher keine Werke, die die Absicht verfolgten, neues Recht zu schaffen, sondern sie verstanden sich vielmehr als eine Sammlung bzw. Zusammenstellung von bestehendem Recht und waren rechtsbewahrend ausgerichtet, auch wenn dabei als eine Art

Die Untersuchung der beiden Halsgerichtsordnungen auf Ehrenstrafen zeigt, dass beide eine Strafe an der Ehre vorsahen. Zunächst sei der Blick auf die ältere Bambergensis[710] gerichtet. Diese geht an wenigen Gesetzesstellen auf die Ehre ein, indem sie den Täter entweder für ehrlos erklärt, der Ehre beraubt oder an der Ehre bestraft. So bestimmte Art. 128 CCB, dass der Meineidige[711] *„aller eren berovet vunde entsettet syn"* soll. Ferner wurden dem Falschschwörer die Schwurfinger abgehauen. Für den Meineid kam es darauf an, dass ein gelehrter Schwur vor einem Richter oder Gericht vorlag, der falsch geleistet wurde. Während der Meineidige aller Ehren beraubt werden sollte, war der Kuppler gemäß Art. 148 CCB *„eerlos"* und sollte des Landes verwiesen werden, wenn er seine Ehefrau oder Tochter *„to vnkusschen schentliken werken gebruken leth"*. Ein weiterer Beleg für eine Strafe an der Ehre ist Art. 132 CCB, worin das Majestätsverbrechen *„zu latein genant Crimen lese maiestat"* geregelt war. Der Täter sollte an *„seinen eren, leben und gut gestrafft werden"*. Neben den Strafen an der Ehre bestimmte die Bambergensis in Art. 98 die Beibehaltung des *„offenlich in stock"* setzen auf dem Markt oder dem Platz, wenn es bisher der Brauch war, und bezeugt damit die Schandstrafe.

Da die Carolina[712] auf der Bambergensis basiert, verwundert es nicht, dass auch sie für Meineid und Kuppelei Strafen an der Ehre und die Ehrlosigkeit vorsah. Nach Art. 107 CCC sollte derjenige, der vor *„Richter oder gericht eyn gelertenmeyneydt schwert* [...] *aller ehren entsetzt werden"*.[713] Ebenso stellte die Carolina in Art. 122 und Art. 123 die Kuppelei unter Strafe. Die erste Bestimmung behandelte den Fall der schweren, letzte den Fall der leichten Kuppelei.[714] Nur der schwere

Reflex neues Recht geschaffen wurde, *Eisenhardt*, Deutsche Rechtsgeschichte, 2013, Rn. 150 ff.; *Willoweit*, Deutsche Verfassungsgeschichte, 2013, S. 138 f.

710 Im Folgenden zitiert nach *Buschmann*, Textbuch zur Strafrechtsgeschichte der Neuzeit, 1998, S. 18 ff.

711 Zur Entwicklung des Meineids unter Betrachtung der römischen und älteren deutschen Rechtsquellen sowie zum Einfluss des kanonischen Rechts s. *von Liszt*, Meineid und falsches Zeugnis, 1876, insb. S. 89 ff.

712 Im Folgenden zitiert nach *Schroeder* (Hrsg.), Die Peinliche Gerichtsordnung Kaiser Karls V., 2000.

713 Vom Richter vorgesprochener Schwur; vgl. *Schroeder* (Hrsg.), Die Peinliche Halsgerichtsordnung Kaiser Karls V., 2000, Erläuterungen zu Artikel 102, S. 170; weitere Definitionen vgl. bei *von Liszt*, Meineid und falsches Zeugnis, 1876, S. 80.

714 *Bacharach*, Der Begriff der Kuppelei, 1911, S. 6 f. Der Kern der Kuppelei entwickelte sich im Lauf der Zeit fort, wenn auch nicht so stark wie im Fall des Meineids. Zu Ursprung und Entwicklung s. ebenfalls *Bacharach*.

Kuppler wurde gemäß Art. 122 CCC *„ehrloß vnd soll nach vermöge gemeyner rechten gestrafft werden"*. Gestraft wurde danach, wer *„sein eheweib oder kinder, vmb eynicherley genieß willen, wie der namen hett, williglich zu vnehrlichen, vnkeuschen vnd schendtlichen wercken gebrauchen lest"*.[715] Die leichte Kuppelei des Art. 123 CCC („Straff für verkupulung vnnd helffen zum ehebruch") sah keine Ehrlosigkeit vor, sondern drohte dem Kuppler unter anderem mit der Landesverweisung, dem Pranger, dem Abschneiden der Ohren sowie mit dem Aushauen mit der Rute. Damit gibt Art. 123 CCC heute Zeugnis über das Vorhandensein der Schandstrafen.[716] Daneben werden die Schandstrafen in Art. 85 CCC überliefert. Die Bestimmung nennt die Strafen des Prangers, des Halseisens und des Stocks.

Eine Strafe an der Ehre, die konkret auf den Kaufmann einging, war nicht aufzufinden. Die Bambergensis stellte in Art. 138 und die Carolina in Art. 113 einen Bezug zum Kaufmann her. Darin wurden das Fälschen von *„mass, wage, gewicht, specerey"* sowie die Fälschung *„andere*[r] *kauffmanschafft"* geregelt. Es war keine Strafe an der Ehre oder die Ehrlosigkeit vorgesehen. Vielmehr sollte der Fälscher peinlich gestraft und mit der Rute geschlagen werden sowie einen Landesverweis erhalten. In besonders schweren Fällen drohte der Tod.

Wie weiter oben bereits dargestellt, drohte dem Eidbrecher und dem Kuppler nach römischem Recht eine Strafe an der Ehre, nämlich die Infamie.[717] Im Hinblick darauf, dass sowohl die Bambergensis römisches Recht in sich aufgenommen hatte als auch die Carolina (im Wege der Anlehnung an die Bambergensis), liegt die Vermutung nahe, dass die Kuppelei und der Meineid aus dem römischen Recht stammen. Für den Meineid wurde dies in der älteren Literatur vertreten.[718] Dieser Ansicht nach enthält der Meineid der Bambergensis als auch der Carolina die Infamie des römischen Rechts. Es wurde aber ebenfalls die Gegenansicht vertreten und angeführt, dass die Bambergensis sowie die Carolina zwar von Ehrlosigkeit sprechen, damit aber nicht die Infamie meinen. Der Ursprung von Art. 128 CCB und Art. 107 CCC liege weder im römischen noch im kanonischen Recht, sondern basiere auf

---

715 „wie der namen hett" = „welcher Art auch immer", vgl. dazu *Schroeder* (Hrsg.), Die Peinliche Halsgerichtsordnung Kaiser Karls V., 2000, Erläuterungen zu Artikel 122, S. 73.

716 Zum Festhalten der Carolina an den mittelalterlichen peinlichen Strafen und ihre Abkehr von Wergeld und Buße s. *Schmidt*, Die Carolina, ZRG (GA) 53 (1933), S. 1 (15 ff.).

717 S. hierzu die Ausführungen zum Eidbruch und der Entwicklung des Meineids oben Kap. 5, A. II. 1. b.).

718 *Holzer*, Verlust der bürgerlichen Ehrenrechte, 1913, S. 5; *Betz*, Die Ehrenstrafen, 1935, S. 15.

dem Boden des deutschen Partikularrechts, insbesondere der süddeutschen Staaten, wie von *von Liszt*[719] dargelegt wurde. Seine Untersuchungen machten als Quelle des Meineids die Tiroler Malefizordnungen von 1499 und die Radolfzeller Malefizordnung von 1506[720] aus.[721] Die Tiroler Malefizordnung sah für den Meineidigen das Abschneiden der Zunge und der Schwurfinger vor,[722] ebenso die wörtlich übereinstimmende Radolfzeller Malefizordnung.[723] Eine Strafe an der Ehre sah die Tiroler Strafrechtsquelle für den Meineid jedoch nicht vor. Von Liszt erklärte dazu, dass insbesondere die süddeutschen Strafrechtsquellen die verstümmelnden Strafen für den Meineid androhten, wohingegen die gemäßigten norddeutschen Rechtsquellen den Meineid mit einer Ehrenstrafe sanktionierten.[724] Demnach muss hier differenziert werden: Das Abschneiden der Zunge und der Schwurfinger hat seinen Ursprung in der Tiroler Malefizordnung und nicht im römischen Recht. Weder auf die Tiroler Malefizordnung noch auf das römische Recht ist die Ehrenstrafe zurückzuführen. Diese weist vielmehr einen norddeutschen Ursprung auf.[725] Folgt man diesen Forschungsergebnissen, denen auch in neuerer Literatur nicht entgegengetreten wird,[726] dann hat die im Meineid enthaltene Ehrenstrafe nicht ihren originären Ursprung im römischen Recht und damit auch nichts mit der Infamie gemein.

---

719 Fn. 974.

720 Von lateinisch „maleficium"; s. *Pons*, Wörterbuch für Schule und Studium, Latein-Deutsch, 2007, Stichwort „maleficium": „Übeltat", „Verbrechen". Zu den beiden Malefizordnungen, auch Maximilianische Halsgerichtsordnungen genannt, s. *Buschmann*, Textbuch zur Strafrechtsgeschichte der Neuzeit, 1998, S. 7.

721 *von Liszt*, Meineid und falsches Zeugnis, 1876, S. 105; auch *Brunnenmeister*, Die Quellen der Bambergensis, 1879, S. 288 f., wies nach, dass sich die Bambergensis an der Tiroler Malefizordnung anlehnte.

722 Vgl. den Text bei *Buschmann*, Textbuch zur Strafrechtsgeschichte der Neuzeit, 1998, S. 11.

723 *von Liszt*, Meineid und falsches Zeugnis, 1876, S. 107.

724 Insb. folge die Strafe der Zeugnisunfähigkeit, vgl. *von Liszt*, Meineid und falsches Zeugnis, 1876, S. 105.

725 Differenzierend äußert sich auch *von Hippel* und unterscheidet, ob durch den Meineid Vermögen geschädigt wurde oder ein falsches Zeugnis im Rahmen einer peinlichen Sache geleistet wurde. Im letzten Fall trete „Talionsstrafe, wohl nach römischen Recht" und im ersten Fall trete Ehrlosigkeit und Verlust der Schwurfinger „gemäß deutschem Recht ein", wobei er nicht zwischen süddeutschem und norddeutschem Recht unterscheidet. S. *von Hippel*, Deutsches Strafrecht, Bd. 1, 1925, S. 180.

726 Vielmehr wird auf Grundlage dieser Ergebnisse weitere Forschungsarbeit geleistet und auf die Nachforschungen von *von Liszt* verwiesen. *Vormbaum*, Eid, Meineid und Falschaussage, 1990, S. 2; *Holzhauer*, Art. „Meineid", HRG, Bd. III, 1984, Sp. 447-458.

Bei der Kuppelei scheinen die Zusammenhänge zum römischen Recht deutlicher zu sein. Gemäß Art. 122 CCC sollte der schwere Kuppler nach „gemeyner Rechten", also nach römischem Recht, gestraft werden. Zudem heißt es in den Halsgerichtsordnungen, dass der Täter der Tat „ehrlos ist". Folglich verhält es sich bei der Kuppelei dergestalt, als führe die Tat selbst schon zur Ehrlosigkeit, ohne dass es einer strafenden Handlung der Obrigkeit bedurft hätte, die die Ehrlosigkeit herbeiführte. Dies entspricht der *infamia immediata* des römischen Rechts, wonach bereits allein die Handlung die Infamie nach sich zog (vgl. Kap. 5, A. II, 1. b)). Der Meineidige hingegen sollte der Ehre beraubt (Art. 128 CCB) oder aller Ehren entsetzt werden (Art. 107 CCC). Demnach dürfte eine Handlung der Obrigkeit im Sinne einer Ehrberaubung und Ehrentsetzung erforderlich gewesen sein. Fraglich ist allerdings, ob eine solche Ehrberaubung und Ehrentsetzung auch im Wege der Schandstrafe, also beispielsweise durch Pranger, Schandsäule, öffentliche Prügelstrafe etc. herbeigeführt werden konnte, da die Schandstrafe bekanntlich darauf ausgerichtet war, den Täter zu demütigen und in seinem Ehrgefühl zu verletzten, oder ob sich hinter der Ehrberaubung und der Ehrentsetzung eine andere Strafausführung bzw. Strafart verbarg. Vorliegend kann kein Rückschluss mittels der Betrachtung der Rechtsfolgen gezogen werden, da nicht geklärt werden konnte, welche Folgen für die Ehrberaubung und die Ehrentsetzung in der Carolina und der Bambergensis vorgesehen waren. Der Umstand aber, dass die Halsgerichtsordnungen die demütigenden Schandstrafen kannten und daneben noch die Strafe an der Ehre formulierten, könnte dafür sprechen, dass damit eine andere Strafart geregelt wurde. Zudem waren auf deutschem Territorium der Ehrverlust sowie die Ehr- und Rechtlosigkeit bereits bekannte Institute, was der Sachsenspiegel und der Landfrieden bezeugen. Demnach war eine Strafe an der Ehre, die nicht mittels einer schändlichen Handlung im Wege der Ehrkränkung vorgenommen wurde, kein Novum, was im Ergebnis dafür spricht, dass die untersuchten Halsgerichtsordnungen neben der Schandstrafe eine weitere Ehrenstrafe kannten.

b.) Reichspoliceyordnungen

Weitere wichtige Quellen jener Zeit sind die Reichspoliceyordnungen (RPO) von 1530,[727] 1548[728] und 1577,[729] die – wie der Name bereits erkennen lässt – für

727 Vom 19. November 1530, auf dem Reichstag zu Augsburg verabschiedet, abgedruckt in: NSdRA II, S. 332- 345; sowie *Weber*, Die Reichspolizeiordnungen von 1530, 1548 und 1577, 2002, S. 129 ff.

728 Vom 30. Juni 1548, auf dem Reichstag zu Augsburg verabschiedet, abgedruckt in: NSdRA II, S. 587–606; sowie *Weber*, Die Reichspolizeiordnungen von 1530, 1548 und 1577, 2002, S. 167 ff.

729 Vom 9. November 1577, auf dem Reichsdeputationstag in Frankfurt am Main, verabschiedet, abgedruckt in: NSdRA III, S. 379–398; sowie *Weber*, Die

das gesamte Reich galten.[730] Bereits vor diesen drei zentralen Reichspoliceyordnungen gab es verschiedene Polizeiordnungen für das Reich. Diese hatten sich allerdings nur einzelnen Themen bzw. Lebenssachverhalten gewidmet, wie beispielsweise der Weinbehandlung, der Münzordnung oder auch der Gotteslästerung.[731] Die RPO hingegen unternahmen den Versuch, in einem Gesetzeswerk eine Vielzahl von Sachverhalten zu erfassen und zu regeln[732] und waren für die Reichsstände verbindliche Regelwerke,[733] was insofern wichtig war, als diese in ihren Territorien die besseren Vollzugsmöglichkeiten hatten.[734]

Reichspolizeiordnungen von 1530, 1548 und 1577, 2002, S. 215 ff. Die Ordnung blieb ohne Veränderungen bis zum Untergang des Heiligen Römischen Reichs Deutscher Nation im Jahre 1806 in Kraft, *Weber*, Die Reichspolizeiordnungen von 1530, 1548 und 1577, 2002, S. 13 f.

730 Einführend *Schmelzeisen*, Art. „Polizeiordnungen", HRG, Bd. III, 1984, Sp. 1803-1808. Zum Rechtsraum jener Zeit s. *Wolf* in: Handbuch Privatrechtsgeschichte, Bd. I, 1973, S. 587 ff.

731 Vertiefend *Stobbe*, Geschichte der deutschen Rechtsquellen, Bd. 1, 2. Abteilung, 1864, S. 200 f.

732 *Härter*, Entwicklung und Funktion der Policeygesetzgebung des Heiligen Römischen Reiches Deutscher Nation, in: Ius Commune 20 (1993), S. 77.

733 *Schmelzeisen*, Art. „Polizeiordnungen", HRG, Bd. III, 1984, Sp. 1803-1808 (1805); *Härter*, Entwicklung und Funktion der Policeygesetzgebung des Heiligen Römischen Reiches Deutscher Nation, in: Ius Commune 20 (1993), S. 88. Die Verbindlichkeit war insofern auffallend, weil die Reichsstände sich zunehmend zu selbständigen Territorien entwickelten und eine Anordnung des Kaisers als ein Eingriff in die neu gewonnene Machtposition der Territorien bedeutet hätte, *Hartz*, Die Gesetzgebung des Reichs und der weltlichen Territorien in der Zeit von 1495 bis 1555, 1931, S. 8. Deswegen kam es zu einer intensiven Mitwirkung der Reichsstände, sodass die Polizeigesetzgebung geprägt war von einem Vergleichs- und Vertragscharakter, *Weber*, Die Reichspolizeiordnungen von 1530, 1548 und 1577, 2002, S. 36; *Härter*, Entwicklung und Funktion der Policeygesetzgebung des Heiligen Römischen Reiches Deutscher Nation, in: Ius Commune 20 (1993), S. 88; zur Entstehungsgeschichte der RPO s. *Segall*, Geschichte und Strafrecht der RPO 1530, 1548 und 1577, 1914, S. 35–98.

734 *Hartz*, Die Gesetzgebung des Reichs und der weltlichen Territorien in der Zeit von 1495 bis 1555, 1931, S. 16; vertiefend *Härter*, Entwicklung und Funktion der Policeygesetzgebung des Heiligen Römischen Reiches Deutscher Nation, in: Ius Commune 20 (1993), S. 131 ff. Demnach oblag es den Reichsständen die RPO in ihren Territorien einzuführen, was auf verschiedene Weise erfolgten konnte, vgl. *Härter*, Entwicklung und Funktion der Policeygesetzgebung des Heiligen Römischen Reiches Deutscher Nation, in: Ius Commune 20 (1993), S. 127 f.; *Weber*, Die Reichspolizeiordnungen von

Geht man der Frage nach, welche Lebensbereiche die Polizeiordnungen regelten, ist man unter Umständen zunächst geneigt, sich vom Begriff „Polizei" und vom aktuellen Polizeibegriff leiten zu lassen, wonach dieser die Gefahrenabwehr umfasst und dem verwaltungsrechtlichen Bereich zugeordnet ist.[735] Hingegen ist der Begriff Polizei an der Schwelle zur Neuzeit nicht leicht zu greifen und begegnet in jener Zeit als „gute policey" oder „gute Ordnung und policey".[736] Unter Polizeiordnungen der Neuzeit versteht man in der Rechtswissenschaft zusammenstellende Rechtsgebote, die verschiedene Lebensbereiche regelten und dabei versuchten, den umfangreichen Stoff systematisch anzuordnen.[737] Die gute Polizei hatte zum Ziel, für ein ordentliches Gemeinwesen[738] sowie für eine rechte und friedliche Ordnung[739] zu sorgen. Ein Blick in die Vorrede der Polizeiordnung von 1530[740] zeigt, dass die friedliche und gute Ordnung gestört war, und gibt damit auch

---

1530, 1548 und 1577, 2002 S. 39 f.; *Weber*, Bereitwillig gelebte Sozialdisziplinierung? Das funktionale System der Polizeiordnungen im 16. und 17. Jahrhundert, ZRG (GA) 115 (1998), S. 420 (428 f.); *Hartz*, Die Gesetzgebung des Reichs und der weltlichen Territorien in der Zeit von 1495 bis 1555, 1931, S. 20 ff. untersucht die Frage, in welchem Umfang die Reichspolizeiordnungen Einfluss auf die deutschen Territorien nahmen, und geht dabei ein auf Österreich, Ober- und Niederbayern, Sachsen, Mark Brandenburg, Jülich Berg, Kleve-Mark, Hessen und Württemberg.

735 Erläuternd *Pieroth/Schlink/Kniesel*, Polizei- und Ordnungsrecht, 2012, Rn. 19 f. Zur Frage der Aktualität des materiellen Polizeibegriffs, s. ebenda Rn. 27 f.

736 *Kroeschell*, Deutsche Rechtsgeschichte, Bd. 2, 2008, S. 306; *Willoweit*, Deutsche Verfassungsgeschichte, 2013, S. 139; ausführlich zur Entwicklung des Bedeutungsgehalts des Begriffs „Polizei", s. *Maier*, Die ältere deutsche Staats- und Verwaltungslehre, Bd. IV, 2009, S. 132 ff. sowie *Knemeyer*, Polizeibegriffe in den Gesetzen des 15. bis 18. Jahrhunderts, AöR 92, S. 153–180 (155 ff.).

737 Wegen der umfangreichen Regelungsinhalte grenzen sich Polizeiordnungen von anderen obrigkeitlichen Geboten ab, die nur einzelne Gegenstände betreffen, wobei auch sie gelegentlich als Polizeiordnungen bezeichnet werden. Daneben tragen sie Titel wie Ordnung, Dekret, Edikt, Reskript, Mandat. Hierzu *Ebel*, Geschichte der Gesetzgebung in Deutschland, 1958, S. 60 sowie mit Blick auf die Polizeiordnungen in Schlesien *Weber*, Ständische Disziplinierungsbestrebungen durch Polizeiordnungen und Mechanismen ihrer Durchsetzung, in: Stolleis (Hrsg.), Policey im Europa der frühen Neuzeit, S. 334 f.

738 Zu den verschiedenen Interpretationsmöglichkeiten des mittelalterlichen Begriffs Policey s. *Kroeschell*, Deutsche Rechtsgeschichte, Bd. 2, 2008, S. 306.

739 *Kroeschell*, Deutsche Rechtsgeschichte, Bd. 2, 2008, S. 246.

740 Aus der Vorrede des Kaisers Karls V. in der RPO 1530, abgedruckt in *Weber*, Die Reichspolizeiordnungen von 1530, 1548 und 1577, 2002, S. 129 ff. (131).

die Motivation für den Erlass der Ordnung. So bemängelte die Vorrede die verbreitete Gotteslästerung, das Zutrinken sowie die übermäßige Ausfuhr von Geld aus der Deutschen Nation zum Erwerb von kostbaren Tüchern und Perlen, die für eine prunkvolle Kleidung Verwendung fanden.[741] Besonders der letzte Punkt missfiel der Obrigkeit, da der unmäßige Gebrauch solch „köstlicheyt der kleydung" dazu führe, dass unter Fürsten und Grafen, Edelmännern, Bürgern sowie Bauern kein Unterschied mehr erkannt werden könne. Das widersprach dem ständischen Denken und musste demzufolge durch Regelungen eingeschränkt bzw. verboten werden. Die RPO 1530 regelte in 39 Artikeln unter anderem die Gotteslästerung, das Zutrinken, die Kleiderordnung nach Ständen, die Kosten von Hochzeiten, Taufen und Begräbnissen, den Wucher, den Verkauf des Ingwers, das Mitführen von Waffen und ging auf Musiker, Landstreicher, Bettler, Narren und Handwerkslehrlinge ein. Die Ordnungen von 1548 und 1577 erweiterten die Regelungsbereiche und trafen Bestimmungen zum Betrug, zur Monopolbildung und zu Vormundschaftsangelegenheiten. Sie behandelten ferner die Berufsgruppen der Apotheker, der Goldschmiede sowie der Kaufleute. Für Letztere normierten sie ein Verbot von Preisabsprachen. Die RPO überliefern damit ein Bild der Missstände, die zu jener Zeit, als die RPO erlassen wurden, vorherrschend waren.[742] Diesen Missständen begegneten die RPO, indem sie auf die konkreten Ereignisse reagierten und dabei neues Recht schöpften.[743] Dabei hatten sie zum Ziel, die Bevölkerung zu einem guten und gottgefälligen Leben anzuhalten, die Standesunterschiede zu

---

741 Ausführlich zu den Gründen und den Umständen, die zu einer Störung der „guten Ordnung" führten, s. *Maier*, Die ältere deutsche Staats- und Verwaltungslehre, Bd. IV, 2009, S. 97 ff., der die Probleme innerhalb der einzelnen Stände beschreibt, die zusammengenommen im Ergebnis die „Erschütterung der Ständegesellschaft" bedeuteten.

742 *Preu*, Polizeibegriff und Staatszwecklehre, 1983, S. 16 f.; *von Hippel*, Deutsches Strafrecht, 1925, S. 214 spricht von „sozialen Schäden der Zeit"; ähnlich *Eisenhardt*, Deutsche Rechtsgeschichte, 2013, Rn. 268.

743 *Brauneder*, Der soziale und rechtliche Gehalt der österreichischen Polizeiordnungen des 16. Jahrhunderts, ZHF, 3 (1976), S. 205 (210), der nicht nur auf die österreichischen Polizeiordnungen, sondern auch auf die Reichspolizeiordnungen eingeht. Auf den Umstand, dass die Schaffung neuen Rechts dem damaligen Verständnis von Recht widersprach, da nur altes und wiederholt gelebtes Recht, gutes und damit auch akzeptiertes Rechts war, geht ausführlich ein *Maier*, Die ältere deutsche Staats- und Verwaltungslehre, Bd. IV, 2009, S. 123 ff. Seiner Ansicht nach waren die Polizeiordnungen zunächst weniger beachtet worden, bis sich die Vorteile der Ordnungen, nämlich die schnelle Reaktionsmöglichkeit auf Missstände, zeigten, was zu einer verbreiteten Akzeptanz dieser neuen Regelwerke in der Gesellschaft führte.

wahren sowie die Gewerbe- und Handwerksmissbräuche abzustellen.[744] Die Ordnungen nahmen somit Einfluss auf das gesellschaftliche Leben und beabsichtigten, die Bevölkerung sozial zu disziplinieren,[745] um dadurch „Stabilität, Sicherheit und Wohlfahrt zu gewährleisten".[746] Die Regelungen der RPO, die sich grob in soziale und wirtschaftliche unterteilen lassen,[747] griffen damit – aus der Sicht der heutigen rechtswissenschaftlichen Systematik – in die Bereiche des Privat-,[748] des Straf- und Wirtschaftsrechts[749] sowie des öffentlichen Rechts ein.[750] Die Einflussnahme der obrigkeitlichen Regulierungen auf das soziale und wirtschaftliche Leben führte im Ergebnis zu einer bevormundenden Fürsorge,[751] die im weiteren Verlauf in einen Polizeistaat umschlägt.[752] Die strafrechtlichen Normen, die die RPO enthalten, verstehen sich als Ergänzung zur Carolina, die nicht den Anspruch erhob, das

744 *Preu*, Polizeibegriff und Staatszwecklehre, 1983, S. 16.

745 *Weber*, Die Reichspolizeiordnungen von 1530, 1548 und 1577, 2002, S. 21; für Schlesien s. *Weber*, Ständische Disziplinierungsbestrebungen durch Polizeiordnungen und Mechanismen ihrer Durchsetzung, in: Stolleis (Hrsg.), Policey im Europa der frühen Neuzeit, S. 333 ff. Für Böhmen und Mähren s. *Panek*, Policey und Sozialdisziplinierung im frühneuzeitlichen Böhmen und Mähren, in: Stolleis (Hrsg.), Policey im Europa der frühen Neuzeit, S. 317 ff.

746 *Härter*, Das Reichskammergericht als Reichspoliceygericht, in: Battenberg/Ranieri (Hrsg.), Geschichte der Zentraljustiz in Mitteleuropa, 1994, S. 238.

747 So bspw. bei *Hartz*, Die Gesetzgebung des Reichs und der weltlichen Territorien in der Zeit von 1495 bis 1555, 1931, S. 9 und 13; *Preu*, Polizeibegriff und Staatszwecklehre, 1983, S. 16 f.; *Schmelzeisen*, Wirtschaftsrecht im 16. bis 18. Jahrhundert, in: Bollnow/Haacke (Hrsg.), Aspekte sozialer Wirklichkeit, 1958, S. 15 ff. spricht von wirtschaftspolizeilichen Bestimmungen.

748 Ausführlich zum Privatrecht *Schmelzeisen*, Polizeiordnungen und Privatrecht, 1955, S. 21 ff.; *derselbe*, Quellen zur Neueren Privatrechtsgeschichte Deutschlands, Bd. 2, Polizei- und Landesordnungen, 1968, S. 5 f.

749 Ausführlich zum Wirtschaftsrecht *Schmelzeisen*, Wirtschaftsrecht im 16. bis 18. Jahrhundert, in: Bollnow/Haacke (Hrsg.), Aspekte sozialer Wirklichkeit, 1958, S. 9 ff.; *Schmelzeisen*, Polizeiordnungen und Privatrecht, 1955, S. 286 ff.

750 *Knemeyer*, Polizeibegriffe in den Gesetzen des 15. bis 18. Jahrhunderts, AöR 92, S. 153–180 (168 ff.), s. dort auch die Regelungsgebiete, die von der RPO nicht umfasst waren. Genannt werden bspw. die Justiz und das Militär.

751 Beispiele hierzu bei *Ebel*, Geschichte der Gesetzgebung in Deutschland, 1958, S. 61.

752 *Maier*, Die ältere deutsche Staats- und Verwaltungslehre, Bd. IV, 2009, S. 106 und 120 ff. Der Begriff Polizeistaat wird heute als Gegenbegriff zum Rechtsstaat verwendet. Diese Bedeutung erhielt der Begriff erst zu Beginn des 19. Jahrhunderts. Noch im 18. Jahrhundert beschrieb er die obrigkeitliche Fürsorge für Wohlfahrt und Ordnung des Gemeinwesens. Dazu *Kroeschell*, Deutsche Rechtsgeschichte, Bd. 3, 2008, S. 81.

materielle Strafrecht abschließend zu regeln.[753] Auch wenn die RPO (erst) zum Ende des 20. Jahrhunderts in den Fokus der rechtswissenschaftlichen Forschung gelangten,[754] sind Untersuchungen auf ihren strafrechtlichen Gehalt sehr gering,[755] so erst recht zur Frage nach der Ehrenstrafe. Bei eingehender Betrachtung der Quelle fallen einige Regelungen auf, die eine Strafe an der Ehre vorsahen, die auch den Kaufmann konkret betreffen konnten.

Die drei Reichspoliceyordnungen bestimmten an verschiedenen Stellen, dass der Täter an der Ehre gestraft werden sollte. So behandelt die RPO 1530 in Titel I die Gotteslästerung und die Gottesschwüre. Gemäß Titel I, § 5 RPO 1530 wurde der Gotteslästerer für ehrlos erklärt und sollte daneben peinlich am Leben oder Gliedern *„nach Gestalt seiner Verwürckung"* gestraft werden.[756] Den

---

753 *Sellert/Rüping*, Studien- und Quellenbuch zur Geschichte der deutschen Strafrechtspflege, Bd. 1, 1989, S. 201; *von Hippel*, Deutsches Strafrecht, Bd. 1, 1925, S. 213; *Conrad*, Deutsche Rechtsgeschichte, Bd. 2, 1966, S. 415; *Sellert*, Straf- und Strafprozessrecht im 16. Jahrhundert, in: Säkulare Aspekte der Reformationszeit, 1983, S. 31; zum Nebeneinander von Reichspolizeiordnung und den Strafrechtsquellen, wie die Carolina, s. *Brauneder*, Das Strafrecht in den österreichischen Polizeiordnungen des 16. Jahrhunderts, in: Köbler (Hrsg.), Wege europäischer Rechtsgeschichte, 1987, S. 1–28 (8 f.)

754 Die Arbeiten des Historikers Gerhard Oestreichs, der den Begriff der „Sozialdisziplinierung" im Zusammenhang mit der Entstehung des frühmodernen Staates prägte, werden für die „Wiederentdeckung" der Polizeiordnungen als maßgeblich angesehen, da er diesen eine wichtige Rolle bei der Disziplinierung des menschlichen Verhaltens durch den Staat beimaß. In der Folgezeit näherte sich auch die Rechtswissenschaft wieder den Reichspolizeiordnungen an und sie wurden dann in einem Forschungsprojekt vom Max-Planck-Institut für Europäische Rechtsgeschichte erschlossen. Hierzu *Weber*, Die Reichspolizeiordnungen von 1530, 1548 und 1577, 2002, S. 21 ff. Vertiefend zur Absicht der Sozialdisziplinierung s. *Weber*, Bereitwillig gelebte Sozialdisziplinierung? Das funktionale System der Polizeiordnungen im 16. und 17. Jahrhundert, ZRG (GA) 115 (1998), S. 420. Zu den vermuteten Gründen, warum die Ordnungen bis zu ihrer Wiederentdeckung wenig bis gar nicht behandelt wurden *Weber*, Die Reichspolizeiordnungen von 1530, 1548 und 1577, 2002, S. 14 ff. und S. 23; sowie *Maier*, Die ältere deutsche Staats- und Verwaltungslehre, Bd. IV, 2009, S. 18 f. und 107 f.

755 Aktuell gibt es eine ältere Darstellung, die sich intensiv mit den strafrechtlichen Regelungen der RPO beschäftigt, nämlich *Segall*, Geschichte und Strafrecht der RPO 1530, 1548 und 1577, 1914. Die Arbeit von Segall zeigt auch die formelle Entstehungsgeschichte der RPO auf, wendet sich aber nur bedingt der Frage nach der Herkunft der einzelnen Normen zu. Zudem *Härter*, Zum Verhältnis von Policey und Strafrecht bei Carpzov, in Jerouschek/Schild/Gropp (Hrsg.), Benedict Carpzov, 2000, S. 181 ff., wobei der Fokus der Arbeit auf dem Wirken Carpzovs liegt.

756 Vgl. auch *von Hippel*, Deutsches Strafrecht, 1925, S. 215.

Schiff- und Fuhrleuten drohte nach Titel XVI RPO 1548 eine Strafe an der Ehre, wenn sie den transportierten Wein mit Kalk oder ähnlich schädlichen Zusätzen anreicherten. Ebenso war eine Strafe an der Ehre für diejenigen vorgesehen, die die Notlage eines Bauern für sich ausnutzten[757] (Titel XIX, § 3 RPO 1577) sowie für Tuchhändler, die einen verbotenen, da schädlichen Farbstoff für ihre Tuchfärbung verwendeten (Titel XXI, § 3 RPO 1577). Eine Rechtsfolge für die Strafe an der Ehre nennt die RPO nicht. Allerdings findet sich in der älteren Literatur die Ansicht, dass mit den Strafen an der Ehre eine Ehrlosigkeit gemeint sei.[758]

Die RPO 1548 nahm sich im Titel XXII der „verdorbenen Kaufleute" an. Darin war der vorsätzliche Bankrott geregelt. Der Bestimmung nach sollten vorsätzliche Bankrotteure bei keiner Herrschaft oder Obrigkeit Aufnahme finden, sondern sollten festgenommen und den Klägern zu Recht gehalten werden. Ferner sollten sie zu keinen „*Aemptern oder Dignitäten gezogen werden*".[759] Diese konkursrechtliche Bestimmung, die Einfluss auf die Wirtschaftsordnung nahm,[760] bezweckte eine reichsweite Verfolgung und Bestrafung jener Kaufleute, die durch „übermäßige Pracht" und „unordentliches Wesen" Schulden und letztlich Bankrott machten (sog. Bankenbruch).[761] Diese Regelung verwendet nicht die Formulierung, dass der Täter an seiner Ehre gestraft werden soll, sondern schließt ihn dem Wortlaut nach lediglich von einer Amtsbesetzung und anderen Würden aus.[762] Dieser Ausschluss machte den vorsätzlichen Bankrotteur nach einer älteren, in der Literatur vertretenen Ansicht zu einer ehrlosen Person.[763]

Eine weitere Bestimmung, die konkret dem Kaufmann eine Strafe an der Ehre oder eine Ämterunwürdigkeit androhte, war in der RPO nicht aufzufinden. Allerdings behandelte die RPO 1530 in Titel XII die Kaufleute in einem anderen besonderen Zusammenhang. In diesem Titel wird eine Kleiderordnung für Kauf- und

---

757 *Haacke*, Wirtschaftspolizeiliche Bestimmungen in den Reichsabschieden, in: Jahrbücher für Nationalökonomie und Statistik, 116. Bd., 1921, S. 465–506 (484).

758 *Segall*, Geschichte und Strafrecht der RPO 1530, 1548 und 1577, 1914, S. 137 und bezeichnet diese Ehrenstrafe als „Infamie des deutschen Rechts".

759 So auch die RPO 1577, Titel XXIII.

760 *Härter*, Entwicklung und Funktion der Policeygesetzgebung des Heiligen Römischen Reiches Deutscher Nation, in: Ius Commune 20 (1993), S. 118.

761 *Härter*, Entwicklung und Funktion der Policeygesetzgebung des Heiligen Römischen Reiches Deutscher Nation, in: Ius Commune 20 (1993), S. 126.

762 Zwar erinnert diese Regelung an die Lex Iulia municipalis, allerdings ist eine Rezeption ausgeschlossen, da das Gesetz erst 1732 gefunden wurde (vgl. Kap. 5, A. II. 1. b.).

763 *Segall*, Geschichte und Strafrecht der RPO 1530, 1548 und 1577, 1914, S. 138.

Gewerbsleute aufgestellt. Es wurde bestimmt, dass Kaufleuten nur bestimmte Felle und Stoffe als Kleidung gestattet waren sowie Schmuckstücke nur bis zu einem bestimmten Maximalwert getragen werden durften. Gemäß der Einleitung zu Titel XII wurde das Ziel einer dem Stand angemessenen Kleidung verfolgt, sodass ein jeder „*nach seinem Stand, Ehren und Vermöge*" die angemessene Kleidung trage.[764] Folglich reagierten diese kleiderbestimmenden Regelungen auf konkrete Lebensumstände des Mittelalters, die man damit korrigieren wollte. Im ausgehenden 14. Jahrhundert wurde eine Vielzahl von Kleiderordnungen für verschiedene Territorien erlassen. Diese Vorgehensweise hielt bis ins 18. Jahrhundert an. Die Kleiderordnungen waren etwa ab dem 15. Jahrhundert Ausdruck des Ständedenkens. Jeder für sich abgeschlossene und von der Obrigkeit definierte Stand hatte sich im Rahmen der für ihn bestimmten Regelungen zu kleiden.[765] In den RPO von 1548 und 1577 war die Kleiderordnung durch erneute Wiederholung der damaligen Praxis und des Verständnisses von der Gültigkeit des Rechts bekräftigt worden.[766] Neu war allerdings, dass die Kaufleute nicht mehr in einem eigenen Titel aufgeführt wurden, sondern von da an im Titel über die „Stadtbürger" (Titel X, sowohl RPO 1548 und 1577) Aufnahme fanden.

c.) Fazit für den vorliegenden Zeitraum

Eine Ehrenstrafe, die nicht in einer Schandstrafe zum Ausdruck kommt, konnte für die Bambergensis als auch für die Carolina anhand der Bestimmungen des Meineids und der Kuppelei aufgezeigt werden. Wie die Ehrenstrafe vollzogen wurde, konnte den Quellen nicht entnommen werden, ferner nicht, welche Konsequenzen

---

764 S. zu der Disziplinierungsabsicht auch *Weber*, Bereitwillig gelebte Sozialdisziplinierung? Das funktionale System der Polizeiordnungen im 16. und 17. Jahrhundert, ZRG (GA) 115 (1998), S. 420 (439).

765 Vertiefend *Härter*, Entwicklung und Funktion der Policeygesetzgebung des Heiligen Römischen Reiches Deutscher Nation, in: Ius Commune 20 (1993), S. 95 ff.; *Eisenbart*, Kleiderordnungen der deutschen Städte zwischen 1350 und 1700, 1962, S. 58 ff.

766 Nach der mittelalterlichen Anschauung von Recht wurde dieses nicht gesetzt, sondern gefunden, und es war nicht allein aufgrund seiner Existenz beständig und unveränderlich. Daher konnte das Recht nur aufrechterhalten werden, wenn sich der Mensch darum bemühte, indem er das Recht wiederholt als geltend feststellte; vgl. einleitend *Eisenhardt*, Deutsche Rechtsgeschichte, 2013, Rn. 152; *Wieacker*, Privatrechtsgeschichte der Neuzeit, 1967, S. 189; allgemein zur Rechtserneuerung, Rechtsfeststellung und Rechtsbesserung *Immel* in: Handbuch Privatrechtsgeschichte, Bd. II/2, 1976, S. 28 ff. und *Dilcher*, Der Gedanke der Rechtserneuerung im Mittelalter, in: Battenberg/Ranieri (Hrsg.), Geschichte der Zentraljustiz in Mitteleuropa, 1994, S. 1 ff.

die Ehrenstrafe nach sich zog. Daneben enthielten beide Halsgerichtsordnungen die Schandstrafen.

Für die Reichspoliceyordnungen gilt sowohl hinsichtlich des Vollzugs der Strafe an der Ehre als auch für die Rechtsfolgen das zu den Halsgerichtsordnungen Gesagte entsprechend. Die Quelle berichtet von der Schand- wie auch der Ehrenstrafe. Besonders fällt bei den Reichspoliceyordnungen die Regelung zum vorsätzlichen Bankrotteur auf, wonach dieser als unfähig erklärt wurde, Ämter und Würden zu besetzen.

5. *Zeitalter der Aufklärung*

Eine grundlegend neue Wahrnehmung der Weltordnung, dem ein erhebliches Umdenken in Teilen der Gesellschaft folgte, ist kennzeichnend für die Epoche der Aufklärung und der Vernunft.[767] Die neue Betrachtungsweise der Welt ist aus heutiger Sicht vor allem auf die Errungenschaften der Naturwissenschaften zurückzuführen, die im Ergebnis eine Abkehr vom bis dahin herrschenden Erklärungsargument des „Gottgewollten" einläuteten.[768] Es war nur eine Frage der Zeit, bis die neuen naturwissenschaftlichen Gesetze mit den bestehenden göttlichen kollidierten. In jener Zeit kehrte sich die Gesellschaft zudem von einer theokratischen Staatsauffassung ab und schuf Raum für eine weltliche. Das Zusammenleben der Menschen wurde damit nicht mehr durch eine übernatürliche Ordnung bestimmt, sondern sollte von da an auf vernunftgemäßen Erwägungen basieren.[769]

Auch die Rechtswissenschaft konnte sich diesem Wandel nicht entziehen.[770] Es war daher eine Frage der Zeit, bis das autoritäre und überlieferungsgebundene römische Recht auf seine Vernünftigkeit auf Grundlage der Naturrechtslehren überprüft wurde.[771] Gegenstand der Rechtswissenschaft wurden in der Folgezeit verstärkt die Fragen nach der Entstehung der menschlichen Gemeinschaft

---

767 Einführend *Simon*, Art. „Aufklärung", HRG, Bd. I, 2008, Sp. 332-339; *Eisenhardt*, Deutsche Rechtsgeschichte, 2013, S. 133 ff.

768 *Conrad*, Deutsche Rechtsgeschichte, Bd. 2, 1966, S. 375; *Rüping/Jerouschek*, Grundriss der Strafrechtsgeschichte, 2011, S. 65 f.

769 *Conrad*, Deutsche Rechtsgeschichte, Bd. 2, 1966, S. 375; *Rüping/Jerouschek*, Grundriss der Strafrechtsgeschichte, 2011, S. 67; *Kleinheyer*, Wandlungen des Delinquentenbildes in den Strafrechtsordnungen des 18. Jahrhunderts, in: Studien zum achtzehnten Jahrhundert, 1980, S. 229 f.

770 Einführend *Eisenhardt*, Deutsche Rechtsgeschichte, 2013, S. 139 ff.

771 *Conrad*, Deutsche Rechtsgeschichte, Bd. 2, 1966, S. 375; *Schmidt*, Einführung in die Geschichte der deutschen Strafrechtspflege, 1965, S. 212.

und die rechtliche Stellung des Menschen innerhalb der Gemeinschaft.[772] In den Mittelpunkt traten das Verhältnis von Mensch und Staat und die Begrenzung der Macht des Staates durch Teilung der Gewalt im Staat. Man erkannte die natürlichen Rechte des Menschen an, womit auch ein Umdenken beim Strafen und beim Strafvollzug einherging,[773] mit der Folge, dass sich auch der Charakter der Strafe wandelte. Sie war nun nicht Vergeltung, Rache und Sühne für begangenes Unrecht,[774] sondern folgte neuen Ansichten, die geprägt waren von Forderungen nach einer Proportionalität der Strafe zum Verbrechen[775] und der Humanisierung des Strafvollzugs.[776]

Die in diesem Zeitalter der Aufklärung verfassten Kodifikationen nehmen eine bedeutende Stellung in der Rechtswissenschaft ein, da sie die neuen Gedanken aufnahmen und damit in die heutige Zeit überliefern, was sich anschaulich an der Ehrenstrafe aufzeigen lassen wird, auch wenn die Bezüge zum Kaufmann gering sind. In jene Epoche des grundlegenden Umdenkens fallen mit Blick auf Deutschland die Gesetzwerke Bayerns und Preußens, die hier stellvertretend für ihre Zeit dargestellt werden.[777]

a.) Codex Juris Bavarici Criminalis von 1751

Eine zersplitterte Rechtspraxis in Bayern und eine damit einhergehende Rechtsunsicherheit sowie das Streben nach territorialer Rechtsvereinheitlichung

---

772 *Conrad*, Deutsche Rechtsgeschichte, Bd. 2, 1966, S. 376.

773 Zum Strafrecht in der Zeit der Aufklärung s. *Conrad*, Deutsche Rechtsgeschichte, Bd. 2, 1966, S. 435 ff.; *Schmidt*, Einführung in die Geschichte der deutschen Strafrechtspflege, 1965, S. 219 ff.; *von Hippel*, Deutsches Strafrecht, Bd. 1, 1925, S. 258 ff.; *Eisenhardt*, Deutsche Rechtsgeschichte, 2013, S. 210 ff.; *Kleinheyer*, Wandlungen des Delinquentenbildes in den Strafrechtsordnungen des 18. Jahrhunderts, in: Studien zum achtzehnten Jahrhundert, 1980, S. 227 ff.; *Rüping/Jerouschek*, Grundriss der Strafrechtsgeschichte, 2011, S. 68 ff.

774 *Conrad*, Deutsche Rechtsgeschichte, Bd. 2, 1966, S. 435; *Rüping/Jerouschek*, Grundriss der Strafrechtsgeschichte, 2011, S. 68 f.

775 *Rüping/Jerouschek*, Grundriss der Strafrechtsgeschichte, 2011, S. 69.

776 *Kleinheyer*, Wandlungen des Delinquentenbildes in den Strafrechtsordnungen des 18. Jahrhunderts, in: Studien zum achtzehnten Jahrhundert, 1980, S. 236 ff.

777 Auf eine Darstellung der gesetzgeberischen Strafrechtsentwicklung im deutschsprachigen Österreich, die ebenfalls unter dem Einfluss der Aufklärungsgedanken standen, wurde mit Blick auf den weiteren Verlauf der Untersuchung verzichtet. S. zu Österreich *Conrad*, Deutsche Rechtsgeschichte, Bd. II, 1966, S. 391 ff.; *Schmidt*, Einführung in die Geschichte der deutschen Strafrechtspflege, 1965, S. 244 ff.

führten in Bayern zu Reformplänen,[778] die letztlich in eine Gesetzesreform durch den Kurfürsten Maximilian III. mündeten, der den Gedanken der Aufklärung aufgeschlossen gegenüberstand.[779] Einen kodifizierten Teil dieser Reform bildete neben dem *Codex Juris Bavarici Judicarii* (Zivilprozess und Konkursrecht) und dem *Codex Maximilianeus Bavaricus Civilis* (Privatrecht und Teile des öffentlichen Rechts) der hier interessierende *Codex Juris Bavarici Criminalis* vom 7. Oktober 1751 (Codex Criminalis).[780] Die Anfertigung des aus drei Teilen bestehenden Codex oblag dem im bayerischen Staatsdienst tätigen Wiguläus Xaverius Aloysius von *Kreittmayr* (1705-1790),[781] der neben der Kodifikation auch die Anmerkungen über den Codex Juris Bavarici Criminalis verfasste, in welcher er die Normen kommentierte und sich damit zunächst anonym[782] an die Rechtsanwender wandte.

Vielfach wird die bayerische Kodifikation in der Rechtsgeschichtsliteratur an den Anfang der naturrechtlichen Darstellungen gestellt,[783] eben weil das Normenwerk im Zeitalter der Aufklärung verfasst wurde. Allerdings weisen die drei Kodifikationen kaum aufgeklärte Elemente auf, was insbesondere für

778 *Dölemeyer*, Art. „Bayrische Kodifikationen des Naturrechtszeitalters", HRG, Bd. I, 2008, Sp. 478-480; *Kleinheyer*, Vom Wesen der Strafgesetze, 1968, S. 7 f.; vertiefend auch *Knott*, Bei der Ehre gepackt, 2006, S. 94 ff.

779 *Conrad*, Deutsche Rechtsgeschichte, Bd. 2, 1966, S. 386.

780 *Conrad*, Deutsche Rechtsgeschichte, Bd. 2, 1966, S. 386 f.; *Dölemeyer*, Art. „Bayrische Kodifikationen des Naturrechtszeitalters", HRG, Bd. I, 2008, Sp. 478-480; *Buschmann*, Textbuch zur Strafrechtgeschichte der Neuzeit, 1998, S. 180 ff.; eine kurze Übersicht des Codex Criminalis aus älterer Literatur zu finden bei *Berner*, Strafgesetzgebung in Deutschland, 1867, S. 1–8.

781 *Schlosser*, Der Gesetzgeber Kreittmayr und die Aufklärung in Kurbayern, in: Bauer/Schlosser (Hrsg.), Wiguläus Xaver Aloys Freiherr von Kreittmayr, 1991, S. 37 (47); s. auch *Kleinheyer/Schröder*, Deutsche und Europäische Juristen aus neun Jahrhunderten, 2008, S. 244–248.

782 *Kleinheyer/Schröder*, Deutsche und Europäische Juristen aus neun Jahrhunderten, 2008, S. 247.

783 So bei *Conrad*, Deutsche Rechtsgeschichte, Bd. 2, 1966, S. 386; *Eisenhardt*, Deutsche Rechtsgeschichte, 2013, Rn. 310; *Schlosser*, Privatrechtsgeschichte, 2005, S. 112 f.; vgl. auch *Dölemeyer*, Art. „Bayrische Kodifikationen des Naturrechtszeitalters", HRG, Bd. I, 2008, Sp. 478-480, worin das Gesetzeswerk Kreittmayers am Anfang steht. Alle Stellen verneinen jedoch im Großen und Ganzen aufgeklärte Elemente in der bayerischen Strafrechtskodifikation.

das Strafrecht gilt.[784] Gleichwohl brachte die bayerische Strafrechtskodifikation eine Neuerung mit sich, indem sie eine Einteilung des Rechts in materielles und prozessuales vornahm. Das Werk, das sich nicht an die Bürger, sondern an die Anwender wandte, verfolgte wie bisher nicht die Absicht, neues Recht zu schaffen, sondern stellte bereits geltendes Recht zusammen,[785] sodass der Codex Criminalis sowohl ursprünglich bayerisches als auch römisches Recht enthält.[786] Es gilt heute als ein Kompendium des damals in Bayern geltenden Strafrechts.[787]

In der Bestimmung über die Strafarten heißt es in Kap. 1 § 5 „*Die Straffen der Criminal-Verbrechen gehen theils an Leib, Ehr und Gut, theils gar an das Leben.* […]".[788] Der Norm kann eine gewandelte Auffassung der Ehrenstrafe entnommen werden: Während in der Vergangenheit die Strafe an der Ehre in der Regel bei den Leibesstrafen eingeordnet wurde, so wird nun im Codex die Strafe an der „Ehr" zusammen mit der Strafe am „Gut" genannt. Daraus wird gefolgert, dass der Entzug der Ehre mit dem Entzug des Kapitals vergleichbar war.[789] Daneben

---

784 *Schlosser*, Codex Maximilianeus Bavaricus, Kodifikation zwischen Ius commune und Naturrecht, in: Czeguhn (Hrsg.), Recht im Wandel – Wandel des Rechts, 2014, S. 481 (485 f.). Heute wird das strafrechtliche Werk als eine rückwärtsgewandte Zusammenstellung des geltenden Rechts gewertet *Conrad*, Deutsche Rechtsgeschichte, Bd. 2, 1966, S. 386 und 424; *Eisenhardt*, Deutsche Rechtsgeschichte, 2013, Rn. 310; *Rüping/Jerouschek*, Grundriss der Strafrechtsgeschichte, 2011, S. 77.

785 *Kleinheyer*, Vom Wesen der Strafgesetze, 1968, S. 8.

786 *Dölemeyer*, Art. „Bayrische Kodifikationen des Naturrechtszeitalters", HRG, Bd. I, 2008, Sp. 478-480; *Schlosser*, Codex Maximilianeus Bavaricus, Kodifikation zwischen Ius commune und Naturrecht, in: Czeguhn (Hrsg.), Recht im Wandel – Wandel des Rechts, 2014, S. 481 (493 f.).
Als weitere wichtige Hauptquelle, auf die Kreittmayr zurückgegriffen haben soll, wird die Oberpfälzer Malefizprozessordnung genannt, s. *Heydenreuter*, Kreittmayr und die Strafrechtsreform, in: Bauer/Schlosser (Hrsg.), Wiguläus Xaver Aloys Freiherr von Kreittmayr, 1991, S. 37 (47); ebenso *Berner*, Strafgesetzgebung in Deutschland, 1867, S. 7.

787 *Löhnig*, „Menschen-Ehre" vs. „Bürger-Ehre" – Ehrenstrafe an der Schwelle zur Moderne am Beispiel der Bayerischen Strafrechtsgeschichte, in: Geisenhanslüke/Löhnig (Hrsg.), Infamie – Ehre und Ehrverlust in literarischen und juristischen Diskursen, 2012, S. 40.

788 Zitiert nach *Buschmann*, Textbuch zur Strafrechtgeschichte der Neuzeit, 1998, S. 181.

789 *Knott*, Bei der Ehre gepackt, 2006, S. 96; *Löhnig*, „Menschen-Ehre" vs. „Bürger-Ehre" – Ehrenstrafe an der Schwelle zur Moderne am Beispiel der Bayerischen Strafrechtsgeschichte, in: Geisenhanslüke/Löhnig (Hrsg.), Infamie – Ehre und Ehrverlust in literarischen und juristischen Diskursen, 2012, S. 40, der hier den Begriff des „sozialen Kapitals" verwendet.

sah Kap. 1 § 9 Strafen für bestimmte Handlungen vor, „*welche weder an Leib noch Leben gehen*". Aufgezählt werden unter anderem die „*Vorstellung auf dem Pranger, oder auf Schrägen an der Kirchen-Thür, oder offentlichen Schand-Säulen*"[790] und zeigen damit, dass die Ehrenstrafen im Sinne der Schandstrafen weiterhin in Bayern vorgesehen waren. Neben den Schandstrafen kennt der Codex Criminalis ebenfalls die Ehrlosigkeit, wie Kap. 1 § 9 c) Codex Criminalis bezeugt: „*Da man für ehrloß declariret wird, mit oder ohne öffentlichen Anschlag*". Diese Ehrloserklärung galt als die umfassendste wirkende Ehrenstrafe.[791] Im Rahmen der Nachforschungen bezüglich der Frage, ob mit dieser Ehrloserklärung die Infamie gemeint war, wurde deutlich, dass die Infamie ein bekanntes Institut war. Den Anmerkungen *Kreittmayrs* zum Codex Criminalis[792] kann zu Kap. 1 § 9 c) entnommen werden, dass die Strafe der Ehrloserklärung nur selten allein verhängt wurde. Vielmehr folgte sie auf andere Strafen, denn „wer eines Criminalverbrechens halber gestraft wird, ist ipso Jure infam, wenn gleich in der Sentenz keine Meldung davon geschiehet".[793] Die Folgen für den Ehrlosen bestanden im Ausschluss „von allen Würden, Ehrenstellen, Gezeugschaften, Collegien und allen Umgang mit ehrlichen Leuten".[794]

Der Codex Criminalis ordnete die Strafe der Ehrloserklärung nur in drei Fällen ausdrücklich an. So bestimmte Kap. 9 § 3 Codex Criminalis, der den Meineid zum Gegenstand hatte, dass derjenige, der in „wissentlich und betrüglicher Weis durch einen vor Obrigkeit zu Gott geschwornen leiblichen Eyd, entweder eine Unwarheit oder Zusage bekräftiget, und dieser Letzteren gefährlich zuwieder handelt" mit der „Pœnâ infamia" gestraft werden soll, womit die Ehrloserklärung gemeint ist.[795] Darüber hinaus wurden die Geld- und Gefängnisstrafe, die Landesverweisung sowie in schweren Fällen die Todesstrafe angedroht, unter ausdrücklich gänzlicher Abschaffung der „Straff der Finger-Abhauung". Auch

---

790 Ausführlich *Löhnig*, „Menschen-Ehre" vs. „Bürger-Ehre" – Ehrenstrafe an der Schwelle zur Moderne am Beispiel der Bayerischen Strafrechtsgeschichte, in: Geisenhanslüke/ Löhnig (Hrsg.), Infamie – Ehre und Ehrverlust in literarischen und juristischen Diskursen, 2012, S. 40 f.

791 *Löhnig*, „Menschen-Ehre" vs. „Bürger-Ehre" – Ehrenstrafe an der Schwelle zur Moderne am Beispiel der Bayerischen Strafrechtsgeschichte, in: Geisenhanslüke/ Löhnig (Hrsg.), Infamie – Ehre und Ehrverlust in literarischen und juristischen Diskursen, 2012, S. 41.

792 *Kreittmayr*, Anmerkungen über den Codicem Juris Bavarici Criminalis, 1774, S. 14.

793 *Kreittmayr*, Anmerkungen über den Codicem Juris Bavarici Criminalis, 1774, S. 14.

794 *Kreittmayr*, Anmerkungen über den Codicem Juris Bavarici Criminalis, 1774, S. 14.

795 *Knott*, Bei der Ehre gepackt, 2006, S. 96 f.

wenn der Codex kein aufgeklärtes Gesetzbuch war, so unternahm es mit der Abschaffung der verstümmelnden Strafe als Folge des Meineids zumindest einen kleinen Schritt in Richtung humanisierende Strafen.

Der Codex Criminalis strafte ferner die begangene Amtsuntreue und den Ehebruch dem Wortlaut nach mit einer Ehrentsetzung, womit nichts anderes als die Ehrloserklärung gemeint ist.[796] So sollten Diener und Beamte, welche das anvertraute Gut *„in ihren Nutzen verwenden, oder der Herrschaft zum Schaden vorenthalten* [...] *ohne Unterschied der Person, wes Standes und Wesens sie immer seye, das erstemahl, wann sich der Schaden über fünfzig Gulden beträgt, mit der Amotion und der Entsetzung aller Ehren* [...] *gestraffet werden"* (Kap. 9, § 5 Codex Criminalis). Eine Ehrentsetzung hatte auch die Dame adliger oder patrizischer Abstammung zu befürchten, die einen erstmaligen Ehebruch beging (Kap. 5, § 1, Abs. 7 Codex Criminalis). Den Ausführungen Kreittmayrs nach geht diese Norm sowohl auf bayerische als auch auf römische Ursprünge zurück und nennt als römische Quelle unter anderem die Stelle D. 3,2,13,3: *De his qui notantur infamia* (Über diejenigen, die von der Ehrlosigkeit betroffen werden),[797] wonach die Ehebrecher mit der *„poena infamiae"* gestraft werden.[798] Er unternimmt den Versuch, die Entwicklungslinie der Norm nachzuzeichnen, und beendet seine Ausführungen mit der Aussage, dass das römische Recht *„in keinem Stück* [...] *ungewisser"* sei als beim Ehebruch.[799]

Bei der Gesamtbetrachtung des Codex Criminalis fällt auf, dass die bayerische Kodifikation trotz des angebrochenen Zeitalters der Aufklärung an den Schandstrafen[800] festhielt und daneben die Strafe an der Ehre bestimmte, wobei das Gesetz die Ehrenstrafe – im weitesten Sinne – den Vermögensstrafen zuordnete. Die Ehrenstrafe war für die Tatbestände des Meineids, der Amtsuntreue und des Ehebruchs vorgesehen. Auf einer abstrakten Ebene stehen diese Tatbestände mit den Begriffen Treue und Schwur in einem Zusammenhang. Ob dies vom Gesetzgeber bzw. vom Gesetzesverfasser so beabsichtigt war, konnte nicht ermittelt werden. Die Rechtsfolge war unter anderem die Unfähigkeit, bestimmte öffentliche Ämter zu bekleiden. Der Codex Criminalis hingegen regelte nicht den Bankrott und sah auch die Ehrenstrafe für die Kuppelei nicht vor (vgl. Kap. 4, §§ 1 ff.).

---

796 *Knott*, Bei der Ehre gepackt, 2006, S. 96 f.

797 S. oben Kap. 5, A. II. 1. b).

798 *Kreittmayr*, Anmerkungen über den Codicem Juris Bavarici Criminalis, 1774, S. 83.

799 *Kreittmayr*, Anmerkungen über den Codicem Juris Bavarici Criminalis, 1774, S. 83.

800 Ausführlich zu den Schandstrafen in Bayern s. *Knott*, Bei der Ehre gepackt, 2006, S. 97 ff.

b.) Allgemeines Landrecht für die Preußischen Staaten von 1794

Dem Allgemeinen Landrecht für die Preußischen Staaten vom 5. Februar 1794, das am 1. Juni 1794 in Kraft trat, ging das Allgemeine Gesetzbuch für die Preußischen Staaten (AGB) voraus.[801] Es war König Friedrich II., der die Justizreform veranlasste und damit das Ziel der Rechtsvereinfachung und der Rechtsvereinheitlichung in den preußischen Provinzen verfolgte.[802] Nach einer mehrjährigen Schaffensphase wurde das AGB dann zwar am 20. März 1791 verkündet, das geplante Inkrafttreten am 1. Juni 1792 erfolgte jedoch nicht, weil das Gesetz durch die Kabinettsordre vom 18. April 1792 auf unbestimmte Zeit suspendiert wurde.[803] Die Suspendierung war im Wesentlichen durch die ständischen Gegner des AGB vorangetrieben worden. Diese hatten König Friedrich Wilhelm II., seit 1786 Nachfolger Königs Friedrichs II., von dem Gesetz abgeraten, da es Elemente der Aufklärung enthielte und es zu revolutionären Strömungen wie in Frankreich führen könne, wo gerade die Revolution entbrannt war.[804] Es sollte von da an ungefähr drei Jahre dauern, bis das Gesetz in Kraft trat. Anlass hierzu bot die Eingliederung der infolge der zweiten polnischen Teilung erworbenen

---

801 Zur Entstehungsgeschichte des ALR: *Barzen*, Zur Entstehung des Entwurfs zum Allgemeinen Landrecht, in: Gose/Würtenberger (Hrsg.), Zur Ideen- und Rezeptionsgeschichte des Preußischen Allgemeinen Landrechts, 1999, S. 87–99; *Finkenauer*, Vom Allgemeinen Gesetzbuch zum Allgemeinen Landrecht, ZRG (GA) 113 (1996), S. 40 ff.; *Hattenhauer/Bernert*, Allgemeines Landrecht für die Preußischen Staaten von 1794, 1996, S. 1 ff.; *Conrad*, Die geistigen Grundlagen des Allgemeinen Landrechts für die preußischen Staaten von 1794, 1958, S. 12 ff.

802 *Finkenauer*, Vom Allgemeinen Gesetzbuch zum Allgemeinen Landrecht, ZRG (GA) 113 (1996), S. 40 (46 f.); *Conrad*, Die geistigen Grundlagen des Allgemeinen Landrechts für die preußischen Staaten von 1794, 1958, S. 14. Zu den heute noch umstrittenen Fragen, ob die Verfasser des ALR auch das Ziel verfolgten, dem ALR einen Verfassungscharakter zu geben und ob Preußen durch die Kodifikation als Rechtsstaat anzusehen ist, vgl. *Kleinheyer*, Das Allgemeine Landrecht für die Preußischen Staaten vom 1. Juni 1794, 1995, S. 16 ff.; *Vierhaus*, Das Allgemeine Landrecht für die Preußischen Staaten als Verfassungsersatz?, in: 200 Jahre Allgemeines Landrecht für die preußischen Staaten, 1995, S. 1–21; *Hattenhauer*, Preußen auf dem Weg zum Rechtsstaat, in: Wolff (Hrsg.), Das Preußische Allgemeine Landrecht, 1995, S. 49–67; *Merten*, Die Rechtsstaatsidee im Allgemeinen Landrecht, in: Ebel (Hrsg.), Gemeinwohl – Freiheit – Vernunft – Rechtsstaat, 1995, S. 109–138; *Koselleck*, Preußen zwischen Reform und Revolution, 1967, S. 31.

803 Zu den Daten s. *Hattenhauer*, Daten zur Geschichte des ALR, in: Wolff (Hrsg.), Das Preußische Allgemeine Landrecht, 1995, S. 287–291.

804 *Kleinheyer*, Das Allgemeine Landrecht für die Preußischen Staaten vom 1. Juni 1974, 1995, S. 8; *Conrad*, Die geistigen Grundlagen des Allgemeinen Landrechts für die

Gebiete (sog. Südpreußen und Neu-Ostpreußen[805]) in das preußische Herrschaftsgebiet. Preußen beabsichtigte, eine schnelle politische Einheit zwischen den alten und den neu erworbenen Gebieten herbeizuführen. Deshalb suchte es den Weg der politischen Einheit im Wege der Rechtseinheit zu gehen[806] und bediente sich hierzu des bis dato suspendierten AGB. Vor diesem Hintergrund wurde die Kodifikation an wenigen Stellen inhaltlich überarbeitet[807] und der Titel wurde von „Allgemeines Gesetzbuch für die Preußischen Staaten", an dem sich die Stände gestört hatten, in „Allgemeines Landrecht für die Preußischen Staaten" abgeändert, was dem ständischen Sprachgebrauch mehr entsprach,[808] womit einem in Kraft treten des Gesetzes am 1. Juni 1794 nichts mehr entgegen stand.

Das ALR, das sich stark am römischen Recht orientiert,[809] steht im Zeichen der Aufklärung und ist eine naturrechtliche Kodifikation,[810] mit der eine Zusammenfassung des gesamten geltenden Rechts beabsichtigt war.[811] Daher umfasst die Kodifikation eine Vielzahl von Rechtsgebieten; so auch das Strafrecht,[812]

---

preußischen Staaten von 1794, 1958, S. 16; *Eckert*, Art. „Allgemeines Landrecht", HRG, Bd. 1, 2008, Sp. 155-162.

805 *Eckert*, Art. „Allgemeines Landrecht", HRG, Bd. 1, 2008, Sp. 155-162.

806 *Eckert*, Art. „Allgemeines Landrecht", HRG, Bd. 1, 2008, Sp. 155-162; *Koselleck*, Preußen zwischen Reform und Revolution, 1967, S. 39.

807 Vgl. Synopse AGB und ALR bei *Conrad*, Die geistigen Grundlagen des Allgemeinen Landrechts für die preußischen Staaten von 1794, 1958, S. 44 ff.

808 *Eckert*, Art. „Allgemeines Landrecht", HRG, Bd. 1, 2008, Sp. 155-162; *Kroeschell*, Deutsche Rechtsgeschichte, Bd. 3, 2008, S. 69 f.

809 *Eckert*, Art. „Allgemeines Landrecht", HRG, Bd. 1, 2008, Sp. 155-162; *Hattenhauer/Bernert*, Allgemeines Landrecht für die preußischen Staaten, 1996, S. 10; *Finkenauer*, Vom Allgemeinen Gesetzbuch zum Allgemeinen Landrecht, ZRG (GA) 113 (1996), S. 40 (46).

810 *Sellert/Rüping*, Studien- und Quellenbuch zur Geschichte der deutschen Strafrechtspflege, Bd. 1, 1989, S. 347, 351; *Schmidt*, Einführung in die Geschichte der deutschen Strafrechtspflege, 1965, S. 247; differenzierend *Sellert*, Vernunftrechtliches und naturrechtliches Strafrecht im Spiegel des ALR, in Loos/Jehle (Hrsg.), Bedeutung der Strafrechtsdogmatik in Geschichte und Gegenwart, 2007, S. 13–29; *Link*, Aufgeklärtes Naturrecht und Gesetzgebung – vom Systemgedanken der Kodifikation, in: Birtsch/Willoweit (Hrsg.), Reformabsolutismus und ständische Gesellschaft, 1998, S. 21 ff.; ausführlich *Finkenauer*, Vom Allgemeinen Gesetzbuch zum Allgemeinen Landrecht, ZRG (GA) 113 (1996), S. 40 (46) sowie *Kleinheyer*, Das Allgemeine Landrecht für die Preußischen Staaten vom 1. Juni 1974, 1995, S. 10 f.

811 *Eckert*, Art. „Allgemeines Landrecht", HRG, Bd. 1, 2008, Sp. 155-162.

812 Zum Strafrecht des ALR: *von Bitter*, Das Strafrecht des Preußischen Allgemeinen Landrechts von 1794 vor dem ideengeschichtlichen Hintergrund seiner Zeit, 2013;

welches unter „Verbrechen und deren Strafen" im zwanzigsten Titel des zweiten Teils behandelt wird.[813] Federführend bei der Ausarbeitung des ALR war Carl Gottlieb *Svarez*,[814] der bei den Arbeiten des strafrechtlichen Teils maßgeblich von Ernst Ferdinand *Klein* unterstützt wurde.[815]

Die Ideen der Aufklärungszeit, wie beispielsweise die Tendenz zur Humanisierung der Strafen und das Ins-Verhältnis-Setzen von Verbrechen und Strafe,[816] wurden nicht erst durch das ALR in das preußische Strafrecht eingeführt. Bereits unter Friedrich II., der sich der Humanisierung und der Rationalisierung der Strafrechtspflege verschrieben hatte,[817] wurde Gedankengut der Aufklärung mittels

---

Blasius, Grenzen sozialer Disziplinierung: das Strafrecht des ALR, in: Birtsch/Willoweit, Reformabsolutismus und ständische Gesellschaft, 1998, S. 341–357; *Schild*, 1577 Paragraphen aufgeklärter Strafrechtsvernunft – Zum ALR als philosophischem Strafgesetzbuch, in: Ebel (Hrsg.), Gemeinwohl – Freiheit – Vernunft – Rechtsstaat – 200 Jahre Allgemeines Landrecht für die Preußischen Staaten, 1995, S. 41–101; *Schwennicke*, Die allgemeinen Strafrechtslehren im Allgemeinen Landrecht für die Preußischen Staaten von 1794 und ihre Entwicklung in der Rechtsprechung bis zum preußischen Strafgesetzbuch von 1851, in: Dölemeyer/Mohnhaupt (Hrsg.), 200 Jahre Allgemeines Landrecht für die preußischen Staaten, 1995, S. 79–104; *Schmidt*, Die Entwicklung der modernen Kriminalpolitik, in: Beiträge zur Geschichte des preußischen Rechtsstaates, 1980, S. 343 ff.; *Schmidt*, Einführung in die Geschichte der deutschen Strafrechtspflege, 1965, S. 251 ff.; *Hälschner*, Geschichte des Brandenburgisch-Preußischen Strafrechts, 1855, S. 189 ff.

813 Trotz der für die damaligen Verhältnisse fortschrittlichen Neuerungen, die das Strafrecht mit sich brachte, war der strafrechtliche Teil des ALR bereits in der Zeit seiner Verkündung hoch gelobt und zugleich als misslungen beurteilt worden. Übersicht und zur Vertiefung s. *Regge*, Das Reformprojekt eines „Allgemeinen Criminalrechts für die Preußischen Staaten" (1799-1806), in: Hattenhauer (Hrsg.), Das Nachfriderizianische Preussen, 1988, S. 189–233.

814 Zur Person und zum Wirken Svarez' s. *Kleinheyer/Schröder* (Hrsg.), Deutsche und europäische Juristen aus neun Jahrhunderten, 2008, S. 428–432; *Schmidt*, Carl Gottlieb Svarez, in: Beiträge zur Geschichte des preußischen Rechtsstaates, 1980, S. 331–339.

815 In der Wissenschaft wird die Frage diskutiert, welcher der beiden Autoren als der Schöpfer des strafrechtlichen Teils angesehen werden kann, vgl. ausführlich zum Forschungsstand *von Bitter*, Das Strafrecht des Preußischen Allgemeinen Landrechts von 1794 vor dem ideengeschichtlichen Hintergrund seiner Zeit, 2013, S. 23 ff.

816 *Eisenhardt*, Deutsche Rechtsgeschichte, 2013, Rn. 459; *Vormbaum*, Einführung in die moderne Strafrechtsgeschichte, 2011, S. 28 ff.; vertiefend *Hattenhauer*, Von Christen, Juden und Menschen, Zum Strafrecht der Aufklärung, in: Beiträge zur Rechtsgeschichte, Gedächtnisschrift für Hermann Conrad, 1979, S. 245 ff.

817 *Schmidt*, Staat und Recht in der Theorie und Praxis Friedrichs des Großen, in: Beiträge zur Geschichte des Preußischen Rechtsstaates, 1980, S. 180.

Einzelanordnungen in das Strafrecht transportiert.[818] So schaffte er beispielsweise die Folter fast gänzlich ab,[819] erließ Anordnungen zu einem humanisierten Vollzug der Todesstrafe (eine Abschaffung derselben zog er nicht in Betracht[820]) und schränkte mittels Reskript vom 10. Juli 1756[821] die Verhängung der Infamie ein.[822] Aus dem Reskript ergibt sich, dass die Strafrichter bis dahin häufig auf die Infamie erkannt hatten. Dies wurde von Friedrich II. als *„sehr nachtheilig gefunden, weil derjenige Delinquent, welcher mit einer Infamie belegt worden, ein unnützes Mitglied der Societät wird, […] und sich ausser Stande befindet, fernherhin sein Brod auf eine ehrliche Art zu verdinenen.“* Zudem führe dies möglicherweise dazu, dass sich der Delinquent *„unerlaubte[r] Mittel[]“* bediene, um seinen Unterhalt zu bestreiten. Das Reskript ordnete daher an, die Infamie nur noch dann auszusprechen, wenn sie in den preußischen Edikten als Straffolge ausdrücklich vorgesehen war.[823] Zudem sollte statt auf Infamie auf die Zuchthausarbeit oder die Festungsstrafe erkannt werden. Die Zuchthausstrafe und die Festungsstrafe fanden auch ihren Niederschlag im ALR.[824] Ferner wurden als Strafarten in das ALR die Geld-, Leibes-, Gefängnis- und Ehrenstrafe aufgenommen. Soweit ersichtlich, fällt der Begriff der „Ehrenstrafe“ als Straffolge nur im Zusammenhang mit dem Betrug mittels Urkundenfälschung in Teil II, Titel 20, § 1380 ALR. Eine Erläuterung, was

---

818 *Sellert/Rüping*, Studien- und Quellenbuch zur Geschichte des deutschen Strafrechtspflege, Bd. 1, 1989, S. 351. Zusammenstellung der unter Friedrich II. erlassenen Gesetze bei *Berner*, Die Strafgesetzgebung in Deutschland, 1867, S. 32 ff.

819 *Schmidt*, Staat und Recht in der Theorie und Praxis Friedrichs des Großen, in: Beiträge zur Geschichte des Preußischen Rechtsstaates, 1980, S. 178 f.; *ders*. Die Entwicklung der modernen Kriminalpolitik, in: Beiträge zur Geschichte des Preußischen Rechtsstaates, 1980, S. 352 ff.; *Willenbücher*, Die strafrechtsphilosophischen Anschauungen Friedrichs des Grossen, in: Strafrechtliche Abhandlungen, Heft 56 (1904), S. 48 ff.

820 *Schmidt*, Staat und Recht in der Theorie und Praxis Friedrichs des Großen, in: Beiträge zur Geschichte des Preußischen Rechtsstaates, 1980, S. 178 f.

821 NCC, Bd. 2, Nr. 64, Sp. 115-116.

822 *Schmidt*, Staat und Recht in der Theorie und Praxis Friedrichs des Großen, in: Beiträge zur Geschichte des Preußischen Rechtsstaates, 1980, S. 181; *ders*. Die Kriminalpolitik Preußens unter Friedrich Wilhelm I. und Friedrich II., in: Beiträge zur Geschichte des preußischen Rechtsstaates, 1980, S. 435 f.; *Willenbücher*, Die strafrechtsphilosophischen Anschauungen Friedrichs des Grossen, in: Strafrechtliche Abhandlungen, Heft 56 (1904), S. 36 ff.

823 Edikte, welche die Infamie ausdrücklich anordnen, konnten nicht ermittelt werden.

824 Zur Entwicklung der Zuchthausstrafe in Preußen, vgl. *Schmidt*, Die Kriminalpolitik Preußens unter Friedrich Wilhelm I. und Friedrich II., in: Beiträge zur Geschichte des preußischen Rechtsstaates, 1980, S. 428 f.

die „Ehrenstrafe“ tatsächlich zum Inhalt hat, fehlt. Auch an anderer Stelle im ALR wird nicht angegeben, welchen konkreten Inhalt und welche Auswirkungen die Ehrenstrafe hat. Eine weitere Straffolge, die das ALR anordnet und deren Inhalt und Auswirkungen es aber ebenfalls nicht erläutert, ist der sog. „Verlust der bürgerlichen Ehre“. Diese Folge ist im ALR ausschließlich vorgesehen für den Hochverräter, den Meineidigen und den Bankrotteur.

Was sich genau hinter dem Begriff des Verlusts der bürgerlichen Ehre verbirgt, kann allein mithilfe des ALR nicht beantwortet werden. Eine wichtige Quelle zum ALR, die Aufschluss über Sinn und Zweck sowie Inhalt mancher Normen geben kann, sind die sog. Kronprinzenvorlesungen. Diese Vorlesungen hielt Carl Gottlieb Svarez zwischen Januar 1791 und März 1792 dem Prinzen von Preußen, Friedrich Wilhelm, dem späteren König Friedrich Wilhelms III.,[825] um ihn zunächst in die Grundsätze des Staatsrechts einzuführen. Erst im Laufe der Vorlesungszeit wurde der Vorlesungsauftrag um andere Materien des ALR erweitert, wie z. B. das Strafrecht.[826] Die Materialien zu den Kronprinzenvorlesungen bestehen in der Regel aus einem Vorlesungsmanuskript, das im Vorfeld der Vorlesungen teilweise stichwortartig, teilweise ausformuliert festgehalten wurde, sowie den schriftlichen Zusammenfassungen, die dem Kronprinzen nach den Vorlesungen ausgehändigt wurden.[827]

Eine Prüfung der Materialen zeigt, dass im Rahmen des Themas „Das Recht zur Strafe“ die Geldstrafe, die körperliche Züchtigung, die Strafarbeit, die Gefängnis-, Zuchthaus-, Festungs- und die Todesstrafe sowie die Ehrenstrafe behandelt wurden. Im Vorlesungsmanuskript erläutert Svarez die Ehrenstrafe, deren Folge darin bestehe, dass der Verbrecher seiner bürgerlichen Ehre beraubt wird. Zudem bezeichnet er die Strafe als nicht zweckmäßig, da dem Verbrecher, der nach Verbüßen der Strafe in die bürgerliche Gesellschaft zurückkehrt, ein Vorwärtskommen in derselben infolge der zugefügten Infamie unmöglich ist. *„Er muß also aus Noth neue Verbrechen begehen; und die Strafe, durch welche die bürgerliche Gesellschaft gesichert werden sollte, giebt Anlas zu neuen Gefahren für dieselbe“*.[828] Die Formulierung erinnert an das einst von König Friedrich II. erlassene Reskript zur Anwendung der Infamie. In der

---

825 *Krause* (Hrsg.), Kronprinzenvorlesungen, 2000, S. IX, XVII ff.

826 *Krause* (Hrsg.), Kronprinzenvorlesungen, 2000, S. IX, XII ff.

827 *Krause* (Hrsg.), Kronprinzenvorlesungen, 2000, S. IX. Hierin unterscheidet sich die von Krause herausgegebene Ausgabe zu der von Conrad und Kleinheyer herausgegebenen Ausgabe der Materialien zu den Kronprinzenvorlesungen. Letztere waren im Archiv bei der Zusammenstellung der Dokumente nicht auf die schriftlichen Zusammenfassungen gestoßen, sodass diese nicht in ihrer Ausgabe enthalten sind. Hierzu *Krause*, S. IX.

828 *Krause* (Hrsg.), Kronprinzenvorlesungen, 2000, S. 88.

schriftlichen Zusammenfassung zum Thema Strafarten heißt es im allgemeinen Teil der Zusammenfassung, die *„gewöhnlichen Arten der Strafe sind*

1. *GeldStrafe*
2. *körperliche Züchtigung durch Stock- Peitschen- oder Ruthenschlägen*

[...]

7. EhrenStrafen od. Infamie“.[829]

Bei den konkreten Ausführungen zu „7. Ehrenstrafe od. Infamie“ im besonderen Teil der Zusammenfassung wird nicht mehr von Ehrenstrafe, sondern nur noch von Infamie gesprochen: *„Infamie ist keine zweckmäßige StrafArt. Soll der Verbrecher für immer von der bürgerlichen Gesellschaft ausgeschloßen bleiben, so ist die Strafe der Infamie unnütz. Soll er in die bürgerliche Gesellschaft zurückkehren, so versperrt ihm die anklebende Infamie jeden Weg zu einem ehrlichen Fortkommen, und er wird dadurch genöthigt, neue Verbrechen zu begehen“.*[830]

Da Svarez in den Kronprinzenvorlesungen den Verlust der bürgerlichen Ehre in den Zusammenhang mit der Ehrenstrafe stellt (s. oben: Ehrenstrafe raubt dem Verbrecher die bürgerliche Ehre) und er die Ehrenstrafe an anderer Stelle in den Materialien der Kronprinzenvorlesungen mit der Infamie gleichsetzt, können daraus die Schlüsse gezogen werden, dass zum einen die Ehrenstrafe gerade im Verlust der bürgerlichen Ehre liegt, zum anderen, dass der Ausdruck „Verlust der bürgerlichen Ehre“ gleichbedeutend mit dem Begriff „Ehrenstrafe“ ist. Führt man diesen letzten Gedanken konsequent fort, dann sieht der bereits eingangs erwähnte Betrug mittels Urkundenfälschung (Teil II, Titel 20, § 1308 ALR), der den Begriff der Ehrenstrafe in seinem Wortlaut verwendet, in seiner Rechtsfolge nichts anderes vor als den Verlust der bürgerlichen Ehre. Bedenkt man weiter, dass die Ehrenstrafe in den Materialien der Kronprinzenvorlesung mit der Infamie gleichgesetzt wird, dann bedeutet dies ferner, dass der Verlust der bürgerlichen Ehre ebenfalls mit der Infamie gleichzusetzen ist. Bemerkenswert ist, für welche Delikte das ALR ausdrücklich den Verlust der bürgerlichen Ehre als Folge anordnet, nämlich ausschließlich für den Hochverrat, den Meineid und den Bankrott. Damit deutet es wieder bekannte Zusammenhänge zum römischen Recht und zur Infamie an, wobei das ALR selbst an keiner Stelle den Begriff „Infamie“ verwendet.

aa.) Hochverrat

Der Hochverrat hatte gemäß Teil II, Titel 20, § 92 ALR eine Handlung zum Gegenstand, die auf eine gewaltsame Umwälzung der Verfassung des Staates, gegen das

---

829 *Krause* (Hrsg.), Kronprinzenvorlesungen, 2000, S. 99.

830 *Krause* (Hrsg.), Kronprinzenvorlesungen, 2000, S. 100.

Leben oder die Freiheit seines Oberhauptes zielte.[831] Demnach kam es nicht allein auf den Handlungserfolg an, sondern bereits der Versuch erfüllte den Tatbestand des Hochverrats (vgl. „abzielte" in Teil II, Titel 20, § 92 ALR).[832] Der Hochverräter, der seinerzeit *„das größte und gefährlichste aller Verbrechen beging"*[833], wurde nicht nur seiner *„bürgerlichen Ehre verlustig"*, sondern auch seines gesamten Vermögens. Darüber hinaus trugen die Hochverräter *„auch die Schuld des Unglücks ihrer Kinder, wenn der Staat, zur Abwendung künftiger Gefahren, dieselben in beständiger Gefangenschaft zu behalten, oder zu verbannen nöthig finden sollte"* (vgl. Teil II, Titel 20, § 95 ALR). Zudem sollte der Hochverräter gemäß Teil II, Titel 20, § 93 ALR hingerichtet werden und dies mittels der *„härtesten und schreckhaftesten Leibes- und Lebensstrafe"*.

Im Rahmen der obigen Darstellung zu den römischen Infamiefolgen wurden die schweren Staatsverbrechen behandelt. Dort wurde aufgezeigt, dass nach römischem Recht die Folgen eines Hochverrats nicht nur den Täter, sondern auch dessen Kinder trafen (vgl. Kap. 5, A. II. 1.).[834] Ernst Ferdinand *Klein* zeigt in seinem 1796 veröffentlichten Werk „Grundsätze des gemeinen deutschen und preussischen peinlichen Rechts" auf, dass die Strafen einen Bezug zur Goldenen Bulle und zum Codex Iustinianus aufweisen.[835] Bei näherer Betrachtung der Goldenen

---

831 Zur Kodifikationsgeschichte des Hochverrats s. *von Bitter*, Das Strafrecht des Preußischen Allgemeinen Landrechts von 1794 vor dem ideengeschichtlichen Hintergrund seiner Zeit, 2013, S. 203 ff.

832 An dieser Stelle sei nochmals darauf hingewiesen, dass die in dieser Arbeit verwendeten Fachbegriffe nicht den gleichen Inhalt oder die gleiche Bedeutung wie im Zeitalter des Inkrafttretens des ALR haben. Die differenzierende strafrechtliche Terminologie und die Abgrenzung vom allgemeinen und besonderen Teil waren erst im Entstehen begriffen. Dazu *Sellert*, Vernunftrechtliches und naturrechtliches Strafrecht im Spiegel des ALR, in Loos/Jehle (Hrsg.), Bedeutung der Strafrechtsdogmatik in Geschichte und Gegenwart, 2007, S. 13–29 (19). So spricht seinerzeit bspw. *Steltzer*, Critik über Preussens neues Criminalgesetz, 1795, S. 126 nicht von Versuch, sondern umschreibt, dass schon derjenige Hochverräter genannt werde, „welcher durch die mindeste äussere Handlung den Willen zur Umwälzung der Staatsverfassung demonstriert".

833 *Krause* (Hrsg.), Kronprinzenvorlesungen, 2000, S. 800.

834 Die Bambergensis bestrafte ebenfalls den Hochverrat in Art. 132 CCB und nennt die Tat ein Majestätsverbrechen „zu latein genant Crimen lese maiestat"; der Täter soll an „seinen eren, leben und gut gestrafft werden". Vgl. oben Kap. 5, A. II. 4.a).

835 *Klein*, Grundsätze des gemeinen deutschen und preussischen peinlichen Rechts, 1796, S. 372. Dieser Hinweis ist auch in anderer Sekundärliteratur zu finden, die um die Zeit des Inkrafttretens des ALR veröffentlicht wurde. So bspw. bei *Steltzer*, Critik über Preussens neues Criminalgesetz, 1795, S. 130 ff. Steltzer zählt zu den ersten Verfassern von strafrechtlichen Lehrbüchern, die am Anfang des liberalen Strafrechts standen (s. hierzu *Schmidt*, Einführung in die Geschichte der deutschen Strafrechtspflege, 1965, S. 283).

Bulle[836] findet sich eine ähnlich lautende Regelung, wonach derjenige, der bereits den Versuch unternahm, einen Kurfürsten zu ermorden, „*als Majestätsverbrecher mit dem Schwert hingerichtet werden*" sollte. Zudem sollten die Güter des Majestätsverbrechers an die kaiserliche Schatzkammer fallen. Das Gesetz entzog auf diese Weise den Kindern des Verbrechers erbliches Vermögen. Darüber hinaus ordnete es an, dass sie ferner von aller Erbschaft und Nachfolge der Mutter und anderen Verwandten ausgeschlossen waren. Auch sollten sie nichts durch Testament eines Dritten erben können. „*Sie sind zu keinen Ehren und zu keiner Eidesleistung zuzulassen und sollen in ständiger Armut schmachten, auf daß sie den Tod als Erlösung und das Leben als Strafe empfinden*".[837] Weitere Nachforschungen kommen zu dem Ergebnis, dass diese Vorschrift in der Goldenen Bulle wiederum auf den Codex Iustinianus zurückzuführen ist.[838] Die im neunten Buch im achten Titel des Codex Iustinianus festgehaltene Regelung lautet, dass der des Majestätsverbrechens Schuldige „*mit dem Schwert gerichtet, und sein ganzes Vermögen confiscirt werden*"[839] soll. Hinsichtlich der Kinder wird bestimmt: „*Die Kinder desselben aber, denen Wir aus kaiserlicher Gnade das Leben besonders schenken, […] sollen von der mütterlichen und grossmütterlichen und endlich von der Erbschaft und der Beerbung aller Verwandten ausgeschlossen werden, aus den Testamenten fremder Personen*

Bei Steltzer stößt die Strafe des Vermögensverlustes auf schwere Kritik: Es könne nicht angehen, dass das preußische Erbrecht den Pflichtteil für die Kinder vorsehe und das Strafrecht den Kindern des Hochverräters dieses Recht wieder entziehe, indem es dem Vater das Vermögen nehme. Dies könne dazu führen, dass die Kinder Hunger litten und die gesamte Strafe die Rachsucht der Kinder schüre. Friedrich II. soll die Anwendung der Strafe verboten haben. *Svarez* erläutert in der Kronprinzenvorlesung, dass diese gegen die Kinder gerichtete Strafe u. a. ihren Grund darin hat, „diesem Verbrechen durch die Furcht für das Unglück der Kinder desto stärckere Motive entgegenzusetzen"; vgl. *Krause* (Hrsg.), Kronprinzenvorlesungen, 2000, S. 801. Zu dieser Rechtsfolge sogleich im Text.

836 Art. 24 Metzer Gesetz vom 25. Dezember 1356. Zitiert nach *Fritz*, Die Goldene Bulle, 1978, S. 77 ff.; s. auch die Übersetzung bei *Müller*, Die Goldene Bulle Kaiser Karls IV. 1356, 1957, S. 79 f.

837 Zitiert nach *Fritz*, Die Goldene Bulle, 1978, S. 78.

838 *Coing*, Römisches Recht in Deutschland, in: IRMAE V, 6), 1964, S. 101; *Fritz*, Die Goldene Bulle, 1978, S. 77. Dort heißt es in der Fußnote: „*Das Kapitel ist ziemlich verständnislos aus zwei Abschnitten des Codex Justinianus zusammengestellt worden, es entspricht nicht dem deutschen Recht.*" Zur Vertiefung s. *Zeumer*, Die Goldene Bulle Kaiser Karls IV., 1908, S. 90, der als ursprüngliche Quelle die Stelle IX, Tit. 8, 5.6 des Codex nennt.

839 Cod. IX, Tit. 8, 5; Übersetzung bei *Otto/Schiling/Sintenis* (Hrsg.), Bd. 6, 1832 (Neudruck 1985).

nichts erwerben, sollen ewig in Dürftigkeit und Armuth leben, und die väterliche Schande unaufhörlich auf ihnen ruhen, zu keinen Ehren und keinem Eide gelassen werden, und endlich in der Lage sein, dass ihnen in steter Entbehrung schmachtend der Tod ein Trost und das Leben eine Strafe sei".[840]

Vergleicht man das ALR mit dem Codex Iustinianus, zeigt sich, dass das ALR – wie das römische Recht – die Kinder des Hochverräters strafte. Zwar sah das ALR, im Gegensatz zum Codex Iustinianus, für den Hochverräter die Hinrichtung durch das Schwert nicht ausdrücklich vor, aber die Schwertstrafe dürfte von der Strafandrohung mittels „der härtesten und schreckhaftesten Leibes- und Lebensstrafe" umfasst sein. Zudem kannte auch das ALR die Schwertstrafe; jedoch nur für den Teilnehmer der Tat (Teil II, Titel 20, § 96 ALR). Während das römische Recht dem Majestätsverbrecher die Zulassung zu Ehren und Eiden verweigert, ordnet das ALR den Verlust der bürgerlichen Ehre an. Greift man auf die Ausführungen von Svarez zurück,[841] wonach der Verlust der bürgerlichen Ehre den Ausschluss aus der Gesellschaft zur Folge hatte, dann ergibt sich daraus, dass der Verlust der bürgerlichen Ehre erst recht die Nichtzulassung zu Ehren und Eidesleistungen bedeutete.

bb.) Meineid

Der Straftatbestand des Meineids (Teil II, Titel 20, § 1405 ALR) ist in mehrfacher Weise interessant: Zum einen bestimmt er den Verlust der bürgerlichen Ehre als auch des Gewerbes; zum anderen zeugt er weiterhin von der Schandstrafe: „*Wer im Prozesse, als Partey oder Zeuge, einen falschen Eid wissentlich leistet: der wird aller Aemter, Würden, bürgerlichen Ehre und Gewerbe, für immer verlustig; soll als ein meineidiger Betrüger schimpflich ausgestellt, oder öffentlich bekannt gemacht; und außerdem, nach Verhältniß des angerichteten Schadens, mit ein- bis dreijähriger Festungsstrafe belegt werden.*" Trotz des Umstandes also, dass das ALR in einer geistigen Umbruchszeit entstanden war, in der man sich der Menschlichkeit verschrieben hatte, droht der Meineid neben der rechtsbeeinträchtigenden Ehrenstrafe auch die aus dem Mittelalter überlieferte Ehrenstrafe an, die einen demütigenden und ehrenkränkenden Charakter aufweist. Der Verlust der bürgerlichen Ehre als Folge des Meineids ist bereits aus dem römischen Recht bekannt. Auch der Verlust aller Ämter und Würden ist eine Formulierung, die mehrfach im römischen Recht als Folge der Infamie genannt wird.[842]

---

840 Cod. IX, Tit. 8, 5 § 1; Übersetzung bei *Otto/Schiling/Sintenis* (Hrsg.), Bd. 6, 1832 (Neudruck 1985).

841 *Krause* (Hrsg.), Kronprinzenvorlesungen, 2000, S. 100.

842 S. oben. Kap. 5, A. II. 1.b.) sowie Kap. 5, A. II. 4.a.).

Warum abweichend von den Ideen der Aufklärung die schimpfliche Ausstellung als Folge des Meineids im ALR vorgesehen blieb, ist nicht klar, zumal in den Kronprinzenvorlesungen die Schandstrafe im Rahmen des Abschnitts „Über die Strafe“ nicht behandelt wurde.[843]

Gemäß Teil II, Titel 20, § 1405 ALR ist für den Meineidigen nicht nur der Verlust der bürgerlichen Ehre vorgesehen, sondern auch der Verlust des Gewerbes. Dabei handelt es sich allerdings nicht um eine Besonderheit des Meineids, da das ALR den Gewerbeverlust auch für andere Delikte bestimmte, beispielsweise für Drucker und Verleger, die das Missvergnügen gegen die Regierung erregten (Teil II, Titel 20, § 154 ALR);[844] für Hebammen, die mehrfach ihre Hilfeleistung grundlos verweigerten (Teil II, Titel 20, § 721 ALR); für Verkäufer verdorbener Waren (Teil II, Titel 20, § 724 ALR); für Baumeister, denen der gleiche Baufehler zweimal unterlief (Teil II, Titel 20, § 769 ALR); für Betreiber von Herbergen, die Diebe und Räuber beherbergten (Teil II, Titel 20, § 1230 ALR); für Gastwirte, wenn sie das unerlaubte Spiel duldeten (Teil II, Titel 20, § 1304 ALR); für Betrüger, die wiederholt mittels Verfälschung von Waren, Maß und Gewichten die Tathandlung begingen (Teil II, Titel 20, § 1448 ALR). Die Normen, die die Hebammen, Baumeister und Verkäufer verdorbener Waren betreffen, sind im 11. Abschnitt „Von körperlichen Verletzungen“ enthalten. Der Abschnitt wird mit dem in Teil II, Titel 20, § 691 ALR enthaltenen Grundsatz eingeleitet, dass jeder die Pflicht habe, sein *„Betragen so einzurichten, daß er weder durch Handlungen, noch Unterlassungen, Andrer Leben oder Gesundheit in Gefahr setze.“* Dieser Einleitung folgen Normen (bis einschließlich Teil II, Titel 20, § 771 ALR), die das ALR als Vorbeugemittel verstanden wissen will, um erhebliche Gefahren, die durch Handlungen oder Unterlassungen hervorgerufen werden können, zu verhüten. Die in Teil II, Titel 20, § 691 ALR aufgestellte Sorgfaltspflicht für den Einzelnen sowie die Verwendung des Begriffs „Gefahr“ und die Aufzählung der Vorbeugemittel erinnern weniger an strafrechtliche als an polizeirechtliche Normen. Damit sind zugleich die Gedanken an den Wohlfahrtsstaat und die Polizeygesetzgebung verbunden,[845] die dem Zeitalter der aufgeklärten Kodifikationen vorausgingen und die im ALR an dieser Stelle noch nachwirken.[846]

---

843 Vgl. *Krause* (Hrsg.), Kronprinzenvorlesungen, 2000, S. 100.

844 *Steltzer*, Critik über Preussens neues Criminalgesetz, 1795, S. 144.

845 S. hierzu die Ausführungen oben Kap. 5, A. II. 4.b).

846 Polizeirechtliche Vorschriften finden sich an vielen Stellen im ALR, vgl. hierzu ausführlich *Preu*, Polizeibegriff und Staatszwecklehre, 1983, S. 281 ff.

Das ALR nimmt selbst Bezug auf das Polizeirecht,[847] indem es in Teil II, Titel 20, § 692 ALR bestimmt, dass Gefahren durch Polizeiverbote verhütet werden müssen. Demnach handelt es sich bei den Teil II, Titel 20, §§ 692-771 ALR genannten Regelungen um Polizeigesetze[848] und nicht um Strafgesetze. Ebenso ist der Gewerbeverlust des Herbergsvaters eine polizeirechtliche Folge.[849] Bei den übrigen Normen des ALR, die ebenfalls den Gewerbeverlust anordnen, wird der polizeirechtliche Charakter der Norm im Schrifttum nicht hervorgehoben. Allerdings sprechen folgende Umstände dafür, dass es sich auch bei ihnen um Polizeigesetze, zumindest um eine Mischung aus Polizei- und Strafgesetze[850] handelt: Zum einen ist der Gewerbeverlust weder in den Kronprinzenvorlesungen, noch im Schrifttum als eine Strafart eingestuft.[851] Zum anderen ist die Ordnung des Gewerbes, mithin auch die Untersagung des Gewerbes, (bereits damals schon) Aufgabe des Polizeirechts.[852] Mit der Anordnung des Gewerbeverlusts bringt die Obrigkeit unmissverständlich ihr Bedürfnis zum Ausdruck, jene Personen vom Gewerbe auszuschließen, die durch ihr Handeln dem Allgemeinwohl schaden.[853] Das ALR zeigt sich in diesem Zusammenhang stellenweise liberal, indem es nicht in allen Fällen die erstmalige Verletzung der Sorgfaltspflicht mit dem Gewerbeverlust ahndet, sondern teilweise eine mehrfache (Hebamme) bzw. eine zweifache Verfehlung (Baumeister; Betrüger) fordert. Diese Nachsicht des Gesetzes wird dem Meineidigen nicht zuteil, da gemäß Teil II, Titel 20, § 1405

---

847 Bzgl. Nebeneinander von Straf- und Polizeigesetzen im ALR, vgl. *Preu*, Polizeibegriff und Staatszwecklehre, 1983, S. 282, 295. Das ALR nahm teilweise das Polizeirecht auf. Im strafrechtlichen Teil des ALR sind in den Abschnitten die Polizeigesetze den Verbrechenstatbeständen einleitend vorangestellt. Dazu ebenfalls *Preu*, S. 295.

848 *Steltzer*, Critik über Preussens neues Criminalgesetz, 1795, S. 255 f. Zum „Recht der Polizei“ s. *Krause* (Hrsg.), Kronprinzenvorlesungen, 2000, S. 106 ff. Svarez erläutert hier auch den Unterschied zwischen Polizeygesetz und Polizeyverordnung. Letzteres betrifft nur einen einzelnen Ort, und/oder die Einwohner des Ortes.

849 *Krause* (Hrsg.), Kronprinzenvorlesungen, 2000, S. 110.

850 *Preu*, Polizeibegriff und Staatszwecklehre, 1983, S. 295.

851 Vgl. *Krause* (Hrsg.), Kronprinzenvorlesungen, 2000, S. 99; *Steltzer*, Critik über Preussens neues Criminalgesetz, 1795, S. 50–65; *Klein*, Grundsätze des gemeinen deutschen und preussischen peinlichen Rechts, 1796, S. 62.

852 *Krause* (Hrsg.), Kronprinzenvorlesungen, 2000, S. 107.

853 S. zum Ausschluss von Gewerbe und Korporation unten Kap. 5, A. III. 1. Ob die Polizeigesetze im ALR nur der Gefahrenabwehr dienten oder mit ihnen, wie in der Epoche davor, eine Wohlfahrtsförderung beabsichtigt war, s. ausführlich *Preu*, Polizeibegriff und Staatszwecklehre, 1983, S. 286 ff.

ALR bereits die erstmalige Tatbegehung für den Gewerbeverlust ausreichend sein dürfte.

cc.) Bankrott

Das ALR kennt vier Arten des Bankrotts: Es unterscheidet den betrügerischen (Teil II, Titel 20, §§ 1452-1457 ALR), den mutwilligen (Teil II, Titel 20, §§ 1458-1465 ALR), den fahrlässigen (Teil II, Titel 20, §§ 1466-1472 ALR) und den unbesonnenen Bankrott (Teil II, Titel 20, §§ 1473-1475 ALR).

Der betrügerische Bankrotteur im Sinne des ALR ist derjenige, der sein Vermögen verheimlicht, um seine Gläubiger zu hintergehen. Ihm drohte der Verlust der bürgerlichen Ehre (Teil II, Titel 20, § 1454 ALR), wenn er die Vermögensmasse schmälerte, indem er beispielsweise erdichtete Gläubiger aufstellte „*oder durch betrügliche Begünstigung solcher, deren Forderungen ungegründet, oder übertrieben*“ waren. Darüber hinaus wurde der betrügerische Bankrotteur gemäß Teil II, Titel 20, § 1453 ALR öffentlich ausgestellt, für ehrlos erklärt und mit Festungsarbeit bestraft, wenn er beabsichtigte „*sich mit dem Schaden seiner Gläubiger zu bereichern*“. Im Falle seines Todes oder seiner Flucht vor Vollziehung der Strafe sollte er ebenfalls für ehrlos erklärt und „*sein Bildniß an den Galgen geheftet*“ werden (Teil II, Titel 20, § 1456 ALR). Auch hier zeigt sich wieder das Nebeneinander von der mittelalterlichen schändlichen und der rechtsbeeinträchtigenden Ehrenstrafe.

Vom mutwilligen Bankrotteur handelt Teil II, Titel 20, § 1461 ALR, den das Gesetz als denjenigen definiert, der „*durch übertriebenen oder liederlichen Aufwand sich außer Zahlungsstand gesetzt hat*“. Übertriebener Aufwand liegt dann vor, wenn die „*Nothdurften und gemeinen Bequemlichkeiten des Lebens*“ überstiegen werden und mit „*den jedesmaligen wirklichen Einkünften des Schuldners nicht im Verhältnisse*“ stehen (Teil II, Titel 20, § 1459 ALR), wenn der Täter also über seine Verhältnisse lebte. Der mutwillige Bankrotteur sollte entsprechend Teil II, Titel 20, § 1461 ALR „*aller Ehren und Würden im Staate*“ für unfähig erklären werden, womit diese Bestimmung an die „verdorbenen Kaufleute“ des Titels XXII, RPO 1548 erinnert, welche den vorsätzlichen Bankrott behandelt.[854] Der Regelung der RPO nach sollten Bankrotteure zu keinen „*Aemptern oder Dignitäten gezogen werden*“. Die Besonderheit für den mutwilligen Bankrotteur, der zugleich Kaufmann war, kommt in Teil II, Titel 20, § 1462 ALR zum Ausdruck, wonach der Kaufmann zudem für immer alle kaufmännische Rechte verlor.[855]

---

854 So auch die RPO 1577, Titel XXIII.

855 Der Stand der Kaufleute war in Teil II, Titel 8, §§ 475 ff. ALR geregelt.

Zu diesen kaufmännischen Rechten zählten die Glaubwürdigkeit der Bücher, die Wechselfähigkeit sowie die Geschäftsfähigkeit der Handlungsgehilfen.[856] In der Sekundärliteratur wird der Verlust der kaufmännischen Rechte gleichgesetzt mit dem Verlust des Handelsrechts.[857]

Einen fahrlässigen Bankrott beging gemäß Teil II, Titel 20, § 1466 ALR derjenige, der wusste, dass „sein Vermögen zur Bezahlung seiner Schulden nicht mehr hinreiche, aber noch Hoffnung hat, daß selbiges sich im Kurzen verbessern werde, mit Verheimlichung seiner Vermögensumstände neue Schulden macht, und dadurch den Verlust seiner Gläubiger vergrößert" oder das Vermögen aufbrauchte, ohne dabei über seine Verhältnisse zu leben (Teil II, Titel 20, § 1467 ALR). Als ein fahrlässiger Bankrotteur konnte ebenfalls der zahlungsunfähige Kaufmann bestraft werden, der keine ordentliche Handelsbücher führte oder mangels regelmäßiger Bilanzierung keine Kenntnis von seiner negativen Vermögenslage hatte (Teil II, Titel 20, § 1468 ALR).[858] Dem fahrlässigen Bankrotteur drohte zwar nicht der Verlust der bürgerlichen Ehre, wohl aber der Verlust der kaufmännischen Rechte. Allerdings sah das Gesetz vor, dass der fahrlässige Bankrotteur mit besonderer Bewilligung den Handel wieder aufnehmen durfte. Da diese Möglichkeit weder beim betrügerischen noch beim mutwilligen Bankrott erwähnt wird, wurde im Schrifttum daraus gefolgert, dass bei den „mehr erschwerten Arten" des Bankrotts solches nicht erlaubt sei.[859] Jedoch sah der betrügerische Bankrott gar nicht den Verlust der kaufmännischen Rechte vor, sondern allein den Verlust der bürgerlichen Ehre. Dahingegen hatte der mutwillige Bankrott den Verlust der kaufmännischen Rechte zur Folge, nicht jedoch den Verlust der bürgerlichen Ehre. Folglich zog im Falle des betrügerischen Bankrotts der Verlust der bürgerlichen Ehre ipso iure den Verlust der kaufmännischen Rechte nach sich. Das ist auch nur konsequent, wenn man bedenkt, dass der Verlust der bürgerlichen Ehre den Ausschluss aus der Gesellschaft bedeutete.

Der unbesonnene Bankrotteur war derjenige, der mit fremdem Geld und ohne Genehmigung des Gläubigers verwegene und unsichere Unternehmungen anstellte (Teil II, Titel 20, § 1473 ALR). Ihm drohte zwar nicht der Verlust der bürgerlichen Ehre oder der kaufmännischen Rechte, dafür verlor er die „Handlungsgerichtigkeit" (Teil II, Titel 20, § 1475 ALR). Welche Konsequenzen der Verlust der Handlungsgerichtigkeit hatte, konnte auch mithilfe der Materialien

856 Fn. 303.

857 *Steltzer*, Critik über Preussens neues Criminalgesetz, 1795, S. 403.

858 S. oben Kap. 4, B.

859 Nur bei *Steltzer*, Critik über Preussens neues Criminalgesetz, 1795, S. 403.

der Kronprinzenvorlesungen oder der damaligen Sekundärliteratur nicht ermittelt werden.

dd.) Kuppelei

Die Kuppelei ist im strafrechtlichen Teil des ALR im 12. Abschnitt „Von fleischlichen Verbrechen“[860] geregelt, worin Eltern, Erzieher und Vormünder zur moralischen Erziehung der Kinder und der Unterdrückung des unzeitigen Wolllusttriebes angehalten werden.[861] Verstießen die Vorgenannten gegen ihre moralischen Erziehungspflichten, sollten ihnen die Rechte der Erziehung und der damit „verknüpften Vorteile genommen werden“ (Teil II, Titel 20, § 993 ALR), ohne dass erklärt wird, was unter den Vorteilen zu verstehen ist. In Teil II, Titel 20, §§ 996-998 ALR geht das Gesetz konkret auf die Kuppelei ein. Interessanterweise beschränken sich die Folgen der Kuppelei auf Leibes-, Gefängnis- und Zuchthausstrafe, teilweise in Verbindung mit Strafarbeiten. Im Falle der gewerblichen Kuppelei wird noch Verbannung vom bisherigen Aufenthaltsort angedroht (Teil II, Titel 20, § 997 ALR). Aber den Verlust der bürgerlichen Ehre kennen die Kuppeleitatbestände in ihrer Rechtsfolge nicht, ebenso wenig die Schandstrafen. Damit weicht das ALR von den bisher in diesem Kapitel untersuchten Quellen hinsichtlich der Androhung von Ehrenstrafen ab. Mit Blick auf Meineid und Bankrott sowie die Anlehnung an das römische Recht, mithin den Corpus Iuris Civilis, wäre auch der Verlust der bürgerlichen Ehre auf der Rechtsfolgenseite zu erwarten gewesen.[862]

ee.) Ehrlosigkeit im ALR

Neben dem Verlust der bürgerlichen Ehre spricht das ALR an einer Stelle von der „Ehrlosigkeit“, nämlich im Rahmen der Bestimmungen zum Handeln aus Fahrlässigkeit in Teil II, Titel 20, § 34 ALR.[863] Dieser Norm ist zu entnehmen: „*Findet nur eine außerordentliche Strafe statt; so kann dieselbe niemals bis*

---

860 Allgemeine Ausführungen hierzu bei *Steltzer*, Critik über Preussens neues Criminalgesetz, 1795, S. 304 ff.

861 Bei diesen Regelungen handelt es sich nicht um Straf-, sondern um Polizeigesetze. Vgl. *Preu*, Polizeibegriff und Staatszwecklehre, 1983, S. 295 f.

862 Svarez spricht in den Kronprinzenvorlesungen vom infamen Metier der Kuppler und Kupplerinnen, ohne in diesem Zusammenhang vom Verlust der bürgerlichen Ehre zu sprechen, vgl. *Krause* (Hrsg.), Kronprinzenvorlesungen, 2000, S. 792.

863 Zur Kodifikationsgeschichte des Teil II, Titel 20, § 34 ALR s. *von Bitter*, Das Strafrecht des Preußischen Allgemeinen Landrechts von 1794 vor dem ideengeschichtlichen Hintergrund seiner Zeit, 2013, S. 117 ff.

zum Tode oder zur Ehrlosigkeit ausgedehnt werden." Die Regelung des Teil II, Titel 20, § 34 ALR führt zu folgendem Schluss: Die außerordentliche Strafe für eine Fahrlässigkeitstat kann zwar auf Züchtigung, Zuchthaus und Gefängnis lauten, nicht aber auf Ehrlosigkeit oder Tod. Es zeigt sich damit die Wertigkeit und die Schärfe der Ehrlosigkeit, die im Ergebnis dem Tod gleichgesetzt wird.[864] Die Ehrlosigkeit wurde in der damaligen Literatur auch beschrieben als die grausamste und als eine äußerst unpolitische Strafe, wenn sie nicht mit einer lebenslangen Gefangenenhaltung des Verbrechers verbunden war, da die Ehrlosigkeit zum Ausschluss aus der sozialen Gemeinschaft führe. Wenn der Ehrlose kein Vermögen habe, dann müsse er entweder verhungern oder aus der Not heraus neue Verbrechen begehen. Alternativ stehe ihm noch der Weg ins Ausland offen, wo er seine Ehrlosigkeit zwar verschweigen könne, aber damit das „Publicum betrügen" würde.[865] Diese in Teil II, Titel 20, § 34 ALR bezeichnete Ehrlosigkeit meint damit nichts anderes als die Ehrenstrafe.[866]

ff.) Folgen der Ehrlosigkeit gemäß AGO

Die Allgemeine Gerichtsordnung für die Preußischen Staaten von 1795,[867] die das prozessuale Ergebnis der Reformbestrebungen seit 1780 darstellt, erklärt in § 227 des 10. Titels im 1. Buch diejenigen zur Ablegung eines Zeugnisses für unfähig, die wegen *„begangener Verbrechen […] für ehrlos erklärt worden sind. Die erfolgte Begnadigung macht dabei keinen Unterschied, wenn nicht erhellet, daß dieselbe wegen nachgewiesener Unschuld ertheilt worden ist*". Damit sind jene Verurteilte gemeint, die der bürgerlichen Ehre verlustig erklärt worden sind, also Ehrlose.[868] Im damaligen Schrifttum werden als die in Betracht kommenden Verbrechen nur der Hochverrat (Teil II, Titel 20, § 95 ALR), der Meineid (Teil II, Titel 20, § 1405 ALR) und der betrügerische Bankrott (Teil II, Titel 20, § 1453 ALR) genannt.[869] Demnach sind Hochverräter, Meineidige und betrügerische Bankrotteure Ehrlose und als solche zeugnisunfähig.

---

864 *Klein*, Grundsätze des gemeinen deutschen und preussischen peinlichen Rechts, 1796, S. 61.

865 Insgesamt hierzu *Steltzer,* Critik über Preussens neues Criminalgesetz, 1795, S. 54. Ähnlich, wenn auch weniger kritisch, *Klein*, Grundsätze des gemeinen deutschen und preussischen peinlichen Rechts, 1796, S. 61.

866 *von Bitter*, Das Strafrecht des Preußischen Allgemeinen Landrechts von 1794 vor dem ideengeschichtlichen Hintergrund seiner Zeit, 2013, S. 117.

867 Erschienen und nachzulesen bei Verlag *Pauli*, Allgemeine Gerichtsordnung für die Preußischen Staaten, 1795.

868 *Koch*, Der Preußische Civilprozeß, 1848, zu § 233.

869 *Koch*, Der Preußische Civilprozeß, 1848, zu § 233.

Die Gesamtbetrachtung der hier behandelten Normen des ALR zeigt im Ergebnis eine Koexistenz von der Ehrenstrafe im Sinne einer Rechtsbeeinträchtigung mit der Ehrenstrafe im Sinne der Schandstrafe. Allerdings waren es nur noch wenige Normen, die die Schandstrafe androhten. Die Ehrenstrafe lag im Verlust der bürgerlichen Ehre, was wiederum gleichbedeutend mit der Infamie war, wie sich aus der Untersuchung der Materialien zu den Kronprinzenvorlesungen ergab. Ferner wurde der Verlust der bürgerlichen Ehre als Ehrlosigkeit bezeichnet. Daraus folgt, dass derjenige, der die bürgerliche Ehre verlor, also mit der Ehrenstrafe bestraft wurde, auch als ehrlos bezeichnet wurde.

Die Folge des Verlusts der bürgerlichen Ehre war der Ausschluss aus der Gesellschaft, was den Verlust der kaufmännischen Rechte sowie die Nichtzulassung zu Ehren und Eidesleistungen umfasste. Die preußische Prozessordnung nannte eine konkrete Folge für den Ehrlosen: Er konnte in gerichtlichen Verfahren kein Zeuge sein.

c.) Fazit für den vorliegenden Zeitraum

Im bayerischen Rechtsraum war die Infamie ausdrücklich im praktischen Rechtsleben vorhanden. Für Preußen war Ähnliches feststellbar, wobei das ALR an keiner Stelle den Begriff Infamie verwendet, sondern vom Verlust der bürgerlichen Ehre spricht. Bemerkenswert ist, wie sich die Straffolge für den Meineid über die Epochen hinweg hält, so auch im Codex Criminalis und im ALR. Anders verhält es sich bei den Tatbeständen des Bankrotts und der Kuppelei, die zwar in beiden Kodifikationen geregelt sind, aber nur das ALR für den Bankrott den Verlust der bürgerlichen Ehre vorsieht.

Daneben belegen beide Quellen die Aufnahme der Ideen der Aufklärung, indem die schändlichen Ehrenstrafen zwar nicht gänzlich abgeschafft, aber immerhin zurückgedrängt werden.

6. Strafgesetzgebung im 19. Jahrhundert

Die Abkehr von der schändlichen, auf die Demütigung des Gestraften gerichtete Ehrenstrafe, wie sie für das Ende des 18. Jahrhunderts eingeleitet wurde, setzte sich in den Strafrechtskodifikationen des 19. Jahrhunderts fort und machte Platz für eine rechtsbeeinträchtigende Ehrenstrafe.

Die Zeit um die Jahrhundertwende, welche geprägt war von der Französischen Revolution, dem Zusammenbruch des Alten Reichs, der Herrschaft Napoleons[870]

870 *Eisenhardt*, Deutsche Rechtsgeschichte, 2013, Rn. 567 f.; *Kroeschell*, Deutsche Rechtsgeschichte, Bd. 3, 2008, S. 116 f.; ausführlich zu den politischen Ereignissen und ihren Folgen *Nipperdey*, Deutsche Geschichte 1800-1866, 1983, S. 11 ff.

und einem langsam wahrnehmbaren Aufstieg des Bürgertums,[871] steht synonym für die der Französischen Revolution immanenten Forderungen nach Freiheit und Gleichheit der Menschen und den Ideen der Aufklärung nach eigenständigem Denken und selbstbestimmtem Handeln[872] sowie der Ausweitung des Naturrechtsgedankens, wonach jeder Mensch unveräußerliche Rechte hat, die auch von einem staatlichen Gesetz nicht beseitigt werden können.[873]

In jener Zeit fällt auch der folgenreiche Krieg zwischen dem napoleonischen Frankreich und Deutschland, der im Ergebnis den Niedergang des Alten Reichs bedeutete[874] und eine Neuordnung der politischen Verhältnisse erforderte. Diese Ereignisse und die politischen Ideen gingen an der deutschen Bevölkerung nicht unbeachtet vorbei, sodass große Teile der Bevölkerung ihre Rolle in der Gesellschaft und ihre Rechte als Mensch überdachten. Es war nur eine Frage der Zeit, bis auch in den deutschen Territorien die Forderungen nach Freiheit und Gleichberechtigung laut und schließlich auch erhoben wurden,[875] mit der Folge, dass an der Schwelle vom 18. zum 19. Jahrhundert[876] eine ständisch geprägte Weltanschauung verlassen und der Blick auf eine bürgerliche Gesellschaft gerichtet wurde. Dieser neue Zeitgeist hinterließ auch im Recht seine Spuren und schlug sich insbesondere im Strafrecht nieder. Mit den Errungenschaften des 18. Jahrhunderts, wie beispielsweise der Grundsatz der Verhältnismäßigkeit von Verbrechen und Strafe, die Humanisierung der Strafen sowie die Zurückdrängung der Leibesstrafen,[877] hatte das Strafrecht bereits eine Wende vollzogen, die im 19. Jahrhundert fortgeführt wurde. Hieran knüpfte der sog. strafrechtliche

871 *Nipperdey*, Deutsche Geschichte 1800-1866, 1983, S. 25 ff.

872 *Simon*, Art. „Aufklärung“, HRG, Bd. I, 2008, Sp. 337; *Eisenhardt*, Deutsche Rechtsgeschichte, 2013, Rn. 574.

873 *Simon*, Art. „Aufklärung“, HRG, Bd. I, 2008, Sp. 337.

874 Vgl. dazu die Ausführungen oben Kap. 2, A. I. 1.).

875 *Kroeschell*, Deutsche Rechtsgeschichte, Bd. 3, 2008, S. 116 f.

876 Für jene Zeit wird verbreitet der von Reinhart Koselleck geprägte Begriff der „Sattelzeit“ verwendet, so bspw. von *Rückert*, Art. „Liberalismus“, HRG, 2014, Sp. 957-967. Nach Koselleck kennzeichnet die Sattelzeit den Bedeutungswandel von (politischen) Begriffen. In der Sattelzeit, d. h. ca. ab 1750 bis ungefähr 1850, erhalten die Begriffe einen Bedeutungsinhalt, die heute keiner Übersetzung/Erklärung mehr bedürfen. S. *Brunner/Conze/Koselleck* (Hrsg.), Geschichtliche Grundbegriffe, Bd. 1, 1972, Einleitung, S. XV f. Als Beispiel kann der in dieser Arbeit verwendete Begriff „Polizeistaat“ angeführt werden; vgl. Fn. 752.

877 *von Hippel*, Deutsches Strafrecht, Bd. 1, 1925, S. 287.

Liberalismus[878] an, zu dessen Inhalten unter anderem die Trennung von Strafrecht und Moral zählte, woraus sich ableitete, dass nicht mehr die Gesinnung des Täters im Mittelpunkt der strafrechtlichen Beurteilung stand, sondern allein die begangene Tat.[879] Erklärtes Ziel des neuen Strafrechtsdenkens war ferner, den Staat in rechtliche Schranken zu weisen und ihm die konkrete Aufgabe zukommen zu lassen, nicht mehr durch strafrechtliche Maßnahmen erzieherisch auf den Menschen Einfluss zu nehmen, sondern für die Sicherung der Freiheit des Einzelnen (innerhalb der Gemeinschaft) zu sorgen.[880]

Am Anfang dieser neuen Zeit liberalen Gepräges steht in der Strafrechtswissenschaft das Bayerische Strafgesetzbuch von 1813, das daher eine nähere Betrachtung verdient. Ebenso soll das Preußische Strafgesetzbuch von 1851 in den Fokus der Untersuchung rücken, welches zwei Jahrzehnte später die Grundlage des Reichsstrafgesetzbuches von 1871 bildete.

a.) Bayerisches Strafgesetzbuch von 1813

Das Strafgesetzbuch für das Königreich Bayern vom 16. Mai 1813[881] (BayStGB), welches auf einer Reformbestrebung von König Maximilian Joseph beruht[882] und in vielerlei Hinsicht auf Paul Johann Anselm von *Feuerbach*[883] zurückzuführen

878 Grundsätzlich zur Entwicklung des Liberalismus *Rückert*, Art. „Liberalismus", HRG, 2014, Sp. 957-967.

879 Insgesamt hierzu *Vormbaum*, Einführung in die moderne Strafrechtsgeschichte, 2011, S. 48 ff.

880 *Vormbaum*, Einführung in die moderne Strafrechtsgeschichte, 2011, S. 48; *Rüping/Jerouschek*, Grundriss der Strafrechtsgeschichte, 2011, S. 79 ff.; *Schmidt*, Einführung in die Geschichte der deutschen Strafrechtspflege, 1965, S. 314. Die liberalen Forderungen waren am Anfang des 19. Jahrhunderts wenig verbreitet und erfuhren ihren Höhepunkt in den 1870er-Jahren, *Vormbaum*, Einführung in die moderne Strafrechtsgeschichte, 2011, S. 113. Sie wurden später dann vom sog. Rechtspositivismus überholt. Ausführlich zur Wirkung des strafrechtlichen Rechtspositivismus *Nipperdey*, Deutsche Geschichte 1866-1918, Bd. 1, 1990, S. 663 f. S. auch *Kroeschell*, Deutsche Rechtsgeschichte, Bd. 3, 2008, S. 263 f.

881 Im Folgenden zitiert nach *Buschmann*, Textbuch zur Strafrechtsgeschichte der Neuzeit, 1998, S. 447 ff.

882 *Schmidt*, Einführung in die Geschichte der deutschen Strafrechtspflege, 1965, S. 262.

883 Paul Johann Anselm von Feuerbach (1775-1833) gilt stellenweise als „Kantianer" und „Begründer der modernen Strafrechtswissenschaft". Jede rechtswidrige Handlung müsse eine Strafe zur Folge haben, was den Bürgern mittels Gesetz kommuniziert werden müsse (nullum crimen, nullum poena sine lege). Er traf die Unterscheidung von Recht und Sittlichkeit. Nur eine Verletzung des Rechts ziehe eine Strafe nach sich. Eine Verletzung der Sittlichkeit führe nur dann zu einer Strafe, wenn durch die

ist, wird als das „erste wirklich moderne Strafgesetzbuch“[884] bezeichnet. Es basiert auf der von Feuerbach vertretenen Theorie des psychologischen Zwangs, wonach der Täter bereits durch die Strafandrohung und nicht durch den Strafvollzug abgeschreckt werde.[885] Für die abschreckende Wirkung war erforderlich, dass die Bevölkerung von den Gesetzen Kenntnis hatte und die Normen genau bestimmt waren. Folglich wurde ein Gesetzbuch geschaffen, in dem die Tatbestände eine systematische Ordnung erfuhren und das die Sprache und juristischen Begriffe klar und knapp verwendete, in dem aber auch die angedrohten Strafen sehr hart waren.[886] Das Strafgesetzbuch normierte fünf Arten von Freiheitsstrafen, nämlich die Zuchthaus-, Strafarbeitshaus- und Festungsstrafe für begangene Verbrechen sowie die Gefängnisstrafe und den Festungsarrest für begangene Vergehen.[887] Die Freiheit und Selbstbestimmung hatten einen hohen Stellenwert bei den Menschen erlangt, sodass ihr Entzug ein empfindliches Gut der Bürger traf. Diese Verschiebung von den Leibesstrafen zugunsten der Freiheitsstrafe zeigt den gesellschaftlichen Wertewandel, den der Gesetzgeber in das Strafgesetzbuch einfließen ließ. Auch die Ehrenstrafe erfuhr eine Neuausrichtung. Zum einen folgte sie bestimmten Handlungen als selbstständige Strafe, zum anderen waren ehrenrechtliche Konsequenzen auch mit der Verurteilung zur Zuchthausstrafe verbunden.

aa.) Die Ehrenstrafe

Die Anmerkungen zum bayerischen Strafgesetzbuch[888] zeigen, dass eine intensive inhaltliche Auseinandersetzung mit dem Thema Ehrlosigkeit

---

unsittliche Handlung die Rechte Dritter oder die des Staates beeinträchtigt werden. Zu seiner Person und seinem Wirken s. *Kleinheyer/Schröder*, Deutsche und Europäische Juristen aus neun Jahrhunderten, 2008, S. 131–139; s. auch *Buschmann*, Textbuch zur Strafrechtsgeschichte der Neuzeit, 1998, S. 447 f.

884 *Schmidt*, Einführung in die Geschichte der deutschen Strafrechtspflege, 1965, S. 263; *Kaufmann*, Art. „Strafe, Strafrecht“, HRG, Bd. IV, 1990, Sp. 2011-2029.

885 Erläuternd *von Hippel*, Deutsches Strafrecht, Bd. 1, 1925, S. 293 f.; *Schmidt*, Einführung in die Geschichte der deutschen Strafrechtspflege, 1965, S. 264 f.

886 *Kaufmann*, Art. „Strafe, Strafrecht“, HRG, Bd. IV, 1990, Sp. 2011-2029. Zur Vertiefung *Schmidt*, Einführung in die Geschichte der deutschen Strafrechtspflege, 1965, S. 263 ff.; *von Hippel*, Deutsches Strafrecht, Bd. 1, 1925, S. 300 ff.; *Conrad*, Deutsche Rechtsgeschichte, Bd. 2, 1966, S. 451 ff.; *Rüping/Jerouschek*, Grundriss der Strafrechtsgeschichte, 2011, S. 81 f.

887 *Schmidt*, Einführung in die Geschichte der deutschen Strafrechtspflege, 1965, S. 264.

888 Für die folgende Untersuchung wurden auch die amtlichen „Anmerkungen zum Strafgesetzbuche für das Königreich Baiern“ von 1813 herangezogen. Das dreibändige

stattfand.[889] Für diese Diskussion waren auch die Beiträge Feuerbachs maßgeblich, der sich gegen die Infamie als Ehrenstrafe aussprach.[890] Ein tragendes Argument war, dass es keinem gerichtlichen Urteil obliegen könne, über die Ehre eines Menschen zu entscheiden. Das Werturteil könne nur die öffentliche Meinung hervorbringen, was man ihr weder ge- noch verbieten könne. Man vertrat die Ansicht, die „Entziehung der allgemeinen Menschen- oder Bürgerehre würde den Ehrlosen in eine absolute Rechtlosigkeit stürzen [...]; die Ehrlosigkeit in diesem Sinne ist daher allgemein als zweckwidrig und bürgerlich verderbend anerkannt, und deßhalb in dieses Gesetzbuch weder als selbstständige Strafe noch als Folge anderer Strafen aufgenommen [...]".[891] Von dieser unentziehbaren Bürger- und Menschenehre unterschied man die bevorzugte Standes-, Ranges- und Amtsehre. Der Inhaber dieser Ehre erhielt einen Vorzug an Rechten

---

Werk versteht sich als Kommentar, das die Bestimmungen des Strafgesetzbuchs erklärt sowie Anlass und Sinn der Normen erläutert. Es war an die Gerichte und die Professoren adressiert und verfolgte das Ziel der landesweiten einheitlichen Beurteilung von Strafsachen. Seitens der bayerischen Staatsführung war es den damaligen Adressaten ausdrücklich auferlegt, nur das Gesetz und die Anmerkungen zu verwenden. Das Herausgeben bzw. die Verwendung eines Privatkommentars war verboten. S. hierzu die Vorrede zu den Anmerkungen zum Strafgesetzbuche für das Königreich Baiern, 1813, S. I ff.; *Schmidt*, Einführung in die Geschichte der deutschen Strafrechtspflege, 1965, S. 267.

889 Anmerkungen zum Strafgesetzbuche für das Königreich Baiern, 1813, S. 105 ff.

890 *Knott*, Bei der Ehre gepackt, 2006, S. 17, Fn. 664; *Brückner*, Art. „Ehrenstrafen", HRG, Bd. I, 1971, Sp. 851-853. Die Haltung Feuerbachs zur Ehrenstrafe kann seiner Kritik des Kleinschrodischen Entwurfs (dem Vorläufer des Feuerbachschen Entwurfs) zu einem peinlichen Gesetzbuche, 2. Theil, 1804, S. 230 entnommen werden: „Ganz übereinstimmend mit der Vernunft, hebt der §. 147 die Ehrlosigkeit als selbstständige Strafe auf d. h. er erklärt, Ehrlosigkeit soll nur in Verbindung mit anderen Strafen, welcher den Verbrecher aus dem Publicum entfernen und unschädlich machen, statt finden. Ehrlosigkeit als selbstständige Strafe zu erkennen, heißt den Verbrecher mit der Nothwendigkeit strafen, von neuem Verbrechen zu begehen." An anderer Stelle (S. 232 f.) drückt er seine Haltung zur Ehrlosigkeit infolge der Zuchthausstrafe aus der Sicht eines entlassenen Züchtlings auf folgende Weise aus: „Ich soll kein Verbrechen begehen, soll mich ehrlich nähren, und erst alsdann, Staat, willst du mir wieder geben, was ich doch schon haben muß, wenn ich mich ehrlich nähren soll. Treibe nicht Spott mit dem Unglücklichen! Wäre es nicht bitterer Hohn, wenn Du mich an den Händen und Füßen gebunden, auf den offenen Markt hinwürfest und dann sagtest: ernähre dich redlich, und wenn du das gethan hast, so bindet man dich los? Nun, ich Ehrloser bin in demselben Fall!".

891 Anmerkungen zum Strafgesetzbuche für das Königreich Baiern, 1813, S. 106.

gegenüber den Mitbürgern. Daher wurde gefolgert, dass diese durch den Staat verliehene Ehre auch von diesem wieder entzogen werden könne, da das Gesetz von demjenigen, der in den Genuss dieser Vorzüge gelangte, mit Recht fordere, „daß er keines Verbrechens sich schuldig gemacht habe“.[892] Das Ergebnis der Beratungen war zwar die Beibehaltung der Ehrenstrafe,[893] allerdings in der eben erwähnten Ausgestaltung, dass nur jene Ehre aberkannt werden konnte und durfte, die der Staat ursprünglich dem Träger auch selbst verliehen hatte, wie beispielsweise Ämter, Dienststellen, Adel und Ehrenabzeichen.[894] Wurden diese besonderen Ehrenrechte entzogen, so erhielt sie der Verurteilte auch nach Ablauf der Strafzeit nicht wieder zurück.[895] Der bayerische Gesetzgeber erteilte damit einer Ehrlosigkeitserklärung, die auf die in jedem Menschen angelegte Ehre abzielte, eine klare Absage und vollzog einen Bruch mit der aus dem Mittelalter überlieferten Ehrlosigkeit, deren Folge der Ausschluss des Menschen aus der Gesellschaft war. Die Ehrenstrafe war als selbstständige Strafe angelegt[896] und erfuhr nunmehr in Art. 22 eine abschließende Zusammenstellung, welche Maßnahmen eine Ehrenstrafe darstellen:

„Als Ehrenstrafen sollen künftig angewendet werden:
I. die Dienstentsetzung (Kassation), welche den Verlust des Dienstranges und Gehalts, samt der Unfähigkeit zu allen Würden, Staats- und Ehrenämtern zur Folge hat;
II. die Erklärung der Unfähigkeit zu Ehrenstellen und öffentlichen Aemtern;
III. die einfache Dienstentlassung (Dimission), welche zwar den Verlust des Dienstranges und Gehalts, nicht aber die Unfähigkeit zu Staats- und Ehrenämtern nach sich zieht.
Als demüthigende Strafen gelten:
I. die Herabsetzung eines Beamten auf eine im Rang und Gehalt geringere Stelle (Degradation);
II. Widerruf und Abbitte;
III. gerichtlicher Verweis.“

Weiter heißt es in Art. 24 BayStGB:

---

892 Anmerkungen zum Strafgesetzbuche für das Königreich Baiern, 1813, S. 107.

893 Zur Frage, inwieweit der Code pénal von 1810 Einfluss auf die Ehrenstrafen des BayStGB von 1813 nahm, s. *Brandt*, Die Entstehung des Code pénal von 1810 und sein Einfluss auf die Strafgesetzgebung der deutschen Partikularstaaten des 19. Jahrhunderts am Beispiel Bayerns und Preußens, 2002, S. 287 ff. Danach lag eine bewusste Entscheidung des bayerischen Gesetzgebers gegen die Übernahme der französischen Ehrenstrafe vor, die sich noch sehr an der römischen Infamie orientierte.

894 *Knott*, Bei der Ehre gepackt, 2006, S. 117.

895 Anmerkungen zum Strafgesetzbuche für das Königreich Baiern, 1813, S. 107.

896 Anmerkungen zum Strafgesetzbuche für das Königreich Baiern, 1813, S. 108.

„Außer den vorgenannten Ehren- und demüthigenden Strafen findet keine statt, weder als selbstständige Strafe, noch als gesetzliche Folge anderer Strafarten, vorbehaltlich dessen, was im II. Buche Art. 301 verordnet ist. […]“.[897]

Die Dienstentsetzung (Kassation), die Unfähigkeitserklärung sowie die Dienstentlassung (Dimission) werden als Ehrenhauptstrafen, während die Degradation, Widerruf und Abbitte sowie der gerichtliche Verweis vom Gesetz selbst als demütigende Strafen bezeichnet werden, wobei Letztere auf eine Kränkung des Selbstbewusstseins und nicht auf eine Verringerung des öffentlichen Ansehens abzielte.[898] Die Unfähigkeitserklärung war bereits im Rahmen der obigen Untersuchungen zum römischen Recht und der Reichspoliceyordnungen von 1548 und 1577 aufgefallen (vgl. Kap. 5, A. II. 4. b.)). Daher soll nun auch im Folgenden der Blick auf die Tatbestände gerichtet werden, die eine Unfähigkeitserklärung zur Folge hatten.[899] Die Untersuchung zeigt erneut die in dieser Arbeit mehrfach genannten Tatbestände. So folgte gemäß Art. 208 i. V. m. Art. 206-207 BayStGB der Kuppelei nicht nur die Arbeitshausstrafe,[900] sondern auch die Unfähigkeit zu allen öffentlichen Ämtern und Würden. Auch der bereits mehrfach erwähnte Meineidige wurde gemäß Art. 269 mit der Arbeitshaus bestraft und zudem *„zu allen Würden, Staats- und Ehrenämtern, so wie zur Ablegung eines Zeugnisses oder Eides für immer unfähig“* erklärt.[901] Darüber hinaus wurde als Strafe die

897 Art. 301 bestimmt die Strafe für einen Hochverräter: *„Ein solcher Missethäter soll enthauptet, und vor der Hinrichtung mit einer Tafel auf der Brust und Rücken, welche die Aufschrift: ‚Hochverräther' führt, […] eine halbe Stunde lang von dem Scharfrichtersknechte ausgestellt werden.*
Auf seinem Grabe wird eine Schandsäule errichtet.
Seine Familie soll ihren Namen verändern.“

898 *Knott*, Bei der Ehre gepackt, 2006, S. 118 ff.; ebenso *Brandt*, Die Entstehung des Code pénal von 1810 und sein Einfluss auf die Strafgesetzgebung der deutschen Partikularstaaten des 19. Jahrhunderts am Beispiel Bayerns und Preußens, 2002, S. 294 ff.

899 Taten, die die anderen Ehrenstrafen zur Folge hatten, sind dargestellt bei *Knott*, Bei der Ehre gepackt, 2006, S. 118 ff.

900 Arbeitshausstrafe war für die Täter minder schwerer Verbrechen bestimmt. Gelegentlich war das Arbeitshaus im Zuchthaus untergebracht. Allerdings wurden diese „Sträflinge“ von den „Züchtlingen“ räumlich getrennt gehalten und grenzten sich auch optisch durch andere Kleidung ab. S. Anmerkungen zum Strafgesetzbuche für das Königreich Baiern, 1813, S. 97 ff.

901 Art. 291 regelte den verschärften Fall, wenn aufgrund des Meineids ein Unschuldiger verurteilt wurde. Der Meineidige konnte zu der Strafe verurteilt werden, die der vermeintlich Schuldige erhalten hatte. Art. 292 bestimmte die Fälle, in denen den Meineidigen die Todesstrafe drohte.

öffentliche Ausstellung gefordert, was ein Überbleibsel der mittelalterlichen Schandstrafe darstellt. Die öffentliche Ausstellung war daneben nur noch für den Hochverräter vorgesehen und war grundsätzlich als Strafschärfung für Todes-, Ketten-, Zuchthaus- oder Arbeitshausstrafe bestimmt.[902]

Neben der Kuppelei und dem Meineid hatte auch der betrügerische Bankrotteur Strafen mit Auswirkungen auf seine Ehrenstellung zu befürchten.[903] Gemäß Art. 278 BayStGB hatte der betrügerische Bankrotteur,[904] der sich durch eine betrügerische Handlung als zahlungsunfähig erscheinen ließ, um sich dadurch an seinen Gläubigern zu bereichern, mit einer Arbeitshausstrafe sowie einer Unfähigkeitserklärung zu rechnen, die alle Würden, Staats- und Ehrenämter betraf. Interessanterweise erstreckte sich die Unfähigkeitserklärung auch auf die künftige Ausübung des Geschäfts oder Gewerbes, das zur Verübung des betrügerischen Bankrotts missbraucht wurde.[905] Daneben folgte auch dem Vormundschaftsmissbrauch (Art. 295 BayStGB) und der Prävarikation (Art. 296 BayStGB), also der von einem Rechtsanwalt begangene Parteiverrat, neben einer Freiheitsstrafe die Unfähigkeitserklärung hinsichtlich aller Würden, Staats- und Ehrenämter. Ferner wurde der Parteiverrat noch mit dem „Verlust der Praxis" bestraft.

bb.) Die Zuchthausstrafe

Bei der Untersuchung des bayerischen Strafgesetzbuches fällt ferner die Bestimmung über die Zuchthausstrafe des Art. 23 BayStGB auf, da diese den Verlust des Adels, aller Würden sowie aller Staats- und Ehrenämter zur Folge hatte.[906]

---

902 Ausführlich *Knott*, Bei der Ehre gepackt, 2006, S. 125.

903 Das BayStGB unterscheidet in den betrügerischen, mutwilligen und fahrlässigen Schuldenmacher (Art. 273-275) und baut darauf den betrügerischen Bankrotteur des ersten, zweiten und dritten Grades (Art. 276-279) auf.

904 In den Anmerkungen zum Strafgesetzbuche für das Königreich Baiern, 1813, S. 108 wird der in Art. 278 BayStGB geregelte betrügerische Bankrott als „Schuldnerbegünstigung" bezeichnet.

905 Zu diesem sog. Einzelrechtsverlust s. Art. 33 BayStGB, worin u. a. „der beständige oder zeitliche Verlust einzelner einträglicher Rechte oder Privilegien" geregelt ist. Dazu *Brandt*, Die Entstehung des Code pénal von 1810 und sein Einfluss auf die Strafgesetzgebung der deutschen Partikularstaaten des 19. Jahrhunderts am Beispiel Bayerns und Preußens, 2002, S. 298 ff.

906 Die Zuchthausstrafe war bspw. angedroht für Diebstahl, Unterschlagung, Betrug (wenn mehrere erschwerende Umstände zusammentrafen), Nachmachung oder Fälschung des königlichen Siegels, Verfälschung von Münzen oder Wertpapieren. Ein ausführliche Zusammenstellung ist zu finden in den Anmerkungen zum Strafgesetzbuche für das Königreich Baiern, 1813, S. 38 ff.

Der Verlust dieser Ehrenstellen ging allerdings auch mit der Todes-, Ketten- und Arbeitshausstrafe einher. Die Zuchthausstrafe war nach der Kettenstrafe die schwerste Form der Freiheitsstrafe. Sie war ursprünglich als Armen- bzw. Besserungsanstalt angelegt, in der die Insassen durch die Verrichtung von Arbeit zu einem rechtschaffenden Leben umerzogenen werden sollten („erzieherische Kraft der Arbeit“[907]). Erst im Laufe der Zeit entwickelte sie sich zu einem Instrument der Strafrechtspflege.[908] Die Zuchthausstrafe war damit zunächst nicht Freiheitsstrafe, sondern öffentliche Zwangsarbeitsstrafe.[909]

Die Zuchthausstrafe wurde für Bayern nicht erstmals mit dem BayStGB geregelt. Bereits im Codex Criminalis war sie enthalten, nämlich bei den Strafbestimmungen bzgl. geringerer Criminalverbrechen, wo das „*Gefängnis oder opera publica auf gewisse Zeit*“ (Kap. 1 § 9 d) Codex Criminalis) angedroht wurde. Das *opus publicum* war eine Zwangsarbeitsstrafe und trat ursprünglich an die Stelle von Leibesstrafen. Es wurde häufig gegen Müßiggänger verhängt, deren Einsatzbereich mitunter der Festungsbau war. Nach und nach verlagerte sich die Zwangsarbeit an einen bestimmten Ort, das Zuchthaus, das häufig als Unterabteilung der *opera publica* galt.[910] Damit war die Zuchthausstrafe nicht nur in den Armen- bzw. Besserungsanstalten angelegt gewesen, sondern entwickelte sich – parallel – aus dem *opus publicum* heraus.[911]

Die Ausführungen zur Zuchthausstrafe sind hier insofern von Bedeutung, als die Unfähigkeit zu Staatsämtern und Würden infolge der Verurteilung zur Zuchthausstrafe auch im StGB 1968 eine angeordnete Folge war (vgl. Kap. 5, A. I. 5.).

---

907 *Kaufmann*, Art. „Opera publica“, HRG, Bd. III, 1984, Sp. 1248-1252.

908 Einführend *Krause*, Art. „Zuchthaus“, HRG, Bd. V, 1998, Sp. 1777-1780; *Vormbaum*, Einführung in die moderne Strafrechtsgeschichte, 2011, S. 108. Ausführlich zu den ideellen Wurzeln des Zuchthauses und seiner Weiterentwicklung s. *von Weber*, Die Entwicklung des Zuchthauswesens in Deutschland im 17. und 18. Jahrhundert, in: Festschrift für Adolf Zycha, 1941, S. 427 ff.

909 *von Weber*, Die Entwicklung des Zuchthauswesens in Deutschland im 17. und 18. Jahrhundert, in: Festschrift für Adolf Zycha, 1941, S. 457.

910 *Peitzsch*, Kriminalpolitik in Bayern unter der Geltung des Codex Juris Criminalis Bavarici von 1751, 1968, S. 102 ff. Die *opera publica* wurden im Codex Criminalis nur in ca. zehn Fällen angedroht, vgl. Fn. 597 bei *Peitzsch*. Siehe auch Codex Criminalis Kap. 10 §§ 3 ff., Kap. 11 §§ 4 ff.

911 *Kaufmann*, Art. „Opera publica“, HRG, Bd. III, 1984, Sp. 1248-1252; *Schmidt*, Einführung in die Geschichte der deutschen Strafrechtspflege, 1965, S. 186 f.

b.) Preußisches Strafgesetzbuch von 1851

Das Preußische Strafgesetzbuch[912] (PrStGB) vom 14. April 1851[913] beseitigte den strafrechtlichen Teil des aus der Zeit des aufgeklärten Absolutismus stammenden ALR. Letzteres wurde bereits kurz nach seiner Verkündung nicht nur gelobt, sondern auch stark kritisiert,[914] sodass schon im Jahre 1799 Ernst Ferdinand *Klein* mit der Überarbeitung des Strafrechts beauftragt wurde. Die Durchführung der Arbeiten wurde jedoch zunächst durch den Krieg gegen das napoleonische Frankreich und dann durch die sich daran anschließenden politischen Ereignisse, wie die Gründung des Rheinbundes und später des Deutschen Bundes, behindert, sodass die Reformarbeiten erst Mitte der 1820er-Jahre wieder aufgenommen wurden.[915] Der Erwerb der linksrheinischen Gebiete im Jahre 1814/1815[916] durch Preußen führte dazu, dass sich die Gesetzesrevisoren von dem Gedanken lösten, den strafrechtlichen Teil des ALR lediglich überarbeiten zu wollen. Vielmehr gewann die preußische Führung die Einsicht, dass eine Strafrechtsvereinheitlichung in den alten und neuen preußischen Gebieten nur auf Grundlage eines neu zu schaffenden Strafgesetzbuchs erreicht werden könne.[917] Es dauerte weitere zwei Jahrzehnte bis sich die Gesetzesausarbeitung dem Ende näherte.[918] Die lange Entstehungsphase ließ auch den ursprünglichen Anlass der Arbeiten, nämlich die Verbesserung des ALR, verblassen, und dafür im Gegenzug die Rechtsvereinheitlichung in den preußischen Gebieten sowie die liberalen Forderungen eines selbstbewussten Bürgertums in den Mittelpunkt rücken, die eine Abkehr vom „bevormundenden" Polizeistaat[919]

---

912 In Kraft getreten am 1. Juli 1851, Gesetzsammlung für die Königlichen Preußischen Staaten, 1851, S. 101.

913 *Schmidt*, Einführung in die Geschichte der deutschen Strafrechtspflege, 1965, S. 314.

914 Zur Vertiefung *Regge*, Das Reformprojekt eines „Allgemeinen Criminalrechts für die Preußischen Staaten" (1799-1806), in: Hattenhauer (Hrsg.), Das Nachfriderizianische Preussen, 1988, S. 189–233.

915 Ausführlich zur preußischen Gesetzesrevision *von Hippel*, Deutsches Strafrecht, Bd. 1, 1925, S. 314 ff., der die Revisionsarbeiten in vier Abschnitte unterteilt: Erste Revision von 1826-1836; Zweite Revision von 1838-1843; Dritte Revision von 1843-1847; Vierte Revision von 1847-1851. Für einen Überblick s. *Vormbaum*, Einführung in die moderne Strafrechtsgeschichte, 2011, S. 78 ff.

916 Fn. 59.

917 Einführend zu den Hintergründen der preußischen Kodifikationsarbeit s. *Vormbaum*, Einführung in die moderne Strafrechtsgeschichte, 2011, S. 78 ff.; *Schmidt*, Einführung in die Geschichte der deutschen Strafrechtspflege, 1965, S. 314 ff.

918 Fn. 915.

919 S. hierzu die obigen Ausführungen in Kap. 5, A. II. 4. b.).

forderte.[920] Der Erwerb der linksrheinischen Gebiete durch Preußen erklärt unter anderem den Einfluss des französischen Strafrechts auf das preußische Strafgesetzbuch.[921] Die erworbenen Gebiete gehörten von 1797, teilweise von 1801 bis 1814/1815 zu Frankreich. Dies führte dazu, dass das französische Recht, eben auch der Code pénal von 1810, in diese Gebiete transportiert und vor allem auch gelebt wurde.[922] Als die Gebiete preußisch wurden, hatte sich die dortige Bevölkerung bereits an das französische Recht gewöhnt und es zu schätzen gelernt, was zur Folge hatte, dass die Einführung des preußischen Rechts trotz der vielfältigen Bemühungen der preußischen Obrigkeit scheiterte.[923] Vielmehr gab es eine Gegenbewegung: Nicht das preußische Recht wurde ins Rheinland, sondern das französische Recht wurde nach Preußen gebracht. Das geschah hinsichtlich des Strafgesetzbuches durch die rheinischen Juristen, die zu den Arbeiten bei der Gesetzesrevision hinzugezogen worden waren.[924] So stammt beispielsweise aus dem französischen Strafrecht die Dreiteilung der Strafen in Verbrechen, Vergehen und Übertretung. Daneben sind auch die Ehrenstrafen nicht ganz ohne französischen Einfluss geblieben. Im Folgenden soll aufgezeigt werden, dass das Gesetz zum einen an dem im ALR bereits vorhandenen Verlust der bürgerlichen Ehre festhielt und zum anderen die sog. Aberkennung der bürgerlichen Ehrenrechte einführte.[925]

aa.) Verlust der bürgerlichen Ehre als Folge der Zuchthausstrafe

Während das ALR lediglich vom Verlust der bürgerlichen Ehre sprach, ohne zugleich dessen Folgen anzugeben, bestimmte das PrStGB sowohl

---

920 *Schmidt*, Einführung in die Geschichte der deutschen Strafrechtspflege, 1965, S. 315 ff.

921 *Vormbaum*, Einführung in die moderne Strafrechtsgeschichte, 2011, S. 71 ff.

922 *Buschmann*, Textbuch zur Strafrechtsgeschichte der Neuzeit, 1998, S. 539; *Kaufmann*, Art. „Strafe, Strafrecht", HRG, Bd. IV, 1990, Sp. 2011-2029; *Mitteis/Lieberich*, Deutsche Rechtsgeschichte, 1992, S. 420.

923 *Vormbaum*, Einführung in die moderne Strafrechtsgeschichte, 2011, S. 73. Ausführlich zu den preußischen Bemühungen das preußische (insb. Privat-)Recht in die Rheinprovinzen einzuführen, s. *Dölemeyer* in: Handbuch Privatrechtsgeschichte, Bd. III/2, 1982, S. 1491 ff. und 1504 ff.

924 *Schmidt*, Einführung in die Geschichte der deutschen Strafrechtspflege, 1965, S. 319 f.; *von Hippel*, Deutsches Strafrecht, Bd. 1, 1925, S. 324 f. Diesen Quellen ist es wichtig klarzustellen, dass lediglich von einem partiellen Einfluss und nicht von einer Dominanz bzw. Herrschaft des französischen Rechts im preußischen Strafrecht gesprochen werden kann.

925 Erwähnenswert ist in diesem Zusammenhang, dass mit dem PrStGB auch eine Abkehr von Pranger und körperlicher Züchtigung stattfand.

Anknüpfungstatbestand als auch die konkreten Folgen des Verlusts der bürgerlichen Ehre. Der Verlust der bürgerlichen Ehre war im PrStGB an die Verurteilung zur Zuchthausstrafe geknüpft, d. h. wer zu einer Zuchthausstrafe verurteilt wurde, verlor gemäß § 11 PrStGB kraft Gesetzes seine bürgerliche Ehre:

„Die zur Zuchthausstrafe Verurtheilten werden in einer Strafanstalt verwahrt und zu den in derselben eingeführten Arbeiten angehalten. Während der Strafzeit sind die zur Zuchthausstrafe Verurtheilten unfähig, ihr Vermögen zu verwalten und unter Lebenden darüber zu verfügen; sie werden nach den Formen, die zur Ernennung der Vormünder vorgeschrieben sind, unter Vormundschaft gestellt; auch darf ihnen während der Strafzeit kein Theil ihres Vermögens oder ihrer Einkünfte verabfolgt werden. Die Verurtheilung zur Zuchthausstrafe zieht den Verlust der bürgerlichen Ehre von Rechtswegen nach sich.“[926]

Ferner bestimmte das Gesetz in § 12 PrStGB, was unter dem Verlust der bürgerlichen Ehre, darunter auch mit Folgen für den Kaufmann, zu verstehen war.

„Der Verlust der bürgerlichen Ehre umfaßt:

1) den Verlust des Rechts, die Preußische National-Kokarde zu tragen;
2) die Unfähigkeit, öffentliche Aemter, Würden, Titel, Orden und Ehrenzeichen zu führen oder zu erlangen, sowie den Verlust des Adels;
3) die Unfähigkeit, Geschworener zu sein, in öffentlichen Angelegenheiten zu stimmen, zu wählen oder gewählt zu werden, oder die aus öffentlichen Wahlen hervorgegangenen oder andere politische Rechte auszuüben;
4) die Unfähigkeit, als Zeuge oder Sachverständiger eidlich vernommen zu werden, oder als Zeuge bei der Aufnahme von Urkunden zu dienen;
5) die Unfähigkeit, Vormund, Nebenvormund, Kurator, gerichtlicher Beistand oder Mitglied eines Familienrathes zu sein, es sei denn, daß es sich um die eigenen Kinder handle und die obervormundschaftliche Behörde oder der Familienrath die Genehmigung ertheile;
6) den Verlust des Rechts, Waffen zu tragen und die Unfähigkeit, in die Armee einzutreten.

Der Verlust der bürgerlichen Ehre tritt mit dem Tage ein, an welchem das Urtheil rechtskräftig wird.
Insofern nach den bestehenden besonderen Vorschriften, in Folge der Begehung von strafbaren Handlungen, der Verlust noch anderer, als der vorstehend erwähnten Rechte,

---

926 Von dem Grundsatz, dass der Verlust der bürgerlichen Ehre eine Verurteilung zur Zuchthausstrafe voraussetzt, macht das PrStGB im Zusammenhang mit der Todesstrafe, geregelt in § 7, eine Ausnahme. Danach sollte auch neben der Todesstrafe auf den Verlust der bürgerlichen Ehre erkannt werden, wenn das mit der Todesstrafe bedrohte Verbrechen „unter besonders erschwerenden Umständen“ begangen wurde oder es das Gesetz ausdrücklich bestimmte. Eine ausdrückliche Bestimmung findet sich soweit ersichtlich nur für den Hochverrat (§ 61) und den Mord (§ 175).

namentlich der Mitgliedschaft an kaufmännischen und anderen Korporationen eintritt, behält es bei diesen Bestimmungen sein Bewenden.“[927]

Von besonderer Bedeutung für diese Arbeit ist der letzte Satz des § 12 PrStGB. Dieser besagt, dass neben dem Verlust der bürgerlichen Ehre weiterhin auch die Rechtsfolgen anderer Bestimmungen eintreten können, und verweist ausdrücklich auf die Mitgliedschaft in kaufmännischen Korporationen.[928] Dem Zusammenhang zwischen dem Verlust der bürgerlichen Ehre und dem Ausschluss aus Korporationen wird unten in Kap. 5, A. III. nachgegangen, sodass hier zunächst die Entwicklung der Ehrenstrafe weiter behandelt wird.

Blickt man wieder an den Kapitelanfang dieser Untersuchung und damit zur bürgerlichen Ehre und zur Ehrenstrafe des römischen Rechts, zeigt ein Vergleich mit dem PrStGB, dass dort die Folgen des Verlusts der bürgerlichen Ehre in weiten Teilen den Infamiefolgen ähneln, so beispielsweise die Unfähigkeit zur Bekleidung öffentlicher Ämter und Stellen oder auch die eingeschränkte Gerichtsfähigkeit. Die Motive zum PrStGB geben Auskunft darüber, dass den Verfassern des Strafgesetzbuches die Ähnlichkeit zum, wenn nicht gar der Ursprung im römischen Recht bekannt war, indem zum Gesetz angemerkt wurde, dass die Folgen der *infamia* „in ihrer wesentlichen Grundlage, Verlust der publizistischen Rechtsfähigkeit mit der Fortdauer der Privatrechtsfähigkeit, mit dem Verluste unserer bürgerlichen Ehre“ übereinstimme.[929] Allerdings erklärten sie ausdrücklich, dass durch „die neuen Bestimmungen unsres Strafgesetzbuches [...] die bisherigen gemeinrechtlichen Bestimmungen über die Ehrenlosigkeit, Anrüchigkeit, *infamia* [...] sowie sie noch in einzelnen Landestheilen gegolten haben, aufgehoben“ sind,[930] denn das „Gesetz kann es nicht unternehmen, die öffentliche Meinung durch eine Infamie-Erklärung, durch das Ausprägen einer unauslöschlichen Schmach leiten zu wollen“.[931] Von daher bestehe der Verlust der bürgerlichen Ehre in der Aberkennung nur der äußerlichen Kennzeichen der vollkommenen Ehrenhaftigkeit,[932] womit eine Argumentation zutage tritt, die bereits bei den Beratungen zur Ehrenstrafe des

927 Welche Rechte und Würden konkret vom Gesetz gemeint waren s. Kommentar zum ALR, 1864, S. 48 f.

928 S. hierzu *Beseler*, Kommentar über das Strafgesetzbuch für die Preußischen Staaten, 1851, S. 111 f.

929 *Goltdammer*, Die Materialien zum Straf-Gesetzbuche, Teil 1, 1851, S. 167, Fn. 2.

930 *Goltdammer*, Die Materialien zum Straf-Gesetzbuche, Teil 1, 1851, S. 168.

931 *Goltdammer*, Die Materialien zum Straf-Gesetzbuche, Teil 1, 1851, S. 167.

932 *Goltdammer*, Die Materialien zum Straf-Gesetzbuche, Teil 1, 1851, S. 167. Kritisch zur Wirkung der Ehrenstrafe *Koch*, Kommentar zum ALR, 1864, S. 46 ff.

bayerischen Strafgesetzbuches von 1813 hervorgebracht wurde. Folglich hatten auch die preußischen Strafrechtskodifikatoren auf eine Ehrlosigkeit in dem Sinne verzichtet, die den Verurteilten an den Rand der Gesellschaft drängen konnte. Es wurde eine Unterscheidung in die gemeine bürgerliche Ehre und in die Ehrenvorzüge vorgenommen. Erstere kam jedem unbescholtenen Einwohner zu. Letztere konnte man neben der gemeinen bürgerlichen Ehre dazu erwerben.[933] Dies führte dazu, dass das Gesetz von dem Grundsatz ausging, einem Verurteilten nur jene Ehre mittels Strafurteil aberkennen zu können, welche ihm seitens des Staates vormals überhaupt zuerkannt worden war. Begründet wurde diese Ansicht damit, dass man diesen verurteilten Menschen eben diese Rechte und Vorzüge aberkennen müsse, weil sie sich einer Verfehlung schuldig machten und sich damit als Träger dieser Rechte für ungeeignet oder – der Sprache der damaligen Zeit folgend – als unwürdig erwiesen. Da es ferner das Ziel der Verfasser war, die bestehende Verwirrung der Begriffe Ehrlosigkeit und Verlust der bürgerlichen Ehre zu beheben, welche nach Ansicht der Kodifikatoren durch die Unklarheit der bis dahin bestehenden preußischen Gesetze geschaffen wurde,[934] verfolgten sie ein überschaubares System und knüpften den Verlust der bürgerlichen Ehre an die Zuchthausstrafe an, die entweder lebenslänglich oder auf Zeit verhängt werden konnte. Die Zuchthausstrafe war beispielsweise lebenslänglich angedroht für den Hochverrat (§§ 63, 64 PrStGB),[935] den Totschlag (§ 176 PrStGB), die Vergiftung (§ 197 PrStGB), den qualifizierten Raub (§ 233 PrStGB), die Brandstiftung (§§ 285, 287 PrStGB), die Überschwemmung (§ 290 PrStGB) oder auch für die Zerstörung oder Beschädigung von Wasserleitungen, Schleusen, Wegen etc. (§ 301 PrStGB). Die Verhängung einer Zuchthausstrafe auf Zeit, die im PrStGB auch zeitige Zuchthausstrafe genannt wird (s. § 10 PrStGB), war beispielsweise vorgesehen für die Erfüllung der Tatbestände des Falscheids (§ 125 PrStGB), der einfachen Kuppelei (§ 148 PrStGB), des betrügerischen Bankrotts (§ 259 PrStGB) sowie der Gläubigerbenachteiligung (§ 260 PrStGB). Auch hier stehen also wieder der Verlust der bürgerlichen Ehre einerseits und falsches Schwören, Kuppelei und Bankrott andererseits in einem engen Zusammenhang.

---

933 *Goltdammer*, Die Materialien zum Straf-Gesetzbuche, Teil 1, 1851, S. 130.

934 *Goltdammer*, Die Materialien zum Straf-Gesetzbuche, Teil 1, 1851, S. 130.

935 Der Hochverrat bildete insofern eine Ausnahme, als er den Täter mit dem Verlust der bürgerlichen Ehre strafte, wenn es zu einer Gefährdung des Königs kam. Der Verlust der bürgerlichen Ehre wurde in diesem Fall nicht an eine Zuchthausstrafe angeknüpft, sondern der Verlust erfolgte selbstständig. S. auch Fn. 926.

bb.) Aberkennung der bürgerlichen Ehrenrechte auf Zeit

Neben dem Verlust der bürgerlichen Ehre kannte das PrStGB die Aberkennung der bürgerlichen Ehrenrechte auf Zeit. Die Aberkennung war in § 21 PrStGB geregelt und bewirkte die Unfähigkeit, „*während der im Urtheil bestimmten Zeit die in § 12 erwähnten Rechte auszuüben.*" Verschiedene Tatbestände verwiesen auf diese Ehrenstrafe,[936] indem sie in ihrer Rechtsfolge die „zeitige Untersagung der Ausübung der bürgerlichen Ehrenrechte" vorsahen.[937]

Während also die Zuchthausstrafe (gleichgültig ob lebenslängliche oder zeitige) stets den dauerhaften Verlust der bürgerlichen Ehre zur Folge hatte, deren Umfang in § 12 PrStGB bestimmt war, bewirkte § 21 PrStGB zwar gleichfalls einen Verlust der in § 12 PrStGB bestimmten Rechte, allerdings auf Zeit, und knüpfte nicht an eine Zuchthausstrafe, sondern (überwiegend) an eine Gefängnisstrafe an.[938] Folglich lässt sich der Fall des § 21 PrStGB als eine abgeschwächte Variante des Verlusts der bürgerlichen Ehre betrachten, da diese Aberkennung nur auf einen im Urteil bestimmten Zeitraum festgelegt war. Nach Zeitablauf erhielt der Verurteilte seine vormalige Stellung wieder zurück, sofern ein neuer Erwerb der Rechte (wie Adel, Ämter und Orden) nicht notwendig war. Immerhin konnte der zur zeitigen Ehrenstrafe Verurteilte seine früheren Vorzüge wieder erlangen. Dies unterscheidet ihn grundsätzlich von dem zur Zuchthausstrafe Verurteilten. Nur eine vollständige Begnadigung konnte eine Rückkehr des Zuchthaushäftlings in seine frühere Stellung herbeiführen.[939]

---

936 Tatbestandsübersicht bei *Beseler*, Kommentar über das Strafgesetzbuch für die Preußischen Staaten, 1851, S. 124 f.; zur Ehrenstrafe s. ebenda S. 127.

937 Dazu auch *Beseler*, Kommentar über das Strafgesetzbuch für die Preußischen Staaten, 1851, S. 124.

938 *Brandt*, Die Entstehung des Code pénal von 1810 und sein Einfluss auf die Strafgesetzgebung der deutschen Partikularstaaten des 19. Jahrhunderts am Beispiel Bayerns und Preußens, 2002, S. 425. Es sind nur zwei Fälle im PrStGB (§§ 63, 64 Hochverrat) genannt, in denen die Aberkennung der bürgerlichen Ehrenrechte in Verbindung mit einer Einschließung geregelt ist. In den übrigen Fällen steht die Aberkennung mit einer Gefängnisstrafe im Zusammenhang. S. auch *Beseler*, Kommentar über das Strafgesetzbuch für die Preußischen Staaten, 1851, S. 124.

939 Eine Umwandlung der Zuchthausstrafe in eine andere Strafe fiel nicht unter den Gnadenakt, *Goltdammer*, Die Materialien zum Straf-Gesetzbuche, Teil 1, 1851, S. 168.

(1) Ursprung der Aberkennung der bürgerlichen Ehrenrechte auf Zeit

Die Aberkennung der bürgerlichen Ehrenrechte auf Zeit ist auf den französischen Code pénal von 1810 (Art. 9[940] und Art. 42[941]) zurückzuführen.[942] Die Einführung dieser Strafart ging auf einen Antrag von rheinischen Juristen zurück, die zu den Verhandlungen zum Preußischen Strafgesetzbuch hinzugezogen waren.[943] Ihr Antrag wurde zwar zunächst abgelehnt, später dann aber, um auch den Wünschen der Rheinprovinzen gerecht zu werden, in modifizierter Weise angenommen.[944] Schließlich gliederte sich die Ehrenstrafe einerseits in die dauerhafte Ehrenstrafe, die der Zuchthausstrafe folgte, und andererseits in eine zeitige Ehrenstrafe, womit die zeitige Aberkennung der Ausübung der bürgerlichen Ehrenrechte gemeint war. Die zeitige Ehrenstrafe war im Gesetz für bestimmte schwere Strafen neben der Gefängnisstrafe entweder zwingend vorgesehen (sog. obligatorische Ehrenstrafe) oder aber in das Ermessen des Richters gestellt (sog. fakultative Ehrenstrafe). Diese Unterteilung wurde bereits im Rahmen der Ehrenstrafen des StGB 1968 dargestellt (vgl. Kap. 5, I. 1.).

---

940 Art. 9 des Code Pénal i. d. F. von 1810:
„Les peines en matière correctionnelle sont,
1. L'emprisonnement à temps dans un lieu de correction;
2. L'interdiction à temps de certains droits civiques, civils ou de famille;
3. L'amende".

941 Art. 42 des Code Pénal i. d. F. von 1810:
„Les tribunaux, jugeant correctionnellement, pourront, dans certains cas, interdire en tout ou en partie, l'exercice des droits civiques, civils et de famille suivants:
1. De vote et d'élection;
2. D'éligibilité;
3. D'être appelé ou nommé aux fonctions de juré ou autres fonctions publiques, ou aux emplois de l'administration, ou d'exercer ces fonctions ou emplois;
4. De port d'armes;
5. De vote et de suffrage dans les délibérations de famille;
6. D'être tuteur, curateur, si ce n'est de ses enfants, et sur l'avis seulement de la famille;
7. D'être expert ou employé comme témoin dans les actes;
8. De témoignage en justice, autrement que pour y faire de simples déclarations."

942 *Goltdammer*, Die Materialien zum Straf-Gesetzbuche, Teil 1, 1851, S. 206.

943 *Goltdammer*, Die Materialien zum Straf-Gesetzbuche, Teil 1, 1851, S. 133; *Brandt*, Die Entstehung des Code pénal von 1810 und sein Einfluss auf die Strafgesetzgebung der deutschen Partikularstaaten des 19. Jahrhunderts am Beispiel Bayerns und Preußens, 2002, S. 425. S. auch oben Kap. 2, A. I.

944 *Goltdammer*, Die Materialien zum Straf-Gesetzbuche, Teil 1, 1851, S. 133 ff.

(2) Obligatorische Aberkennung der bürgerlichen Ehrenrechte
Die zeitig-obligatorische, also vom Gesetz vorgesehene Ehrenstrafe war beispielsweise angeordnet für Wahlbetrug (§ 85 PrStGB), Urkundenvernichtung (§ 106 PrStGB), Selbstverstümmelung (§ 113 PrStGB), Leichenraub (§ 137 PrStGB), widernatürliche Unzucht (§ 143 PrStGB), gewerbsmäßige Kuppelei (§ 147 PrStGB), Diebstahl (§§ 216-219 PrStGB), Unterschlagung (§§ 225, 227 PrStGB), Erpressung (§§ 234, 235 PrStGB), einfache Hehlerei (§ 237 PrStGB) und schwere Hehlerei (§ 238 PrStGB), Betrug (§§ 241, 242 PrStGB), Maß-, Münz-, Siegel- und Grenzzeichenbetrug (§ 243 PrStGB), Untreue (§ 246 PrStGB), Fälschung von Stempelpapier (§ 253 PrStGB), Ausstellen unrichtiger Gesundheitszeugnisse (§ 257 PrStGB), Kreditwucher (§ 263 PrStGB), verbotenes Glücksspiel (§ 266 PrStGB), gewerbsmäßige Wilderei (§ 276 PrStGB) sowie für Unterschlagung im Amt (§ 324 PrStGB).

(3) Fakultative Aberkennung der bürgerlichen Ehrenrechte
Die zeitig-fakultative Ehrenstrafe, deren Verhängung also im Ermessen des Richters stand, drohte unter anderem für Majestätsbeleidigung (§ 75 PrStGB), Beleidigung von Angehörigen des königlichen Hauses (§ 77 PrStGB), Stimmenkauf (§ 86 PrStGB), falsche Versicherung an Eides statt (§ 129 PrStGB), Verleitung zur Abgabe einer falschen Versicherung an Eides statt (§ 130 PrStGB), falsche Anschuldigung (§ 133 PrStGB), Blutschande (§ 141 PrStGB), Erregung öffentlichen Ärgernisses (§ 150 PrStGB), Fälschung von Gesundheitszeugnissen (§ 256 PrStGB), Gebrauch unrichtiger Gesundheitszeugnisse (§ 258 PrStGB), betrügerischen Bankrott (§ 259 PrStGB; im Falle des Vorliegens eines mildernden Umstandes), Gläubigerbenachteiligung (§ 260 PrStGB; im Falle des Vorliegens eines mildernden Umstandes), Verletzung fremder Rechte (§ 271 PrStGB), schwere Sachbeschädigung (§ 282 PrStGB), Nichterfüllung öffentlicher Lieferverträge (§ 308 PrStGB) sowie für schwere aktive Bestechung (§ 311 PrStGB).

cc.) Fazit zur Ehrenstrafe des Preußischen Strafgesetzbuchs

Der preußische Gesetzgeber sprach sich dafür aus, die Ehrenstrafe im preußischen Strafsystem bei gleichzeitiger Abkehr von der römischen Infamie beizubehalten. Somit blieb es beim Verlust der bürgerlichen Ehre, welchen man an eine Verurteilung zur Zuchthausstrafe knüpfte und dessen Folgen klar bestimmt wurden. Daneben führte er eine zeitige Ehrenstrafe ein, die sog. Aberkennung der bürgerlichen Ehrenrechte, und lehnte sich damit primär an den Code pénal von 1810[945] an. In der Gesamtbetrachtung ist ein ausdifferenziertes System der

945 Der Frage, inwiefern der Code pénal seine Wurzeln im römischen Recht hat, soll hier mit Blick auf den Untersuchungsgegenstand dieser Arbeit nicht nachgegangen werden.

Ehrenstrafen zu erkennen, welches in eine dauernde Ehrenstrafe, eine zeitig-obligatorische und eine zeitig-fakultative Ehrenstrafe gegliedert war. Ersteres war der Verlust der bürgerlichen Ehre infolge der Zuchthausstrafe, die beiden Letzteren waren die zeitgebundene Untersagung der Ausübung der bürgerlichen Ehrenrechte, deren Verhängung entweder das Gesetz zwingend vorschrieb oder die in das Ermessen des Richters gestellt wurde.

c.) Reichsstrafgesetzbuch von 1871

Während zu Beginn des 19. Jahrhunderts die Forderungen nach einem freiheitssicherndem Rechtsstaat und einem liberalen Strafrecht gestellt wurden, kam im Laufe des Jahrhunderts die Forderung nach einer Rechtseinheit, auch die nach einer strafrechtlichen, hinzu.[946] So beschäftigte sich die strafrechtswissenschaftliche Literatur in den 1850er-Jahren mit den Möglichkeiten, das Strafrecht zu vereinheitlichen. In jener Zeit hatte die vergleichende Gegenüberstellung des partikularen Strafrechts seine Hochphase, die die gesamtdeutsche Kodifikation vorbereitete.[947] Auf politischer Ebene gab es bereits während des Deutschen Bundes Bestrebungen nach einem gemeinsamen Strafrecht, welches „Ausdruck einer Einigungsbestrebung der deutschen Länder" sein sollte. Man kam aber zu dem Ergebnis, dass die Herbeiführung eines gemeinsamen Strafgesetzbuches nicht ausführbar sei.[948] Dieses Ziel wurde erst mit der Schaffung des Norddeutschen Bundes realistisch. Die Auflösung des Deutschen Bundes infolge des deutsch-österreichischen Krieges führte zu einer Machtstellung Preußens im Norden, das ein Bündnis mit der Mehrzahl der norddeutschen Regierungen einging, was letztlich zur Gründung des Norddeutschen Bundes führte, dessen Verfassung am 1. Juli 1867 in Kraft trat.[949]

Weiterführende Literatur hierzu vgl. *Brandt*, Die Entstehung des Code pénal von 1810 und sein Einfluss auf die Strafgesetzgebung der deutschen Partikularstaaten des 19. Jahrhunderts am Beispiel Bayerns und Preußens, 2002, S. 5 ff. und 97 ff.; *von Stein*, Geschichte des französischen Strafrechts und des Prozesses, 1875 (Neudruck 1968), S. 608 ff.

946 Diese Forderung war ursprünglich nur für das bürgerliche Recht diskutiert worden und zog später seine Kreise auf andere Rechtsgebiete. Als Auslöser der Diskussion gilt das Werk von *Thibaut*, Ueber die Nothwendigkeit eines allgemeinen bürgerlichen Rechts für Deutschland, 1814; woraufhin *von Savigny*, Vom Beruf unsrer Zeit für Gesetzgebung und Rechtswissenschaft, 1814 eine Gegenposition einnahm. Dazu die Einführung bei *Hattenhauer*, Thibaut und Savigny: ihre programmatischen Schriften, 2002, S. 1 ff.

947 *Schubert*, Der Ausbau der Rechtseinheit unter dem Norddeutschen Bund, 1983, S. 152.

948 *Dölemeyer* in: Handbuch Privatrechtsgeschichte, Bd. III/2, 1982, S. 1562.

949 Einführend in die Entstehung des Norddeutschen Bundes *Eisenhardt*, Deutsche Rechtsgeschichte, 2013, Rn. 662 ff. Ausführlich *Nipperdey*, Deutsche Geschichte 1866-1918, Bd. 2, 1992, S. 39 ff.

Während der Deutsche Bund noch ein Staatenbund war, wurde mit dem Norddeutschen Bund nun ein Bundesstaat geschaffen,[950] womit sich auch ein Teil der Gesetzgebungszuständigkeit vom Einzelstaat auf den Bundesstaat verlagerte.[951] Diese politische Einheit bildete die Grundlage für die rechtliche und damit auch für die strafrechtliche Einheit. Die strafrechtliche Kodifikation war ein großes Vorhaben, mit der es nicht nur eine Rechtsvereinheitlichung zu schaffen, sondern auch die Umsetzungsstärke des neuen Bundesstaates unter Beweis zu stellen galt. Im Rahmen der Ausarbeitungen waren zwei große Herausforderungen zu bewältigen: Zum einen sollte schnell ein gemeinsames Strafrecht geschaffen werden, zum anderen mussten die partikularen Unterschiede im Straf- und Prozessrecht beseitigt werden. Dieser Herausforderungen wurden die Entwurfsverfasser Herr, indem sie – mit Blick auf die Eilbedürftigkeit des Gesetzes – keine Rechtswissenschaftler an der Ausarbeitung des Gesetzes beteiligten.[952] Ebenfalls vor dem Hintergrund, dass man eine rasche Lösung anstrebte, orientierte man sich am bestehenden Recht und nahm das preußische Strafgesetzbuch vom 14. April 1851 zum Vorbild. Neben dem Argument, eine schnelle Lösung herbeiführen zu wollen, wurde die Verwendung des PrStGB als Vorlage für das RStGB auch damit begründet, dass die preußische Kodifikation seit über 20 Jahren in dem größten Staat des Norddeutschen Bundes bestehe. Es sei damit auch den meisten Juristen und Laien bekannt. Ferner habe kein anderes Strafgesetzbuch eines anderen deutschen Staates eine Durcharbeitung, Klärung und Erläuterung wie das PrStGB erfahren. Das erklärte Ziel war die Beibehaltung des bewährten Rechts und die Verbesserung des missbilligten Rechts.[953] Das zügige Abfassen und Inkrafttreten des Strafgesetzbuches wurden zudem dadurch begünstigt, dass einerseits den Staaten eine hohe Kompromissbereitschaft abverlangt wurde und andererseits Preußen über die Stimmenmehrheit in der StGB-Kommission und im Bundesrat verfügte.[954]

---

950 *Mitteis/Lieberich*, Deutsche Rechtsgeschichte, 1992, S. 449.

951 Die Einzelstaaten blieben insoweit souverän, als ihre historischen Rechte gewahrt blieben, d. h., dass in denjenigen Einzelstaaten, in denen die Monarchie herrschte, der Fürst weiterhin der Repräsentant des Staates blieb. S. *Mitteis/Lieberich*, Deutsche Rechtsgeschichte, 1992, S. 450.

952 Dieser Ausschluss wurde damit gerechtfertigt, dass die politischen Interessen Vorrang vor der juristischen Vollkommenheit hätten, *Schubert*, Der Ausbau der Rechtseinheit unter dem Norddeutschen Bund, 1983, S. 150.

953 *von Hippel*, Deutsche Strafrechtsgeschichte, Bd. 1, 1925, S. 342; *Schmidt*, Einführung in die Geschichte der deutschen Strafrechtspflege, 1965, S. 343. Ausführlich s. Motive zu dem Entwurfe eines Strafgesetzbuches für den Norddeutschen Bund, 1869, S. 2; *Schubert*, Der Ausbau der Rechtseinheit unter dem Norddeutschen Bund, 1983, S. 156 f.

954 *Schubert*, Der Ausbau der Rechtseinheit unter dem Norddeutschen Bund, 1983, S. 150 f.

Endlich wurde am 31. Mai 1870 das Strafgesetzbuch des Norddeutschen Bundes (StGB Norddt. Bund) verkündet. Bereits kurz darauf erfolgte durch den Anschluss der süddeutschen Staaten Baden, Bayern, Hessen und Württemberg an den Norddeutschen Bund mittels der Novemberverträge des Jahres 1870 die Gründung des Deutschen Reiches, das am 1. Januar 1871 mit Inkrafttreten der Verfassung entstand.[955] Infolge der Gründung des Deutschen Reichs wurde das Strafgesetzbuch des Norddeutschen Bundes als das Strafgesetzbuch für das Deutsche Reich[956] (RStGB) verkündet.[957] Diese historischen Vorgänge erklären die Verwendung der Motive zum StGB Norddt. Bund in der folgenden Untersuchung.

aa.) Neuregelung der Ehrenstrafe

Intensiv wurden die Dreiteilung der strafbaren Handlungen, die ebenfalls aus dem französischen Recht stammenden mildernden Umstände und insbesondere die Beibehaltung bzw. die Abschaffung der Todesstrafe diskutiert.[958] Gegenstand der Beratungen zum StGB Norddt. Bund waren auch die Ehrenstrafen. Sowohl Vertreter der Wissenschaft als auch der Praxis äußerten ihre Bedenken bezüglich der auf Dauer angelegten Ehrenstrafen, also des Verlusts der bürgerlichen Ehre, wie sie der Zuchthausstrafe bis dato *ipso iure* folgte. Die Begründung ähnelte den bereits von Feuerbach im Zusammenhang mit dem bayerischen StGB vorgebrachten und bei den Beratungen zum preußischen StGB ebenfalls aufgegriffenen Erwägungen. So wurde vorgetragen, die dauernde Ehrenstrafe „involvieren eine Art bürgerlichen Todes“, da der Verurteilte selbst nach Verbüßung seiner Freiheitsstrafe, konkret der Zuchthausstrafe, nicht mehr vollwertiges Mitglied der Gesellschaft werden könne.[959] Diese Folge sei mit dem Wesen der zeitigen Freiheitsstrafe und dem Zwecke der Strafvollstreckung unvereinbar.

---

955 Einführend in die Entstehung des Deutschen Reiches *Eisenhardt*, Deutsche Rechtsgeschichte, 2013, Rn. 667 f. Ausführlich zur Reichsgründung *Nipperdey*, Deutsche Geschichte 1866-1918, Bd. 2, 1992, S. 11 ff. und 75 ff.

956 Gesetz, betreffend die Redaktion des Strafgesetzbuchs für den Norddeutschen Bund als Strafgesetzbuch für das Deutsche Reich, vom 15. Mai 1871, RGBl. S. 127.

957 *Schmidt*, Einführung in die Geschichte der deutschen Strafrechtspflege, 1965, S. 344.

958 Ausführlich hierzu *Schubert*, Der Ausbau der Rechtseinheit unter dem Norddeutschen Bund, 1983, S. 158 ff. sowie vertiefend zur Todesstrafe S. 167 ff., die letztlich beibehalten wurde.

959 Motive zu dem Entwurfe eines Strafgesetzbuches für den Norddeutschen Bund, 1869, S. 49.

Der Umstand, dass der freigelassene und mit „lebenslängliche[m] Ehrverlust gezeichnete Mensch" nicht mehr der Stellung seiner Mitmenschen ebenbürtig sei, verleite den Freigelassenen zu weiteren Verbrechen.[960] Die Mitmenschen mieden den freigelassenen Zuchthaushäftling, da in der Meinung des Volkes das Zuchthaus mit dem Begriff der Ehrlosigkeit einherging.[961] Daneben wurde vorgetragen, der dauernde Verlust der bürgerlichen Ehre im preußischen Strafrecht knüpfe immer an die Zuchthausstrafe an, wodurch gar keine „individualisierende Würdigung der That und des Thäters" vorgenommen werden könne. Dabei sei die Ehrenstrafe nur dann zu verhängen, wenn die Ehrlosigkeit der Tat und des Täter sie erfordere.[962] Eine täter- und einzelfallbezogene Wertung könne aber nur durch den erkennenden Richter und nicht durch das Gesetz vorgenommen werden.[963]

Auch wenn sich die Mehrheit der Berater gegen einen lebenslänglichen Ehrverlust aussprach, so war man gleichwohl der Ansicht, dass derjenige, der mit dem Verlust der bürgerlichen Ehrenrechte belegt worden war, nach seiner Freilassung nicht mehr „in frühere, bürgerlich-ausgezeichnete Stellung treten" dürfe.[964] Im Übrigen müsse man aber auch einer „allzu laxen Praxis" bei der Anwendung der im Richterermessen stehenden Aberkennung der bürgerlichen Ehrenrechte vorbeugen, weswegen bei „einzelnen, bestimmt vorgehobenen Verbrechen" eine Ehrenstrafe im Gesetz zwingend angeordnet werden müsse.[965] So hielt man an der Ehrenstrafe fest, milderte sie aber stark ab.[966] Folglich waren im neuen Strafgesetzbuch die bisherigen Kennzeichen der Ehrenstrafe neu anzuordnen. Das Ergebnis war die Abschaffung des Verlusts der bürgerlichen Ehre infolge einer Zuchthausstrafe und anstelle ihrer die Einführung des Verlusts der bürgerlichen Ehren*rechte*.

---

960 Motive zu dem Entwurfe eines Strafgesetzbuches für den Norddeutschen Bund, 1869, S. 49.

961 Motive zu dem Entwurfe eines Strafgesetzbuches für den Norddeutschen Bund, 1869, S. 51.

962 Motive zu dem Entwurfe eines Strafgesetzbuches für den Norddeutschen Bund, 1869, S. 50 f.

963 Motive zu dem Entwurfe eines Strafgesetzbuches für den Norddeutschen Bund, 1869, S. 50.

964 Motive zu dem Entwurfe eines Strafgesetzbuches für den Norddeutschen Bund, 1869, S. 49.

965 Motive zu dem Entwurfe eines Strafgesetzbuches für den Norddeutschen Bund, 1869, S. 52.

966 *Kirchmann*, Strafgesetzbuch für den Norddeutschen Bund, 1870, S. 39.

Seit dem RStGB folgte der Zuchthausstrafe von Rechts wegen nur noch die dauernde Unfähigkeit zum Dienste in dem Deutschen Heer und der Kaiserlichen Marine sowie die dauernde Unfähigkeit zur Bekleidung öffentlicher Ämter (§ 31 Abs. 1 RStGB). Unter die öffentlichen Ämter subsumierte der Gesetzgeber die Advokatur, die Anwaltschaft und das Notariat sowie den Geschworenen- und Schöffendienst (§ 31 Abs. 2 RStGB). Dabei stellte das RStGB keinen Zusammenhang mehr mit dem Begriff Verlust der bürgerlichen Ehre her.

Der neu eingeführte Verlust der bürgerlichen Ehrenrechte hatte die dauernde oder zeitige Aberkennung bestimmter Ehrenrechte zum Gegenstand. Der Verlust der bürgerlichen Ehrenrechte konnte neben der Zuchthaus- oder der Gefängnisstrafe sowie der Todesstrafe angeordnet werden, wenn die Gefängnisstrafe mindestens drei Monate betrug (§ 32 RStGB). Daneben wurde auch die Höchstdauer dieses Ehrverlustes geregelt. Bei der Zuchthausstrafe wurde sie auf mindestens zwei und höchstens zehn Jahre, bei der Gefängnisstrafe auf mindestens ein Jahr und höchstens fünf Jahre festgelegt. Gemäß § 33 RStGB bewirkte die Aberkennung der bürgerlichen Ehrenrechte den *dauernden Verlust* der aus öffentlichen Wahlen hervorgegangenen Rechte sowie den dauernden Verlust der öffentlichen Ämter, Würden, Titel, Orden und Ehrenzeichen. Daneben regelte § 34 RStGB den *zeitigen Ehrverlust* und nannte die Rechte, die während der im Urteil bestimmten Zeit nicht ausgeübt werden konnten. Hierzu zählten unter anderem das Tragen der Landeskokarde, der Eintritt in das Deutsche Heer oder in die Kaiserliche Marine, die Erlangung öffentlicher Ämter, Würden, Titel, Orden und Ehrenzeichen, das Abstimmen und Wählen sowie die Wählbarkeit in öffentlichen Angelegenheiten, die Fähigkeit, Zeuge bei Aufnahmen von Urkunden sowie Vormund, Nebenvormund, Kurator, gerichtlicher Beistand oder in gewissen Fällen Mitglied eines Familienrates zu sein.

bb.) Betrachtung ausgewählter Tatbestände

Die Zuchthausstrafe und die damit obligatorisch einhergehende dauernde Heeres- und Amtsunfähigkeit wurden für jene Tatbestände angeordnet, die sich weitgehend bis zum StGB 1968 gehalten haben, so z. B. auch für den betrügerischen Bankrott in § 281 RStGB bzw. zuletzt § 239 StGB. Entsprechendes gilt für die Tatbestände, die den Verlust der bürgerlichen Ehrenrechte neben der Zuchthaus-, der Gefängnis- und Todesstrafe vorsahen. Grundsätzlich war die Verhängung des Verlusts der bürgerlichen Ehrenrechte ins Ermessen des Richters gestellt. Von diesem Grundsatz gab es drei Ausnahmen: Obligatorisch wurde der Verlust der bürgerlichen Ehrenrechte im Gesetz bestimmt für den Meineid (§§ 153, 161 RStGB), die Kuppelei (§ 181 RStGB) und für den nachträglich eingeführten gewerbs- oder gewohnheitsmäßigen Wucher (§ 302 d RStGB[967]). Während für den Meineid und die Kuppelei der Ehrverlust neben der Zuchthausstrafe angeordnet wurde, trat er beim Wucher neben die Gefängnisstrafe. Diese Tatbestände hielten sich bis zum 1. Strafrechtsreformgesetz von 1969 im Strafrecht (vgl. zu den Tatbeständen Kap. 5, A. I. 1.).

cc.) Fazit zur Ehrenstrafe im Reichsstrafgesetzbuch

Die Ehrenstrafe des PrStGB erfuhr mit der Schaffung des RStGB dahingehend Änderungen, wie sie mit wenigen Ausnahmen (bspw. Todesstrafe) auch noch in ihrer letzten Fassung des StGB 1968 bekannt war. Eine grundsätzliche Neuerung des RStGB war, dass der Zuchthausstrafe nur noch die Amts- sowie die Dienstunfähigkeit im Heer und in der Marine folgten. Daneben regelte das RStGB die Aberkennung der bürgerlichen Ehrenrechte und knüpfte damit an § 21 PrStGB und dessen Untersagung der Ausübung der bürgerlichen Ehrenrechte an. Demnach war die Ehrenstrafe des RStGB eine Neuanordnung des Bekannten mit der Zielsetzung, den Tätern eine Rückkehr in die Gesellschaft zu ermöglichen. Das Thema Ehrenstrafe und die Resozialisierung des Täters war auch ein wichtiger Diskussionspunkt bei der Gesetzgebung zum 1. Strafrechtsreformgesetz von 1969 (vgl. oben Kap. 5, A. I. 6.). Aus der dargestellten Geschichte der Zuchthaus- und Ehrenstrafe erklärt sich nunmehr auch, wie es dazu kam, dass die Zuchthausstrafe einen zentralen Punkt bei der Abschaffung der Ehrenstrafe bildete. Denn Zuchthaus- und Ehrenstrafe, mithin die Amts- und Dienstunfähigkeit einerseits und der Verlust der bürgerlichen Ehrenrechte andererseits, waren enger verbunden, als auf den ersten Blick erkennbar ist.

d.) Fazit zur Strafgesetzgebung im 19. Jahrhundert

Die Strafgesetzgebung des 19. Jahrhunderts legte den Grundstein für die Abschaffung der Schandstrafe. Daneben war es den jeweiligen Gesetzgebern ein Anliegen, die Ehrlosigkeit aus den Strafgesetzen und aus der praktischen Rechtsanwendung zu entfernen. Die Gründe dieses Bestrebens waren zum einen der Täter und dessen Resozialisierung und zum anderen die Erkenntnis, dass es dem Staat nicht zustehe, über die allgemeine Ehre eines Menschen zu urteilen. An die Stelle der Infamie trat eine Ehrenstrafe, die eine Rechtsbeeinträchtigung des Verurteilten zum Gegenstand hatte. Diese zielte nicht auf seine allgemeine und bürgerliche Ehre, sondern auf (Ehren-)Rechte, die ihm der Staat als Vorzüge zuerkannt hatte. Bezeichnet wurde diese Strafe in Preußen gleichwohl als

967 Fn. 399.

Verlust der bürgerlichen Ehre und später auf Reichsebene als *Verlust der bürgerlichen Ehrenrechte.*

7. Die Ehrenstrafe in der Weimarer Republik und im Nationalsozialismus

a.) Vorarbeiten

Das Reichsstrafgesetzbuch respektive das Strafgesetzbuch für den Norddeutschen Bund war eine Kodifikation, bei deren Abfassung Eile geboten war, man sich bestehenden Rechts bediente und strafrechtswissenschaftlichen Feinheiten wenig Bedeutung zukommen ließ.[968] So kam es, dass bereits während der Verhandlungen zum Strafrecht des Norddeutschen Bundes eine baldige Reform in Aussicht gestellt wurde.[969] Den Reformbestrebungen standen die Juristen aufgeschlossen gegenüber, was auch auf die sozialen und strafrechtstheoretischen Veränderungen zurückzuführen war.[970] Die sozialen Veränderungen im Kaiserreich waren der Industrialisierung geschuldet, die im Zusammenspiel der Einführung der Gewerbefreiheit, der Abschaffung der bäuerlichen Zwangsdienste, der Erfindung von Maschinen und dem Bau von Eisenbahnen ihren Anfang noch im 18. Jahrhundert nahm.[971] Die Folgen dieser Veränderungen waren zum einen, dass Maschinen handwerkliches Geschick ersetzten und dies zusammen mit dem Wegfall der bäuerlichen Zwangsdiensten zu einem Freiwerden von Arbeitskraft führte, was aber im Ergebnis ein Zuviel an Arbeitern für zu wenige Arbeitsplätze bedeutete, sodass weite Bevölkerungsteile verarmten und verelendeten. Die Armutsspirale lief dadurch weiter abwärts, dass auch Kinder zum Familienunterhalt beitragen mussten, wobei sie äußerst schlecht für ihre Arbeit in den Fabriken bezahlt wurden, was sie aber wiederum für Fabrikbesitzer interessanter als erwachsene, und damit teurere, Arbeitskräfte machte.[972]

Im Bereich der Rechtswissenschaft ergaben sich aus diesen wirtschaftlichen und gesellschaftlichen Gegebenheiten neue Themenfelder, wie z. B. die

---

968 S. dazu die Ausführungen oben S. 219

969 *Vormbaum*, Einführung in die moderne Strafrechtsgeschichte, 2011, S. 142. Ob man diese Reform aufgrund einer inhaltlichen Notwendigkeit vornehmen wollte, oder sie in Aussicht stellte, um Gegner oder ausgeschlossene Strafrechtswissenschaftler zu besänftigen, sei hier offen gelassen.

970 *Vormbaum*, Einführung in die moderne Strafrechtsgeschichte, 2011, S. 147.

971 *Kroeschell*, Deutsche Rechtsgeschichte, Bd. 3, 2008, S. 187 und 224 f.; vgl. auch die Ausführungen unten Kap. 5, A. III. 1. d.).

972 Ausführlich zu den damaligen sozialen Umständen sowie den Hintergründen s. *Wehler*, Deutsche Gesellschaftsgeschichte, Bd. 2, 1996, S. 162 ff., S. 281 ff.; *ders.* Deutsche Gesellschaftsgeschichte, Bd. 3, 1995, S. 778 ff.

verschuldensunabhängige Haftung von Fabrikbesitzern im Falle der Verletzung von Arbeitern oder der Schutz und die Rechte von Kindern, die in den Fabriken arbeiteten.[973]

Auch das Strafrecht wurde von den gesellschaftlichen Gegebenheiten erfasst, sodass auch in diesem rechtswissenschaftlichen Zweig der Begriff des Sozialen bzw. eine Anlehnung daran Einzug fand. Im Zentrum der Strafrechtswissenschaft standen die Frage der Willensfreiheit als Grundlage der Schuld und die Frage nach dem Zweck des Strafens. Es wurde nicht mehr nur die Tat beurteilt, sondern es rückte der Täter bzw. die Täterpersönlichkeit in den Fokus des Strafrechts. Die Entstehung der Kriminalität wurde erforscht, deren Ursachen auch in den sozialen Verhältnissen des Täters gesehen wurden.[974] Dies trug dazu bei, dass die Strafen täter-individuell verhängt wurden und damit eine Milderung des Strafsystems herbeigeführt wurde, was unter anderem im Verzicht des Vollzugs der Todesstrafe und der vermehrten Verhängung von Geldstrafen[975] zum Ausdruck kam.[976]

Trotz einer großen Reformationsbereitschaft sollte es noch über 30 Jahre nach der in Aussichtstellung einer Strafrechtsreform dauern, bis diese auch tatsächlich in die Umsetzungsphase gelangte. Eine Einsetzung eines wissenschaftlichen Komitees erfolgte 1902, das 1909 einen Vorentwurf fertigstellte. Bis zum Beginn des Ersten Weltkrieges 1914 wurde auf Grundlage des Vorentwurfs ein Gegenentwurf verfasst (1911) und ein weiterer Kommissionsentwurf (1913)

---

973 Einführend zu den Herausforderungen, denen das Recht aufgrund der neuen gesellschaftlichen Strukturen gegenüberstand *Eisenhardt*, Deutsche Rechtsgeschichte, 2013, Rn. 713 ff.

974 Der Vorreiter auf diesem Gebiet war *Franz von Liszt* (1851-1919), der heute vor allem für seine Verbrechertypologie bekannt ist. Er kategorisiert die Verbrecher in den Gelegenheitstäter, den besserungsfähigen sowie den besserungsunfähigen Täter (Hangtäter). Für jede Täterkategorie formulierte er entsprechende Strafen, die den Täter entweder abschrecken, bessern oder sichern sollte. Kurze Freiheitsstrafen hielt er für schädlich, da womöglich ein Täter das Gefängnis als „Lehrling auf der Bahn des Verbrechens" betrete und als Gewohnheitsverbrecher wieder verlasse. Viele seiner kriminalpolitischen Forderungen führten bspw. zu Änderungen im Jugendstrafgerichtsgesetz und zur Einführung der Maßregeln der Sicherung und Besserung. Einführend hierzu *Kleinheyer/Schröder*, Deutsche und Europäische Juristen aus neun Jahrhunderten, 2008, S. 258–264 m. w. N. Zur Hinwendung des Strafrechts zur Täterpersönlichkeit s. *von Liszt*, Die psychologischen Grundlagen des Kriminalpolitik, ZStW 16 (1896), S. 477 ff.

975 S. dazu das Geldstrafengesetz vom 27. April 1923, RGBl. I S. 254 ff.

976 *Rüping/Jerouschek*, Grundriss der Strafrechtsgeschichte, 2011, S. 93 f.

veröffentlicht.[977] Auch wenn es nicht zu einer zügigen Reform kam, erfuhr das Strafrecht gleichwohl zwischen der Verkündung des RStGB 1871 und dem Ersten Weltkrieg Erneuerungen. Zum einen durch (die überschaubare Zahl von) 18 Gesetzesänderungen[978] und zum anderen durch die vielen Erweiterungen des Nebenstrafrechts während dieses Zeitraums (vgl. die Ausführungen oben in Kap. 5, A. I. 2.).

b.) Weimarer Republik

Nach dem Ersten Weltkrieg nahm die Kommission mit einer Besetzung aus fünf Personen das Reformvorhaben wieder auf und erarbeitete auf Grundlage des Kommissionsentwurfs von 1913 unter Beachtung der Nachkriegsverhältnisse (man versuchte ein Übermaß an Strafdrohungen und Strafen zu vermeiden[979]) den Entwurf von 1919 aus, der 1920 zusammen mit einer Denkschrift veröffentlicht wurde.[980] An die Spitze der Strafrechtsreform trat *Gustav Radbruch*,[981] als dieser 1921 zum Reichsjustizminister ernannt wurde. Das Ergebnis dieser von ihm geleiteten Arbeit war der Entwurf von 1922, der auch als Radbruchscher Entwurf bezeichnet wird.[982]

Hinsichtlich des Strafsystems war der Entwurf gekennzeichnet durch die Beseitigung der Ehren- und Todesstrafe und die Ersetzung der Zuchthausstrafe durch die Gefängnis- und Geldstrafe.[983] Der Entwurf von 1922, der der Reichsregierung als Kabinettsvorlage am 13. September 1922 übersandt wurde,[984] wurde nicht verkündet. Vielmehr folgten noch zwei weitere Entwürfe: zum einen der

---

977 Zu den Einzelheiten s. *Schubert/Regge* (Hrsg.), Quellen zur Reform des Straf- und Strafprozessrechts, I. Abt., Bd. 1, 1995, S. VIII f.

978 *Vormbaum*, Einführung in die moderne Strafrechtsgeschichte, 2011, S. 142 f.

979 *Vormbaum*, Einführung in die moderne Strafrechtsgeschichte, 2011, S. 155.

980 *Vormbaum*, Einführung in die moderne Strafrechtsgeschichte, 2011, S. 156.

981 *Gustav Radbruch* (1878-1949). Zu seiner Person und seinem Wirken *Kleinheyer/Schröder*, Deutsche und Europäische Juristen aus neun Jahrhunderten, 2008, S. 354 ff.

982 *Schubert/Regge* (Hrsg.), Quellen zur Reform des Straf- und Strafprozessrechts, I. Abt., Bd. 1, 1995, S. XI.

983 Vgl. die Strafarten des Radbruchschen Entwurfs in den §§ 29 ff. Abgedruckt *Radbruch*, Entwurf eines Allgemeinen Deutschen Strafgesetzbuches (1922), 1952, S. 4 ff. Einen dauernden oder zeitigen Ehrverlust wie die §§ 32 ff. des RStGB kannte der Entwurf nicht, wohl aber den Verlust der Amtsfähigkeit (§ 54 des Entwurfs) und den Verlust des Wahl- und Stimmrechts (§ 57 des Entwurfs). In den nachfolgenden Entwürfen der Weimarer Zeit sind Todes- und Zuchthausstrafe wieder enthalten.

984 Für eine ausführliche Würdigung dieses Entwurfs siehe die Einleitung von Eberhard Schmidt in *Radbruch*, Entwurf eines Allgemeinen Deutschen Strafgesetzbuches (1922), 1952, S. XII ff.

Entwurf von 1925 und der Entwurf von 1927 (StGB-Entwurf 1927),[985] der maßgeblich für die folgenden strafrechtlichen Gesetzgebungsarbeiten wurde.

Ein Blick in das Strafsystem des StGB-Entwurfs 1927 zeigt, dass dieses als Hauptstrafen gemäß §§ 33, 34 wieder die Todesstrafe, die Freiheitsstrafe (Zuchthaus, Gefängnis und Einschließung) und die Geldstrafe vorsah. Als Nebenstrafen nannte der Entwurf den Verlust der Amtsfähigkeit (§§ 46 ff.) und den Verlust des Wahl- und Stimmrechts (§§ 49 ff.).[986] Nach Ansicht der Entwurfsverfasser erwies sich ein Amtsträger durch Begehung eines Amtsverbrechens oder eines schweren Amtsvergehens als „unzuverlässig und vertrauensunwürdig". Dieser dürfe dann nicht in seinem Amt bleiben. Gemäß §§ 46 ff. StGB-Entwurf 1927 führte eine Verurteilung zu einer Zuchthaus- oder Todesstrafe zum dauernden Verlust der Fähigkeit zur Bekleidung öffentlicher Ämter. Im Falle von Gefängnisstrafen wurde es in das Ermessen des Gerichts gestellt, ob auf einen zeitigen Verlust der Amtsfähigkeit erkannt werden sollte. Diese Nebenstrafe betraf damit nur die Beamten im staats- und verwaltungsrechtlichen Sinne. Der Verlust des Wahl- und Stimmrechts war gemäß §§ 49 ff. StGB-Entwurf 1927 ebenfalls an eine Verurteilung zu einer Zuchthausstrafe oder Todesstrafe geknüpft und regelte den dauernden Verlust des Rechts, in öffentlichen Angelegenheiten zu wählen oder zu stimmen. Im Falle einer Verurteilung zu einer zeitigen Zuchthaus- oder Gefängnisstrafe wurde es dem Gericht ins Ermessen gestellt, ob ein dauernder oder zeitiger Verlust ausgesprochen werden sollte. In der Begründung zu §§ 49 ff. Entwurf 1927 heißt es hierzu, dass verhindert werden müsse, dass derjenige, der seine „asoziale Gesinnung durch strafbare Handlung bewiesen hat, nach der Strafverbüßung durch Ausübung des Wahl- und Stimmrechts auf die Geschicke des Reichs, des Landes, der Gemeinde Einfluß ausüben kann, obwohl er ein Feind jedes Gemeinwesens ist".[987]

Hingegen sah der StGB-Entwurf 1927 den Verlust der bürgerlichen Ehrenrechte, wie ihn § 32 RStGB bis dato normierte, nicht mehr vor und begründete dies einmal mehr damit, dass das „Mißtrauen und das Übelwollen, das die Gesellschaft vielfach Vorbestraften entgegenbringt, an sich schon ein schweres Hindernis für ihre Wiedereingliederung in die Gesellschaftsordnung [bildet]. Will man hiergegen ankämpfen […], so darf [man] dem bestehenden

985 Entwurf vom 14. Mai 1927 abgedruckt in *Schubert/Regge* (Hrsg.), Quellen zur Reform des Straf- und Strafprozessrechts, I. Abt., Bd. 1, 1995, S. 437 ff.

986 Entwurf vom 14. Mai 1927 abgedruckt in *Schubert/Regge* (Hrsg.), Quellen zur Reform des Straf- und Strafprozessrechts, I. Abt., Bd. 1, 1995, S. 437 ff.

987 *Schubert/Regge* (Hrsg.), Quellen zur Reform des Straf- und Strafprozessrechts, I. Abt., Bd. 1, 1995, S. 519.

Vorurteil nicht noch Vorschub leisten durch Richtersprüche, die den Verurteilten der Ehre verlustig erklären und die ihn eben dadurch der Möglichkeit berauben, nach verbüßter Strafe den Kampf um ein redliches Dasein mit Aussicht auf Erfolg wiederaufzunehmen. [...] Der Entwurf sieht daher davon ab, die Ehrlosigkeit des Täters als Folge einer Verurteilung anzusehen oder zuzulassen".[988]

Dass auch dieser Entwurf nicht verkündet wurde, ist auf die innenpolitischen Verhältnisse zurückzuführen, die zur Auflösung des Reichstags führten und damit die Reformarbeiten stark behinderten.[989] Die Arbeiten wurden auch durch die Obstruktion mit der seit dem 14. September 1930 im Reichstag vertretenen NSDAP erschwert, die fünf Stimmen im Strafrechtsausschuss zählte, der seinerseits aus 28 Mitgliedern bestand.[990] Das Reformvorhaben kam in der Folgezeit zum Erliegen und scheiterte letztlich am Zerfall der Weimarer Republik.[991] Rückblickend zeigt sich, dass die Strafrechtswissenschaft der Weimarer Republik entgegen dem Eindruck, den man aus den zitierten Entwürfen gewinnen könnte, besonders von Antiliberalismus geprägt war.[992] Diese Tendenz sollte, wie gleich näher aufzuzeigen sein wird, in der anschließenden Zeit des Nationalsozialismus ausgeweitet werden, in der der Schutz des Individuums und seiner individuellen Freiheit dem Schutz der „Volksgemeinschaft" weichen musste.

c.) Nationalsozialismus

aa.) Strafrecht und Reformvorhaben

Die nationalsozialistische Weltanschauung war gekennzeichnet durch den gewaltsamen Aufbau einer Vorherrschaft der „arisch-nordischen Rasse" unter Verdrängung und Verachtung anderer „Rassen", der Erhebung des Volkes in den „Mittelpunkt der gesetzlichen Sorge" unter „Zurückdrängung des

---

988 *Schubert/Regge* (Hrsg.), Quellen zur Reform des Straf- und Strafprozessrechts, I. Abt., Bd. 1, 1995, S. 519 f.

989 Übersicht bei *Vormbaum*, Einführung in die moderne Strafrechtsgeschichte, 2011, S. 176 f.

990 *Vormbaum*, Einführung in die moderne Strafrechtsgeschichte, 2011, S. 177.

991 Einführend zum Scheitern der Weimarer Republik s. *Mitteis/Lieberich*, Deutsche Rechtsgeschichte, 1992, S. 463 ff.; *Eisenhardt*, Deutsche Rechtsgeschichte, 2013, Rn. 807 ff.

992 *Vormbaum*, Einführung in die moderne Strafrechtsgeschichte, 2011, S. 160. Grundlegend zum verbreitenden Antiliberalismus s. *Marxen*, Der Kampf gegen das liberale Strafrecht, 1975.

Individuums"[993] sowie der Übertragung der Fürsorge für den Staat und das Volk auf den „Führer" Adolf Hitler. Er war Staatsoberhaupt, Richter im Sinne eines Rechtschützers[994] und später Rechtsetzers[995] sowie die Quelle des Rechts, sodass der „Führerwille" entscheidend war.[996]

Am Anfang der nationalsozialistischen Herrschaft waren für das Recht der „Volksgeist" oder auch die „Rechtsüberzeugungen des Volkes" maßgeblich bzw. wurden die Empfindungen des Volkes zur Rechtsquelle, sodass das Recht Ausdruck des völkischen Rechtsempfindens wurde.[997] Mit fortschreitender Verfestigung der Machtposition Hitlers, der „das Rechtsgefühl des Volkes in seiner höchsten Steigerung" verkörperte, war er allein dazu berechtigt, „die Manifestation des ‚objektiven Geistes' zu erfassen und in geschriebenes Recht umzusetzen".[998] Eine weitere Rechtsquelle war der „nationalsozialistische Geist", der mithilfe des Parteiprogramms der NSDAP[999] ausgelegt werden sollte.[1000] Grundsatz 19 des Parteiprogramms formulierte hinsichtlich des Rechts:

> *„Wir fordern Ersatz für das der materialistischen Weltordnung dienende römische Recht durch ein deutsches Gemeinrecht."*

---

993 *Eisenhardt*, Deutsche Rechtsgeschichte, 2013, Rn. 847.

994 Dazu zeitgenössisch *Schmitt*, Der Führer schützt das Recht, DJZ, 1934, Sp. 945 ff. *„… Der wahre Führer ist immer auch Richter. Aus dem Führertum fließt das Richtertum … In Wahrheit war die Tat des Führers echte Gerichtsbarkeit"*. Aufgegriffen bei *Eisenhardt*, Deutsche Rechtsgeschichte, 2013, Rn. 856.

995 Einführend *Eisenhardt*, Deutsche Rechtsgeschichte, 2013, Rn. 851 ff. Grundlegend *Mertens*, Rechtsetzung im Nationalsozialismus, 2009, S. 15 ff. und 83 ff.

996 Ausführlich hierzu *Schröder*, Zur Rechtsquellenlehre des Nationalsozialismus im Kontext der neuzeitlichen Entwicklung, in: Czeguhn (Hrsg.), Recht im Wandel – Wandel des Rechts, 2014, S. 597 (601 ff.).

997 *Schröder*, Zur Rechtsquellenlehre des Nationalsozialismus im Kontext der neuzeitlichen Entwicklung, in: Czeguhn (Hrsg.), Recht im Wandel – Wandel des Rechts, 2014, S. 597 (599 f.); *ders.* Rechtswissenschaft in Diktaturen, 2016, S. 5 ff.

998 Zitiert nach *Mertens*, Rechtsetzung im Nationalsozialismus, 2009, S. 85. Zur Rechtsquellenlehre s. auch *Marxen*, Der Kampf gegen das liberale Strafrecht, 1975, S. 65 ff. Ausführlich zu der damals vertretenen Ansicht zur gesetzgebenden Funktion des „Führers" s. *Huber*, Verfassungsrecht des Großdeutschen Reiches, 1939, S. 235 ff. Zur „Alleinherrschaft" Hitlers s. *Mommsen*, Hitlers Stellung im nationalsozialistischen Herrschaftssystem, in: Hirschfeld/Kettenacker (Hrsg.), Der Führerstaat, 1981, S. 43 ff.

999 Zeitgenössisch *Rosenberg*, Das Parteiprogramm, Wesen, Grundsätze und Ziele der NSDAP, 1941, S. 17. Das Parteiprogramm ist ebenfalls abgedruckt bei *Wollstein* (Hrsg.), Quellen zum politischen Denken der Deutschen im 19. und 20. Jahrhundert, Bd. IX, 2013, S. 69–71.

1000 *Eisenhardt*, Deutsche Rechtsgeschichte, 2013, Rn. 853.

Damit war der inhaltliche Kurs für die Rechtswissenschaft vorgegeben, in deren Zentrum von (spätestens) da an die Umgestaltung des Rechts im nationalsozialistischen Sinne und damit ganz klar die Verdrängung alles angeblich fremdartigen und insbesondere des römischen Rechts stand. Das geltende Recht habe es ermöglicht und dazu geführt, dass die Interessen des Einzelnen „zum Götzen erhoben" wurden und ihm ferner alle Möglichkeiten der Verteidigung zum Zwecke der Sicherstellung seiner sog. „Rechte" gewährleistet worden seien.[1001] Das widersprach der nationalsozialistischen Weltanschauung, wonach ein deutsches Volksrecht in erster Linie „Ehre und Würde der völkischen und staatlichen Gemeinschaft als oberste Richtschnur seines Urteilens anzuerkennen" habe.

Befürworter eines neuen, auf dem Boden nationalsozialistischer Ansichten beruhenden Rechts fanden sich auch in Kreisen angesehener Rechtswissenschaftler.[1002] Allerdings darf nicht unterstellt werden, dass die Machtübernahme der Nationalsozialisten eine Zäsur der Rechtswissenschaft dahingehend bedeutet hätte, dass bisherige rechtswissenschaftliche Ansichten obsolet und zur Seite geschafft wurden, um ohne Entwicklungsprozess völlig neuen Ansichten Raum zu geben. Gegenteiliges war vielfach der Fall: Viele nationalsozialistische Forderungen waren bereits zur Zeit der Weimarer Republik vorhanden gewesen, sodass diese Forderungen unter der nationalsozialistischen Herrschaft aufgegriffen und in ihrem Sinne weiterverfolgt wurden. Dies gilt vor allem für das Strafrecht,[1003] wo anti-liberale Meinungen bereits vor 1933 vertreten wurden und

---

1001 *Rosenberg*, Das Parteiprogramm, Wesen, Grundsätze und Ziele der NSDAP, 1941, S. 49.

1002 Insbesondere an der juristischen Fakultät der Universität Kiel beschäftigten sich Rechtsprofessoren ausführlich mit den Grundfragen des Rechts im nationalsozialistischen Kontext (sog. Kieler Schule). Einführend *Eisenhardt*, Deutsche Rechtsgeschichte, 2013, Rn. 855. Zu ihnen zählten Georg *Dahm*, Ernst Rudolf *Huber*, Karl *Larenz*, Karl *Michaelis*, Friedrich *Schaffstein*, Wolfgang *Siebert*, vgl. *Vormbaum*, Einführung in die moderne Strafrechtsgeschichte, 2011, S. 189. Siehe auch das von den eben genannten Professoren herausgegebene Werk: Grundfragen der neuen Rechtswissenschaft, 1935.

1003 *Vogel*, Einflüsse des Nationalsozialismus auf das Strafrecht, ZStW 115 (2003), S. 638 (640 f.); *Schubert/Regge* (Hrsg.), Quellen zur Reform des Straf- und Strafprozessrechts, II. Abt., Bd. 1/1, 1988, S. XIII zur Konkretisierung der anti-liberalen Ansichten der Strafrechtswissenschaftler, die bereits vor der NS-Machtübernahme vertreten wurden. Auch im Privatrecht gab es anti-liberale Haltungen und Forderungen zur Umgestaltung des (römisch geprägten) bürgerlichen Rechts, s. hierzu und zum Vorhaben eines NS-Volksgesetzbuches *Hattenhauer*, Das NS-Volksgesetzbuch, in: Festschrift für Rudolf Gmür, 1983, S. 255 (256 f.). Zu den anti-liberalen Haltungen in der

während des Nationalsozialismus starken Auftrieb bekamen, sodass das Ziel der strafrechtlichen Reformbestrebungen das Verfassen eines „Deutsches Strafgesetzbuches“ mit „antiliberaler“ und „antiindividualistischer“ Prägung wurde.[1004] Nach den damals vertretenen Ansichten müsse das Strafgesetzbuch frei werden von „den Einflüssen einer jüdisch-liberalistischen Weltanschauung“[1005] und geleitet werden von einem „Denken in Gemeinschaften, nicht in Einzelschicksalen, wie dies der Liberalismus und der Individualismus propagiert haben“.[1006] Konkret wurde dem bis dato geltenden Strafrecht vorgeworfen, dass die Sicherung der Freiheitsrechte des Einzelnen im Mittelpunkt stehe und es zum Schutz des Einzelnen gegen den Staat eine Abstumpfung der Strafen in Kauf nehme. Daneben wurde an der liberalen Strafrechtswissenschaft ihre Bekämpfung der Todesstrafe, ihre Forderung nach Verschmelzung von Zuchthaus- und Gefängnisstrafe und ihre Verwerfung der Ehrenstrafe kritisiert. Diese Haltung habe im Ergebnis dazu geführt, dass die Todesstrafe kaum mehr vollstreckt, das Zuchthaus weit zurückgedrängt und die Ehrenstrafe vernachlässigt worden sei. Daher verwundere es nicht, dass dies alles in letzter Konsequenz eine geschwundene Achtung der Menschen vor dem Strafrecht bedeute, was zur Zunahme von Verbrechen geführt habe.[1007] Diesem aufgeweichten Strafsystem galt es aus Sicht der Nationalsozialisten zu begegnen und das Strafrecht an die nun propagierten sittlichen und politischen Wertvorstellungen anzupassen.[1008]

Strafrechtswissenschaft an der Wende von der Weimarer Republik zum Nationalsozialismus s. *Dahm/Schaffstein*, Liberales oder autoritäres Strafrecht, 1933.

1004 Einführend zum Strafrecht der NS-Zeit *Eisenhardt*, Deutsche Rechtsgeschichte, 2013, Rn. 864 ff.; *Vormbaum*, Einführung in die moderne Strafrechtsgeschichte, 2011, S. 184 ff.; *Stolleis*, Art. „Nationalsozialistisches Recht“, HRG, Bd. III, 1984, Sp. 874-892; zu den damals vorherrschenden Ansichten s. *Freisler* in: Nationalsozialistisches Strafrecht, Denkschrift des Preußischen Justizministers, 1933, S. 6 ff. Eingehend auf den Antiliberalismus (auch) während der NS-Herrschaft *Marxen*, Der Kampf gegen das liberale Strafrecht, 1975, S. 103 ff.

1005 *Ketteler*, Erneuerung der Ehrenstrafen, 1937, S. 46.

1006 *Betz*, Die Ehrenstrafen, 1935, S. 40.

1007 Aus der Gesetzesbegründung zum Entwurf von 1936; abgedruckt bei *Schubert/Regge* (Hrsg.), Quellen zur Reform des Straf- und Strafprozessrechts, II. Abt., Bd. 1/2, 1990, S. 29.

1008 Dazu zeitgenössisch *Dahm*, Die Erneuerung der Ehrenstrafe, DJZ, 1934, Sp. 821 f. Die grundsätzlichen Forderungen lauteten auf Aufhebung des Analogieverbots zuungunsten des Angeklagten, die Hinwendung zu einem Willensstrafrecht, den „Einbau ausfüllungsbedürftiger Tatbestandsmerkmale mit sittlichem Wertungszwang“ sowie eine Neugestaltung des besonderen Teils, vgl. *Schubert/Regge* (Hrsg.), Quellen zur Reform des Straf- und Strafprozessrechts, II. Abt., Bd. 1/1, 1988, S. XII.

Hinsichtlich der Strafen sollten Todesstrafe und Zuchtausstrafe wieder verstärkt verwendet und die Ehrenstrafe eine neue Ausgestaltung erhalten. Der Ehrenstrafe wurde eine besondere Nützlichkeit für die deutsche Volksgemeinschaft beigemessen[1009] und war ein viel diskutiertes[1010] und von manchen Autoren als besonders wichtig hervorgehobenes[1011] Thema der nationalsozialistischen Strafrechtswissenschaft.

Die traditionellen Argumente auf Seiten der Gegner der Ehrenstrafe stammten einerseits aus der Zeit der Aufklärung, andererseits aus der Praxis und wurden von den Befürwortern der Ehrenstrafe aufgegriffen, um sie klein zu reden.[1012] Gegen die Ehrenstrafe sprach, dass es nicht dem Staat obliege, Ehre abzuerkennen;[1013] ferner, dass der Staat die Verletzung der Rechtsordnung zu verfolgen und nicht über die sittliche Qualität der Gesinnung zu richten habe, was er gerade mit der Ehrenstrafe bewerkstellige.[1014] Darüber hinaus habe sich bei der Betrachtung der strafrechtlichen Praxis gezeigt, dass die Ehrenstrafe weder Erfolge dabei erziele, den Täter zu erziehen, noch eine abschreckende

---

1009 *Mantler*, Entwicklung und Bedeutungswandel der Ehrenstrafen seit Beginn des 19. Jahrhunderts, 1936, S. 64; vgl. auch *Weinrich*, Statusmindernde Nebenfolgen als Ehrenstrafen im Sanktionssystem des StGB, 2009, S. 126 ff. Zu einer sog. Systemehre und das Verhältnis zur Ehrenstrafe s. *Zingerle*, Die „Systemehre", Stellung und Funktion von „Ehre" in der NS-Ideologie, in: Ehre – Archaische Momente in der Moderne, 1994, S. 96–116 (109 ff.).

1010 Vgl. die hier verwendete Literatur: *Betz*, Die Ehrenstrafen, 1935; *Dahm*, Die Erneuerung der Ehrenstrafe, DJZ, 1934; *Goetze*, Die Ächtung als Ehrenstrafe, ZStW 55 (1936); *Ketteler*, Erneuerung der Ehrenstrafen, 1937; *Mantler*, Entwicklung und Bedeutungswandel der Ehrenstrafe seit Beginn des 19. Jahrhunderts, 1936; *Schaffstein*, Die Bedeutung der Ehrenstrafe im nationalsozialistischen Strafrecht, DR, 1935; *Güntherschulze*, Die Entwicklung der Ehrenminderungen im deutschen Strafrecht, 1935; weiterführende Literatur bei *Rüping*, Bibliographie zum Strafrecht im Nationalsozialismus, 1985, S. 99.

1011 *Dahm*, Die Erneuerung der Ehrenstrafe, DJZ, 1934, Sp. 821 (827).

1012 S. *Dahm*, Die Erneuerung der Ehrenstrafe, DJZ, 1934, Sp. 821 ff.; *Schaffstein*, Die Bedeutung der Ehrenstrafe im nationalsozialistischen Strafrecht, DR, 1935, S. 269 ff. Gegner der Ehrenstrafe wurden im Schrifttum nach 1933 nicht gefunden.

1013 *Schmidt*, Die Gestaltung der Ehrenstrafen im künftigen Strafrecht, ZStW 45 (1925), S. 10 (25); *Grünhut*, Die Abschaffung der Ehrenstrafen, ZStW 46 (1925), S. 260 (270).

1014 *Grünhut*, Die Abschaffung der Ehrenstrafen, ZStW 46 (1925), S. 260 (265).

Wirkung habe.[1015] Im Übrigen erschwere der strafrechtliche Ehrverlust eine Resozialisierung des Täters.[1016]

Der konträre nationalsozialistische Ansatz führte an, dass man der fehlenden abschreckenden Wirkung nicht durch Abschaffung der Ehrenstrafe, sondern nur durch Schärfung der Ehrenstrafe begegnen könne,[1017] weswegen die Ehrenstrafe im neu zu schaffenden Strafgesetzbuch als Hauptstrafe und nicht mehr nur als Nebenstrafe erscheinen müsse.[1018] Zum anderen folge gerade aus dem neuen Rechtsdenken, welches auf die Volksgemeinschaft ausgerichtet sei und wonach die „Rechtsüberzeugung des Volkes die wahre Quelle allen Rechts ist“, dass dem Staat das Recht zum Ausspruch der Ehrlosigkeit zustehe, denn im neuen Staatswesen, in dem der Staat und das Volk eins seien,[1019] sei jede Strafe ein sittliches Unwerturteil der Gemeinschaft.[1020] Die Rechtsgutverletzung des Einzelnen erhielt die Wertung einer Pflichtverletzung des Täters gegenüber der Volksgemeinschaft.[1021]

Es war eine Frage der Zeit, bis sich die in der Literatur diskutierte Ehrenstrafe in einem Gesetzesentwurf niederschlug. Die strafrechtlichen Reformarbeiten, die sich unmittelbar an die Reformprojekte der Weimarer Republik anschlossen,[1022] mündeten bereits im Herbst 1933 in einen Entwurf eines Allgemeinen

---

1015 *Schmidt*, Die Gestaltung der Ehrenstrafen im künftigen Strafrecht, ZStW 45 (1925), S. 10 (26 f.); *Grünhut*, Die Abschaffung der Ehrenstrafen, ZStW 46 (1925), S. 260 (263).

1016 *Schmidt*, Die Gestaltung der Ehrenstrafen im künftigen Strafrecht, ZStW 45 (1925), S. 10 (15, 26 f.); *Grünhut*, Die Abschaffung der Ehrenstrafen, ZStW 46 (1925), S. 260 (267).

1017 *Betz*, Die Ehrenstrafen, 1935, S. 43.

1018 *Schaffstein*, Die Bedeutung der Ehrenstrafe im nationalsozialistischen Strafrecht, DR, 1935, S. 269 (270); *Betz*, Die Ehrenstrafen, 1935, S. 42. Die Denkschrift des preußischen Justizministers (S. 142) sah hingegen die Ehrenstrafe weiterhin als Nebenstrafe vor und beschränkte die Ehrenstrafe auf die Entziehung der Staatsbürgerrechts, die Aberkennung der Fähigkeit zur Bekleidung öffentlicher Ämter sowie auf die Aberkennung des Wahl- und Stimmrechts.

1019 Nationalsozialistisches Strafrecht, Denkschrift des Preußischen Justizministers, 1933, S. 115.

1020 *Schaffstein*, Die Bedeutung der Ehrenstrafe im nationalsozialistischen Strafrecht, DR, 1935, S. 269 (271).

1021 *Stolleis*, Art. „Nationalsozialistisches Recht“, HRG, Bd. III, 1984, Sp. 874-892.

1022 *Schubert/Regge* (Hrsg.), Quellen zur Reform des Straf- und Strafprozessrechts, II. Abt., Bd. 1/1, 1988, S. X.

Strafgesetzbuches,[1023] der allerdings noch in wesentlichen Teilen auf den Strafrechtsentwurf von 1927 aufbaute,[1024] d. h., die Ehrenstrafe, wie sie in der Literatur diskutiert wurde, fand im Entwurf zunächst noch keine Beachtung. Dies änderte sich jedoch mit dem Entwurf des Jahres 1936 (StGB-Entwurf 1936), der nicht nur die Ehrenstrafe wieder einführte, sondern überhaupt die nationalsozialistischen Überzeugungen unverkennbar zum Ausdruck brachte, wie allein schon die Betrachtung des Besonderen Teils des Entwurfs zeigt. Der Besondere Teil, der sich in fünf Gruppen unterteilt und 394 Paragrafen (§§ 89-483) enthält, macht deutlich, dass der Volksschutzgedanke im Mittelpunkt stand. Die ersten drei Gruppen enthalten insgesamt 316 Paragrafen zum „Schutz des Volkes" (§§ 89-132[1025]), zum „Schutz der Volkskraft" (§§ 133-273[1026]) und zum „Schutz der Volksordnung" (§§ 274-404[1027]), während die übrigen 78 Paragrafen auf die Gruppe zum „Schutz der Persönlichkeit" (§§ 405-441) und auf die Gruppe „Strafbarer Eigennutz" (§§ 442-483) entfallen. Auch der Umstand, dass die Schutzrechte des Individuums am Ende des Entwurfs geregelt sind, lässt die nationalsozialistische Grundanschauung wiedererkennen, wonach das Volk im Mittelpunkt steht und die Interessen des Individuums nicht zählen.[1028]

Auch die Strafen dienten primär dem Schutz der Gemeinschaft, wie sich der Gesetzesbegründung zum StGB-Entwurf 1936[1029] entnehmen lässt. Mit den

---

1023 Der Gesetzesentwurf, der am 25. September 1933 vom Reichsjustizministerium an die Landesjustizverwaltungen übersandt wurde, ist abgedruckt bei *Schubert/Regge* (Hrsg.), Quellen zur Reform des Straf- und Strafprozessrechts, II. Abt., Bd. 1/1, 1988, S. 1 ff.

1024 *Schubert/Regge* (Hrsg.), Quellen zur Reform des Straf- und Strafprozessrechts, II. Abt., Bd. 1/1, 1988, S. XV. Die den Verlust der Amtsfähigkeit sowie des Wahl- und Stimmrechts betreffenden §§ 46 ff. und 49 ff. RStGB erfahren nur geringe redaktionelle und inhaltliche Änderungen, die hier nicht weiter ins Gewicht fallen.

1025 Darin sind bspw. geregelt der Volks-, Hoch- und Landesverrat, Angriffe auf die Ehre des deutschen Volkes.

1026 Darin sind bspw. geregelt Angriffe auf Rasse, Erbgut, Wehr- und Arbeitskraft und die Volksgesundheit. Ferner die Angriffe auf die sittliche und seelische Haltung des Volkes.

1027 Darin sind bspw. geregelt Angriffe auf den Volksführer, die öffentliche Ordnung und die Rechtsordnung.

1028 Diese Aussage umschreibt letztlich den nationalsozialistischen Propagandaausruf „Du bist nichts – dein Volk ist alles.", *Meder*, Rechtsgeschichte, 2014, S. 411; *Eisenhardt*, Deutsche Rechtsgeschichte, 2013, Rn. 857 f.

1029 *Schubert/Regge* (Hrsg.), Quellen zur Reform des Straf- und Strafprozessrechts, II. Abt., Bd. 1/2, 1990, S. 1 ff.

Strafen und ihrer Anwendung sowie ihrer Vollstreckung waren zum einen die Erfüllung des Sühnebedürfnisses des Volkes und zum anderen die Unterdrückung des verbrecherischen Willens des Täters beabsichtigt. Gerade durch die Androhung und die Ausgestaltung der Strafen sollte der Schutz der Gemeinschaft gesichert werden.[1030] Aus Sicht der Entwurfsverfasser trug der Entwurf auch der hohen Bedeutung der Ehre Rechnung, den die nationalsozialistische Weltanschauung in ihr erblickte und den sie als einen Grundwert des völkischen Gemeinschaftslebens ansah.[1031] Als Freiheitsstrafen sah der Entwurf die Zuchthaus-, Gefängnis- und Haftstrafe vor.[1032] Nach Ansicht der Verfasser sollten diese drei Freiheitsstrafen allerdings nicht als eine Aufrechterhaltung der Dreiteilung in Verbrechen, Vergehen und Übertretung (wie im bisherigen Recht) bewertet werden. Vielmehr drückten die drei Strafarten die Tätertypen im Bereich des kriminellen Unrechts aus. Das Kriterium, anhand dessen die Täter unterschieden werden sollten, war das „Maß, in dem der Täter durch die Tat in seiner Ehrenstellung gemindert erscheint".[1033] Demnach entehre sich der Täter durch die Tat selbst, was dann auch in der Schwere der Strafe zum Ausdruck kommen sollte.[1034] Da man das Strafsystem am Gemeinschaftsgedanken ausrichtete, lebten in der Strafrechtswissenschaft die Begriffe der alten „deutschen Rechtsvergangenheit der Ehre und Treue" wieder auf.[1035] Darauf aufbauend vertrat man

1030 *Schubert/Regge* (Hrsg.), Quellen zur Reform des Straf- und Strafprozessrechts, II. Abt., Bd. 1/2, 1990, S. 29. Aus der damaligen Literatur s. *Wolf*, Das künftige Strafensystem und die Zumessungsgrundsätze, ZStW 54 (1935), S. 544 ff.; *Kohlrausch*, Das kommende Deutsche Strafrecht, ZStW 55 (1936), S. 384 (396 f.).

1031 *Schubert/Regge* (Hrsg.), Quellen zur Reform des Straf- und Strafprozessrechts, II. Abt., Bd. 1/2, 1990, S. 30.

1032 *Schubert/Regge* (Hrsg.), Quellen zur Reform des Straf- und Strafprozessrechts, II. Abt., Bd. 1/2, 1990, S. 30. Ferner gab es noch die nicht entehrende Festungshaft (*custodia honesta*), die eine besondere Stellung einnahm. Sie konnte an Stelle von Gefängnis- oder Haftstrafe treten, wenn der Täter ausschließlich aus ehrenwerten Beweggründen die Tat begangen hatte. Den damaligen Befürworten nach komme mit der Festungshaft zum Ausdruck, dass der NS-Staat diesen Beweggründen Rechnung trage. Allerdings oblag die Entscheidung, ob die Beweggründe ehrenwert waren, beim Staat und nicht beim Täter. S. *Schubert/Regge* (Hrsg.), Quellen zur Reform des Straf- und Strafprozessrechts, II. Abt., Bd. 1/2, 1990, S. 37 f.

1033 *Schubert/Regge* (Hrsg.), Quellen zur Reform des Straf- und Strafprozessrechts, II. Abt., Bd. 1/2, 1990, S. 32.

1034 *Schubert/Regge* (Hrsg.), Quellen zur Reform des Straf- und Strafprozessrechts, II. Abt., Bd. 1/2, 1990, S. 34.

1035 *Schaffstein*, Die Bedeutung der Ehrenstrafe im nationalsozialistischen Strafrecht, DR, 1935, S. 269 (270); *Betz*, Die Ehrenstrafen, 1935, S. 40; zu den verschiedenen,

die Ansicht, der Täter, der ein Verbrechen begehe, verrate die Gemeinschaft und verübe einen Treuebruch[1036] an ihr, indem er das aufgestellte gemeinschaftliche Recht nicht achte.[1037] Ein solcher gegen die Gemeinschaft vorgenommene Treuebruch sei immer ehrlos,[1038] denn wer die Treue durch ein Verbrechen zerstöre, zerstöre diese grundlegende Beziehung. Der Verbrecher verliere durch diesen Treuebruch seine Ehre und werde aus der Gemeinschaft ausgeschlossen. Nicht die Strafe vernichte die Ehre, sondern bereits die Tat, die Strafe gebe nur Auskunft darüber.[1039] Damit folge jeder Handlung gegen die Gemeinschaft eine

---

zeitgenössischen Ehrbegriffen vgl. *Buch*, Des nationalsozialistischen Menschen Ehre und Ehrenschutz, DJ, 1938, S. 1657 ff.

1036 Die Treue, vielmehr ihr Gegenteil: die Untreue, war im deutschen (Straf-)Recht zu einem wesentlichen Element geworden. „Unter ‚Treue' versteht die Sittenlehre die unbedingte Bindung an eine Person, eine Überzeugung oder eine Idee. Die Treue ist die Wurzel aller germanischen Sittlichkeit [...]. Die Treue ist der nordischen Rassenseele eigentümlich. Sie ist der wichtigste staatsrechtliche Grundbegriff der Germanen und die Grundlage ihres gesamten Rechtslebens." Die schwerste Form des Treuebruchs war derjenige gegen die Nation selbst, was dem Landes- und Hochverrat gleichkam. Daneben gab es den wirtschaftlichen Treuebruch, womit die Untreue, also „dem positiven Handeln gegen Treu und Glauben im Wirtschaftsleben" gemeint war, *Schürer*, Die Untreue nach dem Gesetz vom 26. Mai 1933, 1935, S. 11. Der Untreuetatbestand in der Fassung des Gesetzes vom 26. Mai 1933 (RGBl. I S. 295) vereinte drei Arten der Untreue. Danach war Untreue der Missbrauch einer durch Gesetz, behördlichen Auftrag oder Rechtsgeschäft eingeräumte Befugnis, über fremdes Vermögen zu verfügen oder einen anderen zu verpflichten. Ferner war sie Verletzung einer Rechtspflicht zur Fürsorge fremden Vermögens und als dritte Variante, die Verletzung eines Treueverhältnisses, wobei es für das Treueverhältnis gleichgültig war, ob das Verhältnis eine rechtliche oder tatsächliche Grundlage hatte. Der StGB-Entwurf 1936 verzichtete auf die Varianten der Untreue, da er das Wesen der Untreue ausschließlich im Treuebruch sah und reduzierte den Untreuetatbestand: „*Untreue begeht, wer die ihm aufgrund eines Treueverhältnisses obliegende Pflicht, für fremdes Vermögen zu sorgen, verletzt und dadurch dem, dessen Vermögen er zu betreuen hat, Nachteil zufügt.*" Durch diese knappe Formulierung wollte man keine Lücken aufkommen lassen. Zu allem *Schubert/Regge* (Hrsg.), Quellen zur Reform des Straf- und Strafprozessrechts, II. Abt., Bd. 1/2, 1990, S. 273; zeitgenössisch *Gürtner*, Das kommende deutsche Strafrecht, Bericht über die Arbeit der amtlichen Strafrechtskommission, Besonderer Teil, 1935, S. 334 ff.

1037 *Schaffstein*, Die Bedeutung der Ehrenstrafe im nationalsozialistischen Strafrecht, DR, 1935, S. 269 (270).

1038 *Ketteler*, Erneuerung der Ehrenstrafen, 1937, S. 47.

1039 *Dahm*, Die Erneuerung der Ehrenstrafe, DJZ, 1934, Sp. 821 (826).

Ehrenstrafe.[1040] Auch der StGB-Entwurf 1936 nahm eine Verknüpfung zwischen Ehre und Strafe vor, indem er die Freiheitstrafen nach ihren Ehrenfolgen abstufte, mit dem Ergebnis, dass der Zuchthaus- als auch der Gefängnisstrafe die Bedeutung einer entehrenden Freiheitsstrafe zukam.[1041] Auf ihren entehrenden Charakter und ihre Auswirkungen auf den Kaufmann wird gleich unten näher einzugehen sein.

bb.) Die Ausgestaltung der Ehrenstrafe

Das Strafsystem des Entwurfs von 1936 erhob die Ehrenstrafe zur Hauptstrafe.[1042] Was der Entwurf als Ehrenstrafe verstand, ergibt sich unter anderem aus § 39 StGB-Entwurf 1936.[1043] Danach waren als Ehrenstrafen die bereits im RStGB enthaltene Entziehung der Amtsfähigkeit vorgesehen,[1044] ferner die Ehrenminderung der entehrenden Freiheits- und der Todesstrafe sowie die Ehrloserklärung.

Die Zuchthausstrafe, die zeitig oder auch lebenslänglich verhängt werden konnte, war eine entehrende Freiheitsstrafe, und damit Ehrenstrafe. Ihre entehrende Wirkung leitet sich aus § 26 Abs. 3 StGB-Entwurf 1936 ab. Danach waren mit dem Zuchthaus die folgenden Ehrenminderungen verbunden:

> *„Der Verurteilte verliert sein Reichsbürgerrecht,[1045] seine öffentlichen Würden, Titel, Orden und Ehrenzeichen und die Fähigkeit, solche zu erwerben. Er wird wehrunwürdig und aus dem Reichsarbeitsdienst ausgeschlossen. Er scheidet aus seinen öffentlichen Ämtern aus und wird dauernd unfähig, öffentliche Ämter zu bekleiden und in öffentlichen Angelegenheiten zu stimmen. Er ist nicht befugt eine Waffe zu tragen."*

1040 *Schaffstein*, Die Bedeutung der Ehrenstrafe im nationalsozialistischen Strafrecht, DR, 1935, S. 269 (271); *Ketteler*, Erneuerung der Ehrenstrafen, 1937, S. 47.

1041 *Schubert/Regge* (Hrsg.), Quellen zur Reform des Straf- und Strafprozessrechts, II. Abt., Bd. 1/2, 1990, S. 30.

1042 *Schubert/Regge* (Hrsg.), Quellen zur Reform des Straf- und Strafprozessrechts, II. Abt., Bd. 1/2, 1990, S. 30.

1043 § 39 Abs. 1 StGB-Entwurf 1936 (Dauer der Ehrenstrafen):
„Die Ehrloserklärung, die Entziehung der Amtsfähigkeit und die Ehrenminderung der Todesstrafe und der entehrenden Freiheitsstrafen werden mit der Rechtskraft des Urteils wirksam."

1044 § 33 StGB-Entwurf 1936 (Entziehung der Amtsfähigkeit)
„Wer wegen vorsätzlicher Tat zu mindestens sechs Monaten Gefängnis verurteilt wird, kann auf die Dauer von zwei bis zehn Jahren für unfähig erklärt werden, öffentliche Ämter zu bekleiden. Er scheidet hiermit zugleich aus seinen öffentlichen Ämtern aus und verliert die Fähigkeit, in öffentlichen Angelegenheiten zu stimmen."

1045 Die Begründung zum Entwurf 1936 verweist auf § 3 der Ersten Verordnung zum Reichsbürgergesetz vom 14. November 1935 (RGBl. I S. 1333), worin geregelt ist, in politischen Angelegenheiten zu stimmen und ein öffentliches Amt zu bekleiden. Diese Fähigkeit büßt der Verurteilte ein.

Während die Zuchthausstrafe stets eine entehrende Freiheitsstrafe war, so kam es bei der Gefängnisstrafe für die entehrende Wirkung auf die Vorsätzlichkeit der Tat und auf eine Strafdauer von mindestens einem Jahr an. Bei Vorliegen dieser Voraussetzungen sollte der Verurteilte gemäß § 27 Abs. 2 StGB-Entwurf 1936 aus seinen öffentlichen Ämtern ausscheiden. Hierin lag die von den Entwurfsverfassern beabsichtigte ehrenmindernde Wirkung der Gefängnisstrafe, und nur in diesen Fällen kam der Gefängnisstrafe die Bedeutung einer entehrenden Freiheitsstrafe und damit Ehrenstrafe zu.

Ferner sollte eine Ehrenminderung mit der Todesstrafe einhergehen. Gemäß § 25 Abs. 2 StGB-Entwurf 1936 sollte mit der Verurteilung zum Tode die Ehrenminderung eintreten, die das Gesetz mit der Zuchthausstrafe verbindet.

Daneben sah der Entwurf in §§ 31 ff. die Ehrlosigkeit,[1046] also die oben erwähnte Ehrloserklärung, vor. Nach Ansicht der Entwurfsverfasser sollte die Ehrloserklärung an die Stelle der „Aberkennung der bürgerlichen Ehrenrechte" des RStGB treten. Allerdings wurde die Ehrloserklärung als weitreichender als die Aberkennung der bürgerlichen Ehrenrechte verstanden, da sie „die gesamte Persönlichkeit des Verurteilten" ergreife.[1047] Den Regelungen entsprechend konnte der Richter den zum Tode oder zum Zuchthaus Verurteilten *„für ehrlos erklären"*. Die Folgen dieser Ehrloserklärung waren, dass

> *„den Ehrlosen […] die Ehrenminderungen [treffen], die das Gesetz mit Zuchthaus verbindet.*[1048] *Darüber hinaus bewirkt die Ehrloserklärung die folgenden dauernden Ehrenminderungen:*
>
> *1. Der Ehrlose darf nicht Bauer,*[1049] *Führer eine Betriebes*[1050] *oder selbständiger Handwerker sein.*

1046 So lautet die Zwischenüberschrift vor den §§ 31 ff. StGB-Entwurf 1936.

1047 *Schubert/Regge* (Hrsg.), Quellen zur Reform des Straf- und Strafprozessrechts, II. Abt., Bd. 1/2, 1990, S. 38 ff.

1048 Den zur Todes- oder Zuchthausstrafe Verurteilten trafen diese Ehrenminderungen bereits nach §§ 26 Abs. 3 und 25 Abs. 2 StGB-Entwurf 1936 (s. oben), sodass vermutet werden kann, dass es sich bei dieser Gesetzesformulierung um ein Klarstellung der Gesetzesverfasser handelt.

1049 Sog. Verlust der Bauernfähigkeit, s. *Schubert/Regge* (Hrsg.), Quellen zur Reform des Straf- und Strafprozessrechts, II. Abt., Bd. 1/2, 1990, S. 39. Nach § 15 des Reichserbhofgesetzes musste ein Bauer ehrbar sein, um überhaupt Bauer sein zu dürfen. Dazu oben Kap. 2, B. V.

1050 Das strafgerichtliche Urteil, das auf die Ehrlosigkeit erkennt, hat die gleiche Wirkung wie eine Entscheidung des sozialen Ehrengerichts. *Schubert/Regge* (Hrsg.), Quellen zur Reform des Straf- und Strafprozessrechts, II. Abt., Bd. 1/2, 1990, S. 30. Zum sozialen Ehrengericht s. oben Kap. 2, B. V.

> 2. *Er darf die Reichs- und Nationalflagge nicht hissen, die Reichsfarben nicht zeigen und die Reichskokarde nicht tragen.*
> 3. *Er verwirkt die elterliche Gewalt und ist untauglich, Vormund, Gegenvormund, Pfleger, Beistand der Mutter, Mitglied eines Familienrates und Zeuge bei einer Eheschließung zu sein.*
> 4. *Er ist untauglich, eidlich vernommen oder als Sachverständiger gehört zu werden.*"

Bereits im PrStGB waren Formulierungen zu Reichsinsignien, Vormundschaft, Zeugenstellung etc. als Folge des Verlusts der bürgerlichen Ehre zu bemerken. Hier fallen nun vor allem die Folgen hinsichtlich der Ausübung bestimmter Berufe auf. Die Verknüpfung von Ehrlosigkeit und einem Berufsverbot ist im damaligen Kontext von Führung und Gefolgschaft zu sehen. Nach Ansicht der Gesetzesverfasser war ein Führer eines Betriebes ein Vorbild für seine Gefolgschaft. Wer ehrlos war, konnte kein Vorbild mehr sein und konnte folglich auch keinen Betrieb mehr führen.[1051] Dem selbstständigen Handwerker wurde die Ausübung seines Berufs mit der Begründung verboten, dass „durch die auf Grund des Gesetzes über den vorläufigen Aufbau des deutschen Handwerks vom 29. November 1933 (RGBl. I S. 1015) ergangenen Verordnungen vom 15. Juni 1934 (RGBl. I S. 493), 18. Januar 1935 (RGBl. I S. 14) und vom 18. Januar 1935 (RGBl. I S. 15) [...] dem Handwerksmeister öffentliche Ehrenrechte und Ehrenpflichten übertragen [worden sind], zu deren Ausübung und Erfüllung ein Ehrloser nicht mehr berufen sein kann".[1052]

Im Hinblick auf diese Arbeit stellt sich die Frage, warum der Kaufmann bzw. Unternehmer[1053] nicht neben dem Bauern, Betriebsführer und selbstständigen Handwerker aufgezählt wurde. In gewisser Weise ist der Kaufmann jedoch erwähnt, wenn auch nicht ausdrücklich. Der Betriebsführer wurde durch das Gesetz zur Ordnung der nationalen Arbeit vom 20. Januar 1934[1054] (Arbeitsordnungsgesetz; AOG) definiert. Danach war gemäß § 1 AOG der Führer des Betriebs der Unternehmer. Er arbeitete zusammen mit seiner Gefolgschaft, bestehend aus den Angestellten und Arbeitern, zur Förderung der

1051 *Schubert/Regge* (Hrsg.), Quellen zur Reform des Straf- und Strafprozessrechts, II. Abt., Bd. 1/2, 1990, S. 39; zeitgenössisch s. *Mansfeld* in: NS-Handbuch, 1935, S. 697, 703 im Zusammenhang mit der sozialen Ehrengerichtsbarkeit.

1052 *Schubert/Regge* (Hrsg.), Quellen zur Reform des Straf- und Strafprozessrechts, II. Abt., Bd. 1/2, 1990, S. 39.

1053 Fn. 198.

1054 RGBl. I S. 45. Dazu zeitgenössisch vertiefend *Hedemann*, Das Gesetz zur Ordnung der nationalen Arbeit, DJZ, 1934, Sp. 161 ff. Zur Bedeutung des Gesetzes für die Steuerung der nationalsozialistischen Wirtschaft s. *Kahn*, Die Steuerung der Wirtschaft durch Recht im nationalsozialistischen Deutschland, 2006, S. 193 ff.

Betriebszwecke und zum Nutzen von Volk und Staat.[1055] Da § 3 Abs. 1 AOG ausdrücklich regelt, dass bei juristischen Personen und Personengesamtheiten die gesetzlichen Vertreter die Führer des Betriebs sind, kann daraus geschlussfolgert werden, dass das AOG von dem Regelfall ausgeht, wonach der Betrieb ein Handelsgewerbe eines Kaufmanns (Unternehmers) mit mindestens einem Mitarbeiter (zur Bildung der Gefolgschaft) ist. Demnach hatte die Ehrloserklärung des § 31 StGB-Entwurf 1936 für einen Kaufmann, in dessen Handelsgewerbe Angestellte und Arbeiter vorhanden waren, der mithin Betriebsführer war, zur Folge, dass er den Betrieb nicht mehr führen konnte.[1056] Das bedeutet aber ferner, dass der Einzelkaufmann, der eben kein Betriebsführer war, von § 31 nicht betroffen war. Dies erscheint auch nur konsequent, wenn man die Gesetzesbegründung zu dieser Norm heranzieht. Danach konnte ein Ehrloser kein Vorbild für die Gefolgschaft sein; und da ein Einzelkaufmann keine Gefolgschaft hat, ist er aus Sicht damaligen der Verfasser von § 31 Nr. 1 StGB-Entwurfs 1936 nicht umfasst.

Die Berichte über die Arbeit der Strafrechtskommission zeigen auch, dass im Rahmen der Beratungen zu Ehrenstrafen nicht nur eine Ehrenstrafe im Sinne einer Rechtsbeeinträchtigung diskutiert wurde, sondern daneben ferner die Ächtung, die Prügel- und die Prangerstrafe sowie die öffentliche Bekanntmachung erörtert wurden.[1057] So sollte die Ächtung[1058] als Strafe für die schwersten Verbrechen (z. B. Landes- und Hochverrat) eingeführt werden, deren Folge im dauernden Ausschluss des Verurteilten von jeglicher Rechtsstellung bestehen sollte, die auch nicht wieder erlangt werden konnte. Darüber hinaus sollte die Ächtung auch einen Ausschluss aus der Volksgemeinschaft zur Folge haben,

---

1055 Zur Übertragung des „Führerprinzips aus der politischen und militärischen Ebene in den wirtschaftlichen Bereich" s. *Mansfeld* in: NS-Handbuch, 1935, S. 694 ff.; *Huber*, Verfassungsrecht des Großdeutschen Reiches, 1939, S. 400 ff.

1056 Ein Betriebsführer, der gegen die soziale Ehre gemäß § 36 AOG verstieß und dem deswegen vom sozialen Ehrengericht gemäß § 38 Nr. 4 AOG die Befähigung, Führer eines Betriebs zu sein, aberkannt wurde, musste dann eine andere Person zum Betriebsleiter und damit zum Führer des Betriebs bestellen. Dazu *Mansfeld* in: NS-Handbuch, 1935, S. 697.

1057 *Gürtner*, Das kommende deutsche Strafrecht, Bericht über die Arbeit der amtlichen Strafrechtskommission, Allgemeiner Teil, 1934, S. 97–99, 102-104. Bedingt bei *Mantler*, Entwicklung und Bedeutungswandel der Ehrenstrafen seit Beginn des 19. Jahrhunderts, 1936, S. 68.

1058 Ausführlich zur Notwendigkeit der Ächtung im nationalsozialistischen Strafrecht *Goetze*, Die Ächtung als Ehrenstrafe, ZStW 55 (1936), S. 533 (566 f.); s. auch *Güntherschulze*, Die Entwicklung der Ehrenminderungen im deutschen Strafrecht, 1935, S. 57.

was den „Ehrentod" bedeute.[1059] Letztlich wurde die Ächtung ohne bekanntgewordene Begründung nicht in den StGB-Entwurf 1936 aufgenommen, ebenso wenig die Prügel- und die Prangerstrafe. Die Kommission sprach sich gegen die Einführung des Prangers aus, da nicht erwartet werde, dass dadurch das Verlangen der Öffentlichkeit nach Gerechtigkeit befriedigt würde als vielmehr „die Freude an fremder Qual, an der Befriedigung von Neugier, Sensationslust und anderer minderwertiger Instinkte".[1060] Dagegen sah man in der öffentlichen Bekanntmachung des Urteils einen symbolischen Pranger, den man für angemessen erachtete und ins Ermessen des Richters stellte.[1061] Der Ausspruch der Strafrechtskommission gegen die Einführung von Pranger und Prügelstrafe wurde in der Literatur unter anderem mit dem Argument geteilt, dass eine Wiedereinführung der gewandelten Volksanschauung sowie der Auffassung von der Würde des völkischen Staates widersprechen würde,[1062] zumal sie in einer langen rechtlichen und kulturellen Entwicklung verdrängt wurden.[1063] Umso mehr befürwortete man die Einführung der öffentlichen Bekanntmachung des Urteils, da darin die moderne Form der Ausstellung am Pranger zu sehen sei und man die Verbreitungskanäle der Presse, des Rundfunks und des Anschlags wählen könne.[1064] Somit fand im Ergebnis die öffentliche Bekanntmachung ihren Niederschlag in § 37 StGB-Entwurf 1936, allerdings mit der Überschrift „Öffentliche Brandmarkung", wohl um der Norm die Färbung eines Prangers zu verleihen. Im Absatz 1 wurde geregelt: *„Verdient der Täter eine besondere öffentliche Brandmarkung, so ordnet der Richter die öffentliche Bekanntmachung der Verurteilung*

1059 Insgesamt hierzu *Gürtner*, Das kommende deutsche Strafrecht, Bericht über die Arbeit der amtlichen Strafrechtskommission, Allgemeiner Teil, 1934, S. 99.

1060 *Gürtner*, Das kommende deutsche Strafrecht, Bericht über die Arbeit der amtlichen Strafrechtskommission, Allgemeiner Teil, 1934, S. 103.

1061 *Gürtner*, Das kommende deutsche Strafrecht, Bericht über die Arbeit der amtlichen Strafrechtskommission, Allgemeiner Teil, 1934, S. 103. Dazu auch *Güntherschulze*, Die Entwicklung der Ehrenminderungen im deutschen Strafrecht, 1935, S. 57.

1062 *Dahm*, Die Erneuerung der Ehrenstrafe, DJZ, 1934, Sp. 821 (832); *Güntherschulze*, Die Entwicklung der Ehrenminderungen im deutschen Strafrecht, 1935, S. 55 f.

1063 *Schaffstein*, Die Bedeutung der Ehrenstrafe im nationalsozialistischen Strafrecht, DR, 1935, S. 269 (271).

1064 *Schaffstein*, Die Bedeutung der Ehrenstrafe im nationalsozialistischen Strafrecht, DR, 1935, S. 269 (271); *Dahm*, Die Erneuerung der Ehrenstrafe, DJZ, 1934, Sp. 821 (832); *Betz*, Die Ehrenstrafen, 1935, S. 48 f.; *Ketteler*, Erneuerung der Ehrenstrafen, 1937, S. 56 f.

an".[1065] Eine öffentliche Bekanntmachung sah auch § 38 StGB-Entwurf 1936 mit der Überschrift „Öffentliche Genugtuung" vor, wonach der Richter die öffentliche Bekanntmachung der Verurteilung anordnen konnte, wenn es ihm angezeigt erschien, dem Verletzten eine öffentliche Genugtuung zu verschaffen.

Schließlich wurde der StGB-Entwurf 1936 als Kabinettsvorlage am 1. Dezember 1936 an die Reichskanzlei und die Ressortminister übersandt. Nach den Vorstellungen des Reichsjustizministers Gürtner sollte der Entwurf am 30. Januar 1937 verkündet werden. Gegen die Verkündung des Gesetzes wandten sich verschiedene Reichsminister und wiesen auf sprachliche und inhaltliche Mängel hin, mit der Folge, dass Adolf Hitler weitere Beratungen für notwendig erachtete und damit eine Verkündung am 30. Januar 1937 kein realistisches Ziel mehr war. In der Folgezeit beriet man das Gesetz im Umlaufverfahren, was zu weiteren Stellungnahmen führte und letztlich in einen neuen Entwurf mündete, den StGB-Entwurf vom Dezember 1939.[1066] Dieser Entwurf brachte hinsichtlich der oben behandelten Normen minimale Veränderungen. Zu nennen sind hier zum einen die Gefängnisstrafe, die eine Erweiterung dahingehend erfuhr, dass ein Ausscheiden aus den öffentlichen Ämtern auch dann zu erfolgen habe, wenn der Täter wegen vorsätzlichen Volksverrats (§§ 94, 102, 103, 114 Abs. 3, 116 StGB-Entwurf 1939) zu Gefängnis verurteilt wurde, zum anderen die im StGB-Entwurf 1936 noch als Ehrlosigkeit bezeichnete Strafe, die nunmehr den Namen „Ehrloserklärung" in der Überschrift trug. Die Folgen der Ehrloserklärung wurden erweitert, indem der Ehrlose einer Reichskulturkammer nicht angehören und die Hoheitszeichen des Reiches nicht tragen durfte.

1065 Bereits der StGB-Entwurf 1927 der Weimarer Republik sah die Bekanntmachung in § 51 vor und war als Maßregel konzipiert: *„Das Gericht kann dem Verletzten und dem, auf dessen Verlangen oder mit dessen Zustimmung die Strafverfolgung eingetreten ist, gestatten, die Verurteilung auf Kosten des Verurteilten öffentlich bekanntzumachen. Umfang und Art der Bekanntmachung werden in der Entscheidung bestimmt. Die Befugnis zur Bekanntmachung erlischt, wenn nicht innerhalb eines Monats nach Zustellung der rechtskräftigen Entscheidung davon Gebrauch gemacht wird."*
Die Bekanntmachung des Urteils sollte nur dann erfolgen, wenn es sich bei der zu bestrafenden Tat um die Anschuldigung oder die Beleidigung handelte. Die Bekanntmachung verfolgte in diesen Fällen das Ziel, dem Verletzten eine öffentliche Genugtuung zu verschaffen. Eine Erweiterung des Anwendungsbereichs zum Zwecke der öffentlichen Brandmarkung lehnte der Entwurf „als dem modernen Rechtsempfinden nicht mehr entsprechend" ab. S. die Begründung des StGB-Entwurfs 1927 in *Schubert/Regge* (Hrsg.), Quellen zur Reform des Straf- und Strafprozessrechts, I. Abt., Bd. 1, 1995, S. 520 f.

1066 *Vormbaum*, Einführung in die moderne Strafrechtsgeschichte, 2011, S. 201 f.

Der StGB-Entwurf 1939 erreichte schließlich doch noch eine finale Version und bedurfte zur Gesetzesverabschiedung nur noch der Unterzeichnung,[1067] die jedoch nicht geleistet wurde, da Adolf Hitler gegen den Erlass von grundlegenden Gesetzen während des Krieges war.[1068] Damit war die Strafrechtsreform aus damaliger Sicht gescheitert.[1069]

d.) Bewertung der Ehrenstrafe in der Weimarer Republik und im Nationalsozialismus

Der letzte Strafgesetzbuchentwurf der Weimarer Republik, mithin derjenige von 1927, führte die Ehrenstrafe nicht mehr auf, da die Entwurfsverfasser seine Wirkung für besonders nachteilig für die Resozialisierung des Täters bewerteten. Damit hatte diese bereits von König Friedrich II. vorgenommene Wertung,[1070] die auch bei anderen Reformarbeiten wiederholt hervorgebracht wurde, wie anhand des BayStGB sowie des PrStGB gezeigt werden konnte, endlich ihren Niederschlag in einem Gesetzesentwurf gefunden, der aber nicht Gesetz geworden war. Zwar diente der Gesetzesentwurf von 1927 noch den Nationalsozialisten als Besprechungsgrundlage, doch hatten sich diese der Ehrenstrafe wieder sehr angenähert, da sie ihr eine besondere Bedeutung für die Volksgemeinschaft beimaßen, mit der Folge, dass die Ehrenstrafe von einer Nebenstrafe zur Hauptstrafe erhoben wurde. Darüber hinaus waren die Einführung der Ächtung und der Prangerstrafe zwar beabsichtigt, gleichwohl wurden sie nicht in den Gesetzesentwurf aufgenommen.

Mit Blick auf das erklärte nationalsozialistische Ziel, das römische Recht zu beseitigen, fiel die Beibehaltung des Verlusts der bürgerlichen Ehrenrechte besonders auf. Diesbezüglich soll nur auf die obigen Ausführungen verwiesen werden, wonach die Ehrenstrafe in Form des Verlust der bürgerlichen Ehrenrechte, wie

---

1067 *Schmidt*, Einführung in die Geschichte der deutschen Strafrechtspflege, 1965, S. 450.

1068 *Schubert/Regge* (Hrsg.), Quellen zur Reform des Straf- und Strafprozessrechts, II. Abt., Bd. 1/1, 1988, S. XVII; *Vormbaum*, Einführung in die moderne Strafrechtsgeschichte, 2011, S. 202.

1069 Das Scheitern der Strafrechtsreform bedeutet aber nicht, dass es keine strafrechtlichen Gesetzesänderungen gab. Bereits wenige Monate nach der Machtübernahme wurde das Strafrecht geändert, s. Gesetz zur Abänderung strafrechtlicher Vorschriften vom 26. Mai 1933, RGBl. I S. 295. Strafrechtliche Gesetzesänderungen gab es in einer fast unübersehbaren Vielzahl. Dazu *Ostendorf*, Dokumentation des NS-Strafrechts, 2000; *Vormbaum/Welp* (Hrsg.), Das Strafgesetzbuch, Sammlung der Änderungsgesetze und Neubekanntmachungen, Bd. 1 (1870-1953), 1999.

1070 S. oben S. 188 f.

sie ihren Niederschlag in §§ 32 ff. RStGB gefunden hatte, dem römischen Recht sehr nahe stand.

Das Handeln und das Wirken des Einzelkaufmanns rückten bei den Gesetzesausarbeitungen zum Strafrecht nicht in den Fokus. Vielmehr kam es den Entwurfsverfassern auf den Betriebsführer an, der die Fähigkeit hierzu verlor, wenn er für ehrlos erklärt wurde.

8. Fazit zum Ursprung und zur Entwicklungslinie der Ehrenstrafe

Die Ehrenstrafe, also der Verlust der bürgerlichen Ehrenrechte, wie sie bis zum Strafrechtsreformgesetz von 1969 im StGB enthalten war, ist auf das Preußische Strafgesetzbuch in direkter Linie zurückzuführen. Die Wirkung der Ehrenstrafe lag in der Beeinträchtigung der Rechtsstellung des Täters.

Bei der Darstellung der verschiedenen Epochen wurde deutlich, dass jede Zeit ihre Art der Ehrenstrafe hatte. Dabei zeigte sich, dass die Ehrenstrafe entweder eine rechtliche Beeinträchtigung bedeuten konnte oder aber eine Schandstrafe war, welche den Betroffenen demütigen sollte.

Das römische Recht kannte den (teilweisen) Verlust der bürgerlichen Ehre, welcher in einer geminderten Rechtstellung zum Ausdruck kam. Der Ehrverlust oder die Ehrenschmälerung erfolgte durch die Infamie. Die Infamie entwickelte sich in der späten Kaiserzeit zu einer selbstständigen Ehrenstrafe. Demnach führte die Ehrenstrafe zu einem (teilweisen) Verlust der bürgerlichen Ehre, unter anderem in den Fällen des Meineids, der Kuppelei und des Bankrotts.

Für die „deutsche" Frühzeit konnte eine Ehrenstrafe festgestellt werden, die sich nicht primär in der Minderung einer Rechtsstellung zeigte, sondern in der Demütigung des Täters. Die demütigende Handlung sollte den Täter in seinem Ehrgefühl negativ berühren und ihn damit kränken. Es handelte sich hierbei um die Schandstrafen. Eine Ehrenstrafe in der Form einer rechtlichen Beeinträchtigung oder gar einer Rechtlosigkeit durch eine sog. Friedlosigkeit konnte für diese Zeit nicht ermittelt werden, wohl aber für die Zeit des Hochmittelalters. Die Quellen jener Zeit, der Sachsenspiegel und der Mainzer Reichslandfrieden, sprechen von einer Ehr- und Rechtlosigkeit infolge einer Unrechtshandlung und berichten auch von einer Koexistenz von Ehr- und Rechtlosigkeit und Infamie. Die Folgen der Ehr- und Rechtlosigkeit des Sachsenspiegels äußerten sich in einer eingeschränkten Rechtsstellung.

In dem untersuchten Zeitabschnitt der Halsgerichts- und Policeyordnungen war eine Strafe an der Ehre neben den Schandstrafen zu erkennen. Diese Zeit war geprägt von der Aufnahme des römischen Rechts. Auch die Carolina verweist ausdrücklich auf das gemeine Recht. In älterer Literatur fand sich die

Ansicht, wonach die in den Halsgerichtsordnungen genannten Strafen an der Ehre die Infamie des römischen Rechts widerspiegelten. Die konkreten Folgen der Strafe an der Ehre, die unter anderem für den Meineid, die Kuppelei und den Bankrott vorgesehen waren, konnten nicht herausgearbeitet werden.

Von einer Aufnahme der römischen Infamie in deutsche Strafrechtsbücher zeugt der bayerische Codex Criminalis von 1751 in seinen Regelungen zum Meineid und Ehebruch. Für das Allgemeine Landrecht der Preußischen Staaten von 1794 war eine besondere Nähe zum römischen Recht ermittelbar. Zum einen sah es den Verlust der bürgerlichen Ehre vor, zum anderen war der Verlust der bürgerlichen Ehre gerade dort vorgesehen, wo auch das römische Recht den Handlungen die Infamie folgen ließ. Gemeint sind die Handlungen des Meineids und des Bankrotts. Im Hinblick darauf, dass das Corpus Iuris Civilis als Orientierungsgrundlage diente, überrascht diese Ähnlichkeit nicht. Daneben kannten beide Kodifikationen die Schandstrafe.

Die Strafgesetzbücher des 19. Jahrhunderts sprachen sich ausdrücklich gegen die Schandstrafe aus, wobei das Bayerische Strafgesetzbuch von 1813 diesen Grundsatz nicht konsequent umsetzte. Neu im BayStGB war die Anknüpfung der Amtsunwürdigkeit oder Amtsunfähigkeit an die Verurteilung zur Zuchthausstrafe. Auch das Preußische Strafgesetzbuch von 1851 knüpfte an die Zuchthausstrafe eine bestimmte Folge, nämlich den Verlust der bürgerlichen Ehre, und konkretisierte, worin dieser Verlust bestand respektive wie er sich äußerte. Der Verlust der bürgerlichen Ehre infolge der Zuchthausstrafe war dauerhaft. Daneben kannte das PrStGB die Untersagung der Ausübung der bürgerlichen Ehrenrechte, welche ebenfalls dauerhaft oder aber zeitig sein konnte und nur neben einer Gefängnisstrafe vorgesehen war. Diese Strafen waren Ehrenstrafen. Der Verlust der bürgerlichen Ehre war in Anlehnung an die Infamie des römischen Rechts in das Strafgesetzbuch aufgenommen worden. Im PrStGB nahmen auch die Straftatbestände des Meineids, der (einfachen) Kuppelei und des Bankrotts eine besondere Stellung ein, da für diese Taten die Zuchthausstrafe und damit der Verlust der bürgerlichen Ehre angedroht waren. Das Reichsstrafgesetzbuch von 1871 behielt die Ehrenstrafe zwar grundsätzlich bei, milderte sie aber ab. Die Ehrenstrafe lag von da an nicht mehr im Verlust der bürgerlichen Ehre, sondern im Verlust bestimmter bürgerlicher Ehrenrechte. Während das PrStGB an die Zuchthausstrafe den Verlust der bürgerlichen Ehre anknüpfte, folgte der Zuchthausstrafe des RStGB lediglich die Amts- und Heeresunfähigkeit. Der Verlust der bürgerlichen Ehrenrechte konnte sowohl neben der Gefängnis- als auch neben der Zuchthausstrafe erfolgen. Zudem war die Ehrenstrafe als fakultative und in wenigen Fällen als obligatorische Ehrenstrafe ausgestaltet. Der obligatorische Ehrverlust war im RStGB neben der Zuchthausstrafe nur vorgesehen für den Meineid und die Kuppelei. Der Kreis der Tatbestände, die als Strafe einen obligatorischen Ehrverlust vorgaben, wurde 1880 um den Wucher erweitert, wobei dieser Ehrverlust nicht neben einer Zuchthaus-, sondern neben einer Gefängnisstrafe vorgesehen war.

Gesetzgewordene Neuerungen auf dem Gebiet der Ehrenstrafe während der Weimarer Republik und der Zeit des Nationalsozialismus waren nicht zu verzeichnen. Während die Entwurfsverfasser der Weimarer Republik die Abschaffung der Ehrenstrafe vor Augen hatten, diskutierten die Nationalsozialisten hingegen eine Schärfung der Ehrenstrafe und die Einführung einer Ächtung.

In der Gesamtbetrachtung fallen drei Tatbestände auf, die über Epochen hinweg die Ehrenstrafe auf der Rechtsfolgenseite vorsahen: Meineid, Kuppelei und Bankrott. Demnach wurden das Lügen, die Unzucht und die Zahlungsunfähigkeit bestraft. Die Schutzgüter waren damit die Ehrlichkeit, die Anständigkeit, sprich man verkehrte nicht sexuell außerhalb der Ehe, und die Zahlungsfähigkeit. Vermutlich war es aber nicht konkret die Zahlungsfähigkeit, die es zu schützen galt, sondern das *Vertrauen in die* Zahlungsfähigkeit. Blickt man nämlich auf den Kern der kaufmännischen Tätigkeit, der in erster Linie den günstigen Einkauf und den mit einem Aufschlag versehenen Weiterverkauf von Waren ausmacht (s. oben die Ausführungen zum Kaufmann S. 24), so ist auch zu sehen, dass diese Tätigkeit vom Waren- und Geldkredit abhängen kann. Denn vielfach wird die eingekaufte Ware nicht sofort bezahlt, d. h., der warenveräußernde Kaufmann tritt in Vorleistung und gibt einen Warenkredit. Darüber hinaus gewährt er zugleich einen Geldkredit. Solche Vorgehensweisen, um nicht zu sagen: *Usancen*, trifft man dann an, wenn sich die Kaufleute kennen, wenn der veräußernde Kaufmann bereits gute Erfahrungen mit seinem Handelspartner gemacht hat oder er von ihm nur „Gutes“ bzw. „nichts Schlechtes“ gehört hat. Dies bringt das Wort Kredit bereits zum Ausdruck, welches auf das lateinische *credere* (glauben, vertrauen) zurückzuführen ist. Folglich vertraut der Kaufmann darauf bzw. glaubt daran, dass er seine Gegenleistung erhalten wird. Wer aber bankrott war, dem gab man keinen Kredit. Die Vertrauenswürdigkeit des Kaufmanns war nicht mehr gegeben; er war verrufen; sein guter Ruf war dahin.[1071]

Aus dem eben Geschilderten lässt sich mithin – wenn auch stark verkürzt – ableiten: wer log, unanständig oder zahlungsunfähig war, war ehrlos.

Fraglich ist, ob hier der Gegenschluss gezogen werden darf, wonach dann derjenige, der ehrlich, anständig und zahlungsfähig ist, als ehrbar gilt. Schickt man den Gedanken voraus, dass Ehrlosigkeit wegen Verstoßes gegen (bestimmte)

1071 Vgl. bspw. *Bauer*, Ökonomische Menschen, 2016, S. 130 f.

Strafgesetze eintrat, wird man eine Person wohl kaum als ehrbar bezeichnen, „nur“ weil sie sich an Gesetze hält bzw. nicht gegen Verbotsnormen verstößt. Vielmehr wurde und wird die Einhaltung von Normen allgemein erwartet, sodass man durchaus behaupten kann, dass dieses Verhalten ein weitestgehend durchschnittliches ist. Demnach wäre eine ehrbare Person eine durchschnittliche Person, mithin ein ehrbarer Kaufmann ein durchschnittlicher Kaufmann. Allerdings scheint der ehrbare Kaufmann in der aktuellen Diskussion bestimmte, eben keine durchschnittlichen Verhaltensweisen an den Tag zu legen; vielmehr scheint er sich vom Durchschnitt abzuheben. Für diese Einschätzung spricht auch der Umstand, dass ein Bereich der Betriebswirtschaftslehre auf den „ehrbaren Kaufmann“ aufbaut (vgl. oben Einleitung Kap. 1, A.) Dies würde vermutlich dann nicht der Fall sein, wenn der ehrbare Kaufmann schlicht ein Kaufmann wäre, der sich an Recht und Gesetz hält.

Es bleibt ferner zu beachten, dass ehrbar, mit seiner positiven Konnotation, und ehrlos, mit seiner negativen Konnotation, Gegenbegriffe sind, wobei dann die Ehrbarkeit ein positives Abweichen vom Durschnitt und die Ehrlosigkeit hingegen ein negatives Abweichen vom Durchschnitt bedeuten mag.

Bleibt man weiter auf der strafrechtlichen Spur der Ehrlosigkeit, stellt sich die Frage, ob der Kaufmann, der für ehrlos erklärt wurde, bestimmte Nachteile befürchten musste, mithin, ob die Ehrenstrafe einen konkreten Einfluss auf seine kaufmännische Tätigkeit nahm.

III. Einfluss der Ehrenstrafe auf den Kaufmann während der Entwicklungslinie

Der Zeitraum für die nachfolgende Untersuchung wurde festgelegt auf die Zeit ab dem hohen Mittelalter bis zum Inkrafttreten des Reichsstrafgesetzbuches 1871. Der Anfangszeitpunkt wurde vor dem Hintergrund der Belegbarkeit einer rechtsbeeinträchtigenden Ehrenstrafe für das deutsche Territorium gewählt (Sachsenspiegel und Mainzer Reichslandfrieden). Für die Festlegung des Endzeitpunkts waren die obigen Ausführungen zum Punkt „Rechtsfolgen der Ehrenstrafe nach besonderen Gesetzen“ maßgeblich, die mit dem 1. Strafrechtsreformgesetz von 1969 endeten (vgl. Kap. 5, A. I. 4). Innerhalb der obigen Darstellung wurde bereits eine Rückschau auf ausgewählte Gesetze vorgenommen. Somit wurden die Auswirkungen der Ehrenstrafe auf den Kaufmann während des Zeitfensters ab 1871 – teilweise ab 1869 wegen der Gewerbeordnung – bis zum Inkrafttreten des 1. Strafrechtsreformgesetzes 1969 zum Teil bereits erörtert.

Der Handel des Kaufmanns erfolgt heute in einem gesetzlichen Rahmen, der vom Staat vorgegeben wird. Dieser – heute nicht weiter bemerkenswerten – Tatsache ist ebenso wie der Ehrenstrafe eine längere Geschichte vorausgegangen. Nicht immer regulierte der Staat (fast) alle Lebensbereiche. Teilweise gab es nicht die Notwendigkeit, teilweise fehlten das Wissen und der Verwaltungsaufbau. Gleichwohl erfuhr das gesellschaftliche Leben eine Regelung: ganz zu Anfang in der Sippe, später im engeren Familienverband oder in der Dorfgemeinschaft. Die politischen und geistigen Strömungen förderten eine in Ständen organisierte Gesellschaft, die für ihren jeweiligen Stand Regelungen aufstellte. Einen dieser Stände bildeten die Kaufleute.

Der Zusammenschluss der Kaufleute nahm seinen Anfang in der Gilde.[1072] Folglich wurde der regulatorische Rahmen des Kaufmanns zunächst durch eine kaufmännische Vereinigung aufgestellt, sodass die Frage nach dem Einfluss der Ehrenstrafe auf die Tätigkeit des Kaufmanns auch vor diesem Hintergrund beurteilt werden muss.

1. Der Kaufmann und die Gilde

Denkt man heute an die „Gilde", wird sie in der Regel mit Kaufleuten in Verbindung gebracht. Im Gegensatz dazu ordnet man dem Begriff „Zunft" vornehmlich die Handwerker zu. Diese Begriffszuordnung ist noch jung und war in der Hochphase der gewerblichen Zusammenschlüsse von Kaufleuten und Handwerkern in dieser klaren Trennung nicht bekannt. So lassen sich beispielsweise auch Ordnungen der „Kaufleutezunft" finden.[1073] Wann man von Zunft oder Gilde sprach, hing zudem vom jeweiligen Territorium ab.[1074] Das Wort Gilde hatte sich insbesondere im fränkischen, norddeutschen, englischen und skandinavischen Bereich verbreitet.[1075] Im südlicheren Raum wurden die Begriffe Zunft und Innung verwendet, auch wenn man damit Vereinigungen von Kaufleuten meinte. Umgekehrt gab es Gilden, denen nicht nur Kaufleute, sondern auch andere Berufsgruppen wie Bäcker, Wollweber und Schuhmacher angehörten.[1076] Erst mit der Neuzeit bildeten sich die Begriffspaare zu Handwerkszunft und

---

1072 *Eichener*, Art. „Stände, Ständewesen", HRG, Bd. IV, 1990, Sp. 1901-1910.

1073 Nachweise für Breslau und Ulm bei *Weider*, Das Recht der deutschen Kaufmannsgilden des Mittelalters, 1931, S. 165, 167.

1074 *Schmidt-Wiegand*, Zunft und Gilde in historischem und wortgeographischem Zusammenhang, 1985, S. 31 f.

1075 *Dilcher*, Personale und lokale Strukturen kaufmännischen Rechts, 1984, S. 69.

1076 *Schmidt-Wiegand*, Zunft und Gilde in historischem und wortgeographischen Zusammenhang, 1985, S. 32.

Kaufmannsgilde aus,[1077] für deren Beibehaltung man sich heute in der Wissenschaft ausspricht.[1078]

Im Folgenden soll gleichfalls von Gilde im Sinne eines gewerblichen Zusammenschlusses von Kaufleuten gesprochen werden, sofern aus historischen Gründen keine Ausnahme gemacht werden muss.

a.) Gildearten und Funktionen

Der Ursprung der Gilden ist nach wie vor Untersuchungsgegenstand der Forschung.[1079] Einige Autoren sehen den Ursprung der Gilde in heidnischen (Opferfesten mit Opferschmaus) oder germanischen Bräuchen (Schwurbrüderschaften), andere wollen ihren Ursprung in christlichen Brauchtümern (Verbrüderung mit besonderer Beistandspflicht) sehen.[1080] Ferner unterscheidet man weltliche und geistliche Gilden[1081] und differenziert weiter nach Gilden in Deutschland und deutschen Gilden im Ausland.[1082] Bei den ersten Gilden soll es sich um Gemeinschaften gehandelt haben, die ihrer Zusammengehörigkeit durch Trinkgelage und Opferkult Ausdruck verliehen. Sie waren primär gesellige und religiöse Vereinigungen, die auch soziale Zwecke verfolgten. Die Gildemitgliedschaft war in den Anfängen nicht von einer bestimmten Berufsgruppenzugehörigkeit abhängig.[1083]

b.) Von den Schutz- und Gewerbsgilden

Bis zum Frühmittelalter war die Deckung des täglichen Bedarfs der Menschen durch Eigenproduktion bewerkstelligt worden.[1084] Unter den ersten Kaufleuten

---

1077 *Schmidt-Wiegand*, Zunft und Gilde in historischem und wortgeographischen Zusammenhang, 1985, S. 52.

1078 *Irsigler*, Zur Problematik der Gilde- und Zunftterminologie, 1985, S. 70.

1079 Erste Abhandlung hierzu von *Wilda*, Das Gildewesen im Mittelalter, 1831; ferner *Doren*, Untersuchungen zur Geschichte der Kaufmannsgilden des Mittelalters, 1893; *Cordt*, Die Gilden, 1984.

1080 Ein Überblick bietet hierzu: *Stradal*, Art. „Gilde", HRG, Bd. I, 1971, Sp. 1687-1692.

1081 *Kraack*, Das Gildewesen der Stadt Flensburg, 1969.

1082 Eingehend auf diese differenzierte Betrachtung: *von Gierke*, Das deutsche Genossenschaftsrecht, Bd. 1, 1868, S. 344 ff.

1083 *Müller-Boysen*, Kaufmannsschutz und Handelsrecht im frühmittelalterlichen Nordeuropa, 1985, S. 75; *Will*, Selbstverwaltung der Wirtschaft, 2010, S. 239.

1084 Hierzu und zum Folgenden *Henning*, Handbuch der Wirtschafts- und Sozialgeschichte Deutschlands, Bd. 1, 1991, S. 260 f.; *Spieß*, Art. „Kaufmannsgilde", HRG, Bd. II, 1978, Sp. 687-694.

fanden sich Fernhandelskaufleute, deren Warenhandel sich zunächst auf Güter von regionaler Seltenheit erstreckte. Seltene und damit sehr gefragte Produkte waren meist an entlegenen Orten zu finden. Reisebereitschaft zum Zwecke des Warenerwerbs gehörte also zum Anforderungsprofil des Kaufmanns. Vor dem Hintergrund, dass zur damaligen Zeit der Friedenszustand die Ausnahme war, waren die Handelsreisen mit vielen Gefahren für den Kaufmann verbunden. Ihm drohte im Falle eines Überfalls durch Wegelagerer der Verlust der Ware und damit häufig verbunden der Verlust der materiellen Existenz. Auch im Falle von Streitigkeiten war der Kaufmann häufig im Nachteil: denn der Ortsfremde hatte nicht die gleiche Rechtsstellung wie der Einheimische.[1085] In der Absicht, die mitgeführten Güter und die persönliche Unversehrtheit zu schützen sowie die eigene Rechtsstellung zu stärken, schlossen sich die Kaufleute in Vereinigungen zusammen.[1086] Anfang des 11. Jahrhunderts[1087] entstanden die Schutzgilden, in denen sich vorwiegend Fernhandelskaufleute zusammenschlossen, um gemeinsam Reisen an entlegene Orte anzutreten. Kennzeichnend für die Schutzgilden war der gegenseitige Beistand der Gildemitglieder in Notfällen.[1088]

Mit der Verfestigung der Handelswege, der obrigkeitlichen Schaffung von längeren Friedensphasen und der dadurch gewährleisteten Sicherheit der Menschen[1089] wurden die Handelsreisen sicherer. Infolgedessen lässt sich ein Rückgang und später ein Untergang der Schutzgilden verzeichnen,[1090] da ihre einstige Kernfunktion für die Gildemitglieder – gegenseitiger Schutz auf Reisen – obsolet wurde. Zum Untergang der Schutzgilden einerseits und zum Aufblühen des Handels andererseits trug auch die Entwicklung der Städte bei. Die Kaufleute spezialisierten sich auf bestimmte Produkte, wodurch der Detailhandel entstand.[1091] Das Erlernen von Lesen und Schreiben führte dazu, dass der Kaufmann nicht mehr selbst auf

1085 *Müller-Boysen*, Kaufmannsschutz und Handelsrecht im frühmittelalterlichen Nordeuropa, 1985, S. 61.

1086 *Müller-Boysen*, Kaufmannsschutz und Handelsrecht im frühmittelalterlichen Nordeuropa, 1985, S. 61 f.

1087 *Fouquet*, Art. „Gilde", HRG, Bd. II, 2009, Sp. 383-386; *Spieß*, Art. „Kaufmannsgilde", HRG, Bd. II, 1978, Sp. 687-694; *Will*, Selbstverwaltung der Wirtschaft, 2010, S. 240 f.

1088 *Müller-Boysen*, Kaufmannsschutz und Handelsrecht im frühmittelalterlichen Nordeuropa, 1985, S. 61 f.

1089 *von Loesch,* Die Kölner Kaufmannsgilde im zwölften Jahrhundert, 1904, S. 11.

1090 *Dilcher*, Personale und lokale Strukturen kaufmännischen Rechts, 1984, S. 77.

1091 *Henning*, Handbuch der Wirtschafts- und Sozialgeschichte Deutschlands, Bd. 1, 1991, S. 260 f.; ausführlich zur Wechselwirkung von Stadt und Gilde *Bader/Dilcher*, Deutsche Rechtsgeschichte, 1999, S. 504 ff.

Reisen gehen musste, sondern seine Geschäftskontakte mittels Briefverkehr pflegen konnte,[1092] sodass der Kaufmann sesshaft wurde. Mit dem Rückgang der Schutzgilden entwickelten sich im Gegenzug die spezialisierten Gewerbsgilden. Die Gewerbsgilden hatten gleichfalls Geselligkeit, Religiosität und soziale Aspekte zum Gegenstand. Nunmehr bildeten sich jedoch die wirtschaftlichen Aspekte weiter aus, sodass man den Kaufleuten zunehmend die Absicht unterstellte, den Handel zu monopolisieren[1093] (sog. Monopolgilden[1094]). Diese Monopolisierung erfolgte nicht zuletzt durch die örtlichen Gildesatzungen, die in der Regel den Beitritt zur örtlichen Gilde[1095] (Zunftzwang[1096]) bestimmten, wenn man Handel mit bestimmten Waren in einer bestimmten Stadt oder der Stadtregion treiben wollte. Während die ersten Gildestatuten noch keinen Beitrittszwang kannten (bspw. die Gildestatuten von St. Omer),[1097] ist den späteren Gildeordnungen – insbesondere in den deutschen Territorien – ein Zunftzwang zu entnehmen.[1098] Danach waren bestimmte Handelstätigkeiten nur demjenigen erlaubt, der einer bestimmten Berufsgruppe angehörte und innerhalb dieser in einer Vereinigung organisiert war.[1099]

c.) Aufnahmebedingungen und Ausschlussgründe

Die Mitgliedschaft in einer Gilde war an verschiedene Voraussetzungen geknüpft.[1100] Eine für die vorliegende Untersuchung sehr interessante Aufnahmevoraussetzung war die des „unbefleckten Rufs", des „guten Rufs" oder auch

---

1092 *Bruchhäuser*, Quellen und Dokumente zur Berufsbildung deutscher Kaufleute im Mittelalter und in der frühen Neuzeit, 1992, S. 11 ff.

1093 *von Loesch*, Die Kölner Kaufmannsgilde im zwölften Jahrhundert, 1904, S. 9.

1094 *Will*, Selbstverwaltung der Wirtschaft, 2010, S. 243.

1095 Sehr ausgeprägt war dies auch bei den Handwerkern, s. dazu *Lange*, Das Verbot der Berufsausübung im Mittelalter, 1940, S. 53 ff.

1096 Dieser Begriff meint auch den zwangsweisen Beitritt zu einer Kaufmannsvereinigung. Siehe zur Terminologie die Einführung zu diesem Kapitel.

1097 Die Gildestatuten sind aus dem 12. Jahrhundert überliefert. Die Gilde kannte zwar keinen Zunftzwang, wohl aber ein Vorkaufsrecht der Gildemitglieder. Vgl. hierzu *von Loesch*, Die Kölner Kaufmannsgilde im zwölften Jahrhundert, 1904, S. 8.

1098 *Weider*, Das Recht der deutschen Kaufmannsgilden des Mittelalters, 1931, S. 162 f.

1099 *von Loesch*, Die Kölner Kaufmannsgilde im zwölften Jahrhundert, 1904, S. 7; *Will*, Selbstverwaltung der Wirtschaft, 2010, S. 243 ff.

1100 Bspw. vornehme Geburt, Ausrichtung eines Mahls, wobei Letzteres teilweise durch die Obrigkeit eingeschränkt oder auch ganz verboten wurde, da die Kosten des Schmauses die finanziellen Mittel des Bewerbers häufig bei Weitem überstiegen. Vertiefend hierzu *Weider*, Das Recht der deutschen Kaufmannsgilden des Mittelalters, 1931, S. 63 f.

der „ungeschmälerten Ehre".[1101] So sah beispielsweise die Ordnung der Stendaler Krämergilde von 1299 vor, dass ein Stadtfremder ein „*vir bona fame*" (ein Mann guten Rufs) sein musste. Auch die Ordnung der Göttinger Kaufgilde von 1368 bestimmte, dass der Aufzunehmende ehelich geboren sein und „seine Ehre wohl bewahrt" haben musste. Ebenso setzten die Willküren der Goslarer Gewandschneidergilden von 1334 und etwa 1360 voraus, dass der Bewerber rechtschaffen und ehelich geboren wurde und „seine Ehre bewahrt" habe.[1102] Hingegen ausgeschlossen wurde ein Gildemitglied, wenn er ein beschimpfendes Unrecht erduldete, ohne sich Genugtuung zu schaffen.[1103] Denn die Ehre des Einzelnen soll die Ehre der Gesamtheit gewesen sein,[1104] und damit bestand das Streben darin, die Ehre der Gilden unbefleckt zu erhalten.[1105]

Die Quellen zeigen ein enges Verhältnis zwischen Ehre und Gildemitgliedschaft. Nur derjenige konnte Mitglied einer Gilde sein, der seine Ehre wohl bewahrt, wenn er also seine Ehre nicht verloren hatte, mithin nicht ehrlos war. Die genannten Gildeordnungen stammen aus einer Zeit, in der der Ehrverlust ein bekanntes Institut war: Mittels des Sachsenspiegels (zwischen 1221 und 1224) und des Mainzer Reichslandfriedens (vom 15. August 1235) konnte aufgezeigt werden (vgl. Kap. 5, A. II. 3.), dass die ehrenkränkende Schandstrafe sowie die rechtsbeeinträchtigende Ehrenstrafe geläufige Strafarten waren. Die Infamie war ein bekannter Begriff. Die Frage, ob die Gildesatzungen dem Infamen im Sinne des römischen Rechts oder dem Ehrlosen nach einheimischen Recht die Aufnahme verwehrten, ist interessant für die Beurteilung, welche Handlungen im Ergebnis dazu führten, dass ein Mann nicht Gildemitglied werden konnte. Nach römischem Recht gab es eine Vielzahl an infamierenden Handlungen, während die behandelten einheimischen Quellen weniger ergiebig waren. Für die Ansicht, dass die Gildensatzungen die römische Infamie meinten, spricht zum einen die weiter vorangeschrittene Aufnahme des römischen Rechts im 14. Jahrhundert, zum anderen die in lateinischer Sprache gefassten Gildesatzungen, in denen der Begriff „*infamia*" Aufnahme gefunden hatte.[1106] Andererseits

1101 Nachweis bei *Wilda*, Das Gildewesen im Mittelalter, 1831, S. 117, „*idonea sit persona et sine infamia*".

1102 *Weider*, Das Recht der deutschen Kaufmannsgilden des Mittelalters, 1931, S. 47 f.

1103 *Wilda*, Das Gildewesen im Mittelalter, 1831, S. 130.

1104 *Wilda*, Das Gildewesen im Mittelalter, 1831, S. 130. Zu dieser Ansicht könnten die früheren Forschungsergebnisse zum Germanentum und des vormaligen Verständnisses von einer germanischen Ehre geführt haben.

1105 *Lange*, Das Verbot der Berufsausübung im Mittelalter, 1940, S. 94 f.

1106 Wie Fn. 1101.

muss die Verwendung dieses Begriffs nicht auch bedeuten, dass damit gleichzeitig der römisch-rechtliche Inhalt verbunden ist, sondern der Begriff rein zum Zwecke der Übersetzung verwendet wurde. Zudem ist die Formulierung, dass der Kaufmann seine „Ehre wohl bewahrt" haben muss, dem Sachsenspiegel ähnlich, der im Landrecht III 54, 4 von *„sin recht ouch behalden"* spricht und damit auch die Positivformulierung wählt.[1107]

Unabhängig davon, ob nun ein Ehrverlust im römischen oder einheimischen Sinne oder eine gemischte Variante gemeint war, wird deutlich, dass eine Mitgliedschaft in einer Gilde ausgeschlossen war, wenn jemand keine Ehre hatte, mithin ehrlos war.

d.) Weiterentwicklung der Gewerbsgilden

Die Gilden entwickelten sich zu einer wichtigen Einrichtung der mittelalterlichen Stadtgesellschaft.[1108] Einerseits nahmen sie Einfluss auf das städtische Leben, beispielsweise durch Mitgestaltung des Stadtrats und indem sie Sorge für die Sicherheit und Ordnung der Stadt trugen. Auf diese Weise erlangten sie gewisse Privilegien.[1109] Andererseits schufen sie die Rahmenbedingungen des wirtschaftlichen und gesellschaftlichen Lebens der Gildemitglieder durch Aufstellung sozialer Standards und führten Aufsicht über gewerberechtliche Regularien.[1110] Die Gilde hatte eine monopolistische Bedeutung für die kaufmännische Gesellschaft. Ihre Monopolstellung erfuhr allerdings eine Einbuße in der aufkommenden Zeit der geordneten Rechtspflege[1111] sowie durch die territorialen Staatenbildungen. Die Staatenbildung bedeutete eine Schwächung der Stellung der Stadt, welche in der Regel das Herrschaftsgebiet der Gilde bildete, da sie über die Stadtregion hinaus kaum tätig war.[1112] Die einflussreiche, machtvolle Stellung

---

1107 In der Literatur findet sich vereinzelt die Ansicht, die Gildenunfähigkeit beurteile sich nach „Deutschem Recht", so *Thibaut*, System des Pandekten-Rechts, Bd. 1, 1834, S. 123, Fn. (z) und S. 124; ebenso *Eichhorn*, Einleitung in das deutsche Privatrecht, 1836, S. 267 ohne Quellenangabe; *Mittermaier*, Grundsätze des gemeinen deutschen Privatrechts, Abteilung 1, 1837, S. 272 f.

1108 *Bader/Dilcher*, Deutsche Rechtsgeschichte, 1999, S. 504 ff.

1109 *Will*, Selbstverwaltung der Wirtschaft, 2010, S. 245 f.

1110 *Will*, Selbstverwaltung der Wirtschaft, 2010, S. 244.

1111 *von Loesch*, Die Kölner Kaufmannsgilde im zwölften Jahrhundert, 1904, S. 11. So bspw. durch die Reichspoliceyordnungen, die auch auf die Beseitigung der Monopole gerichtet war. Dazu *Härter*, Entwicklung und Funktion der Policeygesetzgebung des Heiligen Römischen Reiches Deutscher Nation, in: Ius Commune 20 (1993), S. 125.

1112 Eine Ausnahme bildet die Hanse, die hier aber nicht gemeint ist.

der Gilde fand ihren Untergang im späten Mittelalter. Die Kaufmannsvereinigungen haben gleichwohl fortbestanden, allerdings in einem anderen Einfluss- und Machtgewand.[1113]

aa.) Einführung der Gewerbefreiheit

Die Kaufmannsvereinigungen erfuhren eine bedeutende Weiterentwicklung durch die Einführung der Gewerbefreiheit.[1114] Die Auswirkungen dieses wirtschaftlich wichtigen Meilensteins werden im Folgenden anhand der preußischen Entwicklung dargestellt, aufgrund dessen weitreichender Vormachtstellung und der Vorbildfunktion für andere Staaten.

Die Einführung der Gewerbefreiheit in Preußen erfolgte schrittweise. Den ersten Schritt bildete das Gewerbesteueredikt vom 2. November 1810.[1115] Danach durfte gemäß § 1 ein Gewerbe betreiben, wer einen Gewerbeschein löste und die Steuer hierfür bezahlte:

> *„Ein jeder welcher in Unseren Staaten, es sey in den Städten, oder auf dem platten Lande, sein bisheriges Gewerbe, es bestehe in Handel, Fabriken, Handwerken, es gründe sich auf eine Wissenschaft oder Kunst, fortsetzen oder ein neues unternehmen will, ist verpflichtet, einen Gewerbeschein hierüber zu lösen und die in dem beigefügten Tarif A. angesetzte Steuer zu zahlen. Das schon erlangte Meister-Recht, der Besitz einer Concession befreien nicht von dieser Verbindlichkeit."*

Durfte jemand zur Zeit des Gildewesens nur dann an einem bestimmten Ort Handel treiben, wenn er gildeangehörig war, was regelmäßig das Vorhandensein der Ehre voraussetzte, so ermöglichte das preußische Gewerbesteueredikt, dass jeder ein Gewerbe bereits dann ausüben konnte, wenn er einen Gewerbeschein löste. Das bedeutete im Ergebnis, dass es auf die Zugehörigkeit zu einer gewerblichen Vereinigung nicht mehr ankam. Dieser Umstand wurde ausdrücklich durch das preußische „Gesetz über die polizeilichen Verhältnisse der Gewerbe"

1113 *Will*, Selbstverwaltung der Wirtschaft, 2010, S. 245.

1114 Zur Gewerbefreiheit *Quante*, Die geistesgeschichtlichen Grundlagen und die Entwicklung der Gewerbefreiheit in Deutschland, 1984; *Vogel*, Allgemeine Gewerbefreiheit, 1983.

1115 Gesetzsammlung für die Königlichen Preußischen Staaten, 1810, S. 79. Bereits vor dem Edikt gab es in Preußen Maßnahmen, die das Gewerbe regulierten, vgl. für die Zeit vor 1800 *von Meier*, Französische Einflüsse auf die Staats- und Rechtsentwicklung Preußens im 19. Jahrhundert, Bd. 2, 1908, S. 114 f. für die Zeit zwischen 1800 und 1810, ebd. S. 291 ff. und S. 413 ff.

vom 7. September 1811[1116] (Gewerbepolizeiedikt) betont, dessen § 6 den Zunftzwang aufhob:

> *„Wer bisher nicht zünftig war, kann unter Beachtung der Vorschriften §. 1 bis 5. auf den Grund seines Gewerbescheins jedes Gewerbe treiben, ohne deshalb genöthigt zu seyn, irgendeiner Zunft beizutreten.“*

Nach § 19 des Edikts durften sich die „Gewerke“, d. h. die Zünfte und Kaufmannsvereinigungen, auflösen. Der Grundsatz, wonach kein Zunftzwang mehr erforderlich war, wurde jedoch durch § 31 des Edikts abgeschwächt, der die sog. „Korporationsverpflichtung“ bestimmte:

> *„Wird von Landespolizei wegen in besonderen Fällen zu einem gemeinnützigen Zwecke nöthig erachtet, Gewerbetreibende gewisser Art in eine Corporation zu vereinigen: so ist jeder verpflichtet, dieser Corporation beizutreten, so lange er dies Gewerbe betreibt.“*

Auf Grundlage dieser Norm entstanden in der Folge die sog. kaufmännischen Korporationen.[1117]

bb.) Kaufmännische Korporationen

Kaufmännische Korporationen wurden durch königliches Statut in Berlin,[1118] Stettin, Danzig,[1119] Memel,[1120] Tilse,[1121] Königsberg in Preußen, Grüneberg,[1122] Elbing[1123] sowie Magdeburg[1124] gegründet und in der Literatur teilweise als die Nachfolger der Gilden bezeichnet.[1125] Aber auch die Einleitungssätze der Statuten verdeutlichen die Stellung der Korporationen als Nachfolger der Kaufmannsvereinigungen. So wurden Formulierungen gewählt, wie beispielsweise „[d]*a die Kaufmannszunft zu Tilse sich auf den Grund des § 19 des Gesetzes über die polizeilichen Verhältnisse der Gewerbe vom 7ten September 1811 selbst aufzulösen, beschlossen hat* [...]“ oder für Memel „*so wollen Wir, daß nach Vorschrift des § 31*

1116 Gesetzsammlung für die Königlichen Preußischen Staaten, 1811, S. 263.

1117 *Kompe*, Die deutschen Handelskammern und sonstigen kaufmännischen Organe, in: Jahrbücher für Nationalökonomie und Statistik, Bd. 4, 1865, S. 121 (127).

1118 Statut vom 2. März 1820, vgl. *Hertz*, Die Industrie- und Handelskammer zu Berlin, 2008, S. 2.

1119 Gesetzsammlung für die Königlichen Preußischen Staaten, 1822, S. 130.

1120 Gesetzsammlung für die Königlichen Preußischen Staaten, 1822, S. 153.

1121 Gesetzsammlung für die Königlichen Preußischen Staaten, 1823, S. 77.

1122 Gesetzsammlung für die Königlichen Preußischen Staaten, 1824, S. 17.

1123 Gesetzsammlung für die Königlichen Preußischen Staaten, 1824, S. 85.

1124 Gesetzsammlung für die Königlichen Preußischen Staaten, 1825, S. 25.

1125 *Lusensky*, Gesetz über die Handelskammern, 1897, S. 8.

Gesetzes über die polizeilichen Verhältnisse der Gewerbe vom 7ten September 1811. der dortige Handelsstand, mit Aufhebung der bestehende Zunftverfassung, in eine Korporation vereinigt werde […]". Ähnlich berief sich die Kaufmannschaft zu Danzig auf ihre frühere Krämer-Sozietät und die Tuchmacher-Korporationen zu Grüneberg auf die aufgehobene Tuchmacherzunft, die jeweils aufgrund § 19 des Edikts vom 7. September 1811 aufgelöst wurden.[1126]

(1) Rechtliche Wirkung

§ 31 des Edikts hatte im Hinblick auf das Allgemeine Preußische Landrecht von 1794 weitreichende Konsequenzen, da Teil II, Titel 8, § 479 ALR formulierte:

> *„Wo Kaufmannsgilden oder Innungen vorhanden sind, muß ein darin aufzunehmendes Mitglied den Erfordernissen der Innungsartikel, sowohl in Ansehung der Lehrjahre, als sonst, ein Genüge leisten."*

In Teil II, Titel 8, § 480 ALR heißt es weiter:

> *„An Orten, wo dergleichen Innungen bestehn, hat nur der, welcher darin aufgenommen ist, die Rechte eines Kaufmanns."*

Zu diesen kaufmännischen Rechten zählten die Glaubwürdigkeit der Bücher, die Wechselfähigkeit und die Geschäftsfähigkeit der Handlungsgehilfen.[1127] Dadurch ergab sich letztlich ein indirekter Korporationszwang:[1128] Wollte ein Kaufmann an einem Ort, an dem es eine kaufmännische Korporation gab, die Rechte eines Kaufmanns haben, musste er einer solchen beitreten. Trat er nicht bei, konnte er zwar dennoch Handel treiben, aber eben ohne die Rechte eines Kaufmanns.

Gab es keine oder keine seinem Handel entsprechende Gilde, so erwarb der Kaufmann gemäß Teil II, Titel 8, § 482 ALR dennoch die Rechte eines Kaufmanns: *„Wo gar keine Gilden vorhanden, oder wo dieselben nur für gewisse Arten der Kaufleute errichtet sind, haben alle diejenigen, welche einen fortdauernden Waarenhandel, oder ein dergleichen Wechselverkehr treiben, die Rechte der Kaufleute."*

An diesem mittelbaren Korporationszwang änderte auch die preußische „Allgemeine Gewerbeordnung" vom 17. Januar 1845[1129] nichts, da deren § 94 an den bestehenden Verhältnissen festhielt:

1126 Gesetzsammlung für die Königlichen Preußischen Staaten, 1824, S. 17.

1127 Fn. 303. Zum Zusammenhang mit dem fahrlässigen Bankrott S. 198.

1128 *Heréus*, Die deutschen Handelskammern als Glied der Verwaltung, 1922, S. 8; *Lusensky*, Gesetz über die Handelskammern, 1897, S. 8.

1129 Gesetzsammlung für die Königlichen Preußischen Staaten, 1845, S. 41.

„Alle zur Zeit bestehende gesetzliche Korporationen von Gewerbetreibenden (ältere Innungen) dauern fort. Doch soll die Befugnis zum Betrieb eines Gewerbes, für welches in dem Orte oder Distrikte eine solche Korporation (Innung) besteht, von dem Beitritt zu derselben nirgends abhängig sein.
Soweit aber der Erwerb der kaufmännischen Rechte nach den bestehenden Vorschriften durch den Beitritt zur kaufmännischen Korporation bedingt ist, behält es dabei sein Bewenden."

(2) Aufnahmebedingungen und Ausschlussgründe

Fast alle Statuten der kaufmännischen Korporationen forderten als Aufnahmebedingung die Unbescholtenheit des Rufes[1130] oder die vollkommene Unbescholtenheit des aufzunehmenden Mitglieds.[1131] Wer einmal ein aufgenommenes Mitglied war, dem konnte es in bestimmten Fällen passieren, dass seine Mitgliedschaftsrechte suspendiert wurden oder dass er aus der kaufmännischen Korporation ausgeschlossen wurde. Eine Suspension der Mitgliedschaftsrechte war vorgesehen, wenn die Zahlungsunfähigkeit erklärt wurde oder eine Kriminaluntersuchung für ein Verbrechen eingeleitet wurde, das als Strafe den Verlust der bürgerlichen Ehre oder Verlust des Kaufmannsstandes vorsah.[1132] Folge der Suspension war, dass die Ehrenrechte der Mitgliedschaft nicht mehr wahrgenommen werden konnten sowie ein Erscheinen an der Börse unzulässig war. Da die Suspension aber nur für die Person und nicht für sein Gewerbe galt, konnte sich der Suspendierte durch einen Disponenten vertreten lassen.[1133]

Ferner bestand die Verpflichtung der Ältesten, ein Mitglied aus der kaufmännischen Korporation auszuschließen, das beispielsweise wegen mutwilligen oder betrügerischen Bankrotts, Meineids, Verfälschung öffentlicher Papiere oder Privaturkunden, eines Verbrechens mit der Folge der Zuchthausstrafe oder auch wegen Verstoßes gegen die Wuchergesetze verurteilt wurde.[1134] Das Statut der Kaufmannschaft zu Magdeburg forderte in § 101 für den Ausschluss eine Verurteilung wegen eines Verbrechens, welches den Mangel *„ehrliebender Gesinnung"* verriet.

Die Statuten wurden zu einer Zeit erlassen, als das ALR galt, dessen Strafrecht den Verlust der bürgerlichen Ehre vorsah. Wie gezeigt, spielte der Verlust der bürgerlichen Ehre eine Rolle im Zusammenhang mit der Suspension – hinsichtlich

---

1130 Bspw. Danzig, Memel, Elbing, Magdeburg.

1131 Bspw. Tilse.

1132 Für Danzig § 82; für Memel § 91; für Elbing § 81; für Tilse § 86. Zum Verlust des Kaufmannsstandes nach preußischem Recht (ALR) infolge eines Bankrotts s. oben S. 197.

1133 Bspw. für Danzig § 83; für Memel § 91; für Elbing § 81.

1134 Für Danzig § 87; für Memel § 96; für Elbing § 86; ähnlich Tilse in § 98.

des Ausschlusses jedoch nicht. Bei genauerer Untersuchung der Statuten stellte sich heraus, dass keines dieser in ihren Ausschlussgründen ausdrücklich den Verlust der bürgerlichen Ehre aufzählte. Gleichwohl fand im Falle des Meineids und des Bankrotts eine, wenn auch mittelbare, Anknüpfung statt. Wie oben bereits dargestellt (Kap. 5, A. II. 5. b.)), folgte dem Meineid (Teil II, Titel 20, § 1405 ALR) sowie dem betrügerischen Bankrott (Teil II, Titel 20, § 1454 ALR) der Verlust der bürgerlichen Ehre, sodass in diesen beiden Fällen doch ein Zusammenhang zwischen dem Verlust der bürgerlichen Ehre und dem Ausschluss aus der kaufmännischen Korporation bestand.[1135]

Auch das Preußische Strafgesetzbuch von 1851 ändert an dieser getroffenen Aussage nichts, da auch dieses den Verlust der bürgerlichen Ehre (infolge der Zuchthausstrafe) für den Meineid, den Bankrott und auch die Urkundenfälschung vorsah (s. oben „Verfälschung öffentlicher Papiere). Darüber hinaus sicherte das PrStGB durch den bereits zitierten § 12 diese Verfahrensweise der meisten Korporationen, da das PrStGB den Verlust der bürgerlichen Ehre mit der Zuchthausstrafe verknüpfte und die Statuten bei einer Verurteilung zur Zuchthausstrafe einen Ausschließungsgrund vorsahen. Hierauf nahm § 12 PrStGB in seinem letzten Satz Rücksicht, wo es heißt:[1136]

> *„Insofern nach den bestehenden besonderen Vorschriften, in Folge der Begehung von strafbaren Handlungen, der Verlust noch anderer, als der vorstehend erwähnten Rechte, namentlich der Mitgliedschaft an kaufmännischen und anderen Korporationen eintritt, behält es bei diesen Bestimmungen sein Bewenden."*

1135 *Beseler*, Kommentar über das Strafgesetzbuch für die Preußischen Staaten, 1851, S. 111 f. sieht hierin die Anknüpfung an den mittelalterliche Gildenausschluss infolge Ehrlosigkeit. Die Korporation schütze dadurch ihre Ehre. Für die Aufrechterhaltung der Ehre der mittelalterlichen Gilde s. Fn. 1105.

1136 Das Ergebnis deckt sich teilweise mit den Forderungen, die in den kaufmännischen Ausbildungsbüchern jener Zeit zu finden sind. Im Rahmen einer Abhandlung, wer als Kaufmann geeignet sei, wurde gefordert: „Wer einmal durch eine vorsetzlichen und wohlüberlegten Betrug, das Heiligthum des einzelnen und allgemeinen Credits verletzt hat, wie z. B. muthwillige Bankerottirer, Diebe; Betrüger, falsche Münzer, u. d. g. den sollen die Gesetze einmal für allemal von der Freyheit zu handeln auf immer ausschließen […]". *Jung-Stilling*, D. Johann Heinrich Jungs gemeinnütziges Lehrbuch der Handlungswissenschaft, Nachdruck der Ausgabe von 1799, § 50, S. 25. Daneben wurden Soldaten, Geistliche, aber auch „Leute von übertriebener Herzensgüte" als ungeeignet für die Ausübung der Kaufmannstätigkeit genannt, § 42 ff., S. 21 ff.

Danach war also nach wie vor der Ausschluss aus der Korporation möglich, mit der Folge des Verlusts der Kaufmannsrechte. Diese Verknüpfung der Kaufmannsrechte mit der Zugehörigkeit zu einer kaufmännischen Korporation wurde erst mit Art. 3 § 4 des preußischen Ausführungsgesetzes zum Allgemeinen Deutschen Handelsgesetzbuch vom 24. Juni 1861 aufgehoben.[1137]

cc.) Handelskammern

Während im Kerngebiet Preußens ab 1820 die kaufmännischen Korporationen entstanden, wurden in der preußischen Rheinprovinz die Handelskammern gegründet. Es entstanden auf der linksrheinischen Seite in den Jahren 1830 bis 1840 zehn Handelskammern.[1138] Folglich bestand ein Nebeneinander von Handelskammern und Korporationen. In Bezirken, in denen bereits eine kaufmännische Korporation bestand, konnte dennoch eine Handelskammer gegründet werden.[1139] Zunächst hielt die preußische Obrigkeit am System der kaufmännischen Korporationen fest[1140] und gab diesen die Möglichkeit, sich in eine Handelskammer umzuwandeln, was die kaufmännische Korporation zu Magdeburg auch tat.[1141] Letztlich gab man dann doch dem Handelskammersystem den Vorzug, wobei die Gründe hierfür nicht geklärt sind. Man vermutet den Hauptgrund im praktischen Nutzen der Handelskammern für den Staat[1142] (bspw. die Erhebung von Statistiken). Folglich gingen die kaufmännischen Korporationen in den Handelskammern auf.[1143] An Stelle von bisher freiwillig gegründeten kaufmännischen Vereinigungen trat nunmehr eine kaufmännische Vereinigung, die für jeden, der zur Gewerbesteuer veranlagt war, eine gesetzliche Mitgliedschaft, mithin eine Pflichtmitgliedschaft vorsah.

1137 *Bremer*, Kammerrecht der Wirtschaft, 1960, S. 4; Art. 3 § 4 preußisches EGADHGB: „*Die privatrechtlichen Vorschriften der Statuten zu Berlin, Stettin, Magdeburg, Tilsit, Königsberg, Danzig, Memel und Elbing bestehenden kaufmännischen Korporationen treten außer Kraft. Dies gilt namentlich von den Vorschriften dieser Statuten, durch welche die kaufmännischen Rechte von dem Beitritt zu der kaufmännischen Korporation des Orts abhängig sind.*“, Gesetzsammlung für die Königlichen Preußischen Staaten, 1861, S. 449 (451).

1138 *Lusensky*, Gesetz über die Handelskammern, 1897, S. 7. Vgl. dazu Kap. 2, A. I. 1.

1139 *Bremer*, Kammerrecht der Wirtschaft, 1960, S. 7.

1140 *Will*, Selbstverwaltung der Wirtschaft, 2010, S. 283.

1141 *Will*, Selbstverwaltung der Wirtschaft, 2010, S. 291.

1142 *Schmaltz*, Die Industrie- und Handelskammern, 2008, S. 5 f.

1143 *Schmaltz*, Die Industrie- und Handelskammern, 2008, S. 7.

Die Umwandlung der kaufmännischen Korporationen zu den Industrie- und Handelskammern vollzog sich nicht nur in Preußen, sondern kann auch für andere Territorien, wie beispielsweise Lübeck,[1144] belegt werden. Doch gibt es erhebliche zeitliche Unterschiede. So setzte die Umwandlung der kaufmännischen Korporation zu Berlin zur Industrie- und Handelskammer erst mit Statut vom 19. Dezember 1901 ein, welches am 1. April 1902 in Kraft trat.[1145] 1926 erfolgte mit der kaufmännischen Korporation zu Stettin die letzte Umwandlung einer solchen Korporation in eine IHK.[1146]

2. *Fazit zu den Folgen im Untersuchungszeitraum*

Für den untersuchten Zeitraum wurde gezeigt, dass ursprünglich für die Handelstätigkeit an einem bestimmten Ort die Zugehörigkeit in der dort ansässigen Gilde Voraussetzung war. Eine Mitgliedschaft war nach den meisten Gildestatuten nur dann möglich, wenn man guten Rufes war oder seine Ehre wohl bewahrt hatte. Folglich war ohne das Vorhandensein von Ehre kein örtlicher Handel möglich. Die Gilden bildeten damit eine Form der Zugangsbeschränkung zum Handelsgewerbe und ließen nur jene zu, die ihren Vorschriften Genüge leisteten. Die Konsequenz hieraus war, dass zum Zeitpunkt des Aufnahmewunsches Ehrlose keinen Handel betreiben konnten. Ob diese Ehrlosigkeit stets durch einen gerichtlichen Strafausspruch herbeigeführt wurde, konnte nicht belegt werden.

Im 19. Jahrhundert führte unter anderem ein Ehrverlust zur Suspension der Mitgliedschaftsrechte in den Korporationen. Gemäß den preußischen Statuten berechtigte ein Ehrverlust mittelbar auch zum Ausschluss des ehrlosen Kaufmanns aus kaufmännischen Korporationen. Der Ausschluss aus der Korporation bewirkte eine Nichtanwendbarkeit der kaufmännischen Rechte des ALR (Teil II, Titel 8, §§ 475 ff.), was aber nicht dem völligen Ausschluss vom Handel gleichkam. D. h., der Kaufmann konnte zwar grundsätzlich weiter seinen Handel treiben, wurde aber insofern eingeschränkt, als dass ihm keine Wechselfähigkeit mehr zukam, seinen Büchern nicht mehr geglaubt wurde und auch seine Handlungsgehilfen nicht mehr geschäftsfähig waren. Der Verlust der Wechselfähigkeit wird man als einen wesentlichen Einschnitt werten dürfen, da der Wechsel

---

1144 *Kühl*, Von der kaufmännischen Korporation zur kommerziellen Interessenvertretung, 1993, S. 197 ff. Mit Schwerpunkt auf den Zünften in Thüringen vgl. *Faulwetter*, Von der Zunft zur Handelskammer, 2011.

1145 *Hertz*, Die Industrie- und Handelskammer zu Berlin, 2008, S. 4 f.; s. auch: Die Korporation der Kaufmannschaft zu Berlin, FS zum hundertjährigen Jubiläum, 1920.

1146 *Will*, Selbstverwaltung der Wirtschaft, 2010, S. 340.

ein wichtiges Zahlungsinstrument war und auch einen grenzüberschreitenden Handel ermöglichte.

IV. Bewertung der bürgerlichen Ehrenrechte im Strafrecht und ihr Einfluss auf den Kaufmann

Die bürgerlichen Ehrenrechte des Strafrechts sind im Kontext der Ehrenstrafe zu sehen, die bis zum 1. Strafrechtsreformgesetz von 1969 als eine Nebenstrafe konzipiert und deren direkter Vorläufer der Verlust der bürgerlichen Ehre im Preußischen Strafgesetzbuch von 1851 war. Die Entwicklung der Ehrenstrafe war ein vom Wandel der politischen und gesellschaftlichen Ansichten beeinflusster Prozess. Die Folge der Ehrenstrafe war ein Ehrverlust, mithin eine Ehrlosigkeit.

Für manche Entwicklungsstufen wurde nachgewiesen, dass Ehrlosigkeit einen Einfluss auf die Tätigkeit des Kaufmanns nahm. Anfänglich war eine Einflussnahme in der Weise zu verzeichnen, dass der Kaufmann überhaupt keinen Handel treiben konnte, da er infolge der Ehrlosigkeit nicht Mitglied einer Gilde werden konnte, was allerdings eine notwendige Voraussetzung für ein kaufmännisches Tätigwerden war (Ehrlosigkeit als Zugangshindernis).

Infolge der eingeführten Gewerbefreiheit und mit dem damit einhergehenden Zunft- und Gildeverbot gründeten sich die kaufmännischen Korporationen. Nur die Mitgliedschaft in einer kaufmännischen Korporation sicherte dem Kaufmann die Anwendbarkeit der kaufmännischen Rechte nach dem Allgemeinen Preußischen Landrecht. Der Ausschluss aus der Korporation erfolgte unter anderem wegen eines strafgerichtlichen Ehrverlusts (Ehrlosigkeit als folgenarmer Ausschlussgrund).

Folglich bedeutete die Ehrlosigkeit im Mittelalter ein Zugangshindernis zur Handelstätigkeit. Dagegen folgte einer Ehrlosigkeit im 19. Jahrhundert eine Einschränkung der kaufmännischen Rechte, allerdings nicht in der Weise, dass der Kaufmann an einer Handelstätigkeit vollständig gehindert gewesen wäre.

Eine weitere Abschwächung des Einflusses des Ehrverlusts auf die Tätigkeit des Kaufmanns war für das 20. Jahrhundert zu verzeichnen. Der Ehrverlust nach dem StGB konnte eine Beeinträchtigung des Kaufmanns dahingehend bedeuten, dass er vom Börsenbesuch und der Anleitung von Lehrlingen ausgeschlossen war. Einen Kaufmann, der weder an der Börse tätig war noch Lehrlinge beschäftigte, berührten diese Folgen eines Ehrverlusts wohl nicht. Anderes wird man für den Kaufmann annehmen müssen, dessen Gewerbe gerade auf dem Börsenhandel beruhte oder dessen Gewerbe eine Vielzahl von Lehrlingen beschäftigen musste, damit der Geschäftsbetrieb aufrechterhalten werden konnte.

B. Die bürgerliche Ehre im Privatrecht und ihr Einfluss auf den Kaufmann

Die bürgerliche Ehre ist nicht nur eine Materie des Strafrechts, sondern –wie bereits die Bezeichnung nahelegt – auch des Privatrechts. Gleichwohl tritt sie zumindest in ihrer Regelungsdichte hinter dem Strafrecht zurück. Im Privatrecht wurde sie zuletzt im 19. Jahrhundert diskutiert und war Gegenstand des Personenrechts,[1147] das sich im Kern mit der Frage beschäftigte, welche Rechte einem Menschen zukommen.[1148]

Bei der Betrachtung der bürgerlichen Ehre im Privatrecht muss zweierlei beachtet werden. Zum einen war neben der bis dahin verbreiteten (römisch-basierten) Pandektenwissenschaft das „Deutsche Privatrecht" aufgekommen, welches sich mit den deutschen Rechtsquellen beschäftigte.[1149] Zum anderen gilt es zu berücksichtigen, dass bis zum Beginn des 20. Jahrhunderts, als die Gesellschaft noch ständisch gegliedert war, nicht allen Menschen gleiche Rechte zukamen. Vielmehr galt eine Statuslehre, die bedeutete, dass beispielsweise nicht jeder Mensch testieren oder Güter erwerben konnte.[1150] Somit gab es auch ein an

1147 *Hugo*, Lehrbuch eines civilistischen Cursus, Bd. 4, 1820, S. 2 ff.; *Eichhorn*, Einleitung in das deutsche Privatrecht, 1836, S. 254 ff.; *Puchta*, Lehrbuch der Pandekten, 1838, S. 90 ff.; *Göschen*, Vorlesungen über das gemeine Civilrecht, Bd. 1, 1843, S. 151 ff.; *von Vangerow*, Lehrbuch der Pandekten, Bd. 1, 1863, S. 84 ff.; *Beseler*, System des gemeinen deutschen Privatrechts, 1866, S. 209 ff.; *Windscheid*, Lehrbuch des Pandektenrechts, Bd. 1, 1873, S. 127 ff.; *von Gierke*, Deutsches Privatrecht, Bd. 1, 1895, S. 416 ff.; in noch älteren Schriften erfolgte die Behandlung der bürgerlichen Ehre und ihre Schmälerung durch die Infamie im Rahmen des Digestentitels über die Einschränkung der Antragsbefugnis (D. 3,2 De his, qui notantur infamia). Diese Verortung infolge der sog. Legalordnung, d. h. die Darstellung der Rechtsmaterie, wo sie im Corpus Iuris Civilis erscheint, wurde nach und nach von der systematischen Darstellung abgelöst. In dem Werk von *Glück*, das eines der letzten war, welches der Legalordnung folgte, wurde vom Autor darauf hingewiesen, dass die bürgerliche Ehre und ihre gänzliche und teilweise Schmälerung durch die Infamie in das Personenrecht gehörten, vgl. *Glück*, Pandecten, Bd. 5, 1798, S. 129.

1148 Einführend hierzu *Mayer-Maly*, Art. „Personenrecht", HRG, Bd. III, 1984, Sp. 1623-1626.

1149 Ausführlich zur Beschäftigung der Rechtswissenschaft mit deutschen Rechtsquellen *Schäfer*, Juristische Germanistik, 2008, S. 93 ff.

1150 *Coing*, Europäisches Privatrecht, Bd. 2, 1989, S. 284. An die Stelle der aufgegebenen Statuslehre, tritt heute die allgemeine Rechtsfähigkeit aller Menschen, vgl. *Coing*, Europäisches Privatrecht, Bd. 2, 1989, S.285 ff.; *Schröder*, Art. „Rechtsfähigkeit", HRG, Bd. IV, 1990, Sp. 287-293.

das Ständewesen anknüpfendes Privatrecht. Nur eine besondere Rechtsstellung machte eine Person besonderer Rechte fähig.[1151] Eine allgemeine Rechtsfähigkeit, wie sie heute anerkannt wird und wonach jeder Mensch Träger von Rechten und Pflichten sein kann, trat erst nach einem langen Entwicklungsprozess an die Stelle der Statuslehre.[1152]

Folglich konnten die Rechte, die einem Menschen zukamen, abhängig sein von Geschlecht, Herkunft, Staatsangehörigkeit, Gesundheit, Alter, Religion und der Stellung in der Familie.[1153] In diesem Kontext wurde die bürgerliche Ehre behandelt. Es wurde die Ansicht vertreten, die bürgerliche Ehre nehme Einfluss auf die „Rechtsfähigkeit", ferner dass eine Minderung der bürgerlichen Ehre zu einer geminderten „Rechtsfähigkeit" führe.[1154] Einer Ehrenminderung folgte demnach eine Rechtsbeeinträchtigung im Privatrecht.

In den Lehrbüchern des 19. Jahrhunderts wurde angegeben, dass die bürgerliche Ehre durch die römische Infamie geschmälert werden konnte, zumindest wurde diese Frage diskutiert[1155] (zur römischen Infamie und ihrem Einfluss auf die Stellung des römischen Bürgers, vgl. Kap. 5, A. II. 1.). Allerdings war in diesem Bereich vieles umstritten. Zunächst wurde infrage gestellt, ob die römische Infamie, wie sie im Corpus Iuris Civilis vorgefunden wurde, überhaupt noch im gemeinen Recht Anwendung finde.[1156] Ferner wurden ein Einfluss der

1151 *Duve*, HKK, 2003, §§ 1-14, Rn. 5.

1152 *Duve*, HKK, 2003, §§ 1-14, Rn. 3; *Schröder*, Art. „Rechtsfähigkeit", HRG, Bd. IV, 1990, Sp. 287-293; *Coing*, Europäisches Privatrecht, Bd. 2, 1989, S. 285; *Roth*, Ausgestaltungen der Rechtsfähigkeit im 19. und 20. Jahrhundert, 2008, S. 1.

1153 Vgl. bspw. *Windscheid*, Lehrbuch des Pandektenrechts, Bd. 1, 1873, S. 119 ff.; da das Personenrecht auf das römische Recht zurückzuführen ist, stammen die meisten Merkmale, welche die sog. „Civität" schmälern konnten, aus diesem Bereich. Man hatte aber bereits den Einfluss der Merkmale auf die Rechte einer Person im 19. Jahrhundert infrage gestellt, vgl. bspw. ebenfalls *Windscheid*.

1154 *Puchta*, Lehrbuch der Pandekten, 1838, S. 90; *von Gierke*, Deutsches Privatrecht, Bd. 1, 1895, S. 427.

1155 *Glück*, Pandecten, Bd. 5, 1798, S. 133 f.; *Puchta*, Lehrbuch der Pandekten, 1838, S. 90; *Göschen*, Vorlesungen über das gemeine Civilrecht, Bd. 1, 1843, S. 151 f.; *Savigny*, System des heutigen römischen Rechts, Bd. 2, 1840, S. 170 ff.; *von Vangerow*, Lehrbuch der Pandekten, Bd. 1, 1863, S. 85; *Windscheid*, Lehrbuch des Pandektenrechts, Bd. 1, 1873, S. 127 ff.

1156 Einen Einfluss der Infamie auf die Rechtsfähigkeit hatte bereits *Savigny* früh verneint und die Infamie als ein antiquiertes Institut bezeichnet, vgl. *Savigny*, System des heutigen römischen Rechts, Bd. 2, 1840, S. 170 und S. 228 f. Allerdings definiert er an keiner Stelle, was er unter Rechtsfähigkeit versteht, dazu *Coing*, Europäisches Privatrecht, Bd. 2, 1989, S. 284 Fn. 2.

bürgerlichen Ehre auf die privatrechtliche Stellung des Menschen sowie die Folgen eines Verlusts der bürgerlichen Ehre diskutiert.[1157] Die Möglichkeit eines Verlusts der bürgerlichen Ehre wurde teilweise gänzlich verneint.[1158]

Die gesamte Diskussion wurde überlagert durch die Erörterung der Frage, ob die Ehrenminderung nicht vielmehr auf ein deutsches Institut, namentlich auf eine deutsche Ehrlosigkeit zurückzuführen sei. Es gab einen beachtlichen Kreis von Juristen, die die Ansicht vertraten, dass die Ehrenminderung und damit die Minderung der privatrechtlichen Stellung durch eine einheimische, also deutsche Ehr- und Rechtlosigkeit herbeigeführt wurde, die auf das mittelalterliche Institut (s. oben Kap. 5, A. II. 3.) zurückzuführen sei.[1159] Ferner wurde die Ansicht vertreten, dass die Schmälerung der bürgerlichen Ehre zumindest nicht allein auf einer rein römischen Infamie beruhe, sondern die römische Infamie, mithin die Ehrlosigkeit, mit einem deutschen Verständnis über die Ehrlosigkeit vermischt worden sei. Dieses vermischte Institut schmälere die bürgerliche Ehre.[1160] Auf der Seite der Vertreter der einheimischen Ehrenminderung gab es zudem verschiedene Ansichten über die Abstufungen der Ehrenminderung, wie Friedlosigkeit,[1161] Echtlosigkeit,[1162]

1157 *Hugo*, Lehrbuch eines civilistischen Cursus, Bd. 4, 1820, S. 22; *Puchta*, Lehrbuch der Pandekten, 1838, S. 90.

1158 *Puchta*, Lehrbuch der Pandekten, 1838, S. 90; *Windscheid*, Lehrbuch des Pandektenrechts, Bd. 1, 1873, S. 129.

1159 *Budde*, Ueber Rechtlosigkeit, Ehrlosigkeit und Echtlosigkeit, 1842; *Hillebrand*, Über die gänzliche und theilweise Entziehung der bürgerlichen Ehre nach den deutschen Rechtsbüchern des Mittelalters, 1844; eine historische Übersicht über die Vertreter einer deutschen Ehrenminderung und deren Ansichten, s. *Naendrup* Dogmengeschichte der Arten der mittelalterlichen Ehrenminderungen, in: Festgabe für Dahn, 1905, S. 221 ff.

1160 *Eichhorn*, Einleitung in das deutsche Privatrecht, 1836, S. 256 f.; *Mittermaier*, Grundsätze des gemeinen deutschen Privatrechts, Abteilung 1, 1837, S. 269 f.; *Beseler*, System des gemeinen deutschen Privatrechts, 1866, S. 217 f.

1161 *Hillebrand*, Über die gänzliche und theilweise Entziehung der bürgerlichen Ehre nach den deutschen Rechtsbüchern des Mittelalters, 1844, S. 2 ff.; *Beseler*, System des gemeinen deutschen Privatrechts, 1866, S. 212.

1162 *von Gierke*, Deutsches Privatrecht, Bd. 1, 1895, S. 417; *Budde*, Ueber Rechtlosigkeit, Ehrlosigkeit und Echtlosigkeit, 1842, S. 106 ff. beschreibt den Echtlosen als eine Person, die außerhalb des Gesetzes steht, und damit keinen Schutz der Gesetze erhält sowie deren persönlicher Frieden nicht mehr vorhanden ist. Der Echtlose büßt seine gasamte Rechtsfähigkeit ein, mit der Folge des Verlusts seines Vermögens und seiner Lehen. Seine Frau wird zur Witwe und seine Kinder zu Waisen. *Budde* weist darauf hin, dass der Begriff echtlos in deutschen Rechtsquellen gleichbedeutend mit friedlos sein kann.

Anrüchigkeit,[1163] Bescholtenheit und Verächtlichkeit.[1164] Im Mittelpunkt standen aber meistens die Ehr- und Rechtlosigkeit.

In der Gesamtbetrachtung wird deutlich, dass die ganze Diskussion um die bürgerliche Ehre und ihre Schmälerung durch eine rein römische Infamie, eine reine deutsche Ehrlosigkeit oder eine verschmolzene deutsch-römische Infamie/ Ehrlosigkeit im Rahmen verschiedener Grundansichten geführt wurde. Einerseits bestand ein gefestigtes Verständnis von der römischen *existimatio*, andererseits war ein (Selbst-)Bewusstsein über das einheimische Recht aufgekommen, verbunden mit der Frage nach dem Wesen einer „deutschen Rechtsfähigkeit". Daneben floss in die Diskussion die natürliche Weiterentwicklung des Rechts ein. Bereits in der damaligen Zeit wurde diese Undurchsichtigkeit wahrgenommen und darüber geurteilt, dass die „Lehre über die bürgerliche Ehre [...] eine der dunkelsten und verworrensten des ganzen Rechtssystems"[1165] war.

Losgelöst von der Frage, welchen genauen Ursprung die privatrechtliche Ehrenminderung und die damit einhergehende Rechtsminderung hatte, waren sich die Vertreter beider Strömungen im Ergebnis überwiegend einig, dass eine Ehrenminderung nur über ein strafrechtliches Urteil erfolgen könne.[1166] Damit sind aus heutiger Sicht zum einen die Ehrenstrafen gemeint, und zum anderen kommen im Hinblick auf den zeitlichen Rahmen der hier aufgeführten privatrechtlichen Literatur alle Gesetze ab dem ALR in Betracht.

Wie bereits dargestellt wurde, waren die Folgen einer Ehrenstrafe die Amts- und Würdenunfähigkeit (nach dem BayStGB), die Geschworenen-, Zeugen- sowie Vormundschaftsunfähigkeit, die Unfähigkeit zur Führung von Titeln und Orden (nach dem PrStGB und später auch nach dem RStGB) sowie zur

---

1163 *Mittermaier*, Grundsätze des gemeinen deutschen Privatrechts, Abteilung 1, 1837, S. 274 f.

1164 *Mittermaier*, Grundsätze des gemeinen deutschen Privatrechts, Abteilung 1, 1837, S. 274 f.; *von Gierke*, Deutsches Privatrecht, Bd. 1, 1895, S. 425.

1165 *Budde*, Ueber Rechtlosigkeit, Ehrlosigkeit und Echtlosigkeit, 1842, Vorrede; einen Beitrag zur Entwirrung der Diskussion um eine deutsche Ehrlosigkeit und einer römischen Infamie leistete *Hagemeister*, Zuerkennung der Ehrlosigkeit, in: Civilistisches Magazin, 1812, S. 163 ff.

1166 *Thibaut*, System des Pandekten-Rechts, Bd. 1, 1834, S. 123; *Mittermaier*, Grundsätze des gemeinen deutschen Privatrechts, Abteilung 1, 1837, S. 271; *Göschen*, Vorlesungen über das gemeine Civilrecht, Bd. 1, 1843, S. 164; *Beseler*, System des gemeinen deutschen Privatrechts, 1866, S. 219; *Windscheid*, Lehrbuch des Pandektenrechts, Bd. 1, 1873, S. 129 Fn. 5; *von Gierke*, Deutsches Privatrecht, Bd. 1, 1895, S. 427; *von Vangerow*, Lehrbuch der Pandekten, Bd. 1, 1863, S. 86, der allerdings nur von Urteil und nicht von Strafurteil spricht.

Zulassung zur Advokatur und zum Schöffenamt (nach dem RStGB infolge der Zuchthausstrafe).

Außer Frage steht, dass diese Sanktionen eine Rechtsminderung für den Betroffenen bedeuteten. Allerdings findet sich zu diesem Ergebnis auch die Ansicht, dass diese Rechte allein dem öffentlichen Recht zuzuordnen seien und damit außerhalb des Privatrechts stünden, mithin die bürgerliche Ehre auf die privatrechtliche Stellung keinen Einfluss nehme.[1167] Andere hingegen sahen in der Unfähigkeit zur Führung von Würden, Titeln und Orden einen Eingriff in das Privatrecht, da die Vermögensrechte, die mit dem Amt oder mit Orden einhergehen können, verloren gingen.[1168]

Es steht hier nicht zu beurteilen, ob die Wirkung öffentlich- oder privatrechtlicher Natur ist. Es geht hier vielmehr darum, ob eine bürgerliche Ehre des Privatrechts Einfluss auf die Tätigkeit des Kaufmanns nahm. Im Ergebnis steht fest, dass eine bürgerliche Ehre im Privatrecht zwar diskutiert wurde, aber ihre Wirkung dort nur vermittelt über das Strafrecht anerkannt war. Das strafrechtliche Urteil bewirkte eine Ehrenminderung und damit eine Rechtsminderung. An dieser Stelle schließt sich der Kreis zu den obigen Ausführungen (vgl. Kap. 5, A.). Daher ist die Frage, ob die bürgerliche Ehre des Privatrechts Einfluss auf die Tätigkeit des Kaufmanns nahm, ebenfalls nach dem bereits dargestellten Strafrecht zu beurteilen.

C. Ergebnis zum Einfluss der bürgerlichen Ehre auf den Kaufmann

In der bisherigen Untersuchung konnte ein Einfluss der bürgerlichen Ehre des Strafrechts auf den Kaufmann festgestellt werden. Ein Einfluss war für die Fälle auszumachen, in denen der Kaufmann seine bürgerliche Ehre im Wege eines Strafurteils mittels der Ehrenstrafe verloren hatte. Ein Ehrverlust kam einer Ehrlosigkeit gleich, und wer ehrlos war, konnte im Zeitalter des Gildewesens keinen Handel treiben. Demnach stellte die Ehrlosigkeit ein Zugangshindernis zum Handelsgewerbe dar. Diese einschneidende Konsequenz wurde im Laufe der Zeit gemildert. Einen erheblichen Beitrag hierzu leistete die Einführung der Gewebefreiheit, die im Ergebnis zur Abschaffung des Gildewesens führte und an deren Stelle zunächst Kaufmannsvereinigungen und später die kaufmännischen Korporationen traten. Diese sahen teilweise als Aufnahmevoraussetzung das

1167 *Windscheid*, Lehrbuch des Pandektenrechts, Bd. 1, 1873, S. 129 Fn. 5.

1168 *von Gierke*, Deutsches Privatrecht, Bd. 1, 1895, S. 428.

Vorhandensein des guten Rufes vor. Es kann davon ausgegangen werden, dass eine Person, die ihre bürgerliche Ehre durch Strafurteil verloren hatte, keinen guten Ruf hatte. Ein Ausschluss aus der kaufmännischen Korporation erfolgte unter anderem aufgrund des Verlusts der bürgerlichen Ehre. Die Folgen einer verweigerten Aufnahme als auch eines Ausschlusses aus der kaufmännischen Korporation waren jedoch nicht in der Weise einschneidend, als dass der Kaufmann vom Handelsgewerbe vollständig ausgeschlossen worden wäre. Vielmehr war die Folge die Beschneidung bestimmter Rechte, nämlich jener in Teil II, Titel 8, §§ 475 ff. des ALR.

Folglich war das Bild der Kaufmannschaft zu Gildezeiten geprägt von Kaufleuten, die in ihrer Ehre nicht eingeschränkt waren, womit eine unmittelbare Wechselwirkung von Ehre und Kaufmann bestand. Diese Zusammensetzung der Kaufmannschaft war jedoch auf die Gildestatuten und deren Aufnahmebedingungen und nicht auf eine Intention des Gesetzgebers zurückzuführen. Sie ist bedingt durch die Anfänge des Handeltreibens und der ersten Zusammenschlüsse von Kaufleuten. Dabei stellten sie sich selbst Regeln auf. Der Gesetzgeber sah keine Notwendigkeit, dem entgegenzuwirken oder darüber hinauszugehen. Erst mit der Einführung der Gewerbefreiheit wurde der Gesetzgeber zunehmend in der Wirtschaft regulativ tätig. Aber auch im beginnenden Kodifikationszeitalter nahm der Gesetzgeber auf die Wechselwirkung von Ehre und Kaufmann keinen Einfluss. So waren es die Vorläufer der preußischen kaufmännischen Korporationen, die in ihre Statuten die Wechselwirkung von Ehrverlust und Ausschlussgrund aufnahmen.

Für das 19. und das 20. Jahrhundert war zu verzeichnen, dass eine Ehrenstrafe für den Kaufmann den Ausschluss vom Börsenbesuch als auch das Verbot der Anleitung und Haltung von Handlungsgehilfen bedeuten konnte. Diese Folgen des Ehrverlusts wurden jedoch gleichfalls nicht vom Gesetzgeber in der Absicht herbeigeführt, Ehrlose in der eben genannten Hinsicht vom Wirtschaftsleben fernzuhalten. Vielmehr ist die Verknüpfung von Ehrverlust und Verbot der Anleitung und Haltung von Handlungsgehilfen auf Wunsch der Handlungsgehilfen hergestellt und in das Gesetz eingeführt worden (vgl. Kap. 5, A. I. 4. b.)). Der Umstand, dass der Ehrverlust vom Börsenbesuch ausschloss, ist auf die Ordnungen der Börsen zurückzuführen, die sich die örtlichen Börsenteilnehmer ursprünglich selbst gaben. Als der Gesetzgeber ein Börsengesetz mit reichsweiter Geltungskraft erarbeitete, bediente er sich hinsichtlich der Ausschlussgründe bei den bereits bestehenden Bestimmungen und versuchte, sie in einem einheitlichen Börsengesetz in Einklang miteinander zu bringen (vgl. Kap. 5, A. I. 4. d.)).

D. Gegenwärtige Bestimmungen

Um das bisherige Ergebnis zu ergänzen, gilt der Blick der Gegenwart, verbunden mit der Frage, ob es Normen gibt, die einen ähnlichen Einfluss auf den Kaufmann ausüben wie einst der Ehrverlust.

Dem Ehrverlust, dem eine Beeinträchtigung des Kaufmanns folgen konnte, war eine strafbewehrte Unrechtshandlung vorgelagert. Da seit 1969 die den Ehrverlust herbeiführende Ehrenstrafe nicht mehr besteht,[1169] interessiert nun, ob eine durch den Kaufmann begangene strafbewehrte Unrechtshandlung zu einer Beeinträchtigung seiner kaufmännischen Tätigkeit führt. Für einen Kaufmann kommen dafür insbesondere die Bestimmungen der Gewerbeordnung, das strafrechtliche Berufsverbot sowie, in Anknüpfung an die obigen Ausführungen zum Börsenbesuch, das aktuelle Börsengesetz in Betracht.

I. Gewerbeordnung

Die Gewerbeordnung ist getragen vom Grundsatz der Gewebefreiheit. Gemäß § 1 Abs. 1, 1. HS GewO ist der Betrieb eines Gewerbes jedermann gestattet. Durchbrochen wird dieses Prinzip durch die in der Gewerbeordnung vorgeschriebenen oder zugelassenen Ausnahmen oder Beschränkungen (§ 1 Abs. 1, 2. HS GewO).

Als Korrektiv des Grundsatzes der Gewerbefreiheit dient § 35 GewO.[1170] Gemäß dieser Bestimmung muss die Behörde dem Gewerbetreibenden sein erlaubnisfreies und bereits aufgenommenes Gewerbe untersagen, wenn Tatsachen vorliegen, die die Unzuverlässigkeit des Gewerbetreibenden dartun und eine Untersagung der weiteren Ausübung des Gewerbebetriebs zum Schutz der Allgemeinheit oder der im Betrieb Beschäftigten erforderlich ist (§ 35 Abs. 1 GewO). Folglich ist es das Ziel der Norm, diejenigen Gewerbetreibenden mittels einer Untersagungsverfügung vom Wirtschaftsverkehr fernzuhalten, die aufgrund der Art und Weise ihrer Gewerbeausübung eine Gefahr für die Allgemeinheit darstellen.[1171]

1169 Eine Ausnahme bilden die §§ 45 ff. StGB, vgl. dazu *Weinrich*, Statusmindernde Nebenfolgen als Ehrenstrafen im Sanktionssystem des StGB, 2009.

1170 *Marcks* in: Landmann/Rohmer, Gewerbeordnung, März 2016, § 35 Rn. 15.

1171 *Brüning* in: Gewerbeordnung, 2009, § 35, Überblick. Grundsätzlich kann § 35 GewO auch auf eine juristische Person Anwendung finden und zwar in der Weise, dass eine Teiluntersagung ausgesprochen wird. Dabei hängt es vom Einzelfall ab, ob eine Teil- oder eine Volluntersagung ergeht, vgl. *Marcks* in: Landmann/Rohmer, Gewerbeordnung, März 2016, § 35 Rn. 65. Adressat der Verfügung ist die Gesellschaft. Der

Der unbestimmte Rechtsbegriff der Unzuverlässigkeit ist von der Rechtsprechung dahingehend ausgefüllt worden, dass heute als unzuverlässig gilt, wer nach dem Gesamteindruck seines Verhaltens keine Gewähr dafür bietet, dass er in Zukunft sein Gewerbe ordnungsgemäß ausüben wird.[1172] Bei der Beurteilung der Unzuverlässigkeit durch die Behörde handelt es sich um eine Prognoseentscheidung auf Grundlage der bisherigen Tatsachen, die ein Fehlverhalten begründen,[1173] wobei ein Verschulden nicht vorausgesetzt wird.[1174]

Die Vielzahl der Tatsachen, die für eine Unzuverlässigkeit sprechen können, sind zu Fallgruppen zusammengefasst worden.[1175] Zu den wichtigsten Gruppen zählen die der Straftaten und Ordnungswidrigkeiten, der mangelnden wirtschaftlichen Leistungsfähigkeit, der Nichtabführung von Sozialversicherungsbeiträgen, der mangelnden Sachkenntnis oder auch die Gruppe der Verstöße gegen zivilrechtliche Pflichten.

Im Hinblick auf die aufgeworfene Frage, ob eine durch den Kaufmann begangene Unrechtshandlung Folgen für ihn haben kann, interessiert die Fallgruppe der Straftaten und Ordnungswidrigkeiten.

Grundsätzlich kann eine Straftat des Gewerbetreibenden zu einer Untersagungsverfügung durch die Behörde führen. Allerdings ist die Handlung dahingehend zu untersuchen, ob die Handlung den Schluss auf eine zukünftige gewerberechtliche Unzuverlässigkeit zulässt.[1176] Insbesondere kann eine Verletzung von vermögensschützenden Tatbeständen für eine Unzuverlässigkeit

---

Inhalt der Teiluntersagung ist die Anordnung, eine unzuverlässige Person weder die Geschäftsleitung ausüben zu lassen, noch als Mitglied der Geschäftsführung oder des Vorstandes zu berufen. Dazu *Brüning* in: Gewerbeordnung, 2009, § 35 Rn. 27; *Heß* in: Kommentar zur Gewerbeordnung, Bd. 2, Stand Juni 2015, § 35 Rn. 93 ff.; Fallbeispiel bei *Scheidler*, Gewerbeuntersagung bei Aktiengesellschaften, in: GewArch, 2005, S. 445 ff.

1172 *Brüning* in: Gewerbeordnung, 2009, § 35 Rn. 19; *Heß* in: Kommentar zur Gewerbeordnung, Bd. 2, Stand Juni 2015, § 35 Rn. 141.

1173 *Heß* in: Kommentar zur Gewerbeordnung, Bd. 2, Stand Juni 2015, § 35 Rn. 155 f.; insgesamt kritisch hierzu *Leisner*, Unzuverlässigkeit im Gewerberecht (§ 35 Abs. 1 S. 1 GewO) Ausuferungsgefahren – notwendiger Gewerbebezug, GewArch 2008, S. 225 ff.

1174 *Marcks* in: Landmann/Rohmer, Gewerbeordnung, März 2016, § 35 Rn. 30.

1175 Zum Folgenden *Brüning* in: Gewerbeordnung, 2009, § 35 Rn. 23; *Marcks* in: Landmann/Rohmer, Gewerbeordnung, März 2016, § 35 Rn. 35 ff.

1176 *Heß* in: Kommentar zur Gewerbeordnung, Bd. 2, Stand Juni 2015, § 35 Rn. 178; *Marcks* in: Landmann/Rohmer, Gewerbeordnung, März 2016, § 35 Rn. 31.

sprechen.[1177] Bei der Beurteilung kommt es auf die Schwere der Tat an, wobei auch viele kleine Straftaten als hinreichend erachtet werden können, wenn sich aus der Häufigkeit ein Hang zur Nichtbeachtung der geltenden Vorschriften schließen lässt.[1178] Demnach kann die Begehung einer Unrechtshandlung dazu führen, dass dem Kaufmann sein Handelsgewerbe untersagt wird und er nicht mehr am Wirtschaftsleben teilnehmen darf.

Hinsichtlich der Tatsachen, die auf eine Unzuverlässigkeit des Gewerbetreibenden hindeuten können, wurde daneben in der Literatur der 1950er-Jahre der (mittlerweile nicht mehr angeführte[1179]) Hinweis gefunden, dass eine Unzuverlässigkeit vorliege, wenn dem Gewerbetreibenden der Sinn für kaufmännische Ehre und geschäftlichen Anstand abgehe.[1180] Diese Ausfüllung des Begriffs Unzuverlässigkeit ist auf mehrere Entscheidungen unter anderem des bayerischen Verwaltungsgerichtshofs (VGH) zurückzuführen, die sämtlich im Kontext der NS-Zeit stehen.

In einem der Fälle hatte das Gericht[1181] über die Gewerbeuntersagung eines Pferde- und somit eines Viehhändlers (Beschwerdeführer) wegen Unzuverlässigkeit zu entscheiden. Dieser hatte am 15. November 1933 sein Gewerbe der zuständigen Behörde angezeigt, die ihm im Januar 1934 die Ausübung des Gewerbes wegen Unzuverlässigkeit untersagte. Anlass hierzu gab der Behörde ein zum damaligen Zeitpunkt fünf Jahre zurückliegender Vorfall, in dem der Beschwerdeführer als Angestellter eines anderen Viehhändlers mit diesem gemeinsam einen Betrug beging, der im Zusammenhang mit dem Verkauf eines minderwertigen Pferdes stand. Hierfür wurde er zu 100 Reichsmark, ersatzweise zehn Tage Gefängnis, rechtskräftig verurteilt. Nach der Untersagungsverfügung Anfang des Jahres 1933 war der Viehhandelsberuf durch die Ministerial-Entschließung vom 2. August 1934 über die „Säuberung des Viehhandels von unzuverlässigen Personen" zum Vertrauensberuf erklärt worden. Folglich stand nach Ansicht des VGH ein Viehhändler mit seinen Kunden in

---

1177 *Brüning* in: Gewerbeordnung, 2009, § 35 Rn. 23 c.

1178 *Heß* in: Kommentar zur Gewerbeordnung, Bd. 2, Stand Juni 2015, § 35 Rn. 163.

1179 Vgl. die aktuelle Ausgabe des Landmann/Rohmer, Gewerbeordnung, März 2016, § 35 Rn. 1 ff.

1180 *Landmann-Rohmer*, Kommentar zum Gewerberecht, 1952, § 35 Anm. 4. Dort wird auf DJZ 35, S. 903 verwiesen. Diese Stelle führt lediglich zu E 21.12.1934 Nr. 54 II/34 und E 8.2.1935 Nr. 53 II/33. Dabei handelt es sich um nicht veröffentlichte Entscheidungen des bayerischen VGH, die dort bezogen werden können und im weiteren behandelt werden.

1181 BayVGH, Entscheidung vom 21. Dezember 1934, Nr. 54 II/34.

einem Vertrauensverhältnis. Dieses besondere Vertrauensverhältnis habe der Beschwerdeführer missbraucht, indem er „seiner bäuerlichen Kundschaft“ ein Pferd in „Kenntnis der Minderwertigkeit“ verkaufte. Die Tat, wobei ein einziger Vorfall ausreiche, sei ein „Spiegelbild seines Innern“ und offenbarte seine „niedere Gesinnung“. Diese Geschäftsmoral bedrohe „wie ein schleichendes Gift“ die deutsche Wirtschaft. Es sei nunmehr die Aufgabe des neuen Staates, die „Wiederherstellung der kaufmännischen Ehre und Anständigkeit“ durch eine „unerbittliche Ausrottung“ eben jener „Geschäftsmoral“, die der Viehhändler verkörpere. Dies habe in der Weise zu erfolgen, dass alle Vertrauensunwürdigen vom Geschäftsleben rücksichtslos ferngehalten oder ausgeschaltet werden. Insbesondere bei Neuanmeldungen müsse „ein besonders strenger Maßstab an die Zuverlässigkeit der Gewerbetreibenden gelegt“ werden. Folglich trat der erkennende Senat des VGH den vorinstanzlichen Entscheidungen bei. Dabei erklärte das Gericht ausdrücklich, dass auf die Entziehung der Existenzgrundlage keine Rücksicht genommen werden könne und auch nicht auf den Umstand, dass sich der Beschwerdeführer in den letzten fünf Jahren nichts mehr habe zu Schulden kommen lassen.

In einem weiteren Fall[1182] wurden dem Beschwerdeführer die gewerbsmäßige Besorgung fremder Rechtsangelegenheiten und die bei Behörden wahrzunehmenden Geschäfte sowie das Geschäft eines gewerbsmäßigen Vermittlungsagenten für Immobilien- und Darlehensverträge am 25. Januar 1933 untersagt. Die Unzuverlässigkeit des Beschwerdeführers sah die untersagende Behörde in den diversen strafgerichtlich geahndeten Verfehlungen in den letzten Jahren, deren Schwergewicht auf Betrug und Unterschlagung lag, die durch Übertretungen von besonderen, in der Entscheidung nicht näher bezeichneten Berufsvorschriften ergänzt wurden.

Dem Beschwerdeführer, dem eine richtige kaufmännische Ausbildung gefehlt haben soll, sei es nur um das Geldverdienen gegangen, wobei es ihm nicht so sehr darauf ankam, dies in kaufmännisch anständiger und ehrlicher Weise zu tun. Auch ansonsten entspreche der Beschwerdeführer aufgrund eines Ehebruchs mit einer Angestellten und weitgehendem Alkohol- und Nikotinmissbrauch nicht dem Bild eine sittlich hochstehenden Menschen. Seiner Persönlichkeit fehlten jene Eigenschaften, die gerade für die Gewerbebetriebe des § 35 GewO die unerlässliche Voraussetzung bildeten und heute mit „der Forderung auf Wiederherstellung kaufmännischer Ehre und geschäftlichen Anstands“ die Zuverlässigkeit eines Gewerbetreibenden ganz allgemein bedingten. Nach

---

1182 BayVGH, Entscheidung vom 8. Februar 1935, Nr. 53 II/33.

Ansicht des Gerichts legte der Beschwerdeführer ein Verhalten an den Tag, „das bei einem anständigen Kaufmann völlig unverständlich ist", indem er die ihm unter Eigentumsvorbehalt gelieferte Ware (Radioapparate und Zubehörteile) weiter verkaufte und die Erlöse für sich behielt. Erst „auf Drängen seiner Lieferanten gab er wohl in einem Fall einen Apparat zurück, lehnte aber im übrigen ab, die Käufer zu nennen". Das Gesamtbild, das sich durch seine strafrechtlichen und sittlichen Verfehlungen ergebe, spreche für die Unzuverlässigkeit des Beschwerdeführers.

In einer weiteren Entscheidung des bayerischen VGH[1183] musste das Gericht über die Gewerbeuntersagung des 66-jährigen Beschwerdeführers befinden, der auf dem Gebiet des Immobilien- und Darlehensvermittlung tätig war. Dieser hatte im Alter von 62 Jahren einen schweren Betrug, Pfandbruch sowie erhebliche Beitragshinterziehungen zur Invaliden-, Arbeitslosen- und Krankenversicherung begangen. Nach Ansicht des VGH hatte er die Pflichten eines ehrbaren Kaufmanns verfehlt. Das Ausmaß seiner Verfehlungen begründeten in der Regel die Unzuverlässigkeit des Gewerbetreibenden und damit die Untersagung der Gewerbeausübung gemäß § 35 GewO. Bei der Würdigung der Frage, ob der Gewerbetreibende aus dem Wirtschaftsleben ausgeschlossen werden müsse, komme es einerseits auf die sittlichen und charakterlichen Mängel des Gewerbetreibenden und andererseits auf die Wahrscheinlichkeit einer weiteren Gefährdung der Allgemeinheit an. Vorliegend urteilte der bayerische VGH, dass auf Grundlage des Lebensbildes, das der Beschwerdeführer vermittle, es sich bei den Verfehlungen um eine Entgleisung „eines an sich rechtschaffenen und im Leben bewährten Menschen handelt, dessen Charakter durch seine Verfehlungen nicht in maßgeblicher Weise berührt wird". Folglich sah das Gericht die persönliche Unzuverlässigkeit des Beschwerdeführers als nicht erwiesen an und hob hervor, dass dieses Urteil keine unangebrachte Milde bedeute, schon gar nicht in einer Zeit, in der die nationalsozialistische Wirtschaftsführung auch

---

1183 BayVGH, Entscheidung vom 22. November 1935, Nr. 34 II/35. Abgedruckt in: Sammlung von Entscheidungen des BayVGH, Bd. 57 (1936), Nr. 10, S. 95 ff. Der vollständige Leitsatz lautet:
„Die nationalsozialistische Wirtschaftsführung fordert auch im Geschäftsleben ehrbares Verhalten und eine ehrbare Gesinnung. Die allgemeine gewerbepolizeiliche Zuverlässigkeit ist daher vornehmlich auch vor diesem gesinnungsmäßigen Standpunkt mit Strenge zu prüfen. Die Entscheidungen über die gewerbepolizeiliche Zuverlässigkeit als wichtige ethische Werturteile lassen sich deshalb nur unter weitgehender individueller Würdigung jeder einzelnen Person und ihres Lebens treffen, wobei jede schematische Einstellung vermieden werden muss."

im Geschäftsleben „ehrbares Verhalten und eine ehrbare Gesinnung" fordere. Das Gericht habe eine individuelle Würdigung jeder einzelnen Person und ihres Lebens vorzunehmen, wobei jede schematische Einstellung vermieden werden müsse.

In einer Entscheidung aus dem Jahr 1936[1184] war der Beschwerdeführer, der in der Vergangenheit seinen Lebensunterhalt als „Gelegenheitsgeschäftemacher" bestritt, zwischen den Jahren 1920 bis 1932 wegen Preistreiberei, Siegelbruchs, Vergehens gegen die Devisenordnung, Notzucht, Diebstahls, Unterschlagung, Betrugs, Körperverletzung, Beleidigung, Widerstands sowie falscher Anschuldigungen bestraft worden. Die letzte Verurteilung erfolgte am 22. Februar 1932. Zu Beginn des Jahres 1933 zeigte er der zuständigen Behörde an, dass er das Gewerbe der Immobilien- sowie der Darlehensvermittlung aufgenommen hatte. Die Behörde untersagte auf Grundlage des § 35 GewO die Ausübung wegen mangelnder Zuverlässigkeit. Maßgebend für die Beurteilung war das Gesamtbild der Persönlichkeit des Gewerbetreibenden, in das auch sein Vorleben einfloss, insbesondere die begangenen strafbaren Handlungen. Die Behörde ging davon aus, dass vor allem für das Gewerbe der Immobilien- und Darlehensvermittlung strenge Anforderungen an die Zuverlässigkeit gälten, da diesen Gewerben eine besondere Vertrauenswürdigkeit anhafte. Der Beschwerdeführer hielt § 35 GewO für „veraltet". Seiner Ansicht nach sei die Norm mit den maßgebenden „menschlichen Empfindungen" nicht mehr vereinbar. Nach Meinung des bayerischen VGH war indessen Gegenteiliges der Fall, wonach es gerade die Hauptaufgabe des nationalsozialistischen Staates sei, die kaufmännische Ehre und den geschäftlichen Anstand im Erwerbsleben wiederherzustellen. Dies ergebe sich aus dem Grundsatz „Gemeinnutz vor Eigennutz". Die Mussvorschrift des § 35 GewO bilde den Grundpfeiler der Rechtsbestimmungen, die darauf abziele, die Gewerbe, denen die Allgemeinheit ein besonderes Vertrauen entgegenbringt, „von allen ungeeigneten Elementen zu säubern und insbesondere Neuzugänge

---

1184 BayVGH, Entscheidung vom 11. September 1936, Nr. 68 II/35. Abgedruckt in: Sammlung von Entscheidungen des BayVGH, Bd. 58 (1937), Nr. 4, S. 10 f. Leitsatz: „Die Wiederherstellung der kaufmännischen Ehre und geschäftlichen Anstands im Erwerbsleben ist auf wirtschaftlichem Gebiete eine der Hauptaufgaben, die sich der nationalsozialistische Staat in Ausführung seines Grundsatzes ‚Gemeinnutz geht vor Eigennutz' gestellt hat. § 35 der Reichsgewerbeordnung mit seiner strengen Mußvorschrift bildet heute erst recht den Grundpfeiler der Rechtsbestimmungen, die darauf abzielen, das Erwerbsleben und insb. diejenigen Gewerbe, die im Interesse der Allgemeinheit besonderes Vertrauen genießen müssen, von allen ungeeigneten Elementen zu säubern und insb. Neuzugänge solcher Personen fernzuhalten."

solcher Personen fernzuhalten". Zwar vertrat der VGH die Ansicht, dass einem Gewerbetreibenden, der eine Verfehlung begangen hatte, trotzdem die Möglichkeit gegeben werden solle, „durch sein späteres Verhalten seine durchgreifende und nachhaltige Sinnesänderung zu beweisen". Im vorliegenden Fall konnte der Beschwerdeführer das Gericht von einer solchen Sinnesänderung jedoch nicht positiv überzeugen, zumal eine Vielzahl von Gesetzesverletzungen vorlag und diese auch nicht allzu lange zurückreichten. Folglich sah der VGH die allgemeine gewerbepolizeiliche Zuverlässigkeit nicht als gegeben an, sodass es die Entscheidung der unteren Instanzen aufrecht hielt.

Eine weitere Gerichtsentscheidung, die den ehrbaren Kaufmann erwähnt, stammt vom OVG Münster.[1185] Das Gericht hatte über die Frage zu entscheiden, ob einem Milchhändler die Milchhandelserlaubnis, welche die Zuverlässigkeit des Gewerbetreibende voraussetzte,[1186] zu entziehen war.

Der Milchhändler entnahm in den Jahren 1943 bis 1945 mehrere tausend Liter für eigene Zwecke und ließ es zudem zu, dass seine Frau den Rahm der übrigen Milch abschöpfte.

Bei der Beurteilung der Zuverlässigkeit legte das Gericht als Maßstab zum einen das Gesetz und zum anderen die Grundsätze eines ehrbaren Kaufmanns an,[1187] ohne dabei auszuführen, was seiner Ansicht nach Gegenstand dieser Grundsätze war. Daneben kam es dem Gericht bei der Beurteilung der Zuverlässigkeit auch darauf an, ob der Gewerbetreibende die charakterliche Gewähr dafür biete, bei gegebener Gelegenheit die ihm erteilte gewerbliche Erlaubnis zum Schaden der Allgemeinheit zu missbrauchen.[1188] Im Ergebnis stellte das Gericht die Unzuverlässigkeit des Milchhändlers fest, da er nicht die charakterlichen Voraussetzungen erfülle, um Versuchungen zu widerstehen. Als Milchverteiler habe er vor allem zu jener Zeit eine besondere Vertrauensstellung besessen. Indem er der Verbraucherschaft die Milch zu einer Zeit entzog, in der es sowieso nur unzureichend Milch, insbesondere für Kinder und Kranke gab,

---

1185 Urteil vom 5. April 1950 (Az. III A 335/49). Abgedruckt in Verw. Rspr. Bd. 4 (1952), Nr. 160, S. 751–754. Aufgegriffen bei *Hellwig*, Auslegung und Anwendung des Begriffs Unzuverlässigkeit im Gewerberecht, 1967, S. 48.

1186 Vgl. § 14 Milchgesetz vom 31. Juli 1930, RGBl. I S. 421.

1187 „Unzuverlässig ist, wer nicht die Gewähr dafür bietet, daß er sein Gewerbe ordnungsgemäß, d. h. dem Gesetz und den Grundsätzen eines ehrbaren Kaufmanns entsprechend, ausübt." vgl. Verw. Rspr. Bd. 4 (1952), Nr. 160, S. 751.

1188 Verw. Rspr. Bd. 4 (1952), Nr. 160, S. 752.

habe er „sich dieses Vertrauens als unwürdig erwiesen". Diese Vertrauensstellung, die ihm bewusst sein musste, habe er zu seinem Vorteil ausgenutzt.[1189]

Die Kernaussage des OVG Münster lautete demnach, dass der Gewerbetreibende unzuverlässig war, da er eine Vertrauensstellung zum eigenen Vorteil ausnutzte und er einen Schaden an der Allgemeinheit anrichtete. Ob er mit diesem Verhalten nicht die – von der oben genannten Definition der Unzuverlässigkeit – geforderte Gewähr dafür bot, sein Gewerbe entsprechend dem Gesetz *oder* den Grundsätzen eines ehrbaren Kaufmanns auszuüben, erklärte das Gericht dabei nicht. Auch aus den Entscheidungen des obersten bayerischen Verwaltungsgerichts geht hervor, dass der ehrbare Kaufmann meist dort genannt wurde, wo nach Ansicht des Gerichts dem Gewerbe eine Vertrauensstellung anhaftete. Dabei wurden an die Persönlichkeit des Gewerbetreibenden je höhere Anforderungen gestellt, desto vertrauensbehafteter das ausgeübte Gewerbe war. Ein ausgewiesener Charaktermangel war vor allem dann gegeben, wenn der Gewerbetreibende seine persönliche Interessen, konkret: die reine Gewinnorientierung, über die Interessen der Allgemeinheit stellte. Auch sprach das Gericht in diesem Zusammenhang vom anständigen und ehrbaren Kaufmannsverhalten, ohne dabei Attribute zu nennen, die einen ehrbaren Kaufmann ausmachen. Es wird dabei deutlich, dass in die Entscheidungen die Ansichten des Gerichts einflossen, wann ein Charaktermangel vorlag und welches Verhalten dem eines anständigen und ehrbaren Kaufmanns entsprach, ohne eine Konkretisierung vorzunehmen. Heute spiegeln die Entscheidungen durch die Verwendung von kontextbezogenen nationalsozialistischen Grundbegriffen wie „Ehre" und „Schutz der Allgemeinheit" die damals propagierte Wertvorstellung des nationalsozialistischen Regimes wider, was auch in dieser Arbeit bei den Aufgaben der Handelskammern und insbesondere beim Strafrecht behandelt wurde (vgl. Kap. 2, A. I. 4 und Kap. 5, A. II. 7. b.).

II. Strafrechtliches Berufsverbot, § 70 StGB

Neben einer Verurteilung zu einer Straftat – die gleichfalls Anlass zu einer Unzuverlässigkeitsprüfung nach § 35 GewO bieten kann – kommt die Sicherungsmaßregel[1190] der Anordnung eines Berufsverbots nach § 70 StGB in Betracht.

Gemäß § 70 StGB kann dem Kaufmann sowie auch anderen Personen vom Gericht die Ausübung des Berufs, Berufszweiges, Gewerbes oder Gewerbezweiges

1189 Verw. Rspr. Bd. 4 (1952), Nr. 160, S. 753.

1190 *Hanack* in: Leipziger Kommentar, StGB, 2008, § 70 Rn. 1; *Fischer*, StGB, 2015, § 70 Rn. 1.

für die Dauer von einem Jahr bis zu fünf Jahren verboten werden, wenn er wegen einer rechtswidrigen Tat verurteilt wurde,[1191] die er unter Missbrauch seines Berufs oder Gewerbes oder unter grober Verletzung der mit ihnen verbundenen Pflichten begangen hat. Erforderlich ist, dass die Gesamtwürdigung seiner Person und seiner Tat die Gefahr erkennen lässt, dass er bei weiterer Ausübung des Berufs erhebliche rechtswidrige Taten der bezeichneten Art begehen wird. Das Berufsverbot kann sogar für immer angeordnet werden, wenn zu erwarten ist, dass die gesetzliche Höchstfrist zur Abwehr der von dem Täter drohenden Gefahr nicht ausreicht.

Auch gilt, solange das Berufsverbot wirksam ist, dass der Kaufmann den Beruf ebenfalls nicht für einen anderen ausüben oder durch eine von seinen Weisungen abhängige Person für sich ausüben lassen darf (§ 70 Abs. 3 StGB). Daneben wird das Berufsverbot des § 70 StGB vom vorläufigen Berufsverbot des § 132a der Strafprozessordnung flankiert.

Das Statistische Bundesamt ermittelte zuletzt für das Jahr 2014,[1192] dass die Strafgerichte das Berufsverbot 40 Mal anordneten, wobei in 31 Fällen eine Straftat nach dem StGB vorausgegangen war. Aus der Statistik geht nicht hervor, nach welchen Gesetzen die übrigen neun Straftaten verübt wurden.

Interessant ist, dass das Berufsverbot in 14 dieser 40 Fälle infolge eines Betruges und/oder Untreue verhängt wurde.

Aus dem bisher Gesagten ergibt sich, dass einem Kaufmann die Ausübung seiner Handelsgewerbetätigkeit untersagt werden kann, wenn er eine strafbare Handlung begangen hat und deswegen auch verurteilt wurde. Eine Umgehung im Wege der Anweisung abhängiger Dritter ist nicht möglich.

Das Berufsverbot des § 70 StGB kann auch gegenüber einem Organ einer juristischen Person ausgesprochen werden,[1193] sodass die Person nicht mehr als Geschäftsführer oder Vorstandsmitglied tätig werden darf. Damit werden ähnliche Folgen herbeigeführt wie nach den gesellschaftsrechtlichen Inhabilitätsvorschriften (s. unten Kap. 5, D. IV.).

1191 Auf eine Verurteilung kommt es dann nicht an, wenn er nur deshalb nicht verurteilt wurde, weil seine Schuldunfähigkeit erwiesen oder nicht auszuschließen war.

1192 Statistisches Bundesamt, Fachserie 10, Reihe 3, 2014, S. 366 f.

1193 *Hanack* in: Leipziger Kommentar, StGB, 2008, § 70 Rn. 6.

		Angeordnete sonstige Maßrgelen der Besserung & Sicherung* **Insgesamt**	davon **Berufsverbot**
Insg	Straftaten insgesamt	3362 *(3138)***	40 *(32)*
StGB	darunter Straftaten nach dem StGB	2732 *(2547)*	31 *(25)*
§§ 174-184f	und zwar gegen die sexuelle Selbstbestimmung	189 *(189)*	9 *(9)*
§§ 211-222	gegen das Leben (o.V.)***	219 *(193)*	-
§§ 223-231	gegen die körperliche Unversehrtheit (o.V.)	776 *(701)*	1
§§ 242-248c	Diebstahl und Unterschlagung	451 *(426)*	2
§§ 249-255,316a	Raub und Erpressung, Angriff auf Kraftfahrer	654 *(636)*	5 *(4)*
§§ 263-266b	Betrug und Untreue	83 *(72)*	13 *(11)*
§§ 306-323c (o.V.)	Gemeingefährliche Straftaten (o.V.)	158 *(138)*	-

Erläuterungen zur Übersicht:

* Ohne Entziehung der Fahrerlaubnis.

** Die kursiv gestellten Angaben in Klammer geben den Anteil wieder, der auf männliche Abgeurteilte/Verurteilte entfällt.

*** Ohne Straftaten im Straßenverkehr.

Übersicht 1: *„Strafverfolgungsstatistik: Sonstige Maßnahmen der Sicherung und Besserung“*

III. Zulassung zum Börsenbesuch

An anderer Stelle wurde dargestellt, dass die Ehrenstrafe gemäß § 7 Nr. 2 BörsG a. F. dazu führen konnte, dass der Kaufmann vom Börsenbesuch, mithin von der Teilnahme am Börsenhandel ausgeschlossen wurde (Kap. 5, A. I. 4.). Heute wird der Börsenbesuch von § 19 BörsG in Verbindung mit der jeweiligen landesrechtlichen Börsenordnung geregelt. Mit Blick etwa auf die Börse in Stuttgart ergeben sich die Voraussetzungen für einen Börsenbesuch als natürliche Person aus § 19 BörsG i. V. m. § 14 der Börsenordnung[1194] i. V. m. §§ 1 ff. Börsenzulassungsordnung.[1195] Nach dieser Normenkette ist zum Börsenhandel zuzulassen, wer zuverlässig ist und die notwendige berufliche Eignung hat. Die notwendige Eignung wird gemäß § 3 Zulassungsordnung angenommen, wenn der Händler über die zum Handel an der Börse erforderlichen fachlichen Kenntnisse und

1194 Vom 21. November 2011. Bekannt gemacht im Kursblatt vom 30. November 2011. Zuletzt geändert durch die 10. Änderungssatzung vom 25. Juni 2015.

1195 Vom 3. Dezember 2009. Bekannt gemacht im Kursblatt vom 10. Dezember 2009. Zuletzt geändert durch die Erste Änderungssatzung vom 19. November 2012.

praktischen Erfahrungen verfügt. Als zuverlässig gilt der Börsenhändler, wenn er die Gewähr für eine künftige ordnungsgemäße Börsenhändlertätigkeit bietet (§ 2 Abs. 1 Börsenzulassungsordnung).

Seine Zuverlässigkeit wird gemäß § 2 Abs. 2 Börsenzulassungsordnung infrage gestellt, wenn wegen Geldwäsche (§ 261 StGB), Betrugs (§ 263 StGB), weiterer Betrugsfälle (§§ 263a, 264a, 265b StGB), Untreue (§ 266 StGB), Vorenthaltung und Veruntreuung von Arbeitsentgelt (§ 266 a StGB), Missbrauch von Scheck- und Kreditkarten (§ 266 b StGB) sowie Delikten der Urkundenfälschung (§§ 267-271, 274 StGB), Insolvenzstraftaten (§§ 283-283d StGB) oder Bestechlichkeit und Bestechung im geschäftlichen Verkehr (§ 299 StGB) ein Strafverfahren anhängig oder ein Bußgeldverfahren eingeleitet ist. Ferner wird seine Zuverlässigkeit erst recht überprüft, wenn er wegen einer solchen Tat rechtskräftig verurteilt wurde oder ein rechtskräftiger Bußgeldbescheid ergangen ist. Entsprechendes gilt bei einem Verstoß beispielsweise gegen das Kreditwesengesetz, das Wertpapierhandelsgesetz, das Börsengesetz, das Depotgesetz oder das Geldwäschegesetz. Zweifel an der Zuverlässigkeit des Börsenhändlers bestehen auch dann, wenn ein von ihm geleitetes Unternehmen als Schuldner in ein Insolvenzverfahren oder ein Verfahren zur Abgabe einer eidesstattlichen Versicherung oder ein vergleichbares Verfahren einbezogen war oder ist.

Es liegen hiermit eine Vielzahl von Normen vor, die eine Unzuverlässigkeit und damit einen Ausschluss vom Börsenhandel begründen können. Eine nähere Betrachtung der Tatbestände ergibt, dass sie im Bereich des Vermögenschutzes liegen und damit hinsichtlich der Tätigkeit des Börsenhändlers sehr berufsbezogen sind. Demnach kann anhand konkreter und mit dem Beruf im Zusammenhang stehender Normen eine Unzuverlässigkeit bestimmt werden, während nach früherer Rechtslage ein Verbot des Börsenbesuchs infolge eines Ehrverlusts ausgesprochen werden konnte, auch wenn die Tat, die dem Urteil zugrunde lag, in keinem Verhältnis zum Beruf stand. Theoretisch wäre ein Börsenausschluss beispielsweise wegen Störung der Totenruhe (§ 168 StGB 1968) möglich gewesen: Die Norm sah als Rechtsfolge den Verlust der bürgerlichen Ehrenrechte vor, dessen Ausspruch in diesem Fall ins Richterermessen gestellt wurde. Gemäß § 7 Nr. 2 BörsG, der erst durch das 1. Strafrechtsreformgesetz von 1969 aufgehoben wurde,[1196] war als Börsenbesucher auszuschließen, wer keine bürgerlichen Ehrenrechte mehr besaß.[1197]

1196 Fn. 495.

1197 Dazu S. 123; zu den Ehrengerichten der Börsen vgl. oben Kap. 2, B. II.

IV. Inhabilitätsvorschriften

Eine vergleichbare Funktion wie jene Bestimmungen, die auf das Handelsgewerbe des Kaufmanns Wirkungen entfalten können, haben solche, die auf Organe von Formkaufleuten Einfluss nehmen können. Dabei geht es um Handelsgesellschaften (§ 6 HGB). Werden diese in Gestalt einer Kapitalgesellschaft, d. h. einer juristischen Person betrieben, bedingen sie ein geschäftsführendes Organ, das für die Gesellschaft handelt. Die Geschäftsführer und Vorstandsmitglieder sind in gleicher Weise Normadressaten wie Einzelkaufleute, wenngleich die Organmitglieder selbst nicht Kaufleute sein müssen.

Die für die Kapitalgesellschaften geltenden Inhabilitätsvorschriften[1198] treffen Aussagen darüber, wann eine natürliche Person nicht zum Geschäftsführer einer Gesellschaft mit beschränkter Haftung (GmbH) und zum Mitglied eines Vorstandes einer Aktiengesellschaft (AG) bestellt werden kann; wann also ein Ausschlusstatbestand vorliegt, der einer Bestellung durch die Gesellschafter oder den Aufsichtsrat entgegensteht (sog. Bestellungshindernis).[1199]

Die Inhabilitätsgründe, also die gesetzlichen Ausschlusstatbestände, sind für den Geschäftsführer einer GmbH in § 6 Abs. 2 S. 2 GmbHG und für das Vorstandsmitglied einer AG in § 76 Abs. 3 S. 2 AktG geregelt. Diese gesetzlichen Ausschlusstatbestände sind sowohl für die GmbH als auch für die AG[1200] durch die GmbH-Novelle 1980[1201] eingeführt worden.[1202] Mit den Ausschlusstatbeständen wurde eine Verbesserung des Gläubigerschutzes verfolgt.[1203] Es sollte nicht mehr hingenommen werden, dass eine Person, die sich als unzuverlässig erwiesen hatte oder einem Berufsverbot unterlag, unter dem Deckmantel einer Kapitalgesellschaft im Wege der Organbestellung die Geschäfte fortführte.[1204]

Einer Erweiterung der Ausschlussgründe erfuhren die § 6 Abs. 2 S. 2 GmbHG und § 76 Abs. 3 S. 2 AktG durch das „Gesetz zur Modernisierung des

---

1198 Zur Entwicklung der Inhabilitätsgründen seit 1892 vgl. *Heßeler*, Amtsunfähigkeit von GmbH-Geschäftsführern gemäß § 6 Abs. 2 GmbHG, 2009, S. 52 ff.

1199 *Hüffer/Koch*, Aktiengesetz, 2014, § 76 Rn. 61 ff.; *Dauner-Lieb* in: Henssler/Strohn, Gesellschaftsrecht, 2014, § 76 AktG Rn. 18.

1200 *Geßler/Käpplinger*, Aktiengesetz, Stand Dezember 2014, § 76 Rn. 11 ff.

1201 Gesetz zur Änderung des Gesetzes betreffend die Gesellschaften mit beschränkter Haftung und anderer handelsrechtlicher Vorschriften vom 4. Juli 1980, BGBl. I S. 836.

1202 *Schmidt*, Die Geschäftsführerbestellung im reformierten GmbH-Recht, 2011, S. 127.

1203 *Schmidt*, Die Geschäftsführerbestellung im reformierten GmbH-Recht, 2011, S. 127.

1204 *Goette* in: MünchKomm, GmbHG, Bd. 1, 2010, § 6 Rn. 24; *Schmidt*, Die Geschäftsführerbestellung im reformierten GmbH-Recht, 2011, S. 127.

GmbH-Rechts und zur Bekämpfung von Missbräuchen"[1205] (MoMiG),[1206] mit dem Ziel, einem Missbrauch der Rechtsform zulasten der Gläubiger zu begegnen. Mit Blick auf die geschützten steuer- und sozialrechtlichen Vorschriften wird als Zweck des Gesetzes ferner der Schutz der Allgemeinheit angegeben.[1207] Auch wenn diese Schutzabsichten als eine Verbesserung der Gläubiger- und Staatsinteressen gewertet werden dürfen, führt das Gesetz zu einer Einschränkung der Gesellschafterrechte, da ihnen die Gestaltungsfreiheit genommen wird, über die Organisation und die Zusammenstellung der Geschäftsführung frei zu entscheiden.[1208] Es schmälert damit das ursprüngliche liberale Grundverständnis der GmbH, wonach Struktur- und Organisationsfragen im Kreis der Gesellschafter entschieden werden sollten.[1209]

Nach aktuellem Gesetzesstand kann weder für die GmbH noch die AG eine natürliche Person als Leitungsorgan bestellt werden, wenn die zu bestellende Person als Betreuter bei der Besorgung seiner Vermögensangelegenheiten ganz oder teilweise einem Einwilligungsvorbehalt (nach § 1903 BGB) unterliegt (§ 6 Abs. 2 S. 2 Nr. 1 GmbHG und § 76 Abs. 3 S. 2 Nr. 1 AktG).[1210]

Bei diesem Inhabilitätsgrund besteht kein näherer Zusammenhang zu den im vorliegenden Rahmen untersuchten Fragen. Dies verhält sich bei den folgenden Ausschlussgründen anders, da für diese Überschneidungen mit den für Kaufleute geltenden Vorschriften bestehen. So liegt ein Bestellungshindernis vor, wenn die zu bestellende Person aufgrund eines gerichtlichen Urteils oder einer vollziehbaren Entscheidung einer Verwaltungsbehörde einen Beruf, einen Berufszweig, ein Gewerbe oder einen Gewerbezweig nicht ausüben darf, sofern der Unternehmensgegenstand ganz oder teilweise mit dem Gegenstand des Verbots übereinstimmt (§ 6 Abs. 2 S. 2 Nr. 2 GmbHG und § 76 Abs. 3 S. 2 Nr. 2 AktG). Berührt sind davon unter anderem die Fälle, in denen gegen eine Person eine Untersagungsverfügung auf Grundlage von § 35 GewO ausgesprochen oder

---

1205 Gesetz vom 23. Oktober 2008, BGBl. I S. 2026.

1206 *Hüffer/Koch*, Aktiengesetz, 2014, § 76 Rn. 61; *Schmidt*, Die Geschäftsführerbestellung im reformierten GmbH-Recht, 2001, S. 64 ff.; sehr ausführlich bei *Heßeler*, Amtsunfähigkeit von GmbH-Geschäftsführern gemäß § 6 Abs. 2 GmbHG, 2009, S. 52 ff.

1207 *Schmidt*, Die Geschäftsführerbestellung im reformierten GmbH-Recht, 2011, S. 161 ff.

1208 *Goette* in: MünchKomm, GmbHG, Bd. 1, 2010, § 6 Rn. 15.

1209 *Drygala*, Zur Neuregelung der Tätigkeitsverbote für Geschäftsleiter, ZIP, 2005, S. 423 (424).

1210 *Goette* in: MünchKomm, GmbHG, Bd. 1, 2010, § 6 Rn. 19, 26 ff.

ein Berufsverbot nach § 70 StGB verhängt wurde. Erforderlich ist ein konkreter Bezug zwischen Tätigkeitsverbot und Unternehmensgegenstand.[1211]

Gemäß § 6 Abs. 2 S. 2 Nr. 3 GmbHG und § 76 Abs. 3 S. 2 Nr. 3 AktG liegt ein Ausschlusstatbestand vor, wenn die zu bestellende Person wegen einer Insolvenzverschleppung oder Insolvenzstraftat (§§ 283-283d StGB) oder wegen vorsätzlich falscher Angaben bei der Gründung, einer Kapitalmaßnahme oder einer öffentlichen Mitteilung (§ 82 GmbHG; § 399 AktG) verurteilt wurde. Ferner ist die betreffende Person ausgeschlossen, wenn eine Verurteilung wegen unrichtiger Darstellung nach § 400 AktG, § 331 HGB, § 313 UmwG oder § 17 des PublizitätsG vorliegt. Weitere Ausschlussgründe liegen in der Verurteilung wegen Betrugs (§ 263 StGB), Computerbetrugs (§ 263a StGB), Subventionsbetrugs (§ 264 StGB), Kapitalanlagebetrugs (§ 264a StGB), Kreditbetrugs (§ 265b StGB), Untreue (§ 266 StGB) sowie Vorenthaltens und Veruntreuens von Arbeitsentgelt (§ 266a StGB). In den Fällen einer Verwirklichung der §§ 265b-266a StGB fordert das Gesetz für eine Inhabilität eine Freiheitsstrafe von mindestens einem Jahr. Der Ausschluss beträgt fünf Jahre ab Rechtskraft des Urteils. Nicht eingerechnet wird die Zeit, in der der Täter seine Freiheitsstrafe verbüßt (§ 6 Abs. 2 S. 2 Nr. 3 GmbHG und § 76 Abs. 3 S. 2 Nr. 3 AktG, jeweils am Ende).

Während bei den Tätigkeitsverboten des § 6 Abs. 2 S. 2 Nr. 2 GmbHG und § 76 Abs. 3 S. 2 Nr. 2 AktG zumindest eine Teilidentität mit dem Unternehmensgegenstand bestehen muss, verzichten die Ausschlusstatbestände der § 6 Abs. 2 S. 2 Nr. 3 GmbHG und § 76 Abs. 3 S. 2 Nr. 3 AktG auf diesen Zusammenhang. Wer wegen einer der genannten Katalogstraftaten verurteilt wurde – gleichgültig, ob in einem unternehmerischen Zusammenhang – gilt als Leitungsorgan völlig inhabil (sog. absolute Inhabilität[1212]), da in diesen Handlungen seine persönliche Ungeeignetheit und Unzuverlässigkeit für die Stellung als Leitungsorgan zum Ausdruck kommt.[1213]

V. Bewertung der gegenwärtigen Rechtslage

Die Gewerbeordnung macht einerseits bestimmte Gewerbe von einer Erlaubnis, Bestimmung etc. abhängig, andererseits sieht sie sogar vor, einem Kaufmann den

---

1211 *Hüffer/Koch*, Aktiengesetz, 2014, § 76 Rn. 61; *Goette* in: MünchKomm, GmbHG, Bd. 1, 2010, § 6 Rn. 27; *Schmidt*, Die Geschäftsführerbestellung im reformierten GmbH-Recht, 2011, S. 160.

1212 *Geßler/Käpplinger*, Aktiengesetz, Stand Dezember 2014, § 76 Rn. 11.

1213 *Goette* in: MünchKomm, GmbHG, Bd. 1, 2010, § 6 Rn. 30 ff.

Gewerbebetrieb völlig zu untersagen. Ähnliche Wirkung hat das strafrechtliche Berufsverbot. Auch dieses führt zu einer Einstellung der Tätigkeit als Kaufmann.

Das Börsengesetz in Verbindung mit den Börsen- und Zulassungsordnungen handhabt es teilweise wie die Gewerbeordnung, indem es die Zulassung von der Zuverlässigkeit der zuzulassenden Person abhängig macht. Im Gegensatz zur Gewerbeordnung erfolgt die Zuverlässigkeitsbeurteilung anhand konkreter Bestimmungen, wodurch Rechtsklarheit und Rechtssicherheit geschaffen werden. Jedoch ist zu beachten, dass die generelle gewerberechtliche Untersagungsvorschrift für eine Vielzahl von unterschiedlichen Gewerbebetrieben vorgesehen ist, während das Börsengesetz in Verbindung mit den landesrechtlichen Vorschriften nur ein verhältnismäßig überschaubares Anwendungsfeld reguliert.

Vergleicht man die obigen (s. Kap. 5, A. II. 4. und Kap. 5, A. III.) Ausführungen zum Einfluss der Ehrenstrafe auf den Kaufmann mit den Folgen einer Unrechtshandlung nach der aktuellen Gesetzeslage, fällt eine gewisse Ähnlichkeit auf.

Während eine Ehrlosigkeit der Aufnahme in eine Gilde und damit einer Tätigkeit entgegenstand, so sind es heute teilweise Normen, die an die Aufnahme eines Gewerbebetriebs bestimmte Anforderungen knüpfen. Der darin zum Ausdruck kommende Grundsatz des Verbots mit Erlaubnisvorbehalt bildet jedoch die Ausnahme. Das Schwergewicht liegt auf der grundsätzlichen Erlaubnis mit „Untersagungsvorbehalt". Die Folge einer Untersagung ist das Verbot der weiteren Gewerbeausübung. Der Kaufmann ist danach insgesamt in der Ausübung seiner Tätigkeit betroffen. Auch die Ehrenstrafe konnte Ähnliches bewirken, indem der Ehrverlust den Ausschluss aus der Korporation zur Folge hatte. Allerdings führte ein Ausschluss aus der kaufmännischen Korporation nicht zu einer völligen Untersagung der Ausübung der Kaufmannstätigkeit, sondern lediglich zu einer Nichtanwendung bestimmter privilegierender Vorschriften des ALR.

Aktuell kann die Beeinträchtigung des Kaufmanns einerseits darin liegen, dass er zu einem bestimmten Handelsgewerbe aufgrund mangelnder Zuverlässigkeit gar nicht zugelassen wird. Zum anderen besteht die Möglichkeit, dass er von einem Handelsgewerbe nachträglich aufgrund von Unzuverlässigkeit ausgeschlossen wird. Ähnliches bewirkte die Ehrenstrafe. Heute sind die Normen allerdings spezifizierter und konkreter. Vor allem weisen die Ausschluss- oder Zulassungsbestimmungen eine Berufsbezogenheit auf, wie besonders am Börsengesetz gesehen werden konnte. Demnach werden aufgrund konkreter Normen Kaufleute mit bestimmten Merkmalen von der Teilnahme am Wirtschaftsleben ausgeschlossen.

Die vergleichende Darstellung der Normen, die eine ähnliche Wirkung wie die Ehrenstrafe entfalten können, führt allerdings insofern in die Irre, als hierdurch die aktuellen Bestimmungen als ein Surrogat der Ehrenstrafe erscheinen. Denn die meisten der eben genannten Normen bestanden bereits, als es gleichzeitig noch die Ehrenstrafe gab.

1. Gewerbeordnung

Der generelle Untersagungstatbestand[1214] des § 35 GewO wurde mit Art. I Nr. 17 des Änderungsgesetzes vom 5. Februar 1960[1215] neugefasst. Davor war eine Untersagung nur für bestimmte, einzeln aufgezählte, sehr heterogene Gewerbearten möglich. Zu den einzeln aufgezählten Gewerbearten gehörte beispielsweise § 33 a GewO. Danach konnte die Erlaubnis für gewerbsmäßige Singspiele, Gesangvorträge, Schaustellungen von Personen oder theatralische Vorstellungen zurückgenommen werden, wenn Tatsachen vorlagen, welche die Annahme rechtfertigten, dass die beabsichtigte Veranstaltung den Gesetzen oder den guten Sitten zuwiderlief.

Aber auch § 35 GewO bestimmte bis zur Neufassung im Jahre 1960 bereits die Untersagung bei Unzuverlässigkeit und anderen Gründen. Allerdings galt dies nur für die in § 35 GewO a. F. enthaltenen Gewerbe. Danach konnten Tanz-, Turn- und Schwimmunterricht sowie der Betrieb von Badeanstalten untersagt werden. Ferner umfasste § 35 GewO a. F. den Handel mit lebenden Vögeln, den Trödelhandel (Handel mit gebrauchten Kleidern, gebrauchten Betten oder gebrauchter Wäsche, Kleinhandel mit altem Metallgeräte, mit Metallbruch oder dergleichen), den Kleinhandel mit Garnabfällen, Wolle, Baumwolle oder Leinen sowie den Handel mit Losen, Lotterien und Ausspielungen. Zudem konnten nach dieser Norm der Handel mit Dynamit und anderen Sprengstoffen, die gewerbsmäßige Besorgung bei Behörden wahrzunehmender Geschäfte, der Viehhandel, der Handel mit ländlichen Grundstücken oder auch die Geschäfte der gewerbsmäßigen Vermittlungsagenten (Immobilienverträge, Darlehen und Heiraten) untersagt werden.

Der Begriff der Unzuverlässigkeit wurde im Wege der Novelle vom 1. Juli 1883[1216] aufgenommen. Dem damaligen § 35 GewO a. F. nach konnte die Erteilung von Tanzunterricht etc. versagt werden, „*wenn Tatsachen vorliegen, welche die Unzuverlässigkeit des Gewerbetreibenden in bezug auf diesen Gewerbebetrieb dartuen* [sic]“.

1214 Zur geschichtlichen Entwicklung des § 35 GewO, vgl. *Schüler*, Die Gewerbeuntersagung in der Systematik des deutschen Gewerberechts, 1965, S. 18 ff.

1215 Gesetz zur Änderung der Gewerbeordnung vom 5. Februar 1960, BGBl. I S. 61.

1216 Novelle vom 1. Juli 1883, RGBl. S. 159.

Demnach bestand bereits seit 1883 ein Nebeneinander von Ehrenstrafe und Versagung des Gewerbebetriebs wegen Unzuverlässigkeit, wenn zunächst auch nur für bestimmte Gewerbe. Eine Koexistenz zwischen der Ehrenstrafe und der generellen Untersagungsnorm bestand ab 1960 und dauerte bis zum 1. Oktober 1969, dem Zeitpunkt der Abschaffung der Ehrenstrafe.

2. *Strafrechtliches Berufsverbot*

Auch das strafrechtliche Berufsverbot nach § 70 StGB und die Ehrenstrafe galten ab 1933 nebeneinander. § 70 StGB ist zurückzuführen auf § 42 Abs. 1 StGB a. F., der eingeführt wurde durch das „Gesetz gegen gefährliche Gewohnheitsverbrecher und über Maßregeln der Sicherung und Besserung" vom 24. November 1933.[1217]

Der Leitgedanke des Gesetzes war einerseits, die Autorität des (nationalsozialistischen) Staates gegenüber dem Rechtsbrecher zu steigern und andererseits, „der Strafrechtspflege stärkere und wirksamere Waffen als bisher gegen das gemeinschädliche Verbrechertum zur Verfügung zu stellen".[1218]

In der Begründung wurde zu § 42 Abs. 1 StGB a. F. angeführt, dass es zwar schon ähnliche andere Vorschriften gebe, die eine Ausübung bestimmter Berufe und Gewerbe verbieten. Jedoch könne dieses Gesetz „Schädlingen, die durch die Art und Weise der Ausübung ihres Berufs oder Gewerbes die Allgemeinheit gefährden", auch durch ein Strafurteil die Ausübung ihres Berufs oder Gewerbes untersagt werden. Man wollte denjenigen bestrafen, der die von der Rechtsordnung gewährte Freiheit oder Erlaubnis überschritt und deswegen für die Allgemeinheit eine Gefahr darstellte.[1219] Das Berufsverbot sollte sowohl auf erlaubnispflichtige als auch auf erlaubnisfreie Gewerbe anwendbar sein. Es sollte jedoch dann nicht verhängt werden, wenn ein milderes Mittel zur Verfügung stand.[1220] Folglich bestanden das strafrechtliche Berufsverbot und die Ehrenstrafe über 30 Jahre nebeneinander.

1217 Gesetz vom 24. November 1933, RGBl. I S. 995; sog. „Gewohnheitsverbrechergesetz"; ausführlich *Wedekind*, Die Reform des strafrechtlichen Berufsverbots, 2006, S. 13 ff., danach wurden die Grundlagen des Gesetzes bereits in der Weimarer Republik erarbeitet. S. auch *Simon*, Art. „Berufsverbot", HRG, Bd. 1, 2008, Sp. 540-542.

1218 Begründung im Reichsanzeiger vom 27. November 1933, S. 2.

1219 Begründung zum „Gesetz gegen gefährliche Gewohnheitsverbrecher und über Maßregeln der Sicherung und Besserung" vom 24. November 1933; im Reichsanzeiger vom 27. November 1933, S. 4.

1220 Begründung zum „Gesetz gegen gefährliche Gewohnheitsverbrecher und über Maßregeln der Sicherung und Besserung" vom 24. November 1933; im Reichsanzeiger vom 27. November 1933, S. 4.

3. *Zulassung zum Börsenbesuch*

Das Börsengesetz vom 22. Juni 1896[1221] bestimmte in § 7 a. F. nicht nur den Ausschluss von Börsenbesuchern, denen die bürgerlichen Ehrenrechte aberkannt wurden. Die Bestimmung formulierte beispielsweise auch den Ausschluss von Personen, die wegen einfachen oder betrügerischen Bankrotts rechtskräftig verurteilt wurden oder die zahlungsunfähig waren. Demnach war die Ehrenstrafe nicht das einzige Mittel, um bestimmte Personen vom Börsenhandel fernzuhalten.

4. *Fazit*

Es konnte gezeigt werden, dass es Normen gibt, die ein Zugangshindernis zu einer kaufmännischen Tätigkeit und einen Ausschlussgrund von einer kaufmännischen Tätigkeit bedeuten können. Folglich sind die Bestimmungen in ihrer Wirkung der früheren Ehrenstrafe ähnlich. Sie sind aber nicht als Ersatz der Ehrenstrafe zu sehen. Denn die Normen bestanden bereits, als die Ehrenstrafe noch Geltung hatte. Zudem ist die Wirkung dieser Normen bedeutend stärker, denkt man an den Ausschluss von bestimmten – ab 1960 von allen – Handelsgewerben wegen einer festgestellten Unzuverlässigkeit und dem Berufsverbot ab 1933.

Letztlich erfolgte die Ordnung der am Wirtschaftsleben teilnehmenden Kaufleute seitens des Gesetzgebers über spezielle Normen und nicht über die Ehrenstrafe. Dieses Fazit zur gegenwärtigen Rechtslage unterstreicht das obige Ergebnis (vgl. Kap. 5, C.), mit dem die Frage der bewussten Einflussnahme des Gesetzgebers auf die Wechselwirkung von Ehre und Kaufmann hinsichtlich der am Wirtschaftsleben aktiv Teilhabenden negativ beantwortet wurde.

1221 Gesetz vom 22. Juni 1896, RGBl. S. 157.

Kapitel 6: Zusammenfassung

Die Suche nach einer bundesgesetzlichen Verwendung des Begriffs „ehrbarer Kaufmann“ war im IHK-Gesetz von 1956 erfolgreich. Das Gesetz verwendet den Begriff des ehrbaren Kaufmanns *expressis verbis* in § 1 Abs. 1 IHK-Gesetz, indem es den Industrie- und Handelskammern die Aufgabe überträgt, für die Wahrung von Anstand und Sitte eines ehrbaren Kaufmanns zu wirken. Im Rahmen der Untersuchung, wie das Gesetz entstand und wie dieser Begriff in das IHK-Gesetz gelangte, konnte jedoch nicht ermittelt werden, was unter einem „ehrbaren Kaufmann“ im Sinne des § 1 Abs. 1 IHK-Gesetz zu verstehen ist. Die Gesetzesmaterialien gaben keine Auskunft darüber, wie der Gesetzgeber den ehrbaren Kaufmann definierte.

Allerdings konnte eine Wortverwandtschaft zwischen § 1 Abs. 1 IHK-Gesetz und § 1 Abs. 1 der Ehrengerichtsordnung der gewerblichen Wirtschaft von 1937, auf dessen Grundlage die Ehrengerichte eingerichtet wurden, aufgezeigt werden. § 1 Abs. 1 IHK-Gesetz von 1956:

> *„Die Industrie- und Handelskammer haben [...] **für Wahrung von Anstand und Sitte des ehrbaren Kaufmanns zu wirken.**“*

§ 1 Abs. 1 EGO der gewerblichen Wirtschaft von 1937:

> *„Unternehmer und gesetzliche Vertreter von Unternehmungen [...] haben die Pflicht, in ihrer wirtschaftlichen Tätigkeit **Anstand und Sitte eines ehrbaren Unternehmers zu wahren** [...].“*

Die Aufgabe des Ehrengerichts war es, eine gröbliche Verletzung des Unternehmers gegen die in § 1 Abs. 1 EGO der gewerblichen Wirtschaft normierte Pflicht als Verstoß gegen die Berufsehre zu verfolgen (§ 1 Abs. 2 EGO der gewerblichen Wirtschaft).

Die Nachforschungen zu den Ehrengerichten ergaben, dass die Ehrengerichte der gewerblichen Wirtschaft die schon bestehenden Ehrengerichte der Industrie- und Handelskammern zum Vorbild nahmen. Im Kreise der Vertreter der Handelskammern wurde bereits Mitte der 1920er-Jahre die Errichtung kaufmännischer Ehrengerichte diskutiert. Für die Handelskammer Stuttgart konnte beispielsweise ein solches kaufmännisches Ehrengericht ab Oktober 1933 belegt werden, wobei die Freiwilligkeit der Einrichtung im Hinblick auf die wenige Monate vorher eingerichtete nationalsozialistische Staatsführung infrage gestellt ist. Gleichwohl basiert das Gericht auf einer handelskammereigenen Ehrengerichtssatzung, aus dessen § 2 sich die Aufgabe des Gerichts ergibt:

„Das Ehrengericht dient der Aufrechterhaltung und Durchsetzung der Grundsätze eines ***ehrbaren Kaufmanns****. Es hat die Aufgabe, Handlungen oder Unterlassungen im Rahmen einer gewerblichen Tätigkeit, die mit den Pflichten eines* ***ehrbaren Kaufmanns*** *in Widerspruch stehen, festzustellen."*

Die kaufmännischen Ehrengerichte der Handelskammern nahmen sich das Ehrengericht der Börse zum Vorbild, welches mit dem Börsengesetz von 1896 reichsweit eingeführt wurde. Aufgabe des Ehrengerichts der Börse war es, Handlungen der Börsenbesucher zu bestrafen, die mit der Ehre oder dem Anspruch auf kaufmännisches Vertrauen nicht zu vereinbaren waren. Aus den Gesetzesmaterialien ging ferner hervor, dass das Gericht zum Zwecke der Wahrung der kaufmännischen Ehre im Börsenbetrieb eingerichtet wurde. Was unter der kaufmännischen Ehre im Börsenbetrieb zu verstehen war, wurde nicht mittels einer klaren Formulierung wiedergegeben, sondern anhand von Beispielen veranschaulicht, die aufzeigen, in welchen Fällen das Ehrengericht tätig werden sollte. Es wurden unter anderem aufgezählt:

- Arglistige Beeinflussung der Kurse oder Preisgewährung und Annahme von Geschenken in der Absicht, Äußerungen in der Presse zugunsten oder zum Nachteil gewisser Unternehmungen herbeizuführen oder zu unterdrücken.
- Die Anwendung von Geschäftsbedingungen, welche gegen den kaufmännischen Anstand verstoßen.
- Anreizungen zu Börsenspekulationen, welche außerhalb des Geschäftsbetriebes der Angereizten liegen, falls sie in einer des ehrbaren Kaufmanns unwürdigen Weise erfolgen.
- Der Abschluss von Börsenspekulationsgeschäften mit Personen in unselbstständiger oder dürftiger wirtschaftlicher Lage.

Ein klares Bild eines ehrbaren Kaufmanns lässt sich anhand der Fallbeispiele nicht ermitteln, da sich die Beispiele ihrerseits auslegungsbedürftiger Formulierungen wie „kaufmännischer Anstand" oder eines „ehrbaren Kaufmanns unwürdigen Weise" bedienen. Gleichwohl eignen sich die Aufzählungen, um zumindest einen Ausschnitt der Anforderungen an einen ehrbaren Kaufmann aufzuzeigen, sodass man hier von einem Mindestleitbild eines ehrbaren Kaufmanns sprechen kann.

Weiteres Bundesrecht, welches sich des Begriffs „ehrbarer Kaufmann" bedient, konnte nicht ausfindig gemacht werden.

Die Untersuchung des Begriffs „ordentlicher Kaufmann" dahingehend, ob sich dieser Begriff an einem übergeordneten Leitbild, namentlich an einem ehrbaren Kaufmann orientierte, blieb ebenfalls wenig aufschlussreich. Dies gilt auch für die Untersuchung der aktuell gültigen Vorschriften der Grundsätze ordnungsmäßiger Buchführung.

Die Prüfung einer Wechselwirkung zwischen Ehre und Kaufmann war insofern erfolgreich, als ein grundsätzlicher Zusammenhang zwischen der Ehre und der Tätigkeit des Kaufmanns herausgearbeitet werden konnte. Im Vordergrund stand dabei eine rechtliche Ehre, nämlich die bürgerliche Ehre und ihre Aberkennung oder ihr Verlust im Wege der Ehrenstrafe.

Der Ehrverlust infolge einer Straftat bewirkte, dass bestimmte Personen am Wirtschaftsleben nicht teilnehmen konnten oder Kaufleuten bestimmte Rechte entzogen wurden. Dieser Einfluss war nur noch bedingt für das 20. Jahrhundert festzustellen. Im Rahmen der Untersuchung wurde zudem herausgearbeitet, dass über mehrere Epochen hinweg die Handlungen des Meineids, der Kuppelei und des Bankrotts als Rechtsfolge die Ehrenstrafe, mithin einen Ehrverlust, vorsahen. Daraus wurde abgeleitet, dass wer log, unanständig oder zahlungsunfähig war, ehrlos war (s. oben S. 246).

Im Wege des Ehrverlusts wurden Straffällige von der Kaufmannschaft ferngehalten, indem sie entweder in keine Gilde aufgenommen oder aus den späteren kaufmännischen Korporationen ausgeschlossen wurden. Für den Ausschluss aus den Korporationen des 19. Jahrhunderts konnte es gleichgültig sein, ob der Ehrverlust infolge einer „kaufmannsnahen Straftat" wie Bankrott oder Urkundenfälschung oder einer „kaufmannsfernen Straftat", wie z. B. der Störung der Totenruhe oder der Verbreitung von unzüchtigen Schriften erfolgte.

Auch die aktuelle Rechtslage adressiert einen straffälligen Kaufmann. Die einschlägigen Rechtsfolgen haben eine einschneidende, nachteilige Wirkung für die berufliche Tätigkeit des Kaufmanns, indem sie ihm die Ausübung eines Handelsgewerbes gänzlich verbieten. Jedoch ist dafür nicht jede Unrechtshandlung maßgeblich, sondern zumeist nur solch eine, die in einem spezifischen Zusammenhang mit der beruflichen Tätigkeit des Kaufmanns steht. Insofern erfolgt heutzutage ein Ausschluss vom Handelsgewerbe nicht wegen fehlender Ehre, sondern wegen mangelnder Zuverlässigkeit sowie beim Vorliegen einer Gefahr für die Allgemeinheit.

Das Ziel dieser Arbeit, das Leitbild eines „ehrbaren Kaufmanns" in den deutschen Gesetzen ausfindig zu machen, um die aktuelle Diskussion um eine rechtliche Perspektive zu ergänzen, konnte nur bedingt erfüllt werden, indem für ein spezielles kaufmännisches Gebiet, nämlich den Börsenbereich, Fallgestaltungen zutage gefördert wurden, die – zumindest nach dem damaligen Verständnis – gegen die kaufmännische Ehre im Börsenbetrieb verstießen. Womöglich schlägt sich dieses Verständnis in der Betrachtung und Bewertung der aktuellen Geschehnisse im Börsen- und damit dem Finanzbereich nieder.

Auch wenn der „ehrbare Kaufmann" als Leitbild in der deutschen Rechtsordnung nicht eindeutig ermittelt werden konnte, so konnte doch zumindest der Grundsatz aufgestellt werden, dass jeder Kaufmann, der heute am Wirtschaftsleben teilnimmt, ein Mindestmaß an Gesetzestreue erfüllen muss. Hat ein Kaufmann einen Hang zur Nichtbeachtung von gesetzlichen Regelungen, kann er nach dem aktuellen Regelungssystem vom Wirtschaftsleben ferngehalten werden.

Entweder ist dieser gesetzestreue Kaufmann ein ehrbarer Kaufmann oder der ehrbare Kaufmann ist mehr als gesetzestreu. Wenn von ihm mehr als Gesetzestreue gefordert wird, dann muss ein ehrbarer Kaufmann für sich den Grundsatz gelten lassen: Nur weil etwas gesetzlich nicht verboten ist, ist es deswegen nach anderen Maßstäben nicht erlaubt. Es liegt dann aber an der Gesellschaft, in der sich der Kaufmann bewegt, und nicht an der Rechtsordnung, diese „anderen" Maßstäbe aufzustellen.

Anhang: Beispielsammlung für ein Einschreiten des Ehrengerichts der Börse*

Den folgenden Bespielen können Anhaltspunkte für ein ehrengerichtliches Einschreiten entnommen werden. Sie basieren auf den Vorschlägen der Börsen-Enquete-Kommission, welche bei der Beratung des Börsengesetzes von 1896 eingesetzt war. Sie stellte auch die Beispiele zusammen.

1. „Arglistige Beeinflussung der Kurse oder Preise, insbesondere durch Scheingeschäfte, Abschiebungen, Unter-der-Hand-Regulirungen und durch Verbreitung falscher Gerüchte."
2. „Gewährung und Annahme von Geschenken in der Absicht, Aeußerungen in der Presse zu Gunsten oder zum Nachtheile gewisser Unternehmungen herbeizuführen oder zu unterdrücken."
3. „Die Anwendung von Geschäftsbedingungen, welche gegen den kaufmännischen Anstand verstoßen."
4. „Das Verhalten eines Emittenten, welches nach §. 41 seine Schadensersatzpflicht begründet."
5. „Anreizungen zu Börsenspekulationen, welche außerhalb des Geschäftsbetriebes der Angereizten liegen, falls sie in einer des ehrbaren Kaufmanns unwürdigen Weise erfolgen, gleichviel ob die Anreizung durch den Anreizenden persönlich oder durch Agenten, Briefe, Anzeigen, Reklamen in öffentlichen Blättern oder dergleichen."
6. „Der Abschluß von Börsengeschäften mit Handelsangestellten und Personen, die im Handelsgewerbe Gesindedienste verrichten, ohne Genehmigung der Prinzipale, desgleichen mit Kassenbeamten öffentlicher Behörden ohne Genehmigung der Dienstbehörde, bei Kenntnis dieser Stellungen seitens des Abschließenden und bei Mangel besonderer Gründe für den guten Glauben, daß die Geschäfte in den Kreis der durch die Verwaltung eigenen Vermögens der Betreffenden oder ihrer Angehörigen erforderten fallen."
7. „Der Abschluß von Börsenspekulationsgeschäften mit Personen in unselbständiger oder dürftiger wirthschaftlicher Lage, oder mit Personen, deren

---

* Vgl. Stenographische Berichte über die Verhandlungen des Reichstages, 9. Legislaturperiode, IV. Session, 1895/97, Erster Anlagenband, 1896, Aktenstück Nr. 14, S. 18.

Geschäftsbetrieb solche Abschlüsse nicht gewöhnlich mit sich bringt, in einem Umfange, der in einem auffälligem Mißverhältniß zu ihrer wirthschaftlichen Lage steht, wenn diese Umstände dem Abschließenden bei Anwendung der gewöhnlichen Aufmerksamkeit nicht entgehen konnte."

8. „Die wiederholte Benutzung unkontraktlicher Waare zur Kündigung, wenn der Kündigende wußte oder den Umständen nach wissen mußte, daß die Waare den an die lieferungsfähige Qualität zu stellenden Anforderungen nicht entspricht; desgleichen alle Kündigungen ohne vorhandene Waare sowie alle Scheinkündigungen."

Quellenverzeichnis

Unveröffentlichte Quellen

I. Deutsche Nationalbibliothek

Kurzprotokoll des Ausschusses für Wirtschaftspolitik (21. Ausschuss), 2. Wahlperiode, Nr. 111.

Kurzprotokoll des Ausschusses für Wirtschaftspolitik (21. Ausschuss), 2. Wahlperiode, Nr. 112.

II. Wirtschaftsarchiv Baden-Württemberg

Bestand Y 60 Büschel 1062 – Ehrengericht Allgemein.

Bestand Y 60 Büschel 1063 – Einzelfälle A-R.

Bestand Y 60 Büschel 1064 – Einzelfälle S-Z.

Bestand A7 Büschel 140 – IHK Reutlingen.
Bestand A8 Büschel 175 – Handelskammer Lörrach und Waldshut.

Veröffentlichte Quellen

I. Gesetze und Verordnungen (chronologisch)

Lex Iulia municipalis, in: Carl Georg Bruns und Theodor Mommsen (Hrsg.), Fontes iuris Romani antiqui, S. 104 ff. (= Nr. 18), Freiburg im Breisgau 1893.

Corpus Iuris civilis, in: Otto, Karl Eduard/Schilling, Bruno/Sintenis, Karl Friedrich Ferdinand, Das Corpus iuris civilis (Romani), in 7 Bänden, Aalen 1984-1985 (Neudruck).

Sachsenspiegel, in: Paul Kaller (Hrsg.), Der Sachsenspiegel in hochdeutscher Übersetzung, München 2002.

Sachsenspiegel. Landrecht und Lehnsrecht, in: Friedrich Ebel (Hrsg.), Sachsenspiegel, Landrecht und Lehnrecht, Stuttgart 2005.

Mainzer Reichslandfrieden vom 15. August 1235, in: Lorenz Weinrich (Hrsg.), Quellen zur deutschen Verfassungs-, Wirtschafts- und Sozialgeschichte bis 1250, S. 463 ff., Darmstadt 1977.

Bambergische Halsgerichtsordnung von 1507, in: Arno Buschmann (Hrsg.), Textbuch zur Strafrechtsgeschichte der Neuzeit, Die klassischen Gesetze, S. 18 ff., München 1998.

Reichspoliceyordnung vom 19. November 1530, in: Neue und vollständigere Sammlung der Reichs-Abschiede, Band 2, S. 332–345.

Peinliche Halsgerichtsordnung Kaiser Karl V. von 1532, in: Arno Buschmann (Hrsg.), Textbuch zur Strafrechtsgeschichte der Neuzeit, Die klassischen Gesetze, S. 104 ff., München 1998.

Reichspoliceyordnung vom 30. Juni 1548, in: Neue und vollständigere Sammlung der Reichs-Abschiede, Band 2, S. 587–606.

Reichspoliceyordnung vom 9. November 1577, in: Neue und vollständigere Sammlung der Reichs-Abschiede, Band 3, S. 379–398.

Codex Juris Bavarici Criminalis von 1751, in: Arno Buschmann (Hrsg.), Textbuch zur Strafrechtsgeschichte der Neuzeit, Die klassischen Gesetze, S. 180 ff., München 1998.

Allgemeines Landrecht für die Preussischen Staaten vom 5. Februar 1794, in: Hans Hattenhauer und Günther Bernert (Hrsg.), Allgemeines Landrecht für die preußischen Staaten, Von 1794, Neuwied 1996.

Edikt über die Einführung einer allgemeinen Gewerbe-Steuer vom 2. November 1810, in: Gesetzsammlung für die Königlichen Preußischen Staaten, 1810, S. 79.

Gesetz über die polizeilichen Verhältnisse der Gewerbe vom 7. September 1811, in: Gesetzsammlung für die Königlichen Preußischen Staaten, 1811, S. 263.

Bayrisches Strafgesetzbuch vom 16. Mai 1813, in: Arno Buschmann (Hrsg.), Textbuch zur Strafrechtsgeschichte der Neuzeit, Die klassischen Gesetze, S. 447 ff., München 1998.

Statut für die Kaufmannschaft zu Danzig vom 25. April 1822, in: Gesetzsammlung für die Königlichen Preußischen Staaten, 1822, S. 130.

Statut für die Kaufmannschaft zu Memel vom 21. Mai 1822, in: Gesetzsammlung für die Königlichen Preußischen Staaten, 1822, S. 153.

Statut für die Kaufmannschaft zu Tilse vom 22. April 1823, in: Gesetzsammlung für die Königlichen Preußischen Staaten, 1823, S. 77.

Statut für die Tuchmacher-Korporation zu Grüneberg vom 21. November 1823, in: Gesetzsammlung für die Königlichen Preußischen Staaten, 1824, S. 17.

Statut für die Kaufmannschaft zu Elbing vom 20. April 1824, in: Gesetzsammlung für die Königlichen Preußischen Staaten, 1824, S. 85.

Statuten der Kaufmannschaft zu Magdeburg vom 9. April 1825, in: Gesetzsammlung für die Königlichen Preußischen Staaten, 1825, S. 25.

Allgemeine Gewerbeordnung vom 17. Januar 1845, in: Gesetzsammlung für die Königlichen Preußischen Staaten, 1845, S. 41.

Verordnung über die Errichtung von Handelskammern vom 11. Februar 1848, in: Gesetzsammlung für die Königlichen Preußischen Staaten, 1848, S. 63.

Preußisches Strafgesetzbuch vom 1. Juli 1851, in: Gesetzsammlung für die Königlichen Preußischen Staaten, 1851, S. 101.

Allgemeines Deutsches Handelsgesetzbuch vom 31. Mai 1861, verkündet für das Königreich Preußen; Einführungsgesetz zum Allgemeinen Deutschen Handelsgesetzbuch vom 24. Juni 1861, in: Gesetzsammlung für die Königlichen Preußischen Staaten, 1861, S. 449 (480).

Einführungsgesetz zum Allgemeinen Deutschen Handelsgesetzbuch vom 24. Juni 1861, in: Gesetzsammlung für die Königlichen Preußischen Staaten, 1861, S. 449.

Entwurf eines Allgemeinen Deutschen Handelsgesetzbuchs (vom 31. Mai 1861), in: Gesetzsammlung für die Königlichen Preußischen Staaten, 1861, S. 480.

Gewerbeordnung für den Norddeutschen Bund vom 21. Juni 1869, in: BGBl. des Norddeutschen Bundes, 1869, S. 245.

Gesetz über Handelskammern vom 24. Februar 1870, in: Gesetzsammlung für die Königlichen Preußischen Staaten, 1870, S. 134.

Gesetz betreffend die Kommanditgesellschaften auf Aktien und die Aktiengesellschaften vom 11. Juni 1870, in: BGBl. des Norddeutschen Bundes, 1870, S. 375.

Gesetz, betreffend die Redaktion des Strafgesetzbuchs für den Norddeutschen Bund als Strafgesetzbuch für das Deutsche Reich, vom 15. Mai 1871, in: RGBl. S. 127.

Gesetz betreffend die Änderung der Gewerbeordnung vom 17. Juli 1878, in: RGBl. S. 199.

Gesetz, die Handelskammern betreffend vom 14. Dezember 1878, in: Badisches Gesetz- und Verordnungsblatt, 1878, S. 229.

Gesetz betreffend den Wucher vom 24. Mai 1880, in: RGBl. S. 109.

Novelle zur Gewerbeordnung vom 1. Juli 1883, in: RGBl. S. 159.

Bekanntmachung, betreffend die Redaktion der Gewerbeordnung für das Deutsche Reich, vom 1. Juli 1883, in: RGBl. S. 177.

Gesetz betreffend die Kommanditgesellschaften auf Aktien und die Aktiengesellschaft vom 17. Juli 1884, in: RGBl. S. 123.

Gesetz betreffend die Erwerbs- und Wirtschaftsgenossenschaften vom 1. Mai 1889, in: RGBl. S. 55.

Gesetz betreffend die Gesellschaften mit beschränkter Haftung vom 20. April 1892, in: RGBl. S. 477.

Gesetz gegen den unlauteren Wettbewerb vom 27. Mai 1896, in: RGBl. S. 145.

Börsengesetz vom 22. Juni 1896, in: RGBl. S. 157.

Handelsgesetzbuch vom 10. Mai 1897, in: RGBl. S. 219.

Gesetz, betreffend die Handelskammern vom 30. Juli 1899, in: Regierungsblatt für das Königreich Württemberg, 1899, S. 579.

Königliche Verordnung, betreffend die Errichtung der Handelskammern vom 22. März 1900, in: Regierungsblatt für das Königreich Württemberg, 1900, S. 249.

Bekanntmachung, betreffend die Redaktion der Gewerbeordnung für das Deutsche Reich vom 26. Juli 1900, in: RGBl. S. 871.

Gesetz gegen den unlauteren Wettbewerb vom 7. Juni 1909, in: RGBl. S. 499.

Verordnung zur Änderung des Gesetzes über die Handelskammern vom 1. April 1924, in: Gesetzsammlung für die Königlichen Preußischen Staaten, 1924, S. 194.

Verordnung des Reichspräsidenten über Aktienrecht, Bankenaufsicht und über eine Steueramnestie vom 19. September 1931, RGBl. I S. 493

Gesetz zur Abänderung strafrechtlicher Vorschriften vom 26. Mai 1933, in: RGBl. I S. 295.[1222]

1222 Ab dem 1. April 1922 erschien das Reichsgesetzblatt in zwei Teilen, vgl. RGBl. I, 1922, Anmerkung zum Titelblatt.

Reichserbhofgesetz vom 29. September 1933, in: RGBl. I S. 685.

Schriftleitergesetz vom 4. Oktober 1933, in: RGBl. I S. 713.

Gesetz gegen gefährliche Gewohnheitsverbrecher und über Maßregeln der Sicherung und Besserung vom 24. November 1933, in: RGBl. I S. 995.

Gesetz zur Ordnung der nationalen Arbeit vom 20. Januar 1934, in: RGBl. I S. 45.

Gesetz zur Vorbereitung des organischen Aufbaus der deutschen Wirtschaft vom 27. Februar 1934, in: RGBl. I S. 185.

Erste Verordnung über den vorläufigen Aufbau des deutschen Handwerks vom 15. Juni 1934, in: RGBl. I S. 493.

Reichsjagdgesetz vom 3. Juli 1934, in: RGBl. I S. 549.

Erste Verordnung zur Durchführung des Gesetzes zur Vorbereitung des organischen Aufbaus der deutschen Wirtschaft vom 27. November 1934, in: RGBl. I S. 1194.

Ehrengerichtsordnung der gewerblichen Wirtschaft vom 20. Januar 1937, in: Reichsanzeiger vom 29. Januar 1937.

Erste Verordnung zur Durchführung der Verordnung über die Vereinfachung und Vereinheitlichung der Organisation der gewerblichen Wirtschaft vom 20. April 1942, in: RGBl. I S. 189.

Gesetz zur Änderung des Handelsgesetzbuchs vom 6. August 1953, in: BGBl. I S. 771.

Gesetz zur vorläufigen Regelung des Rechts der Industrie- und Handelskammern vom 18. Dezember 1956, in: BGBl. I S. 920.

Gesetz zur Änderung der Gewerbeordnung vom 5. Februar 1960, in: BGBl. I S. 61.

Gesetz zur Änderung des Gesetzes betreffend die Gesellschaften mit beschränkter Haftung und anderer handelsrechtlicher Vorschriften vom 4. Juli 1980, in: BGBl. I S. 836.

Aktiengesetz vom 6. September 1965, in: BGBl. I S. 1089.

Erstes Gesetz zur Reform des Strafrechts vom 25. Juni 1969, in: BGBl. I S. 645.

Zweites Gesetz zur Reform des Strafrechts vom 4. Juli 1969, in: BGBl. I S. 717.

Gesetz zur Änderung des Börsengesetzes vom 28. April 1975, in: BGBl. I S. 1013.

Gesetz über den Wertpapierhandel und zur Änderung börsenrechtlicher und wertpapierrechtlicher Vorschriften vom 26. Juli 1994, in: BGBl. I S. 1749.
Gesetz zur Modernisierung des GmbH-Rechts und zur Bekämpfung von Missbräuchen vom 23. Oktober 2008, in: BGBl. I S. 2026.

II. Gesetzgebungsmaterialien (chronologisch)

Entwurf eines Handelsgesetzbuchs für die Preussischen Staaten und Protokolle über die Berathungen mit kaufmännischen Sachverständigen und praktischen Juristen (1856), herausgegeben von Werner Schubert, Frankfurt am Main 1986.

Entwurf eines Handelsgesetzbuchs für die Preussischen Staaten. Nebst Motiven (1857), herausgegeben von Werner Schubert, Frankfurt am Main 1986.

Lutz, Johann von, Protokolle der Kommission zur Berathung eines Allgemeinen Deutschen Handelsgesetzbuches, Teil 2, Würzburg 1858.

Lutz, Johann von, Protokolle der Kommission zur Berathung eines Allgemeinen Deutschen Handelsgesetzbuches, Teil 3, Würzburg 1858.

Protokolle der Commission zur Berathung eines allgemeinen deutschen Handelsgesetz-Buches, Einleitung und Register, (Nürnberger Protokolle), herausgegeben von Werner Schubert, Frankfurt am Main 1984.

Entwurf einer Gewerbeordnung für den Norddeutschen Bund nebst Motiven vom 4. März 1869, in: Stenographische Berichte über die Verhandlungen des Reichstages des Norddeutschen Bundes, Anlagen zu den Verhandlungen, 1869, Band 3, Aktenstück Nr. 13.

Motive zu dem Entwurfe eines Strafgesetzbuches für den Norddeutschen Bund, Berlin 1869.

Abänderungsanträge zum Entwurf einer Gewerbeordnung (Nr. 13 der Drucksachen), in: Stenographische Berichte über die Verhandlungen des Reichstages des Norddeutschen Bundes, Anlagen zu den Verhandlungen, 1869, Band 3, Aktenstück Nr. 151.

Entwurf eines Gesetzes, betreffend die Abänderung der Gewerbeordnung nebst Motive vom 23. Februar 1878, in: Stenographische Berichte über die Verhandlungen des Deutschen Reichstages, 3. Legislaturperiode, II. Session 1878, Band 3, Anlagen zu den Verhandlungen des Reichstags, Aktenstück Nr. 41.

Entwurf eines Gesetzes, betreffend die Änderung der Gewerbeordnung nebst Motiven vom 27. April 1882, in: Stenographische Berichte über die Verhandlungen des Reichstages, 5. Legislaturperiode, II. Session 1882/83, Band 5, Anlagen zu den Verhandlungen des Reichstages, Aktenstück Nr. 5.

Entwurf eines Gesetzes, betreffend die Kommanditgesellschaft auf Aktien und die Aktiengesellschaften vom 7. März 1884, nebst Motiven, Aktenstück Nr. 21, in: Werner Schubert und Peter Hommelhoff (Hrsg.), Hundert Jahre modernes Aktienrecht, Eine Sammlung von Texten und Quellen zur Aktienrechtsreform 1884 mit zwei Einführungen, S. 387 ff., Berlin [u.a.] 1985.

Entwurf eines Gesetzes, betreffend die Erwerbs- und Wirtschaftsgenossenschaften nebst Begründung vom 27. November 1888, in: Volker Beuthien, Ulrich Hüsken und Rolf Aschermann (Hrsg.), Materialien zum Genossenschaftsgesetz, II. Parlamentarische Materialien (1866-1922), Marburger Schriften zum Genossenschaftswesen, 1989, S. 150.

Kommissionsbericht zum Genossenschaftsgesetz, in: Volker Beuthien, Ulrich Hüsken und Rolf Aschermann (Hrsg.), Materialien zum Genossenschaftsgesetz, II. Parlamentarische Materialien (1866-1922), Marburger Schriften zum Genossenschaftswesen, 1989, S. 399.

Entwurf eines Gesetzes, betreffend die Gesellschaften mit beschränkter Haftung nebst Begründung vom 11. Februar 1892, in: Stenographische Berichte über die Verhandlungen des Reichstags, 1892, Anlagenband 5, Aktenstück Nr. 660.

Entwurf eines Börsengesetzes nebst Begründung vom 3. Dezember 1895, in: Stenographische Berichte über die Verhandlungen des Reichstages, 9. Legislaturperiode, IV. Session, 1895/97, Erster Anlagenband, 1896, Aktenstück Nr. 14.

Denkschrift zum Entwurf eines Handelsgesetzbuches und eines Einführungsgesetzes, in: Werner Schubert, Burkhard Schmiedel und Christoph Krampe (Hrsg.), Quellen zum Handelsgesetzbuch von 1897, Halbband 2, Frankfurt am Main 1986.

Entwurf eines Gesetzes, betreffend die Änderung der Gewerbeordnung nebst Begründung vom 2. März 1899, in: Stenographische Berichte über die Verhandlungen des Reichstages, 10. Legislaturperiode, 1. Session, 1898/1900, Zweiter Anlagenband, Aktenstück Nr. 165.

Entwurf eines Allgemeinen Deutschen Strafgesetzbuches von 1927 (Reichsvorlage vom 14.05.1927), in Schubert, Werner/Regge, Jürgen, Quellen zur Reform des Straf- und Strafprozessrechts, Abteilung 1: Weimarer Republik (1918-1932), Band 1: Entwürfe zu einem Strafgesetzbuch (1919, 1922, 1924/25 und 1927), Berlin 1995.

Entwurf eines Allgemeinen Strafgesetzbuches von 1933 (Referentenentwurf), in Schubert, Werner/Regge, Jürgen, Quellen zur Reform des Straf- und Strafprozessrechts, Abteilung 2: NS-Zeit (1933-1945) – Strafgesetzbuch, Band 1: Entwürfe eines Strafgesetzbuches, 1. Teil, Berlin 1988.

Entwurf eines Deutschen Strafgesetzbuches von 1936 (Dezember 1936), in Schubert, Werner/Regge, Jürgen, Quellen zur Reform des Straf- und Strafprozessrechts, Abteilung 2: NS-Zeit (1933-1945) – Strafgesetzbuch, Band 1: Entwürfe eines Strafgesetzbuches, 1. Teil, Berlin 1988.

Begründung zum Entwurf eines Deutschen Strafgesetzbuches von 1936, in Schubert, Werner/Regge, Jürgen, Quellen zur Reform des Straf- und Strafprozessrechts, Abteilung 2: NS-Zeit (1933-1945) – Strafgesetzbuch, Band 1: Entwürfe eines Strafgesetzbuches, 2. Teil, Berlin 1990.

Entwurf eines Gesetzes zur Änderung des Handelsgesetzbuchs (Recht der Handelsvertreter) nebst Begründung vom 15. November 1952, in: Verhandlungen des Deutschen Bundestags – Drucksachen, BT-Drucks. 1/3856.

Mündlicher Bericht des Ausschusses für Rechtswesen und Verfassungsrecht (23. Ausschusses) vom 26. Juni 1953, in: Verhandlungen des Deutschen Bundestags – Drucksachen, BT-Drucks. 1/4604.

Entwurf eines Gesetzes über die Industrie und Handelskammern vom 14. Dezember 1955 (Antrag der Abgeordneten Naegel, Stücklen, Dr. Atzenroth, Dr. Elbrächter und Genossen), in: Verhandlungen des Deutschen Bundestags – Drucksachen, BT-Drucks. 2/1964.

Schriftlicher Bericht des Ausschusses für Wirtschaftspolitik (21. Ausschuss); Zusammenstellung des Entwurfs eines Gesetzes über die Industrie- und Handelskammer (zu Drucks. 1964) mit den Beschlüssen des Ausschusses für Wirtschaftspolitik vom 9. Mai 1956, in: Verhandlungen des Deutschen Bundestags – Drucksachen, BT-Drucks. 2/2380.

Zusammenstellung des von den Abgeordneten Naegel, Stücklen, Dr. Atzenroth, Dr. Elbrächter und Genossen eingebrachten Entwurfs eines Gesetzes über die Industrie- und Handelskammern (zu Drucks. 2380, 1964) mit den Beschlüssen des Bundestages in zweiter Beratung; unverändert nach den Beschlüssen des Ausschusses für Wirtschaftspolitik (21. Ausschuss) vom 26. Oktober 1956, in: Verhandlungen des Deutschen Bundestags – Drucksachen, BT-Drucks. 2/2817.

Entwurf eines Aktiengesetzes nebst Begründung vom 3. Februar 1962, in: Verhandlungen des Deutschen Bundestags – Drucksachen, BT-Drucks. 4/171.

Entwurf eines Strafgesetzbuches nebst Begründung vom 4. Oktober 1962, in: Verhandlungen des Deutschen Bundestags – Drucksachen, BT-Drucks. 4/650.

Entwurf eines Strafgesetzbuches, Antrag der Abgeordneten Frau Dr. Diemer-Nicolaus, Dr. h.c. Güde, Dr. Dehler, Dr. Wilhelmi und Genossen vom 11. November 1965, in: Verhandlungen des Deutschen Bundestags – Drucksachen, BT-Drucks. 5/32.

Entwurf eines Strafgesetzbuches (Allgemeiner Teil), Antrag der Abgeordneten Frau Dr. Diemer-Nicolaus, Busse (Herford), Dorn und die Fraktion der FDP vom 17. November 1967, in: Verhandlungen des Deutschen Bundestags – Drucksachen, BT-Drucks. 5/2285.

Entwurf eines Gesetzes zur Änderung des Börsengesetzes nebst Begründung vom 5. Februar 1973, in: Verhandlungen des Deutschen Bundestags – Drucksachen, BT-Drucks. 7/101.

Entwurf eines Gesetzes zur Durchführung der Vierten Richtlinie des Rates der Europäischen Gemeinschaften zur Koordinierung des Gesellschaftsrechts (Bilanzrichtlinie-Gesetz), in: Verhandlungen des Deutschen Bundestags – Drucksachen, BT-Drucks. 10/317.

III. Parlamentarische Sitzungsprotokolle (chronologisch)

Stenographische Berichte über die Verhandlungen des Reichstages des Norddeutschen Bundes, 1869, Band 2, 31. Sitzung vom 30. April 1869, S. 691.

Stenographische Berichte über die Verhandlungen des Reichstages des Norddeutschen Bundes, 1869, Band 2, 33. Sitzung vom 3. Mai 1869, S. 747.

Stenographische Berichte über die Verhandlungen des Reichstags des Norddeutschen Bundes, 1870, Band 2, 50. Sitzung vom 20. Mai 1970, S. 1053.

Stenographische Berichte über die Verhandlungen des Deutschen Reichstages, 3. Legislaturperiode, II. Session 1878, Band 1, 12. Sitzung vom 2. März 1878, S. 265.

Stenographische Berichte über die Verhandlungen des Deutschen Reichstages, 3. Legislaturperiode, II. Session 1878, Band 1, 13. Sitzung vom 4. März 1878, S. 297.

Stenographische Berichte über die Verhandlungen des Deutschen Reichstages, 3. Legislaturperiode, II. Session 1878, Band. 2, 40. Sitzung vom 4. Mai 1878, S. 1031.

Stenographische Berichte über die Verhandlungen des Deutschen Reichstages, 3. Legislaturperiode, II. Session 1878, Band. 2, 43. Sitzung vom 8. Mai 1878, S. 1129.

Stenographische Berichte über die Verhandlungen des Deutschen Reichstages, 3. Legislaturperiode, II. Session 1878, Band. 2, 44. Sitzung vom 9. Mai 1878, S. 1167.

Stenographische Berichte über die Verhandlungen des Deutschen Reichstages, 3. Legislaturperiode, II. Session 1878, Band. 2, 50. Sitzung vom 17. Mai 1878, S. 1355.

Stenographische Berichte über die Verhandlungen des Deutschen Reichstages, 3. Legislaturperiode, II. Session 1878, Band. 2, 51. Sitzung vom 18. Mai 1878, S. 1389.

Stenographische Berichte über die Verhandlungen des Deutschen Reichstages, 3. Legislaturperiode, II. Session 1878, Band. 2, 53. Sitzung vom 21. Mai 1878, S. 1461.

Stenographische Berichte über die Verhandlungen des Reichstags, 1888, Band 1, 14. Sitzung vom 13. Dezember 1888, S. 273, abgedruckt in: Volker Beuthien, Ulrich Hüsken und Rolf Aschermann (Hrsg.), Materialien zum Genossenschaftsgesetz, II. Parlamentarische Materialien (1866-1922), Marburger Schriften zum Genossenschaftswesen, 1989, S. 341 ff.

Verhandlungen des Dt. Bundestages, 2. Wahlperiode, 126. Sitzung vom 2. Februar 1956, S. 6002.

Verhandlungen des Dt. Bundestages, 2. Wahlperiode, 167. Sitzung vom 26. Oktober 1956, S. 9221.

Verhandlungen des Dt. Bundestages, 2. Wahlperiode, 173. Sitzung vom 16. November 1956, S. 9568.

Verhandlungen des Dt. Bundestages, 4. Wahlperiode, 70. Sitzung vom 28. März 1963, S. 3186.

Verhandlungen des Dt. Bundestages, 5. Wahlperiode, 14. Sitzung vom 13. Januar 1966, S. 549.

Verhandlungen des Dt. Bundestages, 5. Wahlperiode, 149. Sitzung vom 23. Januar 1968, S. 7709.

Verhandlungen des Dt. Bundestages, 5. Wahlperiode, 230. Sitzung vom 7. Mai. 1969, S. 12703.

IV. Sonstiges

Satzung über die Errichtung eines kaufmännischen Ehrengerichts bei der Handelskammer Stuttgart vom 19. September 1933, in: Württembergische Wirtschafts-Zeitschrift, 1933 (Heft 18), S. 213.

Ehrengerichtsordnung der Handelskammer Reutlingen vom 30. Januar 1934, in: Mitteilungen der Handelskammer Reutlingen, 1934 (Heft 4), S. 26.

Ehrenausschussordnung der Arbeitsgemeinschaft der Industrie- und Handelskammern in Baden-Württemberg vom 1. Oktober 1968, in: Mitteilungen der IHK Reutlingen, 1968, S. 274.

Literaturverzeichnis

Abel, Heinz, Die Industrie- und Handelskammern im nationalsozialistischen Staate, Breslau 1940.

Abelshauser, Werner, Deutsche Wirtschaftsgeschichte von 1945 bis zur Gegenwart, Beck'sche Reihe, 1587, 2. Auflage, München 2011.

Amira, Karl von, Grundriss des germanischen Rechts, Straßburg 1913.

Bacharach, Alfred, Der Begriff der Kuppelei, in: Strafrechtliche Abhandlungen 1911, Heft 127, S. 3 ff.

Bader, Karl S./Dilcher, Gerhard, Deutsche Rechtsgeschichte, Land und Stadt – Bürger und Bauer im alten Europa, Berlin 1999.

Bähr, Johannes, Recht und staatlich organisierte Wirtschaft, in: Johannes Bähr und Ralf Banken (Hrsg.): Wirtschaftssteuerung durch Recht im Nationalsozialismus, Studien zur Entwicklung des Wirtschaftsrechts im Interventionsstaat des „Dritten Reichs", Das Europa der Diktatur, 9, S. 445 ff., Frankfurt am Main 2006.

Bähr, Johannes/Erker, Paul, Bosch: Geschichte eines Weltunternehmens, München 2013.

Bähr, Melanie, Der ehrbare Kaufmann in der Wahrnehmung der deutschen Wirtschaftsjunioren, in: Christian Graf und Rolf Stober (Hrsg.), Der Ehrbare Kaufmann und Compliance, Zur Aktivierung eines klassischen Leitbilds für die Compliancediskussion (Schriften aus dem Forschungsinstitut für Compliance, Sicherheitswirtschaft und Unternehmenssicherheit (FORSI)), Hamburg 2010.

Bar, Ludwig von, Geschichte des deutschen Strafrechts und der Strafrechtstheorien, Band 1, Berlin 1882.

Barth, Kuno, Die Entwicklung des deutschen Bilanzrechts, Band 1, Stuttgart 1953.

Bauer, Manuel, Ökonomische Menschen, Literarische Wirtschaftsanthropologie des 19. Jahrhunderts, 1. Auflage, Göttingen 2016.

Baumann, Jürgen/Maihofer, Werner/Brauneck, Anne-Eva/Noll, Peter/Hanack, Ernst-Walter/Roxin, Claus et al., Alternativ-Entwurf eines Strafgesetzbuches, Allgemeiner Teil, Band 1, 2. Auflage, Tübingen 1969.

Baums, Theodor, Entwurf eines allgemeinen Handelsgesetzbuches für Deutschland (1848, 49), Text u. Materialien, Abhandlungen aus dem gesamten Bürgerlichen Recht, Handelsrecht und Wirtschaftsrecht, 54, Heidelberg 1982.

Bayer, Walter/Engelke, Sylvia, Die Revision des Aktienrechts durch das Aktiengesetz von 1937, in: Walter Bayer und Mathias Habersack (Hrsg.), Aktienrecht im Wandel: 1807 – 2007, Band 1, S. 624 ff., Tübingen 2007.

Behrends, Okko/Apathy, Peter, Corpus juris civilis (Digesten 1 - 10), Text und Übersetzung, Band 2, Heidelberg 1995.

Behrends, Okko/Knütel, Rolf/Kupisch, Berthold/Seiler, Hans Hermann, Corpus juris civilis, Text und Übersetzung, Band 1, Heidelberg 1990.

Bertelsmeier-Kierst, Christa, Zur ältesten Überlieferung des Sachsenspiegels, in: Stephan Buchholz, Sebastian Adler und Dieter Werkmüller (Hrsg.): Worte des Rechts – Wörter zur Rechtsgeschichte, Festschrift für Dieter Werkmüller zum 70. Geburtstag, S. 56–77, Berlin 2007.

Beschorner, Thomas/Hajduk, Thomas, Der ehrbare Kaufmann – Unternehmensverantwortung „light“?, in: *CSR-Magazin* 2011 (Heft 3), S. 6 ff.

Beseler, Georg, Kommentar über das Strafgesetzbuch für die Preussischen Staaten und das Einfuhrungsgesetz vom 14. April 1851, Leipzig 1851.

Beseler, Georg, System des gemeinen deutschen Privatrechts, 2. Auflage, Berlin 1866.

Betz, Otto, Die Ehrenstrafen nach geltendem und kommendem Strafrecht mit Ausschluss des Militärstrafechts, Lichtenfels (Bayern) 1935.

Bitter, Albrecht von, Das Strafrecht des Preussischen Allgemeinen Landrechts von 1794 vor dem ideengeschichtlichen Hintergrund seiner Zeit, Rheinische Schriften zur Rechtsgeschichte, 1. Auflage, Baden-Baden 2013.

Blasius, Dirk, Grenzen sozialer Disziplinierung: das Strafrecht des ALR, in: Günter Birtsch und Dietmar Willoweit (Hrsg.): Reformabsolutismus und ständische Gesellschaft, Zweihundert Jahre Preussisches Allgemeines Landrecht (Forschungen zur brandenburgischen und preussischen Geschichte. Neue Folge. Beiheft, 3), S. 341–357, Berlin 1998.

Bork, Reinhard/Schäfer, Carsten (Hrsg.), GmbHG, Kommentar zum GmbH-Gesetz, 2. Auflage, Köln 2012, (zitiert: *Autor* in: Bork/Schäfer, GmbHG, 2015, § Rn.).

Brandt, Christian, Die Entstehung des Code pénal von 1810 und sein Einfluss auf die Strafgesetzgebung der deutschen Partikularstaaten des 19. Jahrhunderts am Beispiel Bayerns und Preussens, Frankfurt am Main 2002.

Brauneder, Wilhelm, Das Strafrecht in den österreichischen Polizeiordnungen des 16. Jahrhunderts, in: Gerhard Köbler (Hrsg.): Wege deutscher Rechtsgeschichte, S. 1–28, Frankfurt a.M. [u.a.] 1987.

Brauneder, Wilhelm, Der soziale und rechtliche Gehalt der österreichischen Polizeiordnungen des 16. Jahrhunderts, in: *Zeitschrift für historische Forschung* 1976, S. 205 ff.

Bremer, Heinz (Hrsg.), Kammerrecht der Wirtschaft, Kommentar zum Bundeskammergesetz, Landesrecht der Industrie- und Handelskammern einschließlich Wirtschafts- und Arbeitnehmerkammern und Recht der Auslandshandelskammern, Berlin 1960.

Bremer, Heinz, Ehrengerichte im Rahmen der Industrie- und Handelskammern?, in: *Betriebsberater (BB)* 1964, S. 828 ff.

Brox, Hans/Henssler, Martin, Handelsrecht, Mit Grundzügen des Wertpapierrechts, München 2011.

Bruchhäuser, Hanns-Peter, Quellen und Dokumente zur Berufsbildung deutscher Kaufleute im Mittelalter und in der frühen Neuzeit, Köln 1992.

Brunnenmeister, Emil, Die Quellen der Bambergensis, Ein Beitrag zur Geschichte des Deutschen Strafrechts, Leipzig 1879.

Brunner, Heinrich, Deutsche Rechtsgeschichte, Systematisches Handbuch der deutschen Rechtswissenschaft, Band 1, Berlin 1906.

Brunner, Heinrich/Schwerin, Claudius Freiherr von, Deutsche Rechtsgeschichte, Band 2, 2. Auflage, München; Leipzig 1928.

Buch, Walter, Des nationalsozialistischen Menschen Ehre und Ehrenschutz, in: *Deutsche Justiz (DJ)*, 1938, S. 1657.

Budde, Johann Friedrich, Ueber Rechtlosigkeit, Ehrlosigkeit und Echtlosigkeit, Eine Abhandlung aus dem deutschen Rechte, Bonn 1842.

Buschmann, Arno (Hrsg.), Festschrift für Rudolf Gmür zum 70. Geburtstag, 28. Juli 1983, Bielefeld 1983.

Butzer, Hermann, Handbuch des Kammerrechts, 2. Auflage, Hg. v. Winfried Kluth (NomosPraxis), Baden-Baden 2011.

Canaris, Claus-Wilhelm, Handelsrecht, München 2006.

Chiusi, Tiziana J., "Fama" and "infamia" in the Roman legal system, The cases of Afrania and Lucretia, in: Andrew S. Burrows, David Johnston und Reinhard Zimmermann (Hrsg.): Judge and jurist, Essays in memory of Lord Rodger of Earlsferry, S. 143–156, Oxford [u.a.] 2013.

Coing, Helmut (Hrsg.), Handbuch der Quellen und Literatur der neueren europäischen Privatrechtsgeschichte, Mittelalter (1100-1500), Die Gelehrten Rechte und die Gesetzgebung, Band 1, 1. Auflage, München 1973, (zitiert: *Autor* in: Handbuch Privatrechtsgeschichte, Bd. I, 1973, S.).

Coing, Helmut (Hrsg.), Handbuch der Quellen und Literatur der neueren europäischen Privatrechtsgeschichte, Neuere Zeit (1500-1800), Das Zeitalter des gemeinen Rechts, Band 2, 2. Teilband, 1. Auflage, München 1976, (zitiert: *Autor* in: Handbuch Privatrechtsgeschichte, Bd. II/2, 1976, S.).

Coing, Helmut (Hrsg.), Handbuch der Quellen und Literatur der neueren europäischen Privatrechtsgeschichte, Das 19. Jahrhundert, Gesetzgebung zum allgemeinen Privatrecht; Einführung, Süd- und Westeuropa, Band 3, 1. Teilband, 1. Auflage, München 1982, (zitiert: *Autor* in: Handbuch Privatrechtsgeschichte, Bd. III/1, 1982, S.).

Coing, Helmut (Hrsg.), Handbuch der Quellen und Literatur der neueren europäischen Privatrechtsgeschichte, Das 19. Jahrhundert, Gesetzgebung zum allgemeinen Privatrecht und Verfahrensrecht, Band 3, 2. Teilband, 1. Auflage München 1982, (zitiert: *Autor* in: Handbuch Privatrechtsgeschichte, Bd. III/2, 1982, S.).

Coing, Helmut (Hrsg.), Handbuch der Quellen und Literatur der neueren europäischen Privatrechtsgeschichte, Das 19. Jahrhundert, Gesetzgebung zu den privatrechtlichen Sondergebieten, Band 3, 3. Teilband, 1. Auflage, München 1986, (zitiert: *Autor* in: Handbuch Privatrechtsgeschichte, Bd. III/3, 1986, S.).

Coing, Helmut (Hrsg.), Europäisches Privatrecht, 19. Jahrhundert, Überblick über die Entwicklung des Privatrechts in den ehemals gemeinrechtlichen Ländern, Band 2, München 1989.

Coing, Helmut, Römisches Recht in Deutschland, in: *Ius Romanum medii aevi* 1964, S. 45 ff.

Conrad, Hermann, Deutsche Rechtsgeschichte, Frühzeit und Mittelalter, Band 1, Karlsruhe 1962.

Conrad, Hermann, Deutsche Rechtsgeschichte, Neuzeit, Band 2, Karlsruhe 1966.

Conrad, Hermann, Die geistigen Grundlagen des Allgemeinen Landrechts für die preussischen Staaten von 1794, Arbeitsgemeinschaft für Forschung des Landes Nordrhein-Westfalen, Köln, Opladen 1958.

Cordes, Albrecht/Lück, Heiner/Werkmüller, Dieter (Hrsg.), Handwörterbuch zur deutschen Rechtsgeschichte, Band 1, 2. Auflage, Berlin 2008, (zitiert: *Autor*, Art. „Bezeichnung", HRG, Bd. I, 2008, Sp.).

Cordes, Albrecht/Lück, Heiner/Werkmüller, Dieter (Hrsg.), Handwörterbuch zur deutschen Rechtsgeschichte, Band 2, 2. Auflage, Berlin 2009, (zitiert: *Autor*, Art. „Bezeichnung", HRG, Bd. II, 2009, Sp.).

Cordes, Albrecht/Lück, Heiner/Werkmüller, Dieter (Hrsg.), Handwörterbuch zur deutschen Rechtsgeschichte, 20. Lieferung (Lehnrechtsbücher – Liermann, Hans (1893-1976)), Berlin 2014.

Cordes, Albrecht/Lück, Heiner/Werkmüller, Dieter (Hrsg.), Handwörterbuch zur deutschen Rechtsgeschichte, 21. Lieferung (Liga – Mantelgriff), Berlin 2015.

Cordt, Ernst, Die Gilden, Ursprung und Wesen, Göppingen 1984.

Crisolli, Karl August, Entwurf eines Gesetzes zur Vereinheitlichung, Bereinigung und Reinhaltung des Handelsregisters, Berlin 1934.

Dahm, Georg, Die Erneuerung der Ehrenstrafe, in: *Deutsche Juristenzeitung (DJZ)* 1934, S. 821 ff.

Dilcher, Gerhard, Personale und lokale Strukturen kaufmännischen Rechts als Vorformen genossenschaftlichen Stadtrechts, in: Klaus Friedland (Hrsg.), Gilden und Korporationen in den nordeuropäischen Städten, S. 65–78, Köln, Wien 1984, (zitiert: *Dilcher*, Personale und lokale Strukturen kaufmännischen Rechts, 1984, S.).

Doren, Alfred Jakob, Untersuchungen zur Geschichte der Kaufmannsgilden des Mittelalters. Ein Beitrag zur Wirtschafts-, Social- und Verfassungsgeschichte der mittelalterlichen Städte, Leipzig 1893.

Dreher, Eduard/Lackner, Karl/Kühl, Kristian, Strafgesetzbuch, Kommentar, 28., neu bearb. Aufl. des von Eduard Dreher, begr. und von Karl Lackner, seit der 21. Aufl. neben ihm von Kristian Kühl, seit der 25. Aufl. von diesem allein fortgef. Werkes, München 2014, (zitiert: *Lackner/Kühl*, StGB, 2014, §, Rn.).

Dreher, Eduard/Schwarz, Otto (Hrsg.), Strafgesetzbuch mit Nebengesetzen, 30. Auflage, München 1968, (zitiert: *Schwarz/Dreher*, Kommentar zum StGB, 1968, § Ziffer).

Drosdowski, Günther (Hrsg.), Duden, Das große Wörterbuch der deutschen Sprache, Band 4 (Hex-Lef), 2. Auflage, Mannheim, Leipzig, Wien, Zürich 1994.

Drygala, Tim, Zur Neuregelung der Tätigkeitsverbote für Geschäftsleiter, in: *Zeitschrift für Wirtschaftsrecht und Insolvenzpraxis (ZIP)* 2005, S. 423 ff.

Dulckeit, Gerhard/Schwarz, Fritz/Waldstein, Wolfgang, Römische Rechtsgeschichte, Ein Studienbuch, 9. Auflage, München 1995.

Dülmen, Richard van, Der ehrlose Mensch, Unehrlichkeit und soziale Ausgrenzung in der Frühen Neuzeit, Köln, Weimar, Wien 1999.

Dürr, Heinz, Der ehrbare Kaufmann in der Finanzwelt – ein Oxymoron?, in: Barbara Dauner-Lieb, Götz Freudenberg und Götz Werner (Hrsg.): Familienunternehmen im Fokus von Wirtschaft und Wissenschaft, Festschrift für Mark K. Binz, S. 166 ff., München 2014.

Ebel, Geschichte der Gesetzgebung in Deutschland, 2. Auflage, Göttingen 1958.

Eckhardt, Karl August, Das Lehnrecht des Sachsenspiegels in: Germanenrechte. Band 15, Göttingen 1956.

Eichhorn, Karl Friedrich, Einleitung in das deutsche Privatrecht, 4. Auflage, Göttingen 1836.

Eisenbart, Liselotte C., Kleiderordnungen der deutschen Städte zwischen 1350 und 1700, Ein Beitrag zur Kulturgeschichte des deutschen Bürgertums,

Göttinger Bausteine zur Geschichtswissenschaft, Göttingen, Berlin, Frankfurt am Main 1962.

Eisenhardt, Ulrich, Deutsche Rechtsgeschichte, Grundrisse des Rechts, 6. Auflage, München 2013.

Engelke, Sylvia/Maltschew, Reni, Aktienskandale und Reaktionen des Gesetzgebers durch Notverordnungen im Jahre 1931, in: Walter Bayer und Mathias Habersack (Hrsg.): Aktienrecht im Wandel, 1807-2007 (1), S. 570–618, Tübingen 2007.

Erler, Adalbert/Stammler, Wolfgang, Handwörterbuch zur deutschen Rechtsgeschichte, Band I, Berlin 1971, (zitiert: *Autor*, Art. "Bezeichnung", HRG, Bd. I, 1971, Sp.).

Erler, Adalbert/Stammler, Wolfgang, Handwörterbuch zur deutschen Rechtsgeschichte, Band II, Berlin 1978, (zitiert: *Autor*, Art. „Bezeichnung", HRG, Bd. II. 1978, Sp.).

Erler, Adalbert/Stammler, Wolfgang, Handwörterbuch zur deutschen Rechtsgeschichte, Band III, Berlin 1984, (zitiert: *Autor*, Art. „Bezeichnung", HRG, Bd. III, 1984, Sp.).

Erler, Adalbert/Stammler, Wolfgang, Handwörterbuch zur deutschen Rechtsgeschichte, Band IV, Berlin 1990, (zitiert: *Autor*, Art. „Bezeichnung", HRG, Bd. IV, 1990, Sp.).

Erler, Adalbert/Stammler, Wolfgang, Handwörterbuch zur deutschen Rechtsgeschichte, Berlin Band V, 1998, (zitiert: *Autor*, Art. „Bezeichnung", HRG, Bd. V, 1998, Sp.).

Faber, Karl Georg, Recht und Verfassung, Die polit. Funktion d. rhein. Rechts im 19. Jahrhundert, Köln 1970.

Faulwetter, Stephan, Von der Zunft zur Handelskammer, Zur Entwicklung des Gewerberechts in thüringischen Staaten, Frankfurt am Main; New York 2011.

Finkenauer, Thomas, Vom Allgemeinen Gesetzbuch zum Allgemeinen Landrecht, Preußische Gesetzgebung in der Krise, in: *Zeitschrift der Savigny-Stiftung für Rechtsgeschichte (GA)* 113 (1996), S. 40 ff.

Fischer, Thomas, Strafgesetzbuch und Nebengesetze, 62. Auflage, München 2015.

Fleischer, Holger/Goette, Wulf (Hrsg.), Münchener Kommentar zum Gesetz betreffend die Gesellschaften mit beschränkter Haftung, München 2010, (zitiert: *Autor* in: MünchKomm, GmbHG, Bd. 1, 2010, § Rn.).

Frank, Hans, Nationalsozialistisches Handbuch für Recht und Gesetzgebung, München 1935, (zitiert *Autor* in: NS-Handbuch, 1935, S.).

Freisler, Roland, in: Hanns Kerrl (Hrsg.), Nationalsozialistisches Strafrecht: Denkschrift des Preussischen Justizministers, S. 6 ff., Berlin 1933.

Frentzel, Gerhard, Die Deutschen Industrie- und Handelskammern und der Deutsche Industrie- und Handelstag, Ämter und Organisationen der Bundesrepublik Deutschland, Frankfurt (Main), Bonn 1967.

Frentzel, Gerhard/Jäkel, Ernst/Junge, Werner (Hrsg.), Industrie- und Handelskammergesetz, Kommentar zum Kammerrecht des Bundes und der Länder, 7. Auflage, Köln 2009, (zitiert: *Autor* in: IHKG-Kommentar (Frentzel/ Jäckel/Junge), 2009, § Rn.).

Friauf, Karl Heinrich/Fuhr, Eberhard/Stahlhacke, Eugen (Hrsg.), Kommentar zur Gewerbeordnung, GewO, Band 1, Neuwied ab 1994, Lieferung Stand Juni 2015, (zitiert: *Autor* in: Kommentar zur Gewerbeordnung, Bd. 1, Juni 2015, § Rn.).

Friauf, Karl Heinrich/Fuhr, Eberhard/Stahlhacke, Eugen (Hrsg.), Kommentar zur Gewerbeordnung, GewO, Band 2, Neuwied ab 1994, Lieferung Stand Juni 2015, (zitiert: *Autor* in: Kommentar zur Gewerbeordnung, Bd. 2, Juni 2015, § Rn.).

Friese, Viktor, Das Strafrecht des Sachsenspiegels, Untersuchungen zur deutschen Staats- und Rechtsgeschichte, Breslau 1898.

Fritz, Wolfgang D., Die Goldene Bulle, Das Reichsgesetz Kaiser Karls IV. vom Jahre 1356; [dem Gedächtnis und der Würdigung Karls IV., römisch-deutscher Kaiser, König von Böhmen], Weimar 1978.

Gernhuber, Joachim, Die Landfriedensbewegung in Deutschland bis zum Mainzer Reichslandfrieden von 1235, Bonn 1952.

Geßler, Jörg H./Käpplinger Markus (Hrsg.), Aktiengesetz, Kommentar, Dezember 2014.

Gierke, Julius von/Sandrock, Otto, Handels- und Wirtschaftsrecht, Band 1, 9. Auflage, Berlin 1975.

Gierke, Otto von, Das deutsche Genossenschaftsrecht, Band 1, Berlin 1868.

Gierke, Otto von, Deutsches Privatrecht, Band 1, Leipzig 1895.

Girtler, Roland, „Ehre“ bei Vaganten, Ganoven, Häftlingen, Dirnen und Schmugglern, in: Ludgera Vogt und Arnold Zingerle (Hrsg.), Ehre – Archaische Momente in der Moderne. 1. Auflage, S. 212–229, Frankfurt am Main 1994.

Glück, Christian Friedrich, Ausführliche Erläuterung der Pandecten nach Hellfeld, Ein Commentar, Band 5, Erlangen 1798.

Goette, Wulf/Arnold, Michael/Habersack, Mathias/et al. (Hrsg.), Münchener Kommentar zum Aktiengesetz, Band 4, §§ 179-277, 4. Auflage, München 2016.

Goette, Wulf/Habersack, Mathias (Hrsg.), Münchener Kommentar zum Aktiengesetz, Band 6, §§ 329-410, 3. Auflage, München, München 2011.

Goetze, Fritz, Die Ächtung als Ehrenstrafe, in: *Zeitschrift für die gesamte Strafrechtswissenschaft* 1936, S. 533 ff.

Goldschmidt, Levin, Handbuch des Handelsrechts (Universalgeschichte), Band 1, 3. Auflage, Stuttgart 1891.

Goldschmidt, Levin, Handbuch des Handelsrechts, Band 1, Stuttgart 1874.

Goltdammer, Theodor, Die Materialien zum Straf-Gesetzbuche für die Preußischen Staaten, Aus den amtlichen Quellen nach den Paragraphen des Gesetzbuches, Teil 1, Berlin 1851.

Göschen, Johann Friedrich Ludwig, Vorlesungen über das gemeine Civilrecht, Band 1, 2. Auflage, Göttingen 1843.

Graf, Christian/Stober, Rolf, Der Ehrbare Kaufmann und Compliance, Zur Aktivierung eines klassischen Leitbilds für die Compliancediskussion, Hamburg 2010.

Greenidge, Abel Hendy Jones, Infamia, its place in Roman public and private law, Oxford; London 1894.

Grimm, Jacob/Grimm, Wilhelm, Deutsches Wörterbuch, Teil 14, Leipzig 1960.

Grube, Walter, Der Stuttgarter Landtag, 1457-1957, Von den Landständen zum demokratischen Parlament, Stuttgart 1957.

Grünhut, Max, Die Abschaffung der Ehrenstrafen, in: *Zeitschrift für die gesamte Strafrechtswissenschaft* 1925, S. 260 ff.

Güntherschulze, Ruprecht, Die Entwicklung der Ehrenminderungen im deutschen Strafrecht, Erlangen 1935.

Gürtner, Franz (Hrsg.), Das kommende deutsche Strafrecht: Bericht über die Arbeit der amtlichen Strafrechtskommission – Allgemeiner Teil, Berlin 1934.

Gürtner, Franz/Freisler, R., Das kommende deutsche Strafrecht, Bericht über die Arbeit der amtlichen Strafrechtskommission, Besonderer Teil, Berlin 1935.

Güterbock, Carl, Die Entstehungsgeschichte der Carolina auf Grund archivalischer Forschungen und neu aufgefundener Entwuerfe, Würzburg 1876.

Haacke, Heinrich, Wirtschaftspolizeiliche Bestimmungen in den Reichsabschieden, in: Jahrbücher für Nationalökonomie und Statistik, Band 116, 1921, S. 465–506.

Hadding, Walther /Kießling, Erik, Anfänge deutschen Aktienrechts: Das Preußische Aktiengesetz von 1843, in: Jörn Eckert (Hrsg.): Der praktische Nutzen der Rechtsgeschichte, Hans Hattenhauer zum 8. September 2001, S. 159 ff., Heidelberg 2003.

Hagemeister, Ist das Römische Recht mit Zuerkennung der Ehrlosigkeit wirklich so verschwenderisch als man behauptet? Oder: Ueber den wesentlichen Unterschied zwischen der Römischen Infamia und der Deutschen

Ehrlosigkeit, in: Gustav Hugo (Hrsg.), Civilistisches Magazin, S. 163 ff., Berlin 1812, (zitiert: *Hagemeister*, Zuerkennung der Ehrlosigkeit, in: Civilistisches Magazin, 1812, S.).

Hahn, Carl/Mugdan, Benno, Die gesammten Materialien zu den Reichs-Justizgesetzen, Band 6, Berlin 1897.

Hälschner, Hugo, Das preußische Strafrecht, Geschichte des Brandenburgisch Preußischen Strafrechts, Bonn 1855.

Härter, Karl, Das Reichskammergericht als Reichspoliceygericht, in: Friedrich Battenberg und Filippo Ranieri (Hrsg.): Geschichte der Zentraljustiz in Mitteleuropa, Festschrift für Bernhard Diestelkamp zum 65. Geburtstag, S. 238 ff., Weimar 1994.

Härter, Karl, Entwicklung und Funktion der Policeygesetzgebung des Heiligen Römischen Reiches Deutscher Nation, in: *Ius Commune* 20 (1993), S. 61–141.

Härter, Karl, Zum Verhältnis von Policey und Strafrecht bei Carpzov, in: Günter Jerouschek, Wolfgang Schild und Walter Gropp (Hrsg.): Benedict Carpzov: neue Perspektiven zu einem umstrittenen sächsischen Juristen, S. 181–225, Tübingen 2000.

Hartz, Werner, Die Gesetzgebung des Reichs und der weltlichen Territorien in der Zeit von 1495 bis 1555, Marburg 1931.

Hattenhauer, Hans, Daten zur Geschichte des ALR, in: Jörg Wolff und Günter Birtsch (Hrsg.): Das Preußische Allgemeine Landrecht, Politische rechtliche und soziale Wechsel- und Fortwirkungen (Motive, Texte, Materialien), S. 287–291, Heidelberg 1995.

Hattenhauer, Hans, Die geistesgeschichtlichen Grundlagen des deutschen Rechts, 4. Auflage, Heidelberg 1996.

Hattenhauer, Hans/Bernert, Günther, Allgemeines Landrecht für die preußischen Staaten, Von 1794, 3. Auflage, Neuwied 1996.

Hattenhauer, Hans/Stern, Jacques/Thibaut, Anton Friedrich Justus/Savigny, Friedrich Carl von, Thibaut und Savigny, Ihre programmatischen Schriften, 2. Auflage, München 2002.

Hausmaninger, Herbert/Selb, Walter, Römisches Privatrecht, 9., völlig neu bearbeitete Auflage, Wien 2001.

Hauß, Carl, Das Gesetz zur Bekämpfung des unlauteren Wettbewerbes, Vom 27. Mai 1896., Für die gerichtliche und gewerbliche Praxis, Berlin 1896.

Hedemann, Justus Wilhelm, Das Gesetz zur Ordnung der nationalen Arbeit, in: *Deutsche Juristenzeitung (DJZ)*, 1934, Sp. 161 ff.

Hedemann, Justus Wilhelm, Deutsches Wirtschaftsrecht, Ein Grundriss, 2. Auflage, Berlin 1943.

Hellwig, Renate, Auslegung und Anwendung des Begriffs Unzuverlässigkeit im Gewerberecht, München 1967.

Hemptenmacher, Theodor/Wermuth, Adolf, Börsengesetz, Nebst Ausführbestimmungen; Text-Ausgabe. mit Anmerkungen und Sachregister, 2. Auflage, Berlin 1908.

Henning, Friedrich-Wilhelm, Handbuch der Wirtschafts- und Sozialgeschichte Deutschlands: Deutsche Wirtschafts- und Sozialgeschichte im Mittelalter und in der frühen Neuzeit, Band 1, Paderborn 1991.

Henning, Friedrich-Wilhelm, Wirtschafts- und Sozialgeschichte, Das industrialisierte Deutschland 1914 bis 1992, Paderborn [u.a.] 1993.

Henning-Bodewig, Frauke, Der „ehrbare Kaufmann“, Corporate Social Resposibility und das Lauterkeitsrecht, in: *Wettbewerb in Recht und Praxis (WPR)* 2011, S. 1014 ff.

Henssler, Martin/Strohn, Lutz, Gesellschaftsrecht, München 2014.

Heréus, Fritz, Die deutschen Handelskammern als Glied der Verwaltung, Mannheim 1922.

Hertz, Thomas, Die Industrie- und Handelskammer zu Berlin, Ein Beitrag zur Wirtschaftsgeschichte Berlins, Berlin; New York 2008.

Heßeler, Benjamin, Amtsunfähigkeit von GmbH-Geschäftsführern gemäß § 6 Abs. 2 GmbHG, Schriften zum Bürgerlichen Recht, 1. Auflage, Berlin 2009.

Hillebrand, Julius, Über die gänzliche und theilweise Entziehung der bürgerlichen Ehre nach den deutschen Rechtsbüchern des Mittelalters, Giessen 1844.

Hippel, Robert von, Deutsches Strafrecht, Band 1, Berlin 1925.

Hirsch, Hans Christoph, Der Sachsenspiegel, (Landrecht), Berlin [u.a.] 1936.

Hirschfeld, Gerhard/Kettenacker, Lothar, Der „Führerstaat“, Mythos und Realität, Studien zur Struktur und Politik des Dritten Reiches, Stuttgart 1981.

His, Rudolf, Das Strafrecht des deutschen Mittelalters, Teil I: Die Verbrechen und ihre Folgen im allgemeinen, Aalen 1964, Neudruck der Ausgabe von 1920.

Hofer, Sybille, Das Aktiengesetz von 1884 – ein Lehrstück für prinzipielle Schutzkonzeptionen, in: Walter Bayer und Mathias Habersack (Hrsg.), Aktienrecht im Wandel: 1807-2007, Band 1, S. 413 ff., Tübingen 2007.

Holzer, Georg, Verlust der bürgerlichen Ehrenrechte, eine strafrechtliche Abhandlung unter Berücksichtigung der neuesten Entwürfe 1913.

Honsell, Heinrich/Mayer-Maly Theo/Selb Walter, Römisches Recht, 4. Auflage, Berlin, Heidelberg, New York 1987.

Hopt, Klaus J./Baumbach, Adolf/Kumpan, Christoph, Handelsgesetzbuch, Mit GmbH & Co. Handelsklauseln Bank- und Börsenrecht Transportrecht (ohne Seerecht), 36. Auflage, München 2014.

Hopt, Klaus J./Wiedemann, Herbert (Hrsg.), Aktiengesetz, Großkommentar, Band 1, 4. Auflage, Berlin [u.a.] 2004, (zitiert: *Autor* in: Aktiengesetz, Großkommentar, Bd. 1, 2004, Einleitung, Rn.).

Huber, Ernst Rudolf, Verfassungsrecht des Grossdeutschen Reiches, Grundzüge der Rechts- und Wirtschafts-Wissenschaft, Reihe A: Rechtswissenschaft, 2. Auflage, Hamburg 1939.

Hüffer, Uwe/Koch, Jens, Aktiengesetz, 11. Auflage, München 2014.

Hugo, Gustav, Lehrbuch eines civilistischen Cursus, Lehrbuch des heutigen Römischen Rechts (Band 4), 6. Auflage, Berlin 1820.

Industrie- und Handelskammer Rostock (Hrsg.), Nach „alter teutscher Moral"? oder auch „Ehrbarer Kaufmann" gestern – „Ehrbarer Kaufmann" heute, Rostock 2011.

Irsigler, Franz, Zur Problematik der Gilde- und Zunftterminologie, in: Berent Schwineköper (Hrsg.), Gilden und Zünfte, Kaufmännische und gewerbliche Genossenschaften im frühen und hohen Mittelalter (Vorträge und Forschungen / Konstanzer Arbeitskreis für Mittelalterliche Geschichte, 29), Sigmaringen 1985, (zitiert: *Irsigler*, Zur Problematik der Gilde- und Zunftterminologie, 1985, S.).

Jacobi, Erwin, Infamie des Patrons nach kanonischem Recht, in: Karl S. Bader (Hrsg.): Festschrift Guido Kisch, S. 203–216, Stuttgart 1955.

Jagusch, Heinrich/Metzger, Edmund (Hrsg.), Leipziger Kommentar, 8., neu bearb. Auflage, Berlin 1957, (zitiert: *Autor* in: Leipziger Kommentar, StGB, 1957, § Anm.).

Jarass, Hans D./Pieroth, Bodo, Grundgesetz für die Bundesrepublik Deutschland, Kommentar, Auflage 13, München 2014, (zitiert: *Autor* in: Jarass/Pieroth, GG, 2014, Art. Rn.).

Jung-Stilling, Johann Heinrich, D. Johann Heinrich Jungs gemeinnütziges Lehrbuch der Handlungswissenschaft, Nachdruck der 2. Auflage von 1799. Hrsg. v. Klaus F. Pott (Schriften zur Geschichte der Betriebswirtschaftslehre), Köln 1995.

Kahn, Daniela, Die Steuerung der Wirtschaft durch Recht im nationalsozialistischen Deutschland, Das Beispiel der Reichsgruppe Industrie, Europa der Diktatur, 12, Frankfurt am Main 2006.

Kannowski, Bernd, Der Sachsenspiegel und die Buch'sche Glosse – Begegnung deutschrechtlichen und romanistischen Denkens?, in: Gerhard Dilcher und Eva-Marie Distler (Hrsg.), Leges – Gentes – Regna, Zur Rolle von germanischen Rechtsgewohnheiten und lateinischer Schrifttradition bei der Ausbildung der frühmittelalterlichen Rechtskultur, S. 503–521, Berlin 2006, (zitiert: *Kannowski*, Der Sachsenspiegel und die Buch'sche Glosse, in: Leges – Gentes – Regna, 2006, S.).

Kaser, Max, Infamia und ignominia in den römischen Rechtsquellen, in: *Zeitschrift der Savigny-Stiftung für Rechtsgeschichte (RA)* 73 (1956), S. 220 ff.

Kaser, Max, Das römische Privatrecht, Erster Abschnitt Das altrömische, das vorklassische und das klassische Recht, 2., neubearb. Auflage, München 1971.

Kaser, Max, Vollstreckbarkeit und Bürgenregreß, in: *Zeitschrift der Savigny-Stiftung für Rechtsgeschichte (RA)*100 (1983), S. 80 ff.

Kaser, Max/Hackl, Karl, Das römische Zivilprozessrecht, 2. vollständig überarbeitete und erweiterte Auflage, München 1996.

Kaser, Max/Knütel, Rolf/Lohsse, Sebastian, Römisches Privatrecht, 21. Auflage, München 2017.

Kaufmann, Arthur, Zur Lehre von der Friedlosigkeit im Germanischen Recht, in: Hermann Conrad und Paul Mikat (Hrsg.), Beiträge zur Rechtsgeschichte: Gedächtnisschrift für Hermann Conrad, S. 329 ff., Paderborn 1979.

Ketteler, Alfred, Die Erneuerung der Ehrenstrafe, Bochum – Langendreer 1937.

Kirchmann, Julius Hermann, Das Strafgesetzbuch für den norddeutschen Bund mit sachlichen, hauptsächlichen aus der geschichtlichen Entstehung desselben geschöpften Erläuterungen, Zum praktischen Gebrauche bearbeitet., Elberfeld 1870.

Klappenbach, Ruth/Steinitz, Wolfgang, Wörterbuch der deutschen Gegenwartssprache, Band 3, Berlin 1969.

Klein, Ernst Ferdinand, Grundsätze des gemeinen deutschen und Preussischen peinlichen Rechts, Halle 1796.

Kleinheyer, Gerd, Das Allgemeine Landrecht für die preußischen Staaten vom 1. Juni 1794, An der Wende des Spätabsolutismus zum liberalen Rechtsstaat, Heidelberg 1995.

Kleinheyer, Gerd, Tradition und Reform in der Constitutio Criminalis Carolina, in: Peter Landau und Friedrich-Christian Schroeder (Hrsg.), Strafrecht, Strafprozess und Rezeption, Grundlagen, Entwicklung und Wirkung der Constitutio Criminalis Carolina, S. 7–28, Frankfurt am Main 1984.

Kleinheyer, Gerd/Schröder, Jan, Deutsche Juristen aus fünf Jahrhunderten, Eine biographische Einführung in die Geschichte der Rechtswissenschaft, 5. Auflage, Heidelberg 2008.

Klenk, Rudolf, Ehrengerichtsbarkeit der gewerblichen Wirtschaft, in: *Württembergische Wirtschaftszeitschrift* 1937, S. 781 ff.

Klink, Daniel, Der Ehrbare Kaufmann – Das ursprüngliche Leitbild der Betriebswirtschaftslehre und individuelle Grundlage für die CSR-Forschung, in: *Zeitschrift für Betriebswirtschaftslehre (ZfB) – Special Issue 3/2008 (ZfB)*, S. 57 ff.

Klügmann, Karl, Die Beweiskraft der Handelsbücher, ihre Geschichte und jetzige Bedeutung, Göttingen 1907.

Knemeyer, Franz-Ludwig, Polizeibegriffe in den Gesetzen des 15. bis 18. Jahrhunderts, in: *AöR* (92), S. 153.

Knott, Sebastian, Bei der Ehre gepackt!, Die Ehrenstrafe in Bayern seit 1700, Regensburg 2006.

Köbler, Gerhard, Beitrag „Rechtshistorisches" zu „Ehre" in: Johannes Hoops (Begr.) und Heinrich Beck (Hrsg.), *Reallexikon der germanischen Altertumskunde*, Band 6 (1986), S. 502–504, Berlin [u.a.] 1973-2008, (zitiert: *Autor* in: Reallexikon der germanischen Altertumskunde, Bd. 6, 1986, S.).

Koch, Christian Friedrich, Allgemeines Landrecht für die Preußischen Staaten, Unter Andeutung der obsoleten oder aufgehobenen Vorschriften und Einschaltung der jüngeren noch geltenden Bestimmungen herausgegeben mit Kommentar in Anmerkungen, 3. Auflage, Berlin 1864.

Koch, Christian Friedrich, Der preußische Civilprozeß, Berlin 1848.

Kohlrausch, Eduard, Das kommende Deutsche Strafrecht, in: Zeitschrift für die gesamte Strafrechtswissenschaft 1936, S. 384 ff.

Kompe, Die deutschen Handelskammern und sonstigen kaufmännischen Organe, in: Jahrbücher für Nationalökonomie und Statistik, Band 4, 1865, S. 121 ff.

Koselleck, Reinhart, Preussen zwischen Reform und Revolution. Allgemeines Landrecht, Verwaltung und soziale Bewegung von 1791 bis 1848, Industrielle Welt: Schriftenreihe des Arbeitskreises für moderne Sozialgeschichte, Stuttgart 1967.

Kraack, Gerhard/Jordan, Karl, Das Gildewesen der Stadt Flensburg, Flensburg 1969.

Krause, Peter (Hrsg.)/Svarez, Carl Gottlieb, Die Kronprinzenvorlesungen, 1791-1792, Gesammelte Schriften. Erste Abteilung, Eigene Werke, 4, Stuttgart-Bad Cannstatt 2000.

Kreittmayr, Wiguläus Xaver Aloys von, Anmerkungen über den Codicem Juris Bavarici Criminalis, Worinn derselbe sowohl mit den gemeinen als ehemalig statutarischen Criminal-Rechten genau collationirt., 2. Auflage, München 1774.

Kroeschell, Karl, Beitrag „Recht" zu „Germanen, Germania und Germanische Altertumskunde", in: Johannes Hoops (Begr.) und Heinrich Beck (Hrsg.),

Reallexikon der germanischen Altertumskunde, Band 11 (1998), S. 395–408, 2. Auflage, Berlin [u.a.] 1973-2008, (zitiert: *Kroeschell* in: Reallexikon der germanischen Altertumskunde, Bd. 11, 1998, S.).

Kroeschell, Karl, Germanisches Recht als Forschungsproblem, in: Karl Kroeschell (Hrsg.), Studien zum frühen und mittelalterlichen deutschen Recht, S. 65–88, Berlin 1995.

Kroeschell, Karl, Deutsche Rechtsgeschichte, Band 1, 13. Auflage, Köln [u.a.] 2008.

Kroeschell, Karl, Deutsche Rechtsgeschichte, Band 2, 9. Auflage, Köln [u.a.] 2008.

Kroeschell, Karl, Deutsche Rechtsgeschichte, Band 3, 5. Auflage, Köln [u.a.] 2008.

Kropff, Bruno, Aktiengesetz, Aktiengesetz vom 6. 9. 1965 mit Begründung des Regierungsentwurfs, im Anhang: Aktiengesetz von 1937, Düsseldorf 1965, (zitiert: *Kropff*, Aktiengesetz, 1965, S.).

Kropff, Bruno, Reformbestrebungen im Nachkriegsdeutschland und die Aktienrechtsreform von 1965, in: Walter Bayer und Mathias Habersack (Hrsg.), Aktienrecht im Wandel: 1807-2007, Band 1, S. 670 ff., Tübingen 2007.

Kruse, Heinrich Wilhelm, Grundsätze ordnungsmässiger Buchführung, Rechtsnatur und Bestimmung, 3. Auflage, Köln 1978.

Kühl, Uwe, Von der kaufmännischen Korporation zur kommerziellen Interessenvertretung, Kaufmannschaft und Handelskammer zu Lübeck im 19. Jahrhundertbis zur Reichsgründung, Lübeck 1993.

Kunkel, Wolfgang/Schermaier, Martin Josef, Römische Rechtsgeschichte, 13. Auflage, Köln 2001.

Landau, Peter, Die Entstehung des kanonischen Infamiebegriffs von Gratian bis zur Glossa ordinaria, Forschungen zur kirchlichen Rechtsgeschichte und zum Kirchenrecht, Band 5, Böhlau 1966.

Landau, Peter/Schroeder, Friedrich-Christian, Strafrecht, Strafprozess und Rezeption, Grundlagen, Entwicklung und Wirkung der Constitutio criminalis Carolina, Frankfurt am Main 1984.

Landmann, Robert von, Kommentar zur Gewerbeordnung für das Deutsche Reich, Band 2, München 1907, (zitiert: *von Landmann*, Kommentar zur Gewerbeordnung, 1907, §, Ziffer).

Landmann, Robert von/Marcks, Peter (Hrsg.), Gewerbeordnung und ergänzende Vorschriften, Stand der 72. Ergänzungslieferung (März 2016), München (zitiert: *Autor* in: Landmann/Rohmer, Gewerbeordnung, März 2016, § Rn.).

Landmann, Robert von/Rohmer, Gustav/Eyermann, Erich/Fröhler, Ludwig (Hrsg.), Kommentar zur Gewerbeordnung, Band 2, 10. Auflage, München 1952, (zitiert: *Landmann-Rohmer*, Kommentar zur Gewerbeordnung, 1952, § Anm.).

Lange, Heinrich, Das Verbot der Berufsausübung im Mittelalter, Ein Beitrag zur Geschichte des Ständestrafrechts, Forschungen zur Geschichte des deutschen Strafrechts, Weimar 1940.

Laufhütte, Heinrich Wilhelm/Rissing-van Saan, Ruth/Tiedemann, Klaus (Hrsg.), Strafgesetzbuch, Leipziger Kommentar, Großkommentar, Band 3, 12. Auflage, Berlin 2008, (zitiert: *Autor* in: Leipziger Kommentar, StGB, 2008, § Rn.).

Laufhütte, Heinrich Wilhelm/Rissing-van Saan, Ruth/Tiedemann, Klaus (Hrsg.), Strafgesetzbuch, Leipziger Kommentar, Großkommentar, Band 6, 12. Auflage, Berlin 2010, (*Autor* in: Leipziger Kommentar, StGB, 2010, § Rn.).

Legras, Henri, La table latine d'Héraclée: (la prétendue Lex Julia municipalis), Paris 1907.

Leisner, Walter Georg, Unzuverlässigkeit im Gewerberecht (§ 35 Abs. 1 S. 1 GewO) Ausuferungsgefahren – notwendiger Gewerbebezug, in: *Gewerbearchiv (GewArch)* 2008, S. 225 ff.

Lettl, Tobias, Handelsrecht, Ein Studienbuch, Kurzlehrbücher für das Juristische Studium, 3. Auflage, München 2015.

Levy, Ernst, Zur Infamie im römischen Strafrecht, in: Giovanni Baviera (Hrsg.), Studi in onore di Salvatore Riccobono, Band 2, S. 77–100, Palermo 1936, (zitiert: *Levy*, Zur Infamie im römischen Strafrecht, Riccobono II, 1936, S.).

Link, Christoph, Aufgeklärtes Naturrecht und Gesetzgebung, Vom Systemgedanken zur Kodifikation, in: Günter Birtsch und Dietmar Willoweit (Hrsg.): Reformabsolutismus und ständische Gesellschaft, Zweihundert Jahre Preussisches Allgemeines Landrecht (Forschungen zur brandenburgischen und preussischen Geschichte. Neue Folge. Beiheft, 3), S. 21–46, Berlin 1998.

Liszt, Franz Eduard von, Meineid und falsches Zeugnis: eine strafrechtsgeschichtliche Studie, Wien 1876.

Löbmann, Benno, Der kanonische Infamiebegriff in seiner geschichtlichen Entwicklung unter besonderer Berücksichtigung der Infamielehre des Franz Suarez, Erfurter theologische Studien, Leipzig 1956.

Loesch, Heinrich von, Die Kölner Kaufmannsgilde im zwölften Jahrhundert, Trier 1904.

Löhnig, Martin, „Menschen Ehre" vs. „Bürger Ehre" – Ehrenstrafe an der Schwelle zur Moderne am Beispiel der Bayerischen Strafrechtsgeschichte, in: Achim Geisenhanslüke und Martin Löhnig (Hrsg.): Infamie, Ehre und Ehrverlust in literarischen und juristischen Diskursen, S. 37–54, Regenstauf 2012.

Lück, Heiner, Römisches und kanonisches Recht in der Dresdner Bilderhandschrift des Sachsenspiegels, in: Markus Steppan und Helmut Gebhardt (Hrsg.), Zur Geschichte des Rechts: Festschrift für Gernot Kocher zum 65. Geburtstag (Grazer rechts- und staatswissenschaftliche Studien, 61),

S. 235–249, Graz 2006, (zitiert: *Lück*, Römisches und kanonisches Recht in der Dresdner Bilderhandschrift des Sachsenspiegels, 2006, S.).

Lück, Heiner/Schymalla, Joachim, Über den Sachsenspiegel, Entstehung, Inhalt und Wirkung des Rechtsbuches, 2. Auflage, Dössel (Saalkreis) 2005.

Lüke, Gabriele/Kuttner, Antje, Der Ehrbare Kaufmann und Human Resource Management, in: Thomas Doyé (Hrsg.): CSR und Human Resource Management, Die Relevanz von CSR für modernes Personalmanagement, S. 33–46, Berlin, Heidelberg 2016.

Lusensky, Franz, Gesetz über die Handelskammern, Gesetz über die Handelskammern vom 24.2.1870 (Ges.Samml. S. 134) in der Fassung des Gesetzes vom 19.8.1897 (Ges.Samm. S. 343), Berlin 1897.

Maes, Louis-Théo, Die drei großen europäischen Strafgesetzbücher des 16. Jahrhunderts, in: *Zeitschrift der Savigny-Stiftung für Rechtsgeschichte (GA)* 94 (1977), S. 207 ff.

Makower, Hermann, Das allgemeine deutsche Handelsgesetzbuch nebst dem preussischen Einführungsgesetze vom 24. Juni 1861 und der Instruktion vom 12. Dezember 1861, Mit Kommentar, 6. Auflage, Berlin 1875.

Mantler, Herbert, Entwicklung und Bedeutungswandel der Ehrenstrafen seit Beginn des 19. Jahrhunderts unter besonderer Berücksichtigung der nationalsozialistischen Strafrechtsreform, Zeulenroda 1936.

Marezoll, Gustav Ludwig Theodor, Ueber die bürgerliche Ehre, ihre gänzliche Entziehung und theilweise Schmälerung, Eine historisch-dogmatische Abhandlung 1824.

Marezoll, Gustav Ludwig Theodor, Das gemeine deutsche Criminalrecht als Grundlage der neueren deutschen Strafgesetzgebungen, Leipzig 1841.

Martens, Georg Friedrich von, Gesetze und Verordnungen der einzelenen europäischen Mächte über Handel, Schiffarth und Assecuranzen seit der Mitte des 17. Jahrhunderts, Mit Anmmerkungen, Band 1, Göttingen 1802.

Marxen, Klaus, Der Kampf gegen das liberale Strafrecht, Eine Studie zum Antiliberalismus in der Strafrechtswissenschaft der zwanziger und dreissiger Jahre, Schriften zum Strafrecht, Berlin 1975.

Meder, Stephan, Rechtsgeschichte, Eine Einführung, 5. Auflage, Köln, Weimar, Wien 2014.

Meier, Ernst von, Französische Einflüsse auf die Staats- und Rechtsentwicklung Preussens im 19. Jahrhundert, Band 1 – Prolegomena, Leipzig 1907.

Meier, Ernst von, Französische Einflüsse auf die Staats- und Rechtsentwicklung Preussens im 19. Jahrhundert, Band 2 – Preussen und die französische Revolution, Leipzig 1908.

Mertens, Bernd, Rechtsetzung im Nationalsozialismus, 2003, Beiträge zur Rechtsgeschichte des 20. Jahrhunderts, 62, Tübingen 2009.

Merzbacher, Friedrich, Der Kaufmann im Codex Maximilianeus Bavaricus Civilis und im Allgemeinen Landrecht für die Preußischen Staaten, in: Franz Laufke (Hrsg.), Ius et commercium, Studien zum Handels- und Wirtschaftsrecht: Festschrift für Franz Laufke zum 70. Geburtstag am 20.6.1971, Würzburg 1971.

Metzler, Friedrich von, Der ehrbare Kaufmann – Relikt der Vergangenheit oder Vorbild für Familienunternehmen?, in: Barbara Dauner-Lieb, Götz Freudenberg und Götz Werner (Hrsg.): Familienunternehmen im Fokus von Wirtschaft und Wissenschaft, Festschrift für Mark K. Binz, S. 458 ff., München 2014.

Michaelis, Karl, Ständische Ehrengerichtsbarkeit, in: *Deutsches Recht (DR)* 1935, S. 572 ff.

Migliorino, Francesco, Fama e infamia, Problemi delta societd medievale nel pensiero giuridico nei secoli XII e XIII, Catania 1985.

Mirow, Die Beteiligung der Industrie und Handelskammern an staatlichen Aufgaben, in: *Reichsverwaltungsblatt* 1936, S. 1047.

Mitteis, Heinrich/Lieberich, Heinz, Deutsche Rechtsgeschichte, 19. Auflage, München 1992.

Mittermaier, Carl Joseph Anton, Grundsätze des gemeinen deutschen Privatrechts, Mit Einschluß des Handels- Wechsel- und Seerechts, Abteilung 1, 5. Auflage, Regensburg 1837.

Mommsen, Hans, Hitlers Stellung im nationalsozialistischen Herrschaftssystem, in: Gerhard Hirschfeld und Lothar Kettenacker (Hrsg.): Der „Führerstaat", Mythos und Realität, Studien zur Struktur und Politik des Dritten Reiches (8), S. 43–69, Stuttgart 1981.

Mommsen, Theodor, Römisches Staatsrecht, Zweiter Band, Teil 1, Nachdruck der 3. Auflage, Basel 1952.

Mommsen, Theodor, Römisches Staatsrecht, Dritter Band, Teil 1, Nachdruck der 3. Auflage, Basel 1952.

Most, Otto, Abschied von den Industrie und Handelskammern, in: *Deutsche Wirtschaftszeitung* 40 (1943), S. 147 ff.

Most, Otto, Die Selbstverwaltung der Wirtschaft in den Industrie- und Handelskammern, 3. Auflage, Jena 1927.

Mosthaf, Walther, Die Württembergischen Industrie- und Handelskammern Stuttgart, Heilbronn, Reutlingen, Ulm 1855-1955, Band 1,Die Handels- und Gewerbekammern 1855-1899, Stuttgart 1955.

Mosthaf, Walther, Die Württembergischen Industrie- und Handelskammern Stuttgart, Heilbronn, Reutlingen, Ulm 1855-1955, Band 2 – Die Handelskammern, Stuttgart 1962.

Moxter, Adolf, Bilanzlehre, Wiesbaden 1974.

Müller, Konrad, Die Goldene Bulle Kaiser Karls IV. 1356, lateinischer Text mit Übersetzung, Bern 1957.

Müller-Boysen, Carsten, Kaufmannsschutz und Handelsrecht im frühmittelalterlichen Nordeuropa, Neumünster 1985.

Naendrup, Hubert, Dogmengeschichte der Arten mittelalterlicher Ehrenminderungen, in: Festgabe für Felix Dahn zu seinem fünfzigjährigen Doktorjubiläum, S. 221 ff., Breslau 1905.

Nipperdey, Thomas, Deutsche Geschichte 1866-1918, Band 1: Arbeitswelt und Bürgergeist, Deutsche Geschichte, 2. Auflage, München 1990.

Nipperdey, Thomas, Deutsche Geschichte 1866-1918, Band 2: Arbeitswelt und Bürgergeist, Deutsche Geschichte, 2. Auflage, München 1992.

Nipperdey, Thomas, Deutsche Geschichte 1800-1866, Bürgerwelt und starker Staat, München 1983.

Nörr, Knut Wolfgang, Ein geschichtlicher Abriss des kontinentaleuropäischen Zivilprozesses: in ausgewählten Kapiteln, Tübingen 2015.

North, Michael (Hrsg.), Deutsche Wirtschaftsgeschichte, Ein Jahrtausend im Überblick, München 2000.

o. V., Anmerkungen zum Strafgesetzbuche für das Königreich Baiern, Nach den Protokollen des königlichen geheimen Raths, Band 1, München 1813.

o. V., Der große Brockhaus, Band 6, 16. Auflage, Wiesbaden 1955.

o. V., Der Neue Brockhaus, Band 2, 3. Auflage, Wiesbaden 1964.

o. V., Die Korporation der Kaufmannschaft von Berlin: Festschrift zum hundertjährigen Jubiläum am 2. März 1920, Berlin 1920.

o. V., Gabler Wirtschaftslexikon, Band Bf – E, 17. Auflage, Wiesbaden 2010.

o. V., Gabler Wirtschaftslexikon, Band C – F, 18. Auflage, Wiesbaden 2014.

o. V., Gabler Wirtschaftslexikon, Band E – J, 16. Auflage, Wiesbaden 2004.

o. V., Motive zu dem Entwurfe eines Strafgesetzbuches für den Norddeutschen Bund, Berlin 1869.

Oetker, Hartmut, Handelsrecht, 7. Auflage, Berlin; Heidelberg 2015.

Ostendorf, Heribert, Dokumentation des NS-Strafrechts, 1. Auflage, Baden-Baden 2000.

Paulini, Georg, Behörden und Organisationen der gewerblichen Wirtschaft der Bundesrepublik Deutschland (einschliesslich der Westsektoren von Berlin), Heppenheim 1950.

Peitzsch, Wolfram, Kriminalpolitik in Bayern unter der Geltung des Codex Iuris Criminalis Bavarici von 1751, München 1968.

Penndorf, Balduin, Geschichte der Buchhaltung in Deutschland, Leipzig 1913.

Pichinot, Hans-Rainer, Die Akademie für Deutsches Recht, Aufbau und Entwicklung einer öffentlich-rechtlichen Körperschaft des Dritten Reiches, Kiel 1981.

Pielow, Johann-Christian (Hrsg.), Gewerbeordnung, 1. Auflage, München 2009, (zitiert: *Autor* in: Gewerbeordnung, 2009, § Rn.).

Pieroth, Bodo/Schlink, Bernhard/Kniesel, Michael, Polizei- und Ordnungsrecht, Mit Versammlungsrecht, (Forschungen zur neueren Privatrechtsgeschichte), 7. Auflage, München 2012.

Pietzsch, A., Die Ehrengerichtsbarkeit der gewerblichen Wirtschaft, in: *Zeitschrift der Akademie für Deutsches Recht (ZAkDR)* 1937, S. 193 ff.

Planck, Julius Wilhelm von, Das deutsche Gerichtsverfahren im Mittelalter: nach dem Sachsenspiegel und den verwandten Rechtsquellen, Band 1, Braunschweig 1879.

Plumpe, Werner, Vom Plan zum Markt, Wirtschaftsverwaltung und Unternehmerverbände in der britischen Zone, Düsseldorfer Schriften zur neueren Landesgeschichte und zur Geschichte Nordrhein-Westfalens, 22, 1. Auflage, Düsseldorf 1987.

Pommeray, Léon, Études sur l'infamie en droit romain, Paris 1937.

Postel, Rainer, Kaufmännische Selbstverwaltung in Geschichte und Gegenwart, Versammlung eines Ehrbaren Kaufmanns 1517-1992, Hamburg 1992.

Preu, Peter, Polizeibegriff und Staatszwecklehre, Die Entwicklung des Polizeibegriffs durch die Rechts- und Staatswissenschaften des 18. Jahrhunderts, Göttinger rechtswissenschaftliche Studien, Göttingen 1983.

Prollius, Michael von, Deutsche Wirtschaftsgeschichte nach 1945, Göttingen 2006.

Puchta, Georg Friedrich, Lehrbuch der Pandekten, Leipzig 1838.

Puppo, Rolf, Die wirtschaftsrechtliche Gesetzgebung des Dritten Reiches, Schriften zur Rechts- und Sozialwissenschaft, Konstanz 1987.

Quante, Christoph, Die geistesgeschichtlichen Grundlagen und die Entwicklung der Gewerbefreiheit in Deutschland, Münster 1984.

Quanter, Rudolf, Deutsches Zuchthaus- und Gefängniswesen von den ältesten Zeiten bis in die Gegenwart, Aalen 1905.

Raatzsch, Richard, Ehrbare Kaufleute, Eine philosophische Betrachtung, Wiesbaden 2014.

Radbruch, Gustav, Gustav Radbruchs Entwurf eines allgemeinen deutschen Strafgesetzbuches (1922), mit einer Einleitung von Eberhard Schmidt, Tübingen 1952.

Raisch, Peter, Die Abgrenzung des Handelsrechts vom Bürgerlichen Recht als Kodifikationsproblem im 19. Jahrhundert, Abhandlungen aus dem gesamten Bürgerlichen Recht, Handelsrecht und Wirtschaftsrecht, Stuttgart 1962.

Regge, Jürgen, Das Reformprojekt eines „Allgemeinen Criminalrechts für die Preußischen Staaten" (1799 1806), in: Hans Hattenhauer (Hrsg.): Das nachfriderizianische Preussen 1786-1806, S. 189–233, Heidelberg 1988.

Rehm, Hermann/Trumpler, H./Dove, Heinrich/Neukamp, Ernst [u.a.], Kommentar zum Börsengesetz, Auf veranlassung des Centralverbands des deutschen bank- und bankiergewerbes (C.V.) bearbeitet, Berlin 1909.

Rehme, Paul, Handbuch des gesamten Handelsrechts mit Einschluss des Wechsel-, Scheck-, See- und Binnendchiffahrtsrechts, des Versicherungsrechts sowie des Post- und Telegraphenrechts, hrsg. von Victor Ehrenberg, Band 1, Leipzig 1913.

Reimer, Eduard, Wettbewerbs- und Warenzeichenrecht, Kommentar zum Gesetz gegen den unlauteren Wettbewerb zum Zugabe- und Rabattrecht und zu den einschlägigen Bestimmungen des Gesetzes über Wirtschaftswerbung, Band 2, Berlin 1935.

Rosenberg, Alfred, Das Parteiprogramm, Wesen, Grundsätze und Ziele der NSDAP, 22. Auflage 1941.

Roth, Thomas A., Ausgestaltungen der Rechtsfähigkeit im 19. und 20. Jahrhundert, Zur Rechtspersönlichkeit natürlicher Personen in den bedeutenden deutschen Zivilrechtsordnungen, Frankfurt am Main 2008.

Rückert, Sabrina, Die Einführung der obligatorischen Buchführung, Eine rechtshistorische Untersuchung über die Anfänge und die Entwicklung des Bilanzrechts in Frankreich und Deutschland, Augsburger Schriften zur Rechtsgeschichte, Münster 2009.

Rüping, Hinrich/Jerouschek, Günter, Grundriss der Strafrechtsgeschichte, 6. Auflage, München 2011.

Savary, Jacques, Der vollkommene Kauff- und Handels-Mann, Nachdruck der Ausgabe von 1676, Bergisch-Gladbach 2010.

Savigny, Friedrich Carl von, System des heutigen Römischen Rechts, Band 2, Berlin 1840.

Savigny, Friedrich Karl von, Vom Beruf unsrer Zeit für Gesetzgebung und Rechtswissenschaft, Heidelberg 1814.

Schäfer, Frank L., Juristische Germanistik, Eine Geschichte der Wissenschaft vom einheimischen Privatrecht, Frankfurt am Main 2008.

Schaffstein, Friedrich, Die Bedeutung der Ehrenstrafe im nationalsozialistischen Strafrecht, in: *Deutsches Recht (DR)* 1935, S. 269 ff.

Scheele, Friedrich, Spillute., di sint alle rechtelos, Zur rechtlichen und sozialen Stellung des Spielmanns in Text und Bild des Sachsenspiegels, in: Ruth Schmidt-Wiegand und Dagmar Hüpper (Hrsg.), Der Sachsenspiegel als Buch, Frankfurt am Main [u.a.] 1991, (zitiert: *Scheele*, Spillute...di sint alle rechtelos, in: Der Sachsenspiegel als Buch, 1991, S.).

Scheidler, Alfred, Gewerbeuntersagung bei Aktiengesellschaften, in: *Gewerbearchiv (GewArch)* 2005, S. 445 ff.

Schicker, Karl von, Die Gewerbeordnung für das Deutsche Reich nach dem neuesten Stande mit Erläuterungen und Ausführungsvorschriften, 4. Auflage, Stuttgart 1901.

Schild, Wolfgang, „Ungerichte" oder „Verbrechen". Mutmaßungen zur Rechtswelt des Sachsenspiegels, in: Stephan Buchholz, Sebastian Adler und Dieter Werkmüller (Hrsg.): Worte des Rechts – Wörter zur Rechtsgeschichte, Festschrift für Dieter Werkmüller zum 70. Geburtstag, S. 297–331, Berlin 2007.

Schild, Wolfgang, 1577 Paragraphen aufgeklärter Strafrechtsvernunft – Zum ALR als philosophischem Strafgesetzbuch, in: Friedrich Ebel (Hrsg.): Gemeinwohl - Freiheit - Vernunft - Rechtsstaat, 200 Jahre Allgemeines Landrecht für die preussischen Staaten: Symposium der Juristischen Gesellschaft zu Berlin, 27.-29. Mai 1994, S. 41–101, Berlin, New York 1995.

Schlosser, Hans, Grundzüge der neueren Privatrechtsgeschichte, Rechtsentwicklungen im europäischen Kontext, 10. Auflage, Heidelberg 2005.

Schlössing, Moritz, Die gedrängte vollständige Handlungs-Terminologie oder kaufmännisches Wörterbuch, Schriften zur Geschichte der Betriebswirtschaftslehre, Neudruck 1998, Köln 1832.

Schmaltz, Jacqueline, Die Entwicklung der Industrie- und Handelskammern. Zwischen Pflicht und Kür, Rechtshistorische Reihe 410, Frankfurt am Main 2010.

Schmelzeisen, Gustaf Klemens, Wirtschaftsrecht im 16. bis 18. Jahrhundert, Antrittsvorlesung, geh. 17.11.1956, in: Hermann Bollnow und Wilmont Haacke (Hrsg.): Aspekte sozialer Wirklichkeit, S. 9–22, Berlin 1958.

Schmelzeisen, Gustav Klemens, Polizeiordnungen und Privatrecht, Münster, Köln 1955.

Schmelzeisen, Gustav Klemens/Kunkel, Wolfgang/Thieme, Hans/Beyerle, Franz, Reich und Territorien, Quellen zur neueren Privatrechtsgeschichte Deutschlands. Polizei- und Landesordnungen, Band 2, Köln 1968.

Schmidt, Eberhard, Die Carolina, in: *Zeitschrift der Savigny-Stiftung für Rechtsgeschichte (GA)* 53 (1933), S. 1 ff.

Schmidt, Eberhard, Die Entwicklung der modernen Kriminalpolitik, in: Eberhard Schmidt (Hrsg.): Beiträge zur Geschichte des preussischen Rechtsstaates (Schriften zur Verfassungsgeschichte), S. 352 ff., Berlin 1980.

Schmidt, Eberhard, Die Kriminalpolitik Preußens unter Friedrich Wilhelm I. und Friedrich II., in: Eberhard Schmidt (Hrsg.): Beiträge zur Geschichte des preussischen Rechtsstaates (Schriften zur Verfassungsgeschichte), S. 428 ff., Berlin 1980.

Schmidt, Eberhard, Einführung in die Geschichte der deutschen Strafrechtspflege, 3. Auflage, Göttingen 1965.

Schmidt, Eberhard, Staat und Recht in der Theorie und Praxis Friedrichs des Großen, in: Eberhard Schmidt (Hrsg.): Beiträge zur Geschichte des preussischen Rechtsstaates (Schriften zur Verfassungsgeschichte), S. 178 ff., Berlin 1980.

Schmidt, Eberhardt, Sinn und Bedeutung zur Constitutio Criminalis Carolina als Ordnung des materiellen und prozessualen Rechts, in: *Zeitschrift der Savigny-Stiftung für Rechtsgeschichte (GA)* 83 (1966), S. 239 ff.

Schmidt, Karsten, Handelsrecht, 4. Auflage, Köln 1994.

Schmidt, Karsten, Handelsrecht, 6. Auflage, Köln 2014.

Schmidt, Karsten (Hrsg.), Münchener Kommentar zum Handelsgesetzbuch, §§ 1-104 a: Handelsstand, Band 1, 3. Auflage, München 2010, (zitiert: *Autor* in: MünchKomm, HGB, Bd. 1, 2010, § Rn.).

Schmidt, Karsten (Hrsg.)/Ebke Werner (Hrsg.), Münchener Kommentar zum Handelsgesetzbuch, Drittes Buch, Handelsbücher, §§ 238-342 e HGB, Band 4, 3. Auflage, München 2013, (zitiert: *Autor* in: MünchKomm, HGB, Bd. 4, 2013, § Rn.).

Schmidt, Karsten (Hrsg.), Münchener Kommentar zum Handelsgesetzbuch, §§ 343-406, Erster Abschnitt, Allgemeine Vorschriften; zweiter Abschnitt, Handelskauf; dritter Abschnitt, Kommissionsgeschäft; Wiener UN-Übereinkommen über Verträge über den internationalen Warenkauf - CISG; Band 5, 3. Auflage, München 2013, (zitiert: *Autor* in: MünchKomm, HGB, Bd. 5, 2013, § Rn.).

Schmidt, Karsten, Staub in „Staub's Kommentar", in: Thomas Henne, Rainer Schröder und Jan Thiessen (Hrsg.): Anwalt – Kommentator – ‚Entdecker',

Festschrift für Hermann Staub zum 150. Geburtstag am 21. März 2006, S. 115 ff., Berlin 2006.

Schmidt, Till, Die Geschäftsführerbestellung im reformierten GmbH-Recht, Eignungskriterien und Gesellschafterhaftung nach dem MoMiG, Hamburg 2011.

Schmidt-Busemann, Wilfried, Die Vorschriften der Paragraphen 38 ff. HGB über Handelsbücher, Eine Untersuchung zur Entwicklung und gesetzessystematischen Stellung dieser Vorschriften innerhalb des Handelsgesetzbuches unter Berücksichtigung der Buchführungs- und Bilanzzwecke, Göttingen 1977.

Schmidt-Wiegand, Ruth, Zunft und Gilde in historischem und wortgeographischen Zusammenhang, in: Berent Schwineköper (Hrsg.), Gilden und Zünfte, Kaufmännische und gewerbliche Genossenschaften im frühen und hohen Mittelalter (Vorträge und Forschungen / Konstanzer Arbeitskreis für Mittelalterliche Geschichte, 29), S. 31–52, Sigmaringen 1985, (zitiert: *Schmidt-Wiegand,* Zunft und Gilde in historischem und wortgeographischen Zusammenhang, 1985, S.).

Schmitt, Carl, Der Führer schützt das Recht, in: *Deutsche Juristenzeitung (DJZ),* 1934, Sp. 945 ff.

Schmoeckel, Mathias/Rückert, Joachim/Zimmermann, Reinhard, Historisch-kritischer Kommentar zum BGB, Bürgerliches Recht in historischer Perspektive, Tübingen 2003, (zitiert: *Autor,* HKK, 2003, §§, Rn.).

Schönke, Adolf/Schröder, Horst (Hrsg.), Strafgesetzbuch, Kommentar, 13. Auflage, München 1967.

Schröder, Jan, Rechtswissenschaft in Diktaturen, Die juristische Methodenlehre im NS-Staat und in der DDR, München 2016.

Schröder, Jan, Zur Rechtsquellenlehre des Nationalsozialismus im Kontext der neuzeitlichen Entwicklung, in: Ignacio Czeguhn (Hrsg.): Recht im Wandel – Wandel des Rechts, Festschrift für Jürgen Weitzel zum 70. Geburtstag, S. 597 ff., Köln [u.a.] 2014.

Schroeder, Friedrich-Christian, Die Carolina, Die peinliche Gerichtsordnung Kaiser Karls V. von 1532, Darmstadt 1986.

Schroeder, Friedrich-Christian/Karl, Die peinliche Gerichtsordnung Kaiser Karls V. und des Heiligen Römischen Reichs von 1532 (Carolina), Stuttgart 2000.

Schroeder, Klaus-Peter, Vom Sachsenspiegel zum Grundgesetz, Eine deutsche Rechtsgeschichte in Lebensbildern, 2. Auflage, München 2011.

Schubert, Werner, Akademie für Deutsches Recht 1933-1945, Protokolle der Ausschüsse, Band 1 (Ausschuss für Aktienrecht), Berlin 1986.

Schubert, Werner, Akademie für Deutsches Recht 1933-1945, Protokolle der Ausschüsse, Band 5 (Ausschuss für das Recht des Handelsstandes und der Handelsgeschäfte (1937-1942), Berlin 1997.

Schubert, Werner, Akademie für Deutsches Recht, 1933-1945, Protokolle der Ausschüsse, Band 8 (Ausschüsse für Strafrecht, Strafvollstreckungsrecht, Wehrstrafrecht, Strafgerichtsbarkeit der SS und des Reichsarbeitsdienstes, Polizeirecht sowie für Wohlfahrts- und Fürsorgerecht (Bewahrungsrecht)), Frankfurt a.M. 1999.

Schubert, Werner, Der Ausbau der Rechtseinheit unter dem Norddeutschen Bund, Zur Entstehung des Strafgesetzbuchs von 1870 unter besonderer Berücksichtigung des Strafensystems, in: Arno Buschmann (Hrsg.): Festschrift für Rudolf Gmür zum 70. Geburtstag, 28. Juli 1983, S. 149 ff., Bielefeld 1983.

Schüler, Uta, Die Gewerbeuntersagung in der Systematik des deutschen Gewerberechts 1965.

Schürer, Günther, Die Untreue nach dem Gesetz vom 26. Mai 1933, Dresden 1935.

Schwalbach, Joachim/Fandel, Günter, Der ehrbare Kaufmann: Modernes Leitbild für Unternehmer?, Wiesbaden 2007.

Schwalbach, Joachim/Klink, Daniel, Der Ehrbare Kaufmann als individuelle Verantwortungskategorie der CSR-Forschung, in: Andreas Schneider und René Schmidpeter (Hrsg.): Corporate Social Responsibility: verantwortungsvolle Unternehmensführung in Theorie und Praxis, S. 177–197, Berlin [u.a.] 2015.

Schwark, Eberhard/Zimmer, Daniel/Beck, Heiko (Hrsg.), Kapitalmarktrechts-Kommentar, Börsengesetz mit Börsenzulassungsverordnung, Wertpapierprospektgesetz, Verkaufsprospektgesetz mit Vermögensanlagen-Verkaufsprospektverordnung, Wertpapierhandelsgesetz, Wertpapiererwerbs- und Übernahmegesetz, 4. Auflage, München 2010, (zitiert: *Schwark/Zimmer*, Kapitalmarktrechts-Kommentar, 2010, § Rn.).

Schwennicke, Andreas, Die allgemeinen Strafrechtslehren im Allgemeinen Landrecht für die Preussischen Staaten von 1794 und ihre Entwicklung in der Rechtsprechung bis zum preussischen Strafgesetzbuch von 1851, in: Barbara Dölemeyer und Heinz Mohnhaupt (Hrsg.): 200 Jahre Allgemeines Landrecht für die Preussischen Staaten, Wirkungsgeschichte und internationaler Kontext (Ius commune. Sonderhefte, 75), S. 79–104, Frankfurt am Main 1995.

Segall, Josef, Geschichte und Strafrecht der Reichspolizeiordnungen von 1530, 1548 und 1577, in: Strafrechtliche Abhandlungen, Heft 183, Berlin 1914.

Sellert, Wolfgang, Straf- und Strafprozessrecht im 16. Jahrhundert, in: Heinz Angermeier (Hrsg.): Säkulare Aspekte der Reformationszeit (Schriften des Historischen Kollegs: Kolloquien), München, Wien 1983.

Sellert, Wolfgang, Vernunftrechtliches und naturrechtliches Strafrecht im Spiegel des Preussischen Allgemeinen Landrechts (ALR) von 1794, in: Fritz Loos und Jehle Jörg-Martin (Hrsg.): Bedeutung der Strafrechtsdogmatik in Geschichte und Gegenwart, Manfred Maiwald zu ehren, S. 13–29, Heidelberg 2007.

Sellert, Wolfgang, Zur Rezeption des römischen und kanonischen Rechts in Deutschland von den Anfängen bis zum Biginn der frühen Neuzeit, Überblick, Diskussionsstand und Ergebnisse, in: Hartmut Boockmann und Ludger Grenzmann (Hrsg.): Recht und Verfassung im Übergang vom Mittelalter zur Neuzeit: 1. Teil: Bericht über Kolloquien der Kommission zur Erforschung der Kultur des Spätmittelalters 1994 bis 1995, Göttingen 1998.

Sellert, Wolfgang/Rüping, Hinrich, Studien- und Quellenbuch zur Geschichte der deutschen Strafrechtspflege, Von den Anfängen bis zur Aufklärung, Band 1, Aalen 1989.

Siems, Harald, Zum Weiterwirken des römischen Rechts in der kulturellen Vielfalt des Frühmittelalters, in: Gerhard Dilcher und Eva-Marie Distler (Hrsg.): Leges - Gentes - Regna, Zur Rolle von germanischen Rechtsgewohnheiten und lateinischer Schrifttradition bei der Ausbildung der frühmittelalterlichen Rechtskultur, S. 231–255, Berlin 2006, (zitiert: *Siems*, Zum Weiterwirken des römischen Rechts in der kulturellen Vielfalt des Frühmittelalters, in: Leges - Gentes - Regna, 2006, S.).

Sprecher, Daniel, Persönliche Ehre und Ehrenstrafen: die strafrechtsgeschichtliche Entwicklung der Ehrenstrafe vom Mittelalter bis zur Neuzeit, in: Karl Heinz Burmeister, Bernd Marquardt und Alois Niederstätter (Hrsg.), Das Recht im kulturgeschichtlichen Wandel, Festschrift für Karl Heinz Burmeister zur Emeritierung, S. 401 ff., Konstanz 2002.

Staub, Hermann, Kommentar zum Handelsgesetzbuch, Band 1, 6. und 7. Auflage, Berlin 1900.

Stechow, Henning von, Das Gesetz zur Bekämpfung des unlauteren Wettbewerbs vom 27. Mai 1896, Entstehungsgeschichte und Wirkung, Berlin 2002.

Stein, Lorenz von, Geschichte des französischen Strafrechts und des Prozesses, Neudruck der 2. Ausgabe, Basel 1875, Aalen 1968.

Steltzer, Christian Julius Ludwig, Critik über Preussens neues Criminalgesetz, Halle 1795.

Stier-Somlo, Fritz/Elster, Alexander, Handwörterbuch der Rechtswissenschaft, Deichverbände - Giroverkehr, Band 2, Berlin 1927, (zitiert: *Autor*, Art. „Bezeichnung“, Handwörterbuch der Rechtswissenschaft, 1927).

Stobbe, Otto, Geschichte der deutschen Rechtsquellen, Geschichte des deutschen Rechts, Band 1, 2. Abteilung, Braunschweig 1864.

Stober, Rolf, Ist der Ehrbare Kaufmann der Schlüssel für Compliance-Anforderungen?, in: Christian Graf und Rolf Stober (Hrsg.), Der Ehrbare Kaufmann und Compliance, Zur Aktivierung eines klassischen Leitbilds für die Compliancediskussion (Schriften aus dem Forschungsinstitut für Compliance, Sicherheitswirtschaft und Unternehmenssicherheit (FORSI)), Hamburg 2010.

Stolleis, Michael, Gemeinwohlformeln im nationalsozialistischen Recht, Berlin 1974.

Sydow, Reinhold/Busch, Louis, Gerichtsverfassungsgesetz. Mit Einführungsgesetz, Nebengesetzen und Ergänzungen, 8. Auflage, Berlin 1899.

Thibaut, Anton Friedrich Justus, System des Pandekten-Rechts, Band 1, 8. Auflage, Stuttgart 1834.

Thibaut, Anton Friedrich Justus, Ueber die Nothwendigkeit eines allgemeinen bürgerlichen Rechts für Deutschland, Heidelberg 1814.

Thiessen, Jan, Die Wertlosigkeit der Gesetzesmaterialien für die Rechtsfindung, in: Holger Fleischer (Hrsg.): Mysterium „Gesetzesmaterialien", Bedeutung und Gestaltung der Gesetzesbegründung in Vergangenheit Gegenwart und Zukunft; [Symposium am Hamburger Max-Planck-Institut für ausländisches und internationales Privatrecht im März 2012], S. 45 ff., Tübingen 2013.

Thiessen, Jan, Karl-August Crisolli und sein „Entwurf eines Gesetzes zur Vereinheitlichung, Bereinigung und Reinhaltung des Handelsregisters" von 1934 im Lichte aktueller Reformprojekte, in: Ulrich Battis (Hrsg.): Privatrecht gestern, heute und morgen, Festkolloquium für Rainer Schröder zum 60. Geburtstag, S. 35–65, Bonn 2008.

Thiessen, Jan, Wirtschaftsrecht und Wirtschaftsrechtler im Schatten der NS-Vergangenheit, in: Manfred Görtemaker und Christoph Safferling (Hrsg.): Die Rosenburg: das Bundesministerium der Justiz und die NS-Vergangenheit – eine Bestandsaufnahme, 1. Auflage, S. 204 ff., Bonn 2013.

Tilch, Horst (Hrsg.), Deutsches Rechts-Lexikon, Band 2, 3. Auflage, München 2001.

Triebel, Volker/Hafner, Rolf, Der Ehrbare Kaufmann und Treu und Glauben – Standortvorteile deutschen Rechts gegenüber englischem Recht?, in: Christian Graf und Rolf Stober (Hrsg.), Der Ehrbare Kaufmann und Compliance, Zur Aktivierung eines klassischen Leitbilds für die Compliancediskussion (Schriften aus dem Forschungsinstitut für Compliance, Sicherheitswirtschaft und Unternehmenssicherheit (FORSI)), S. 45 ff., Hamburg 2010.

Trusen, Winfried, Anfänge des gelehrten Rechts in Deutschland, Ein Beitrag zur Geschichte der Frührezeption, Wiesbaden 1962.

van Dülmen, Richard, Der ehrlose Mensch, Unehrlichkeit und soziale Ausgrenzung in der frühen Neuzeit, Köln [u.a.] 1999.

Vangerow, Karl Adolph von, Lehrbuch der Pandekten, Band 1, 7. Auflage, Marburg [u.a.] 1863.

Vehn, Albert ter, Die Entwicklung der Bilanzauffassungen bis zum AHGB, hat Savarys „Parfait Négociant“ und die Ordonnance de Commerce oder welche andere Tatsache die Entstehung der statischen Bilanzauffassung bewirkt?, Berlin 1929 (enthalten in Zeitschrift für Betriebswirtschaft: Sonderheft; 5).

Vogel, Barbara, Allgemeine Gewerbefreiheit, Die Reformpolitik des preussischen Staatskanzlers Hardenberg (1810-1820), Göttingen 1983.

Vogel, Joachim, Einflüsse des Nationalsozialismus auf das Strafrecht, in: *Zeitschrift für die gesamte Strafrechtswissenschaft* 115 (2003), S. 638–670.

Vormbaum, Thomas, Eid, Meineid und Falschaussage, Reformdiskussion und Gesetzgebung seit 1870, Münsterische Beiträge zur Rechtswissenschaft, Berlin 1990.

Vormbaum, Thomas, Einführung in die moderne Strafrechtsgeschichte, 2. Auflage, Berlin, Heidelberg 2011.

Vormbaum, Thomas/Welp, Jürgen, Das Strafgesetzbuch, Sammlung der Änderungsgesetze und Neubekanntmachungen, Band 1 (1870 1953), Baden-Baden 1999.

Wahrig, Gerhard (Begr.)/Wahrig-Burfeind, Renate (Hrsg.), Deutsches Wörterbuch, 7. Auflage, Gütersloh, München 2005.

Wahrig, Gerhard (Hrsg.), Brockhaus-Wahrig, Deutsches Wörterbuch, in 6 Bänden, Band 3, Wiesbaden 1981.

Wahrig-Burfeind, Renate (Hrsg.), Deutsches Wörterbuch, Gütersloh 2000.

Waldstein, Wolfgang/Rainer, Michael, Römische Rechtsgeschichte, 11. Auflage, München 2014.

Walter, Rolf, Wirtschaftsgeschichte, Vom Merkantilismus bis zur Gegenwart, Wirtschafts- und sozialhistorische Studien, 3. Auflage, Köln, Weimar, Wien 2000.

Weber, Hellmuth von, Die Peinliche Halsgerichtsordnung Kaiser Karls V., in: *Zeitschrift der Savigny-Stiftung für Rechtsgeschichte (GA)* 77 (1960), S. 288 ff.

Weber, Helmuth von, Die Entwicklung des Zuchthauswesens in Deutschland im 17. und 18. Jahrhundert, in: Festschrift Adolf Zycha, Zum 70. Geburtstag am 17. Oktober 1941 unter Mitwirkung der rechts- und staatswissenschaftlichen Fakultät der Rheinischen Friedrich-Wilhelms-Universität zu Bonn, S. 427 ff., Weimar 1941.

Weber, Matthias, Bereitwillig gelebte Sozialdisziplinierung? Das funktionale System der Polizeiordnungen im 16. und 17. Jahrhundert, in: *Zeitschrift der Savigny-Stiftung für Rechtsgeschichte (GA)* 115 (1998), S. 420 ff. .

Weber, Matthias, Die Reichspolizeiordnungen von 1530, 1548 und 1577, Historische Einführung und Edition, Studien zur europäischen Rechtsgeschichte, Frankfurt am Main 2002.

Weber, Matthias, Ständische Disziplinierungsbestrebungen durch Polizeiordnungen und Mechanismen ihrer Durchsetzung Regionalstudie Schlesien, in: Michael Stolleis, Karl Härter und Lothar Schilling (Hrsg.): Policey im Europa der frühen Neuzeit (Ius commune. Sonderhefte, 83), S. 333 ff., Frankfurt am Main 1996.

Weber, Reinhold/Wehling, Hans-Georg, Geschichte Baden-Württembergs, München 2007.

Wedekind, Volker E., Die Reform des strafrechtlichen Berufsverbots (§§ 70-70b StGB), Tübingen 2006.

Wehler, Hans-Ulrich, Deutsche Gesellschaftsgeschichte, Band 2: Von der Reformära bis zur industriellen und politischen „Deutschen Doppelrevolution“ 1815-1845/49, 3. Auflage, München 1996.

Wehler, Hans-Ulrich, Deutsche Gesellschaftsgeschichte, Band 3: Von der Deutschen Doppelrevolution bis zum Beginn des Ersten Weltkrieges 1849-1914, München 1995.

Wehler, Hans-Ulrich, Deutsche Gesellschaftsgeschichte, Band 4: Vom Beginn des Ersten Weltkriegs bis zur Gründung der beiden deutschen Staaten 1914-1949, 4. Auflage, München 2003.

Weider, Manfred, Das Recht der deutschen Kaufmannsgilden des Mittelalters, Untersuchungen zur deutschen Staats- und Rechtsgeschichte, Breslau 1931.

Weinrich, Christoph, Statusmindernde Nebenfolgen als Ehrenstrafen im Sanktionensystem des StGB, Gießener Schriften zum Strafrecht und zur Kriminologie, 1. Auflage, Baden-Baden, Gießen 2009.

Weiske, Julius, Rechtslexikon für Juristen aller teutschen Staaten enthaltend die gesammte Rechtswissenschaft, Band 3, Leipzig 1841, (zitiert: *Autor* in: Rechtslexikon, Art. “Bezeichnung“, Bd. 3, 1841, S.).

Weiske, Julius, Rechtslexikon für Juristen aller teutschen Staaten enthaltend die gesammte Rechtswissenschaft, Band 5, Leipzig 1844, (zitiert: *Autor* in: Rechtslexikon, Art. “Bezeichnung“, Bd. 5, 1844, S.).

Weiske, Julius, Rechtslexikon für Juristen aller teutschen Staaten enthaltend die gesammte Rechtswissenschaft, Band 6, Leipzig 1845, (zitiert: *Autor* in: Rechtslexikon, Art. “Bezeichnung“, Bd. 6, 1845, S.).

Werner, Stefan, Wirtschaftsordnung und Wirtschaftsstrafrecht im Nationalsozialismus, Frankfurter kriminalwissenschaftliche Studien, 30, Frankfurt am Main, New York 1991.

Wesel, Uwe, Geschichte des Rechts, Von den Frühformen bis zur Gegenwart, 4. Auflage, München 2014.

Wettlaufer, Jörg, Schand- und Ehrenstrafen des Spätmittelalters und der Frühneuzeit, Erforschung der Strafformen und Strafzwecke anhand von DRW-Belegen, in: Andreas Deutsch (Hrsg.), Das deutsche Rechtswörterbuch, Perspektiven, S. 265 ff., Heidelberg 2010, (zitiert: *Wettlaufer*, Schand- und Ehrenstrafen des Spätmittelalters und der Frühneuzeit, in: DRW, Perspektiven, 2010, S.).

Wieacker, Franz, Privatrechtsgeschichte der Neuzeit, Unter besonderer Berücksichtigung der deutschen Entwicklung, 2. Auflage, Göttingen 1967.

Wieacker, Franz, Römische Rechtsgeschichte: Quellenkunde, Rechtsbildung, Jurisprudenz und Rechtsliteratur, Band 1, Abschnitt 1, München 1988.

Wilda, Wilhelm Eduard, Das Gildenwesen im Mittelalter, Aalen 1964, Neudruck der Ausgabe von 1831.

Wilden, Josef, Ehrengerichte der Handelskammern des Westens, in: *DWZ 1933 (30), S. 806*;

Will, Martin, Selbstverwaltung der Wirtschaft, Recht und Geschichte der Selbstverwaltung in den Industrie- und Handelskammern, Handwerksinnungen, Kreishandwerkerschaften, Handwerkskammern und Landwirtschaftskammern, Tübingen 2010.

Willenbücher, Ferdinand, Die strafrechtsphilosophischen Anschauungen Friedrichs des Grossen, in: *Strafrechtliche Abhandlungen* Heft (56), 1904, S. 48 ff.

Willoweit, Dietmar, Deutsche Verfassungsgeschichte, Vom Frankenreich bis zur Wiedervereinigung Deutschlands; ein Studienbuch; mit einer Zeittafel und einem Kartenanhang, 7. Auflage, München 2013.

Windscheid, Bernhard, Lehrbuch des Pandektenrechts, Band 1, 3. Auflage, Düsseldorf 1873.

Winkel, Harald, Geschichte der württembergischen Industrie- und Handelskammern Heilbronn, Reutlingen, Stuttgart, Mittlerer Neckar und Ulm, Band 3, Stuttgart 1981.

Witt, Peter, Unternehmer als ehrbare Kaufleute, in: *Zeitschrift für Betriebswirtschaftslehre – Special Issue* 1/2007 *(ZfB)*, S. 89 ff.

Wolf, Erik, Das künftige Strafensystem und die Zumessungsgrundsätze, in: *Zeitschrift für die gesamte Strafrechtswissenschaft* 1935, S. 544 ff.

Wolf, Erik, Johann Freiherr von Schwarzenberg, in: Friedrich-Christian Schroeder (Hrsg.): Die Carolina, Die peinliche Gerichtsordnung Kaiser Karls V. von 1532 (Wege der Forschung), S. 120–161, Darmstadt 1986.

Wolf, Joseph Georg, Das Stigma ignominia, in: *Zeitschrift der Savigny-Stiftung für Rechtsgeschichte (RA)* 126 (2009), S. 55.

Wollstein, Günter, Quellen zum politischen Denken der Deutschen im 19. und 20. Jahrhundert, Das „Dritte Reich" 1933-1945, Band XI, Darmstadt 2013.

Wolter, Die Industrie und Handelskammer als reine Selbstverwaltungskörperschaften, in: *Deutsche Wirtschaftszeitung* 38 (1941), S. 653 ff.

Wolter, Udo, Ius canonicum in iure civili, Studien zur Rechtsquellenlehre in der neueren Privatrechtsgeschichte, Köln [u.a.] 1975.

Zahn, Eberhard, Die kaufmännischen Ehrengerichte bei den Industrie- und Handelskammern, in: *Die nationale Wirtschaft, 1934, S. 241.*

Zeumer, Karl, Die Goldene Bulle Kaiser Karls IV, Weimar 1908.

Zeumer, Karl, Quellensammlung zur Geschichte der deutschen Reichsverfassung in Mittelalter und Neuzeit, Leipzig 1904.

Zingerle, Arnold, Die „Systemehre", Stellung und Funktion von „Ehre" in der NS-Ideologie, in: Ludgera Vogt und Arnold Zingerle (Hrsg.), Ehre – Archaische Momente in der Moderne. 1. Auflage, S. 96–116, Frankfurt am Main 1994.

RECHTSHISTORISCHE REIHE

Die nachfolgende Liste führt die Titel der „Rechtshistorischen Reihe“ ab Band 400 auf. Eine vollständige Übersicht aller bisher in der Reihe erschienenen Bücher finden Sie auf www.peterlang.com

Band 400 Thomas Simon (Hrsg.): Hundert Jahre allgemeines und gleiches Wahlrecht in Österreich. Modernes Wahlrecht unter den Bedingungen eines Vielvölkerstaates. 2010.

Band 401 Dörte Mentz: Die Beweislastumkehr in der Rechtsprechung des Reichsgerichts. 2010.

Band 402 Werner Schubert (Hrsg.): Oberster Gerichtshof für die Britische Zone (1948-1950). Nachschlagewerk Strafsachen – Nachschlagewerk Zivilsachen. Präjudizienbuch der Zivilsenate. Eingeleitet und herausgegeben von Werner Schubert. 2010.

Band 403 Yong Lei: Auf der Suche nach dem modernen Staat. Die Einflüsse der allgemeinen Staatslehre Johann Caspar Bluntschlis auf das Staatsdenken Liang Qichaos. 2010.

Band 404 Andreas Schwenk: Die Formbestimmung des § 313 BGB a. F. (§ 311 b Abs. 1 BGB n. F.) bei Verträgen über Grundstücke in der Rechtsprechung des Reichsgerichts. 2010

Band 405 René Schorsch: Eberhard Georg Otto Freiherr von Künßberg (1881-1941). Vom Wirken eines Rechtshistorikers. 2010.

Band 406 Ulrike Köbler: Werden, Wandel und Wesen des deutschen Privatrechtswortschatzes. 2010.

Band 407 Björn Florian Faulenbach: Rolle und Bedeutung der Lehre in der Rechtsprechung der Internationalen Gerichtshöfe im zwanzigsten Jahrhundert. 2010.

Band 408 Guangyu Fu: Das Causaproblem im deutschen Bereicherungsrecht. Eine rechtshistorische Untersuchung. 2010.

Band 409 Andreas Kimmelmann: Die Folter im Beweisverfahren der Leges Visigothorum. Chindasvinths Gesetzgebung im Spiegel der westgotischen Rechtsentwicklung. 2010.

Band 410 Jacqueline Schmaltz: Die Entwicklung der Industrie- und Handelskammern. Zwischen Pflicht und Kür. 2010.

Band 411 Hermann Nehlsen: Bayerische Rechtsgeschichte vom frühen Mittelalter bis zum 20. Jahrhundert. 2011.

Band 412 Kathrin Spoerr: Recht und Revolution. Deutsche Ökonomen und ihr Einfluss auf das Recht der Weimarer Republik – eine Zeitschriftenschau 1917-1920. 2011.

Band 413 Moritz von Köckritz: Die deutschen Oberlandesgerichtspräsidenten im Nationalsozialismus (1933-1945). 2011.

Band 414 Annika Lillemor Lara Rabaa: Die Ehe als Rechtsinstitut im Badischen Landrecht von 1810. Unter besonderer Berücksichtigung der gesellschaftlichen Entwicklungen im 19. Jahrhundert. 2011.

Band 415 Christian Hattenhauer / Klaus-Peter Schroeder (Hrsg.): 200 Jahre Badisches Landrecht von 1809/1810. Jubiläumssymposium des Instituts für geschichtliche Rechtswissenschaft der Ruprechts-Karls-Universität Heidelberg und der Heidelberger Rechtshistorischen Gesellschaft vom 23. bis 26. September 2009. 2011.

Band 416 Tobias Alexander Krammerbauer: Die Ministerverantwortlichkeit und die Vorformen sonstiger Verfassungsgerichtsbarkeit in Württemberg zwischen 1815 und 1918. 2011.

Band 417 Werner Schubert (Hrsg.): Quellen zur GmbH-Reform von 1958 bis zum GmbH-Änderungsgesetz von 1980. Eingeleitet und herausgegeben von Werner Schubert. 2011.

Band 418 Gisela Emling: Johannes Heckel. Leben und Wirken (1889-1963). 2011.

Band 419 Jochen Kirschbaum: Die Etablierung der Historischen Rechtsschule an der Ludoviciana (1814-1824). 2011.

Band 420 Sören Koch: Unaufgeforderte Hilfeleistung in Notsituationen. Eine rechtshistorische und rechtsvergleichende Studie zu den zivilrechtlichen Aspekten der Nothilfe mit besonderer Berücksichtigung des Rechts der Geschäftsführung ohne Auftrag. 2011.

Band 421 Friedrich Carl von Savigny: Die Prinzipienfragen in Beziehung auf eine neue Strafprozeß-Ordnung. Ausgearbeitet im Justizministerium für die Gesetzrevision. Eingeleitet und herausgeben von Werner Schubert. 2011.

Band 422 Stephan Faulwetter: Von der Zunft zur Handelskammer. Zur Entwicklung des Gewerberechts in thüringischen Staaten. 2011.

Band 423 Moritz Eisenhardt: Sanierung statt Liquidation. Die Geschichte des Vergleichs zur Abwendung des Konkurses unter besonderer Berücksichtigung der Vergleichsordnung von 1927 und 1935. 2011.

Band 424 Gerd Kleinheyer: Beiträge zur Strafrechtsgeschichte. Herausgeben von Franz Dorn, Mathias Schmoeckel und Jan Schröder. 2011.

Band 425 Ralf Maertens: Das Landgericht Altona (1879-1937) und die Anfänge des Landgerichts Itzehoe (1937-1945). Unter besonderer Berücksichtigung ihrer Tätigkeitsberichte und rechtspolitischen Stellungnahmen. 2011.

Band 426 Mark Friedrich: Ferdinand von Martitz (1839-1921). Rechtshistoriker, Staatsrechtler und Völkerrechtler zwischen dem Ende des Deutschen Bundes und dem Beginn der Weimarer Republik. 2012.

Band 427 Sebastian Krusche: Die Bundesrechtsanwaltsordnung vom 1. August 1959. Vorgeschichte und Entstehung. 2012.

Band 428 Marju Luts-Sootak / Sanita Osipova / Frank L. Schäfer (Hrsg./eds.): Einheit und Vielfalt in der Rechtsgeschichte im Ostseeraum. Unity and Plurality in the Legal History of the Baltic Sea Area. Sechster Rechtshistorikertag im Ostseeraum, 3.-5. Juni 2010 in Tartu (Estland) / Riga (Lettland). 6th Conference in Legal History in the Baltic Sea Area, 3rd-5rd June 2010 Tartu (Estonia) / Riga (Latvia). 2012.

Band 429 Margret R. I. Bootz: Die Hamburger Rechtsprechung zum Arbeitsrecht im Nationalsozialismus bis zum Beginn des 2. Weltkriegs. 2012.

Band 430 Heiko Zech: Die soziale Frage im Konkursrecht 1879-1900. 2012.

Band 431 Jan C. Lorenzen: Das Bundesnaturschutzgesetz vom 20. Dezember 1976. Die Entwicklung des Naturschutzrechtes in Deutschland von den Anfängen bis zur Neukodifikation des Bundesnaturschutzgesetzes von 1976. 2012.

Band 432 Ulrike Ingrid Bernhardt: Geschichte des Weinrechts im Deutschen Kaiserreich (1871-1918). Mit einem Überblick zur Vorgeschichte und Weiterentwicklung bis zur Gegenwart. 2012.

Band 433 Elisabeth Otto: Das Verwaltungsrecht in der SBZ / DDR bis zur Verwaltungsneugliederung im Jahr 1952. 2012.

Band 434 Werner Schubert: Zur Geschichte der Justizverfassung in Schleswig-Holstein im 19. und 20. Jahrhundert. Quellen und Studien. 2012.

Band 435 Stefan Ellenberg: Herrschaft und Reform. Zur Diskussion um die Aktienrechtsreform und den Konzern in der Weimarer Zeit. 2012.

Band 436 Jasmin Sonntag: Gesetzgebung und Verwaltung im Dalbergstaat 1802-1810. 2012.

Band 437 Martin Komusiewicz: Die Diskussion um das Verhältnis von Rechtsanwaltschaft und Notariat seit dem Ende des 18. Jahrhunderts bis zum Erlass der Bundesnotarordnung. 2012.

Band 438 Henriette von Breitenbuch: Karl Neumeyer – Leben und Werk (1869-1941). 2013.

Band 439 Günter Baranowski: Russische Rechtsgeschichte: Texte und Erläuterungen. Teil 1: Von den Anfängen bis 1612/13. 2013.

Band 440 Werner Schubert (Hrsg.): Staatsanwaltschaftsrecht (1934-1982). Quellen zu den Reformprojekten (Organisation – Innerer Dienstbetrieb – Ermittlungsverfahren – Verhältnis der Staatsanwaltschaft zur Polizei) und zur Anordnung über Organisation und Dienstbetrieb der Staatsanwaltschaft (OrgStA). Eingeleitet und herausgegeben von Werner Schubert. 2013.

Band 441 York Zieren: Das Schiedsverfahrensrecht der ZPO (1877-1933) unter Berücksichtigung der Genfer Übereinkommen von 1923 und 1927 sowie der Rechtsprechung des Reichsgerichts. 2013.

Band 442 Stefan Wolf: Das Jenaer Studium der Rechte im Dritten Reich. Zwischen Tradition und nationalsozialistischer Ideologie. 2013.

Band 443 Bernhard Klose: Das Verblassen eines Makels. Das Nichtehelichenrecht der DDR als Teil der gesamtdeutschen Entwicklung. 2013.

Band 444 Peter Opitz-von Bardeleben: Das Generalgouvernement Niederrhein. 2013.

Band 445 Nadine Göppner: Vorgeschichte und Entstehung des Atomgesetzes vom 23.12.1959. 2013.

Band 446 Frank L. Schäfer / Werner Schubert (Hrsg./eds.): Justiz und Justizverfassung / Judiciary and Judical System. Siebter Rechtshistorikertag im Ostseeraum, 3.-5. Mai 2012 Schleswig-Holstein / 7th Conference in Legal History in the Baltic Sea Area, 3rd-5th May 2012 Schleswig-Holstein. 2013.

Band 447 Sandy Schenker: Gegen Täuschungen und Gesundheitsgefährdungen durch schlechte Nahrung. Zur Entwicklung des Nahrungsmittelrechts durch Rechtsprechung und Gesetzgebung zwischen 1871 und 1927. 2013.

Band 448 Youn Seok Choi: Der Besitzerwerb des Erben. Historische Entwicklungen, die Lösung des § 857 BGB und ihre Anwendungsprobleme. 2013.

Band 449 Johannes Kalb: Die innerstädtische Auseinandersetzung in Regensburg am Ende der Reichsunmittelbarkeit. Eine historische und rechtliche Untersuchung. 2014.

Band 450 Thomas Habbe: Lastenausgleich. Die rechtliche Behandlung von Kriegsschäden in Deutschland seit dem 30jährigen Krieg. 2014.

Band 451 Günter Baranowski: Russische Rechtsgeschichte: Texte und Erläuterungen. Teil 2: Von 1613 bis 1682. 2015.

Band 452 Wilhelm Brauneder (Hrsg): Landrechtsentwurf für Österreich unter der Enns 1526. 2015.

Band 453 Maximilian Elsner von der Malsburg: „Arisierung" von Privatbanken am Beispiel des Bankhauses E. J. Meyer in Berlin. 2015.

Band 454 Tanja Claussen: Johann Julius Wilhelm Planck (1817-1900). Leben und Werk. 2015.

Band 455 Werner Schubert (Hrsg.): Das Reichsjustizministerium und die höheren Justizbehörden in der NS-Zeit (1935-1944). Protokolle und Mitschriften der Arbeitstagungen der Reichs-justizminister mit den Präsidenten der Oberlandesgerichte, des Volksgerichtshofs, des Reichsgerichts sowie mit den Generalstaatsanwälten. Eingeleitet und herausgeben von Werner Schubert. 2015.

Band 456 Christian Vahl: Die gesetzliche Regelung des Seefrachtvertrags im deutschen Recht. Eine rechtshistorische Betrachtung unter besonderer Berücksichtigung der Beratungen des Seerechtsausschusses der Akademie für Deutsches Recht (1934-1942). 2015.

Band 457 Ruomeng Yang: Die Rezeption der europäischen Privatrechte in China und die konfuzianische Tradition. Das Beispiel des Deliktsrechts im frühen 20. Jahrhundert. 2015.

Band 458 Piotr Wittmann: „Der da sein Practic auß Teutschen Tractaten will lernen". Rechtspraktiker in deutschsprachiger Praktikerliteratur des 16. Jahrhunderts. 2015.

Band 459 Georg Rasche: Richter, Sachverständige, Handelskammern. Preußische Justizverwaltung und kaufmännische Interessen zwischen 1879 und 1907. 2015.

Band 460 Daniel Hupe: Von der Hierarchie zur Egalität in den Zivilrechtskodifikationen des 19. Jahrhunderts vor dem BGB. 2015.

Band 461 Wilhelm Brauneder (Hrsg.): Landrechtsentwurf für Österreich unter der Enns 1573. 2015.

Band 462 Tunay Sürek: Die Verfassungsbestrebungen der Tanzimât-Periode. Das Kanun-i Esasî – Die osmanische Verfassung von 1876. 2016.

Band 463 Takashi Izumo: Die Gesetzgebungslehre im Bereich des Privatrechts bei Christian Thomasius. 2016.

Band 464 Werner Schubert (Hrsg.): Quellen zum Bau- und Enteignungsrecht (1940-1958). Entwürfe zu einem Reichsbaugesetz (1940/41) – Vorentwurf zu einem Deutschen Baugesetzbuch von 1942 – Entwürfe zu einem Baugesetzbuch (1949/50) – Baulandbeschaffungsgesetz vom 3.8.1953 – Entwurf zu einem Bundesenteignungsgesetz von 1958. Eingeleitet und herausgegeben von Werner Schubert. 2016.

Band 465 Daniel Bischof: Geschichte der Wald- und Forstgesetzgebung im Bundesland Schleswig-Holstein. Unter Einbeziehung der Entwürfe zu einem Reichsforstgesetz von 1940/42 und der Entstehung des Bundeswaldgesetzes von 1975. 2016.

Band 466 Lena Darabeygi: Die Causa „Blinkfüer" und die Grundrechtsdogmatik zur Pressefreiheit in Weimar und Bonn. 2017.

Band 467 Werner Schubert (Hrsg.): Quellen zum Aktiengesetz vom 18. Juli 1884. 2017.

Band 468 Manfred Josef Thaler: Die Domkapitel der Reichskirche vom Wiener Konkordat bis zur Säkularisation (1448-1803). Grundzüge ihrer Verfassung im Vergleich. 2017.

Band 469 Philipp Eckert: Entstehung und Bedeutung des Landesverwaltungsgesetzes Schleswig-Holstein. 2017.

Band 470 Julia Christine Klix: Privatrechtstheorie und Wirtschaft von 1967 bis 1982. Unter besonderer Berücksichtigung der Kartellrechtsgeschichte. 2017.

Band 471 Thorsten Thielen: Friede und Recht. Studien zur Genese des frühmittelalterlichen Herrscher- und Tugendideals in der lateinischen Literatur der römischen Antike und des frühen Mittelalters. 2017.

Band 472 Werner Schubert (Hrsg.): Das Reichsjustizministerium unter Otto Thierack (1942-1945). Teil 1: Amt für Neuordnung der deutschen Gerichtsverfassung (Berichte von 1943/44 über den Besuch von 13 Oberlandesgerichten). Amt für Nachwuchsfragen (Juni/Juli 1944). 2017.

Band 473 Werner Schubert (Hrsg.): Das Reichsjustizministerium unter Otto Thierack (1942-1945). Teil 2: Die Arbeitstagungen auf der „Reichsburg Kochem“ von April bis August 1944 (Protokolle und Berichte). 2017.

Band 474 Ruprecht Freiherr von Maltzahn: Das Versammlungsgesetz vom 24. Juli 1953. Vorgeschichte, Gesetzgebungsverfahren sowie spätere Änderungen. 2017.

Band 475 Johannes Jenß: Die „Volksgemeinschaft“ als Rechtsbegriff. Die Staatsrechtslehre Reinhard Höhns (1904-2000) im Nationalsozialismus. 2017.

Band 476 Stefan Xenakis: Untertanenprozesse an Reichsgerichten. Ein systematisch-bibliographischer Überblick. 2018.

Band 477 Gero von Alvensleben: Die «res extra commercium» im römischen Recht. 2018.

Band 478 Christoph Sperling: Joachim Haupt (1900-1989). Vom Aufstieg eines NS-Studentenfunktionärs und Sturz des Inspekteurs der Nationalpolitischen Erziehungsanstalten. Eine biographische Studie. 2018.

Band 479 Marija-Jennifer Milinovic: Der ehrbare Kaufmann im deutschen Recht. 2019.

www.peterlang.com

www.ingramcontent.com/pod-product-compliance
Ingram Content Group UK Ltd.
Pitfield, Milton Keynes, MK11 3LW, UK
UKHW021834290926
8980IPUK00004B/453

9 783631 764510